中国企业出口表现及其影响因素研究

ZHONGGUO QIYE CHUKOU BIAOXIAN
JIQI YINGXIANG YINSU YANJIU

鲁晓东 著

·广州·

版权所有　翻印必究

图书在版编目（CIP）数据

中国企业出口表现及其影响因素研究/鲁晓东著. —广州：中山大学出版社，2023.4

ISBN 978-7-306-07629-8

Ⅰ. ①中… Ⅱ. ①鲁… Ⅲ. ①工业企业—出口—研究—中国 Ⅳ. ①F752.62

中国版本图书馆 CIP 数据核字（2022）第 193118 号

出 版 人	王天琪
策划编辑	曾育林
责任编辑	王　睿
封面设计	曾　斌
责任校对	曹丽云
责任技编	靳晓虹
出版发行	中山大学出版社
电　　话	编辑部 020 - 84110776，84113349，84111997，84110779，84110283
	发行部 020 - 84111998，84111981，84111160
地　　址	广州市新港西路 135 号
邮　　编	510275　　传　真：020 - 84036565
网　　址	http://www.zsup.com.cn　　E-mail：zdcbs@mail.sysu.edu.cn
印 刷 者	广东虎彩云印刷有限公司
规　　格	787mm×1092mm　1/16　24.5 印张　464 千字
版次印次	2023 年 4 月第 1 版　2023 年 4 月第 1 次印刷
定　　价	98.00 元

如发现本书因印装质量影响阅读，请与出版社发行部联系调换。

国家社科基金后期资助项目
出版说明

后期资助项目是国家社科基金设立的一类重要项目,旨在鼓励广大哲学社会科学研究者潜心治学,支持基础研究多出优秀成果。它是经过严格评审,从接近完成的科研成果中遴选立项的。为扩大后期资助项目的影响,更好地推动学术发展,促成成果转化,全国哲学社会科学工作办公室按照"统一设计、统一标识、统一版式、形成系列"的总体要求,组织出版国家社科基金后期资助项目成果。

全国哲学社会科学工作办公室

目 录

总论编

第一章 导言 ···································· 3
  第一节 研究背景及问题提出 ···················· 3
  第二节 本书的探索：企业出口表现及其决定因素 ········ 6
  第三节 研究的理论意义和现实意义 ················ 10

第二章 文献综述 ································ 12
  第一节 对中国企业出口增长的研究 ················ 12
  第二节 对中国企业出口品质的研究 ················ 16
  第三节 对中国企业出口动态的研究 ················ 21
  第四节 进口溢出与企业出口表现 ················· 25
  第五节 文献评述 ··························· 30

出口增长编

第三章 中国企业出口参与的决策及其决定因素 ············ 35
  第一节 中国企业出口强度的特征事实 ·············· 35
  第二节 企业出口参与的决定因素Ⅰ：供给侧 ·········· 37
  第三节 企业出口参与的决定因素Ⅱ：需求侧 ·········· 48
  第四节 小结 ······························ 60

第四章 中国企业出口总额分解 ······················ 61
  第一节 引言 ······························ 61
  第二节 中国企业出口总额的分解 ················· 62
  第三节 中国企业出口关系与出口额波动源识别 ········ 66
  第四节 小结 ······························ 71

第五章 中国企业出口增长的扩展边际 ·················· 73
  第一节 引言 ······························ 73

  第二节 数据来源与典型事实 ························· 77
  第三节 实证模型与变量构造 ························· 84
  第四节 实证分析 ······························· 86
  第五节 小结 ································· 96
第六章 融资支持与中国企业出口增长 ······················· 98
  第一节 研究背景及意义 ··························· 98
  第二节 中国企业出口增长和融资支持的现状 ················ 101
  第三节 数据来源、变量说明与模型构建 ·················· 111
  第四节 计量结果分析 ··························· 123
  第五节 不同所有制企业融资支持对增长率的影响 ············· 128
  第六节 小结 ································ 133

出口波动编

第七章 中国企业出口多样化和波动性的现状 ·················· 137
  第一节 研究背景及问题提出 ························ 137
  第二节 出口多样化发展现状 ························ 142
  第三节 小结 ································ 148
第八章 多样化与企业出口波动：理论与实证 ··················· 149
  第一节 理论分析 ······························ 149
  第二节 实证分析 ······························ 153
  第三节 研究结论及政策建议 ························ 173

出口动态编

第九章 中国企业出口动态及其影响因素研究 ··················· 179
  第一节 中国企业出口行为的分析 ······················ 180
  第二节 中国出口企业的市场进入决策分析 ················· 189
  第三节 中国企业出口增长的影响因素分析 ················· 194
  第四节 中国出口企业的市场退出决策分析 ················· 198
  第五节 小结 ································ 200
第十章 中国企业出口持续期及其影响因素 ···················· 203
  第一节 研究背景及问题提出 ························ 203
  第二节 变量说明及数据来源 ························ 205

第三节　企业出口持续期的典型事实 …………………………… 206
　　第四节　小结 ……………………………………………………… 212

出口品质编

第十一章　中国企业出口品质：一个综合测度 …………………… 215
　　第一节　中国企业出口产品的技术复杂度 …………………… 215
　　第二节　中国企业出口产品的质量 …………………………… 220
　　第三节　中国企业出口国内附加值 …………………………… 229
　　第四节　小结 ……………………………………………………… 233
第十二章　产业政策是否促进了中国企业出口转型升级 ………… 235
　　第一节　研究背景及问题提出 ………………………………… 235
　　第二节　研究设计与数据来源 ………………………………… 237
　　第三节　实证结果及分析 ……………………………………… 240
　　第四节　关于政策公平性的进一步探讨 ……………………… 253
　　第五节　小结及政策建议 ……………………………………… 255

出口竞争编

第十三章　中国企业出口产品竞争现状 …………………………… 259
　　第一节　企业出口产品竞争的测度 …………………………… 259
　　第二节　中国企业出口产品差异度的典型事实 ……………… 262
第十四章　政府补贴、产品差异度与出口企业竞争方式 ………… 268
　　第一节　研究背景及问题提出 ………………………………… 268
　　第二节　模型、变量与数据来源 ……………………………… 270
　　第三节　基于全样本的实证分析 ……………………………… 275
　　第四节　基于 PSM 的 DID 估计 ……………………………… 279
　　第五节　异质性效应检验：区分产权性质 …………………… 286
　　第六节　进一步验证：政府补贴与新产品数量和出口附加值 …… 288
　　第七节　小结 ……………………………………………………… 290

进口溢出编

第十五章 进口溢出对企业的影响：企业内和企业间效应 …………… 295
    第一节 导言 ……………………………………………………… 295
    第二节 中国工业企业进口：典型事实与统计性描述 …………… 297
    第三节 计量模型构建与变量说明 ………………………………… 306
    第四节 实证结果分析 ……………………………………………… 309
    第五节 小结 ………………………………………………………… 333

第十六章 中间品进口与企业出口"汇率免疫" …………………… 335
    第一节 导言 ………………………………………………………… 335
    第二节 文献综述 …………………………………………………… 340
    第三节 数据描述与变量描述性统计 ……………………………… 344
    第四节 中国进出口贸易的典型事实 ……………………………… 350
    第五节 实证研究框架及估计结果 ………………………………… 354
    第六节 研究结论、政策建议与研究展望 ………………………… 362

缩略语 ………………………………………………………………………… 365

参考文献 ……………………………………………………………………… 367

总论编

附录三

第一章 导 言

第一节 研究背景及问题提出

在全球经济缓慢复苏的大背景下，2017年我国出口结束了两年负增长的态势，全年录得10.8%的正增长。但是，不可忽略的事实是2008年金融危机以来，外部经济环境持续波动以及中国内部经济运行风险加剧使得出口的波动幅度大大增加，2015年中国出口月度同比增长率的标准差从2014年的9.54跃升至16.06，巨大的波幅也引发了对中国出口增长可持续性的担忧：为什么中国的出口极易遭受外部冲击的影响？中国的出口是否还有潜在增长空间？针对这些问题，很多学者从各种角度对中国出口增长问题进行了解读（Egger & Kesina, 2014；Feenstra & Wei, 2007；Amiti & Freund, 2008；钱学锋等，2010；鲁晓东等，2010）。

但是，既有的绝大部分研究仍然是基于国家层面的。尽管一国的出口表现会反映该国的技术水平、禀赋等诸多特征，但是，客观来讲，国家并非真正的出口主体，国家的出口数据只是众多微观数据在统计层面的汇总而已，真正的出口主体是企业。在一个奉行开放政策的国家里，出口是企业的一项重要经济活动，它暗含了企业作为一个微观主体的最优化决策过程（Amatori et al, 2010）。因此，要从根本上回答中国出口增长问题，还需要从中国企业的出口行为以及出口表现进行深入剖析。

正是基于这一点，在过去大约15年的时间里，随着企业层面数据可获得性的增强，国际贸易研究的视角开始由宏观的国家和产业层面转向微观的出口企业层面（Bernard et al, 2011）。

关于企业的出口表现，大量的研究文献形成以下几个共识：首先，出口总是少数企业参与的活动，这些出口企业的共同特征是具有较高的生产率（美国：Bernard et al, 1995, 2007a；挪威：Mayer & Ottaviano, 2007；法国：Eaton et al, 2004；日本：Kimura & Kiyota, 2006；智利：Alvarez, 2004；哥伦比亚：Brooks, 2006）。其次，一国总出口总是由极少数最大规模的出口企业完成的。按照企业规模排序，前10%的出口商完成了至少80%的出口份额（Mayer & Ottaviano，2007）。最后，大多数企业的出口强度极低，或者说企业只出口其产量的少部分。只有大约5%的企业出口其总产出的90%，而其余绝大多数企业则以内销为主（World Trade Organization，2009）。

中国作为一个发展中的新兴经济体，出口长久以来都是支撑经济高速增长的动力之一，那么中国工业企业的出口是否表现出与以上研究相似的特征呢？既有的研究发现，中国企业的出口表现中存在着不同于世界其他地区企业的特征，主要有以下三点：①在中国背景下，虽然出口仍然是少数企业从事的活动（1999年至2009年的11年间，参与出口活动的中国工业企业年均占比是23.98%），但是中国内销企业的生产率普遍高于出口企业，而且企业出口值与生产率呈现显著负相关关系，因此，在中国存在出口企业的"生产率悖论"（李春顶、尹翔硕，2009；李春顶，2010）。②出口企业的出口强度呈U形分布，也就是说，虽然有很多企业只出口其产出的少部分，但是也有相当一部分企业将大部分甚至全部产品用于出口（Lu，2011；Lu et al，2010）。以2007年为例，根据中国工业企业统计数据，全部出口企业中有10.81%的企业出口了其总产出的10%以下，而有45.9%的企业将其产出的90%以上用于出口，更为典型的是，有32.38%的出口企业是纯出口企业，即只从事出口活动，而无内销行为。③中国企业的出口决策具有特殊的复杂性。2004年，中国放弃了长久以来一直实行的外贸经营权审批制，而实行备案制，这对于企业而言，进入世界市场的行政性壁垒已经不复存在。这一点说明中国企业的出口表现有着鲜明的制度背景。

以上事实说明，我们并不能简单地将国外企业的出口行为以及出口表现推及中国企业，而有必要探究中国工业企业特有的出口行为及其机理。这也是本书最初的研究动机所在。

与以上研究相对应，对中国出口增长的解读也开始从企业的宏观视角转向微观视角。钱学锋和熊平（2010）、施炳展（2010）等运用不同的方法，从产品层面把中国出口分解为扩展边际和集约边际。但是，仅仅从产品层面进行分析往往会因产品分类方法及数据的缺陷而难以捕捉产品种类的变化（Baldwin，2006）。其实，企业的出口决策不单单是围绕"出口什么产品"展开的，而是一系列行为的组合，从决定"是否出口"为开端，接下来企业还需要对出口和内销比重、出口目的地组合（destination portfolio）、出口产品组合（variety portfolio）等一系列问题进行考量与决策。而目前约有90%的此类文献仅关注了出口倾向这一个方面，剩下的10%也只是涉及出口强度这一方面（Iyer，2010），而其他方面则被有意无意地忽略了。即使是文献聚焦的扩展边际和集约边际，其实也可以在出口总量、出口企业、市场组合、产品组合等多个层面进行定义，而各个层面又存在着逻辑和数量上的对应关系。因此，中国企业的出口是一个"多重边际"，而非"一重边际"。这是本书的第一个着力点，即力图廓清各种出口边际之间的关联和对应关系，从多维度洞悉中国企业出口增长的实质。

另外，现有对中国企业出口行为的研究大多仅关注静态表现，即各种变量的一阶矩问题，而欠缺对企业行为的动态识别和解释。尽管一些文献（盛斌、毛其琳，2013；易靖韬，2009；陈勇兵、李燕、周世民，2012）开启了对中国企业出口动态的研究，但是仅仅从企业进入、退出以及持续性等角度并不能涵盖中国企业出口动态的全部，因为出口企业对于目标国组合（Amador & Opromolla，2012）、产品组合的调整（Fontagne et al，2014）以及市场网络的拓扑结构（Chaney，2014）均是动态表现的重要方面，还需要更为全面和科学的评测和研究。

在识别了中国企业的出口边际以及出口动态之后，接下来的一个问题是：什么因素塑造了中国企业的出口边际及其动态表现？目前的研究多是沿着沉没成本—生产率—出口表现这条主线展开的。基于成本的考虑仅仅在一定程度上识别了制约企业进入国际市场的供给因素。众所周知，出口是国内供给和国外需求双重作用下的产物。尤其是很多对出口的外部冲击是从需求端传导过来的，因此，从需求端的不确定性（uncertainty）识别中国企业出口的波动（volatility）具有重要意义。目前，从需求角度探究中国企业出口增长的文献几乎没有。这并不是说明这个问题不重要，而是说明中国的外贸发展水平还停留在较低端的价格竞争阶段。随着国际竞争的加剧以及全球经济的进一步衰退，需求因素在出口增长中的作用也会越来越突出。因此，研究国外消费者的需求行为，从需求角度解读中国出口增长的滥觞具有理论和实践的双重迫切性。

除了考虑经济因素之外，企业的出口表现必然会受到制度环境的影响。出口是典型的跨国交易行为，在这个过程中，机会主义行为（opportunism）、挟持（hold-up）等与契约不完备性（incomplete contract）有关的问题会更加突出，因此交易成本也就更高，从而倾向于减少贸易流量（Soderlund et al，2013）。这些"无形"的贸易阻力和制度有关，同时它也是解释基于引力方程的国际贸易流量研究中的"边界效应"以及"消失的贸易之谜"的重要因素。因此，我们将影响企业的出口表现以及契约完备性的制度纳入分析框架，以丰富现有的研究。

另外，对于从事出口的企业而言，它们将时时暴露在充满不确定性的外部冲击之下。这些外部冲击如何改写中国企业的出口行为，出口多样化、地域多元化究竟如何调整，以及通过何种渠道或者机制可以促进出口多样化和结构优化，是值得探讨的问题。在金融全球化的今天，贸易的波动性更加剧烈。在2008年4月金融危机全面爆发后的12个月内，全球产出下降了12%，与此同时，贸易规模却下降了20%（Novy & Taylor，2014）。中国作为世界上最大的出口经济体，必须重视危机对国际贸易的冲击和影响（Bems，Johnson & Yi；2012，Amiti et al，2012；Gopinath et al，2013）。

考虑到企业是现代经济社会中人们从事生产经营活动的一种组织形式或经营方式，它属于经济组织的范畴。因此，要全面洞悉企业出口行为及表现的决定因素，还需要从组织行为的视角进行别样的审视。

综上所述，本研究从中国出口的总量特征出发，着眼于中国企业的出口表现，在企业出口参与决策、出口增长、出口波动、出口动态、出口品质、出口竞争以及进口溢出等多个维度解读中国出口企业出口表现的内涵，通过量化方法刻画中国企业的出口表现。在此基础上，结合中国经济特有的制度背景，以系统的观点，从供给约束、异质性需求、制度环境、外部不确定性、融资约束以及企业组织行为等多个视角考察影响中国企业出口表现的因素。以期为中国的出口表现寻求微观基础，为实现中国出口的可持续增长提供经验证据；并从企业角度客观评价出口相关政策的效果，弥合政策制定者和企业在对待出口问题上的视角差异，在出口新常态背景下拓展政府的政策菜单。

第二节 本书的探索：企业出口表现及其决定因素

一、主要研究内容

本书着眼于中国工业企业的出口行为，研究其在面对国内和国外两个市场时的行为抉择以及在出口活动中的表现。在研究企业出口参与决策、出口增长、出口波动、出口动态、出口品质、出口竞争以及进口溢出等基础上，结合中国经济特有的制度背景，以系统的观点，从供给约束、异质性需求、正式和非正式制度环境以及企业发展战略等多个视角考察影响中国企业出口行为的因素（如图1-1所示）。在这个过程中，试图对以下问题进行研究解答：其一，以世界主要出口企业的出口行为作为参照，中国企业具有哪些不同于世界主要出口企业的显著特征？其二，这些出口特征能否在主流的异质企业贸易模型中得到解释？如果不能，其理论依据何在？其三，中国作为世界上最大的出口经济体，其出口增长主要是通过何种边际实现的？这些边际在动态上呈现怎样的特征？其四，"出口-生产率悖论"是中国企业的系统性特征，还是仅仅在某个局部存在？其五，当企业面对国内和国际两个市场时，哪些因素影响了企业出口的抉择？经济性因素、制度性因素以及企业战略性因素通过何种方式进入企业的决策机

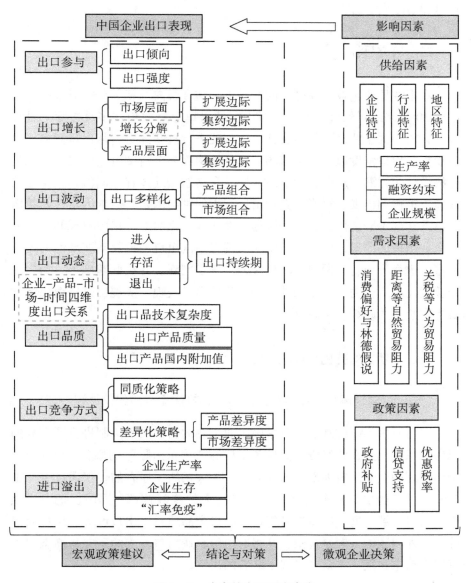

图1-1 本书的主要研究内容

制?其六,如果世界市场由"明星企业"来主导,那么数量众多的中小企业是否还有生存的空间?在风起云涌的全球化浪潮下,它们将身处何方?其七,外部冲击如何定义了中国出口企业的外部环境,这些冲击又是如何通过企业的市场拓扑结构传导至中国出口总量的?

针对以上问题,本书拟从企业出口增长、出口波动、出口动态、出口品质、出口竞争以及进口溢出六个方面展开递进式研究,研究思路如图1-1所示。

二、研究目标

本书在异质企业贸易理论的指导下,结合国内外相关研究成果以及中国近30年来的对外贸易实践,对中国的出口总量增长在多重边际上进行分解,对中国企业出口行为及其动态表现进行重新界定,从出口倾向、出口规模、出口强度以及目标市场、产品结构等多个角度对企业出口表现进行科学量化评测,从而客观描述其现状及动态变迁过程。同时,从企业的出口决策机制出发,对影响企业出口行为的供给因素、需求因素、政策因素以及外部不确定性等因素进行理论性和数量化解读,从中发现制约和促进企业出口的因素,以期从微观层面阐释中国出口增长及其波动性的影响因素,进而形成对中国出口增长潜力的科学判断。并在此基础上,为中国企业优化组织行为、开拓国外市场、改善出口表现、实现出口持续稳定增长提供必要的政策参考。

三、本项目的特色与创新之处

(一)科学理解企业出口行为的内涵,打破原有的偏狭认识

本书使用系统的观点,对中国工业企业的出口决策机制进行了充分的思考和识别,并在此基础上提出了出口的"多重边际"的概念,设计出一个综合刻画企业出口表现的指标体系,大大拓展了原有的仅仅通过企业出口倾向(是否出口)来概括企业出口行为的狭隘认识。同时,把出口强度、出口市场广度、出口产品组合、出口产品质量、出口波动、出口动态等一系列问题纳入考量范围,并将对中国企业出口行为的研究从静态刻画拓展为动态刻画,丰富和发展了既有的研究。

（二）在企业层面深刻阐释中国出口增长的潜力和可持续性

一直以来，对出口潜力的研究大都停留在宏观层面，与比较优势等概念纠结在一起。但是，随着基于异质企业的贸易模型的出现，企业作为出口的主体重新回到研究者的视野。本书试图将出口增长潜力的研究引向微观，通过分析中国工业企业的出口行为为中国的出口增长寻找现实支撑。

（三）将制度的内涵拓展至非正式制度层面，破解企业出口行为的谜题

本书超越了传统的基于显性制度（如贸易政策、多边贸易谈判、区域经济合作等）的研究，从契约不完备视角将制度的内涵拓展到非正式制度层面。在遵循西方研究规范的前提下，特别关注中国的现实特征，尤其强调非正式制度对企业出口行为的塑造，为中国出口企业行为诸多难解之谜（如"生产率悖论"、出口强度 U 形分布）寻找答案。同时，也有助于破解目前尚未被完全解释的"边界效应"以及"消失的贸易之谜"等国际贸易传统问题。

（四）基于不确定性视角研究中国出口的波动性

目前，对于中国出口总量以及出口边际的研究，基本上都是关注这些变量的一阶矩（绝对值），对二阶矩（波动性）的研究几乎没有。课题组将从外部冲击的不确定性角度研究中国出口的波动性，这对于识别中国出口规模波动的来源、规避外贸风险、提高出口的稳定性和可持续性有着重要意义。

（五）创新出口企业分类方法，突破传统研究范式

关于企业出口动态的研究突破了原有仅仅从供给和需求等实际经济变量来解读中国企业出口决策的研究范式，转而从企业减少不确定性的角度出发，解释中国企业的出口表现。本书对出口企业的分类具有一定的创新性。国内学者一般将研究期间内连续出口的企业定义为持续出口企业，将第一次参与出口的企业定义为新出口企业。这种分类方法的不足之处在于，如果研究期限过长，持续出口企业的样本量将会非常小，从而导致回归结果不具有较高的可信度。本书借鉴了 Creusen and Lejour（2011）在研究荷兰企业出口行为时使用的方法，将企业连续三年的出口状态作为划分企业类型的依据，能够有效避免研究期间过长导致样本量不足的问题。

（六）将进口溢出纳入研究框架，关注进口和出口的联动效应

本书通过进口对企业生产率以及企业存活的影响的实证研究发现，进口所带来的竞争效应不仅能够促进企业生产率的提高，而且能够帮助企业成长，扩大规模并延长其在市场上存活的时间，这打破了传统意义上人们所认为的进口品带来的竞争可能会加速企业萎缩甚至退市的观念。同时，本书的研究结果发现，对于技术水平不同的企业，这种影响效应也存在差异，进口对于初期技术水平相对更低的企业存在更明显的促进效应，能够更显著地帮助它们提升生产率，同时延长其在市场中存活的时长。也就是说，相较于技术水平领先的企业，生产效率较低的企业往往能够在进口中获得更大的收益。这样的发现有利于帮助企业减少对进口品竞争的恐惧，帮助其找到成长的途径。

第三节　研究的理论意义和现实意义

本研究具有重要的理论意义，具体表现在以下五个方面：①尝试将国际贸易的视角从宏观转向微观，顺应了当前国际贸易前沿研究的发展趋势。最近几年，国际贸易研究者开始把视角从国家、产业和同质企业转向异质企业（Melitz，2003；Helpman，2006；Bernard et al，2007；Chaney，2008）。在基于异质企业的贸易模型中，传统的决定贸易模式的因素（比较优势、要素禀赋、市场结构等）在微观企业层面对应于企业的性质。②本书将异质企业思想引入企业出口行为研究，寻求理论和实证方法上的突破。③对企业出口表现的内涵进行了科学的界定，廓清了企业在出口活动中各类行为的逻辑层次关系，拓展了既有研究中对出口行为的偏狭认识，构建一个涵盖企业出口参与决策、出口增长、出口品质、出口动态、出口波动、出口竞争以及进口溢出等方面的全维度评测体系，从而形成一个科学探讨企业出口表现研究基准，为学术界对相关问题开展进一步研究奠定基础。④通过构建多重边际的分析框架，延拓了传统扩展边际和集约边际的维度，打通了中国出口的宏观表现和企业出口行为之间的通道，从而弥合了贸易领域内宏微观研究的分离状态。⑤积累和丰富了相关实证研究的资料，在企业层面构筑了中国出口可持续增长的微观基础。

本研究同样具有现实意义，具体表现在以下五个方面：①近些年来，

中国出口在高速增长的同时也面临国内外一些质疑的声音，从而使人们对中国出口增长的潜力产生怀疑。企业出口活动是中国出口模式的微观基础，如果不能在企业层面解释出口增长的机理，就无法有效解释中国出口增长极易遭受外部冲击的影响和贸易保护诉讼，以及贸易条件持续恶化的本质原因。②中国企业的出口活动是在不同的制度背景下进行的，因而有着完全不同于西方企业的出口表现，并不能简单地将西方关于企业出口行为的研究推及中国本土企业。为此，本研究基于中国企业的特殊出口实践，加入对正式制度和非正式制度环境的思考，对于深度剖析本土企业的出口行为和表现更具针对性和客观性。③本研究可帮助企业认清出口决策所面临供给、需求、制度以及战略等企业内外约束，全面揭示出口行为背后的经济和管理因素，为中国企业开拓国际市场提供有效参考。④从外部的不确定性探讨中国贸易增长以及出口模式的变化，能够为中国的出口增长波动和贸易条件的持续恶化提供理论解释和经验证据，从而为中国企业应对诸如外部不确定性（如金融危机）的冲击、改善贸易状态提供政策参考。⑤通过研究企业出口行为客观评价中国对外贸易政策效果，为政策的进一步完善提供科学依据。长期以来，通过出口拉动经济增长是经济政策的重要诉求之一。本研究成果将会对我国出口鼓励政策的有效性提供重要参考，并在未来经济政策的制定中可资借鉴，因此具有重要的指导意义。

第二章 文献综述

第一节 对中国企业出口增长的研究

一、对出口参与决策的研究

在传统的国际贸易理论研究中,作为出口主体的企业一直是缺席的。尽管在新贸易理论中引入了代表性企业(representative firm),但是这些企业都是同质的,无法识别出企业出口行为的差异。直到20世纪90年代末期,才由 Bernard and Jensen(1995)通过对美国出口企业的数据进行研究,发现出口只是少数企业的行为,而且企业只是将少部分的产品用于出口(例如,2002年美国制造企业平均出口强度仅为14%)。这一实证发现很快在其他国家的实证研究中被证实,同时也对原有的贸易理论提出了挑战,从而引发了对企业异质出口行为的理论探讨。Melitz(2003)开创性地将异质企业引入经典的 Kugman(1980)垄断竞争模型关于企业出口行为的研究,企业的异质性主要通过一个服从帕累托分布的生产率来识别,由于该模型具有良好的易用性和拓展性,逐渐成为异质企业贸易理论的基准(Bernard et al, 2011)。Melitz 模型关于企业出口行为的推论是:只有少数高效率企业出口是企业生产率差异所造成的"自我选择"的结果,而非"出口中学习"的结果。这一点在 Mayer and Ottaviano(2007)以及 World Trade Organizaiton(2008)等诸多实证研究中得到了证实。

但是,由于 Melitz(2003)模型是基于固定替代弹性(constant elasticity of substitution, CES)偏好的,企业在定价时只能在边际成本的基础上使用不变加成(constant mark-up)。Bernard et al(2003)和 Melitz and Ottaviano(2008)将企业加成利率内生化,使用可变加成,从而证明了贸易自由化给出口企业带来"出口中学习"效应,即参与出口的企业将在出口活动中得到更高的生产率提升。De Loecker and Warzynski(2011)使用斯洛文尼亚的数据证实了这种效应的存在。

以上理论研究是围绕出口企业和非出口企业的生产率差异展开的,论证的焦点是生产率和出口选择的因果关系。在接下来的研究中，学者对出口企业和非出口企业的异质性进行扩展。Bernard and Jensen（1995）和 Bernard et al（2007b）认为这两类企业的差异是系统性，包括企业规模、寿命以及企业绩效等诸多方面。Alvarez and Lopez（2005）和 Sampon（2011）又将这种异质性进一步拓展到要素密集度以及产品质量等方面。目前，针对出口企业和非出口企业行为选择的研究成为文献增长最快的领域之一。具体可参见 Wagner（2012）的综述。

二、对中国工业企业出口参与决策的研究

近些年来，借鉴以上研究方法和视角，学者利用中国的企业层数据进行企业出口参与的研究（邱斌、刘修岩、赵伟，2012）。归纳起来，目前的研究主要集中在以下几个方面：

第一，从新－新贸易理论出发，研究生产率与出口决定之间的关系，致力于验证"出口自选择效应"和"出口中学习效应"在中国企业中的存在性。张杰、李勇和刘志彪（2009）利用1999—2003年中国制造业企业数据考察了出口对中国企业生产率的促进作用，发现出口显著地促进了中国本土企业全要素生产率（total factor productivity，TFP）的提高；马述忠和郑博文（2010）使用中国2001—2007年227家上市公司数据进行研究，发现中国企业存在出口中学习效应，而不存在自我选择效应；钱学峰等（2011）运用1999—2007年中国工业企业数据研究发现了以上两种效应均存在于中国企业中；戴觅和余淼杰（2010）以及邱斌等（2012）利用倍差匹配法研究发现中国制造企业同时存在两种效应，而且这两种效应都随着时间的推移而逐渐增强。

第二，"出口－生产率悖论"的证明和证伪问题。关于出口和生产率关系的问题，李春顶和尹翔硕（2009）利用我国1998—2007年的工业企业数据研究发现我国出口企业的生产率普遍低于只供应国内市场的企业，同时在出口企业中，生产率与出口呈负相关关系，即出口越多的企业，其生产率越低。这一结论与新－新贸易理论以及其他国家的经验检验结果正好相反，从而提出了具有中国特色的"出口－生产率悖论"问题。围绕这个问题，Lu（2010）认为该悖论在中国的劳动密集型产业中显著存在，并通过理论模型说明其存在是由中国的劳动力要素丰裕的特征引致的；李春顶（2010）认为，我国出口企业中经营加工贸易者居多，而加工贸易主要发挥了我国的劳动力优势，由于出口企业的劳动力比非出口企业更加密

集，反而不注重技术创新，因此表现出生产率较低。在剔除了加工贸易企业后，"生产率悖论"的程度有所降低。余淼杰（2010）发现出口企业比非出口企业有更高的生产率，并且认为用最小二乘法估计全要素生产率产生的向下偏差能部分解释此前的一些研究没有发现我国制造业有较大的全要素生产率提高的事实。戴觅、余淼杰和 Madhura Maitra（2014）通过对2000—2006年企业－海关数据的分析表明，"出口－生产率悖论"完全是中国大量的加工贸易企业导致的。说明区分加工与非加工贸易企业对于正确理解中国出口企业的表现至关重要。

第三，从沉没成本角度解释只有高效率企业才能出口的原因。贺灿飞和魏后凯（2004）利用微观数据探讨了外商在华企业的出口决定因素，赵伟和陈文芝（2007）基于企业同质的假设，分析了沉没成本致使企业出口决策不能及时调整进而导致出口滞后的微观机制；易靖涛（2009）运用浙江省的数据也验证了沉没成本的存在；赵伟等（2011）基于2000—2003年27万多家企业的大样本非平衡面板数据，运用 Probit 模型证明企业进入出口市场的沉没成本显著存在，以致出口的持续性特征十分明显。

第四，从基础设施、融资约束等角度对出口的成本进行分解，并进一步研究这些因素在企业出口决策中所扮演的角色。于洪霞、龚六堂和陈玉宇（2011）以企业的应收账款相对比例作为度量企业面临融资约束的代理变量，研究融资约束对企业出口行为的影响，认为中国企业出口固定成本受融资约束的影响，制约了企业的出口能力；盛丹等（2011）运用中国工业部门数据考察基础设施对中国企业出口行为的影响，表明除网络设施外，其他各项基础设施的建设对中国企业的出口决策和数量均具显著促进作用；阳佳余（2012）采用2000—2007年3万多家工业企业数据构造了包括内源融资商业信贷以及企业信用特征等变量的企业融资约束综合指标，研究表明企业融资状况的改善不仅能提高企业出口的概率，而且对其出口规模也有重要影响；Jérôme Héricourt and Poncet（2012）对中国企业的研究认为中国工业企业出口表现受人民币汇率波动的影响，而且影响的程度依赖于现存的融资约束；陈琳、何欢浪和罗长远（2012）研究了融资约束对我国企业出口深度和广度的影响。

三、对中国企业出口增长的研究

出于对中国出口增长可持续性的担忧，既有的研究着重探讨中国出口增长的根源以及影响因素。根据研究方法和工具的差异可以分为两个阶段。第一个阶段主要使用总量出口数据，分别从外向型贸易转移（谷克鉴、吴宏，2003）、汇率制度（卢向前、戴国强，2005）、制度因素（潘向东等，2006；余淼杰，2008）、国内外市场分割（朱希伟等，2005）等方面研究影响中国出口增长的机制。得益于微观出口数据可获得性的提高以及研究工具的发展，第二阶段的研究目前朝着精细化和微观化的方向迈进，逐步打通了中国总量出口与企业微观出口表现之间的通道。

越来越多的研究已经不再仅仅关注出口的总量层面，而是更加注重出口增长的内涵，这一类研究又可以分为以下四个方面。

第一，对中国出口增长进行结构性分解。钱雪锋和熊平（2010）从产品层面把中国出口增长分解为扩展边际和集约边际，证明中国的出口增长主要是沿着集约边际实现的，扩展边际的比重较少。同时，也基于引力模型分析了影响二元边际的宏观因素；施炳展（2010）借鉴 Hummels and Klenow（2005）的方法将中国出口增长分解为广度、数量和价格增长，发现中国出口产品价格低、数量高，且中国出口的增长主要是由广度增长和数量增长造成的，价格对出口的增长几乎没有贡献。

第二，从多个角度解读中国企业出口边际增长的原因。王孝松等（2014）研究了中国出口产品遭遇的反倾销壁垒对出口增长的二元边际所产生的影响；易靖韬和傅佳莎（2011）使用浙江省的数据检验了企业异质性、市场进入成本对企业进入出口市场的影响。

第三，注重对企业出口动态的研究，发现企业进入或退出市场背后的影响因素。盛斌和毛其琳（2013）、易靖韬（2009）检验了贸易自由化、企业异质性以及市场进入成本对企业进入出口市场的影响；陈勇兵、李燕和周世民（2012）关注了企业出口持续时间的问题；陈勇兵、周宇媚和周世民（2012）描述了中国企业出口动态和二元边际结构，并考察了不同贸易成本的作用机制。

第四，将人民币汇率作为企业出口决策的外在冲击，研究双边汇率波动对出口增长的影响。Tang and Zhang（2011）使用企业交易层面的月度数据研究了真实汇率对企业出口行为的影响，发现汇率会同时影响企业的集约边际和扩展边际，其中对扩展边际的影响尤甚；Li et al（2011）使用相同的数据研究发现汇率对出口数量的影响是不显著的，但是对以目标市场货币衡量的出口品价格有显著影响。

第二节 对中国企业出口品质的研究

一、出口技术产品复杂度

关于出口技术复杂度的最典型文献来自 Hausmann et al（2007）基于人均收入的 EXPY 指标和 Schott（2006）的出口相似度指标。其中，Hausmann（2007）假设某种产品的技术复杂度与出口国的人均收入之间呈正相关，那么该种出口产品的技术复杂度等于其所有出口国的人均收入的加权平均值。行业出口技术复杂度即为该行业所有出口商品的出口技术复杂度的加权平均，权重为该产品在该行业出口总额中的比重。

相比 Schott（2006）的出口相似度指标，Hausmann et al（2007）模型能够"保证一些贫穷的小国（经济体）的出口被赋予足够的权重"（Rodrik，2006），因此得到了更广泛的运用。

国内学者关于中国出口技术复杂度的测算大致上基于以上两种测算方法，但考虑到中国对外贸易的特殊性，部分学者在具体测算的过程中对以上指标进行了适当修正。其中，许斌（2007，2010）认为基于 EXPY（出口技术复杂度指标）收入指标测算中国出口技术复杂度方面存在以下两方面的问题：一是没有考虑中国出口分布的严重非均衡性。中国有90%左右的出口来自东部沿海的9个省份，利用全国的人均 GDP 将低估对应于中国出口技术复杂度的经济发展水平。二是没有考虑产品内的质量差异，中国在出口产品中属于低端品种，可能会出现低复杂度类别中的高质量和高复杂度类别中的低质量问题。关于第一个问题的解决，许斌（2007）利用出口地区加权的人均 GDP 代替全国的人均 GDP，对 EXPY 收入指标进行了"地域"修正，这种修正得到了大多数学者的认同。关于第二个问题的解决，许斌（2010）定义了一个相对价格指标（单位价值）将 EXPY 收入指标调整为 QEXPY。QEXPY 指标加入了质量要素，能够将低复杂度中高质量产品的较高产品质量以相对较高的技术水平表现出来，也能够将高复杂度中低质量产品的较低产品质量以相对较低的技术水平表现出来。关于许斌（2010）的"质量"修正，有些学者认为 QEXPY 指标构建时所使用的单位价值只能反映出产品价格差异，并不能真正地反映出产品的质量差异。尤其是对中国而言，出口产品的价值存在被低估的可能，价格差异更多的是反映成本差异而不是质量差异，所以，用价格来调整出口技术复杂度未必合理。为此，本研究在以上文献的基础上，以企业全要素生产率对 Hausmann et al（2007）行业层面的出口技术复杂度进行修正从而得到企业层面的出口技术复杂度，既考察了出口竞争力，也考察了行业内部企业生产率的差异所带来的质量差异。

二、出口产品质量

出口产品质量的度量是从出口产品结构的研究演化而来的。之前，大多数国内外学者都采用技术结构和技术复杂度来衡量一个产品技术含量的高低，从而判断一个国家的进出口结构。Michaely（1984）是最早提出出口产品技术水平含量的学者，他利用人均 GDP 的加权平均和各国出口品在世界总出口中的份额作为权重计算出口产品技术水平含量。而后各国学者，如 Rodrik（2006）、Hausmann（2007）、郑昭阳和孟猛（2009）在这一指标体系上进行了完善和修正，并提出自己的衡量标准。出口产品技术水平和产品复杂度的研究在较为统一的标准下日趋成熟。虽然各国学者都在对出口产品的技术含量及复杂度进行研究，有的学者，如 Xu Bin（2010）在研究过程中也考虑到出口产品质量可能影响出口产品技术水平，进而对出口产品质量进行调整。在剔除了出口产品质量这一影响因素的结果中，中国出口产品技术水平较之前有所下降。各国学者对出口产品质量的研究仍处在初级阶段，一个重要的原因是没有一个较为全面的衡量出口产品质量的指标或模型。

在产品质量研究的初期，通常用产品价格来代表质量，Flam and Helpman（1987）认为一个国家出口产品的价格越高，则出口产品的质量水平越高。近年来，随着研究的深入，各国学者普遍发现利用价格或者单位价值来衡量质量存在偏差。因为价格之中除包含有质量因素外，还包含关税、运输成本等非质量因素，且非质量因素很难剔除。单纯用单位价值替代质量，虽能反映劳动生产率的差异，但非质量因素仍包含其中。Boorstein and Feenstra（1987）、Mark Bils（2004）试图将质量因素从产品的单位价值中分离。前者将产品的单位价值分解为质量指数、供应指数和质量调整后的价格指数，而后者则分解为质量因素和通货膨胀因素。虽然如此，但两位学者都承认从产品的单位价值中分离出质量因素是十分困难的，还有待进一步研究。

而后，Hallak（2004）、Fajgelbaum and Grossman（2009）等学者将一个国家的平均收入纳入衡量一国产品质量的体系中。Hallak（2004）利用比较优势理论，认为平均收入较高的国家主要生产质量较高的产品，并且在生产高质量的产品时具有比较优势。Fajgelbaum and Grossman (2009)则通过构建质量差异化的模型，将不同收入的消费者进行分类，且不同类型消费者的购买偏好存在差异。通过观察不同收入水平消费者的购买偏好，可得出收入高的消费者对质量较高的产品有较强的偏好，并且随着收入的增加，消费者购买更高质量产品的趋势较为明显，这也从侧面证实了一国的平均收入与出口产品的质量成正比。然而，随着研究方法的不断改进和微观贸易数据的可获得性增强，市场份额也成为衡量产品质量的一个指标。Khandewal (2010) 基于 Berry (1994) 的嵌套 Logit 需求结构，结合产品的单位价值和出口到一国的市场份额两个指标，来测度出口产品的相对质量阶梯。结果表明，当一种产品的质量阶梯较长时，产品的单位价值与产品的质量呈正相关；相反，当质量阶梯较短时，产品的单位价值与产品的质量呈负相关。Pula and Santabárbara (2011) 运用 Khandewal (2010) 的方法测算了中国出口到欧盟的产品质量，得出中国出口产品质量在世界产品质量阶梯中不断攀升，但对于电子行业产品质量不符合中国技术发展水平的情况并没有进行深入探讨。刘伟丽和陈勇 (2012) 同样运用 Khandewal (2010) 的方法测算了中国出口产品质量在海关 HS8 位数据上的质量阶梯，得出短期内，为迅速占有较大的市场份额，我国应发展质量阶梯较短的行业；长期内，应依靠技术进步和自主创新能力的提升，发展质量阶梯较长的行业。

除此之外，一些学者也提出了自己的衡量出口产品质量的指标体系。在 Hallak (2004) 的基础上，Hallak and Schott (2009) 提出了一个新的出口产品质量测度指标——出口产品质量指数。这一指标的建立是利用了一国进出口产品的单位价值、关税、贸易收支等数据，认为产品价格是受质量影响的非纯净价格，把质量因素从产品价格中分离出来，运用1989—2003年的出口数据对出口产品质量进行测算，并指出了中国出口产品质量与发达国家相比仍较低的现实情况。

Feenstra and Romalis (2014) 同时考虑供给和需求两方面的因素，将企业出口产品质量决策内生化，提供了另一种测算出口产品质量的分析框架。在此基础上，该文作者将企业加总得到宏观层面的测算式，利用宏观层面贸易数据测算国家 - 产品分类层面的平均进出口质量。余淼杰和张睿 (2017) 以 Feenstra and Romalis (2014) 的方法为基础，提出新的出口产品质量测算办法，强调企业生产率异质性的重要作用，测算企业产品层面的出口质量，同时消除价格的测量误差，避免使用固定效应去除宏观因素，保证测算得到的质量指标在跨时和跨国意义上可比。

基于以上方法，许多学者对中国出口产品质量做了测度和分析，得到的结论却不尽相同。施炳展（2013）、施炳展和邵文波（2014）发现中国企业出口产品质量在 2000—2006 年呈上升趋势；李坤望等（2014）的研究却得到了相反结论；张杰等（2014）则发现中国出口产品质量在 2000—2006 年间呈现先降后升的 U 形走势；樊海潮和郭光远（2015）刻画了出口产品质量和出口企业生产率之间的正相关关系；陈勇兵等（2012）采用 Alvarez and Claro（2006）的方法，基于欧盟进口 HS6 位产品数据，把中国相较于欧盟的出口产品质量比率引入模型进行分析，通过分析得出，质量因素并不是我国出口产品扩张的驱动力；余淼杰和张睿（2017）的研究表明中国制造业出口质量水平呈现整体提升的趋势。

三、出口产品附加值

出口附加值作为体现贸易利益的重要衡量指标，同时也是体现一国出口品质的重要指标。对出口附加值的测算研究早期主要集中在测算方面。

第一类是使用非竞争性投入 – 产出表的宏观计算方法（Hummels et al, 2001；Dean et al, 2011；Koopman et al, 2012）。Hummels et al（2001）首次构造了专业化指数来衡量出口的外来附加值，并使用 10 个 OECD 国家和 4 个新兴市场国家的数据测算出这些国家的专业化程度占到出口的 21%。Dean et al（2011）则利用中国的数据并首次区分一般贸易和加工贸易测算两种不同贸易方式下的垂直专业化程度。Koopman et al（2012）使用二次规划法，利用中国海关数据和投入 – 产出表区分了加工贸易和非加工贸易并计算了贸易增加值。他们认为，若不考虑加工贸易，而简单地使用垂直专业化（VS）方法，就会严重低估有大量加工贸易存在的国家的垂直专业化程度。Koopman et al（2014）也考虑了贸易方式的不同，并对非竞争性投入 – 产出表进行了分解，形成了 KWW[①] 方法，将出口分解为国外增加值、被外国吸收的增加值、返回国内的增加值和纯重复计算的中间贸易品价值，并通过测算得出出口的国内附加值率在加入 WTO 之前是 50%，2007 年上升为将近 60%。

然而，上述方法只能测算单个国家的贸易附加值的情况。王直等（2015）在 KWW 方法的基础上将一国总贸易流分解法扩展到国家/部门层

---

① 即采取基于库普曼等人的附加值溯源分解法。

面、双边层面和双边/部门层面,并按照贸易品的价值来源、最终吸收地和吸收渠道划分了 16 种路径,在传统国际贸易统计和国民经济核算体系之间建立了一个系统性的对立框架。但是,这类使用宏观数据计算的方法只能分析行业层面的国内附加值,国内学者结合中国的情况对之进行了改进。罗长远和张军(2014)在 Johnson and Noguera (2012) 的研究框架下植入了一些有关中国的特殊场景,建立了一个理解中国附加值贸易的框架,并从产业间和产业内的角度分析了中国出口本地附加值变动的原因。刘维林(2015)在考虑了中国二元贸易结构特征的基础上,提出一个基于产品与功能双重嵌入结构的测算框架和投入 – 产出系数的优化算法,测算出 1997—2007 年中国出口的国内附加值率总体处于 53%~56%。

第二类是基于中国工业企业数据库和海关贸易数据库的微观计算方法,这种方法的分析对象是企业,可以计算企业层面出口的国内附加值(Upward et al,2013;张杰等,2013;Kee & Tang,2016),Upward et al (2013) 区分了加工贸易和一般贸易并使用 2000—2007 年的中国海关数据计算了中国企业出口的国内附加值率从 2003 年的 53% 上升为 2007 年的 60%。张杰等(2013)进一步考虑了间接进口和资本品进口后测算出中国出口的国内附加值率从 2000 年的 49% 上升到 2006 年的 57%,并认为加工贸易企业出口的国内附加值率虽然低于一般贸易,但是其增长最快,其中可能的原因是外国直接投资(foreign direct investment,FDI)的进入。马弘等(2015)则使用中国工业企业数据、海关数据和投入 – 产出表,并进一步区分贸易方式和企业所有制测算了中国出口的国内附加值,研究得出外商直接投资创造了中国出口的国内附加值的近 45%,而国内从事加工贸易的企业创造的出口国内附加值不到 5%。这些测算方法的不断改进和从不用的角度考察国内附加值可以使我们更好地理解全球价值链下的贸易模式和贸易利得。

与此同时,文献也开始探索影响出口附加值的因素:外国直接投资、对外直接投资(outward foreign direct investment,OFDI)、出口目的地、贸易自由化、生产率等,它们均以不同的渠道对之产生影响。张杰等(2013)采用 2000—2006 年的中国海关贸易数据和中国工业企业数据合并的微观数据计算了企业出口的国内附加值率(domestic value added ratio,DVAR),发现 FDI 进入是导致加工贸易企业出口的 DVAR 上升的重要因素。樊秀峰和程文先(2015)在 Koopman 测算方法的基础上通过构建广义加性模型(generalized additive models,GAMS)弥补了其无法利用传统的 I/O 矩阵以及直接投入系数矩阵的缺陷,研究发现,当企业将产品出口到发展中国家和新兴经济体国家时对企业出口的 DVAR 有正向作用,而出口到发达国家对其有负向作用,这与张杰等(2013)得出的结论一致。刘海云和毛海鸥(2016)从 OFDI 的角度出发进行研究,发现中国制造业的水平 OFDI 和垂直 OFDI 均促进了出口增加值的提升,且后者比前者对出口增加值的提升作用更加持久。Kee and Tang(2016)则证实了进口投入品关税的下降和 FDI 的增长是企业出口的 DVAR 上升的重要因素,其中的机制是进口投入品关税的下降和 FDI 的增长使得国内的中间产品的种类增多并且会以更低的价格获得,从而会使用更多的国内中间投入品,进而提高了企业出口的 DVAR。Manova and Yu(2016)研究发现,企业若面临融资约束,则会诱导企业更多地从事加工贸易特别是来料加工贸易,从而使企业难以获得更高附加值,难以从事利润更高的活动,最终使企业处于全球供应链上不利的位置。当融资约束较少时,可以带动产业在全球价值链中地位的升级;如果融资约束较大,则会引致产业向价值链低端偏移。

总之,关于出口附加值的研究早期主要集中在测算方面,目前并行的方法有宏观和微观两种计算方法且各有优点,将其应用到中国时,应结合中国的实际进行方法的改进(比如,区分了一般贸易和加工贸易,最终得出的结论是中国企业出口的 DVAR 呈上升趋势)。

第三节 对中国企业出口动态的研究

一、企业出口动态

对企业出口动态进行系统研究的经验文献大致可以分为两类:第一类文献着重强调沉没成本对企业出口动态的影响;第二类文献主要从目的市场选择的角度考察企业出口动态。

第一类文献基于 Baldwin,Krugman and Dixi(1989)的经典假设,认为由于沉没成本的存在,不同生产率企业在出口行为中表现各异。Roberts and Tybout(1997)最早对该问题进行了论证,随后,Bernard and Jensen(2004)使用美国数据得出了类似的结论。此后,Das et al(2007)选取哥伦比亚 3 个典型制造业的出口企业面板数据估算企业的出口固定成本约为 400000 美元。Helpman et al(2004)引入沉没成本,探讨企业服务国外市场的方式是选择出口还是选择 FDI。Bugamelli and Infante(2002)使用意大利制造业企业的数据研究沉没成本对出口参与的影响,结果表明如果一个企业在前一期已经出口，则会使其该期出口的概率增加70%，即沉没成本对企业的出口决定有重大影响。这些文献得出的一致结论是：只有那些生产率较高、能够弥补沉没成本的企业才会选择出口，已经出口的企业由于支付了沉没成本而不愿轻易退出。因此，从沉没成本这个角度看，企业的出口行为一般比较稳定。正如 Ilmakunnas and Nurmi（2010）所指出的，规模较大、生产率较高的资本密集型企业会较早进入出口市场且生存时间长，而退出出口市场的企业一般是生产率较低，无法弥补正常出口成本的企业。这一点又与贸易对企业出口行为的反作用相呼应，根据异质企业贸易模型，贸易能够促使一些企业扩大生产，但是也能使同行业中一些企业缩小生产，那些生产率较低的企业将退出出口市场。

第二类文献主要从目的市场选择的角度考察企业出口动态。Eaton et al（2004）选取法国16个部门，对企业层面的数据进行分析，结果表明，大多数出口商只出口到一个地区，且多目的国企业的个数随目的国个数按 −2.5 的弹性系数减少。Eaton et al（2008）采用同样的数据，将 Melitz 异质企业模型定量地用于法国跨部门企业，用来估计这个模型对不同市场出口模式的解释力度，发现目的市场的出口企业数目会随市场规模扩大而逐渐增加，法国的平均出口会随出口市场数目的增加和不受欢迎的目的市场的数目减少而增加。Lawless（2009）分析 2000—2004 年爱尔兰企业出口动态，发现每个市场上存在的出口企业有很大的变动，企业的进入和退出市场对贸易增长有显著作用［尤其是对那些不太热门（less popular）的国家］，很多企业开始时只进入一个市场，然后逐渐增加出口市场。Eaton et al（2004）对哥伦比亚的出口企业数据进行挖掘，得出：新的出口商选择单一的国外市场开始出口，存活下来的出口商逐渐扩张到其他市场，他们遵循的扩展路线及存活概率都依赖于最初选择出口的目标市场。而 Buono et al（2008）的结论是，企业刚进入某个目的市场时出口量很小，随着该企业－目的市场关系的发展和稳定，出口量逐渐增加。

二、对企业出口动态决定因素的研究

（一）对不确定性与企业出口行为的研究

由于不确定性来源于人们对未来难以预知的心理状态，因此，很难对其进行量化，国内学者在很长一段时间仅从供给和需求等实际经济变量研究中国企业的出口行为。随着不确定性测度方法的完善，近年来一些学者开始关注不确定性对企业市场进入、退出及出口增长的影响。佟家栋和李胜旗（2015）认为，贸易政策的不确定性表现为不同国家之间因缺乏贸易秩序而产生贸易摩擦和纠纷的可能性。这种不确定性阻碍了企业进入新的市场。鲁晓东和刘京军（2017）研究了外部不确定性与中国出口波动之间的关系，发现不确定性和外部冲击会对中国出口产生负面影响，而且这一影响在短期内远远大于传统的供给、需求及汇率因素所造成的影响。刘洪铎和陈和（2016）研究了不确定性下企业的市场退出行为，发现目的国经济政策不确定性的加剧会使本国企业退出率上升，同时对已进入企业的存活率也有一定的负面影响。

为了探究不确定性对企业出口行为影响的传导机制，魏友岳和刘洪铎（2017）对1995—2014年中国企业出口贸易数据进行了深入分析，发现贸易政策的不确定性对出口到特定国家的企业数量（扩展边际）有显著的负面影响，而对企业平均出口额（集约边际）的影响无法确定。利用不同的样本数据，钱学锋和龚联梅（2017）得出了不同的研究结论，他们认为不确定性对中国企业的出口影响主要是通过集约边际来实现的，缔结区域贸易协定能够降低企业面临的不确定性，促进本土企业积极参与出口。蔡洁等（2017）利用中国与东盟之间的贸易数据对上述结论进行了检验，发现中国－东盟自由贸易区的建立降低了中国企业进入东南亚市场的成本，极大地促进了双边贸易额的增长。

（二）对影响企业出口动态的因素的研究

影响企业出口行为的因素众多，国内学者在这一领域的研究已经十分丰富，主要可以分为以下两类。

（1）对外部影响因素的研究，包括出口国特点、环境因素、经济因素等。王铠磊（2007）运用引力模型和中国出口数据证实，出口国较高的经济发展水平能够吸引更多的企业进入并促进企业出口数额的增长，而较远的地理距离则会引发高昂的交通成本，成为企业进入该市场的阻碍。叶宁华等（2015）研究了地理位置对企业出口行为的影响，发现东部地区企业能够利用其区位优势相对容易地进入国际市场，但在成功进入出口市场之后，地理位置优势对企业维持出口状态并没有促进作用。徐榕和赵勇（2015）研究发现，企业外部融资环境的改善能直接提高企业进入出口市场的可能性。刘志强（2014）认为健全的法律制度会降低海外合同的违约风险，从而显著地促进当地企业进入出口市场。余淼杰和王雅琦（2015）分析了人民币汇率变动对企业出口行为的影响，发现人民币升值会降低企业进入出口市场的积极性,并减少企业出口产品的种类和数量。

(2)随着新-新贸易理论的兴起,不少学者从企业异质性的角度出发,研究内部因素如劳动生产率、创新能力、企业规模、经营年限等对企业出口行为的影响。张瑞洋等(2015)采用 Probit 模型和 Tobit 模型从整体和行业两个层面对中国企业出口行为的影响因素进行了实证分析。研究发现,生产率越高、盈利能力越强的企业越倾向于出口。吴飞飞和邱斌(2015)分析了产品创新对企业出口决策的影响,发现实施产品创新的企业能够更好地满足国外消费者的偏好,成为出口企业的可能性更高。马林梅(2014)研究了企业规模与出口行为之间的关系,发现规模越大的企业越倾向于采用直接出口的方式进入国外市场。赖永剑(2011)通过对2005—2007年中国制造企业平衡面板的数据进行研究发现,较长的经营年限、较高的创新水平以及优质的人力资本对企业的出口参与和出口强度具有积极的促进作用。

(三)对"出口中学习"的研究

国内外学者对"出口中学习"研究的侧重点不同,国外学者关注企业对外部环境的学习,即通过出口少量商品来了解目的国的市场情况。而国内学者主要研究企业自身的学习,即通过出口学习国外先进的技术和经验来提高自身的劳动生产率。钱学锋等(2011)利用1999—2007年的中国工业企业数据,实证检验了出口与企业生产率之间的关系,发现出口行为显著地促进了企业的生产率进步,出口学习效应真实存在。荆逢春等(2013)利用不同的数据样本证实了上述结论,并发现出口对劳动生产率的促进作用与企业的所有制形式密切相关。为了探究出口学习效应产生的原因,张杰等(2009)对1999—2003年中国本土制造业的数据进行了研究,发现"出口中学习"对企业全要素生产率的提升并非来自企业自主创新能力的提高,而是来自企业生产工艺流程与组织管理方式的改善。易靖韬和傅佳莎(2011)则认为,出口市场更加激烈的竞争会促进企业不断改善生产中各种无效率的环节,从而提高企业的劳动生产率。以上研究表明,国内学者普遍认同出口行为对企业的劳动生产率提高起到了积极的促进作用。

(四)对溢出效应的研究

国内学者对溢出效应的研究可以分为两类:一类是由区域集聚产生的知识溢出,称为区域溢出效应。代表性的文献有:刘青竹和周燕(2014)

采用 Heckman 两阶段选择模型考察了地理集聚对我国企业出口行为的影响，结果显示，地理集聚程度的提高会显著促进企业参与出口并提高出口数额，表现出明显的区域溢出效应；周康（2015）基于出口信息障碍与融资约束的综合视角，研究了县域范围内出口集聚的溢出效应，发现出口企业的县域集聚不仅显著激励了企业海外扩张的行为，而且提高了非出口企业进入国际市场的积极性；赵婷和金祥荣（2011）利用 2007 年中国规模以上企业的数据进一步证实了上述结论，发现出口集聚对本土企业的市场进入以及出口增长具有显著的促进作用，这种作用的大小因企业所有权和行业差异而有所不同。另一类是由行业集聚产生的知识溢出，称为行业溢出效应。代表性的研究有：易靖韬（2009）采用二项分概率对数模型研究了技术溢出对浙江省企业出口决策的影响，发现同一行业的技术溢出对企业参与出口具有积极的影响；包群等（2012）利用不同的样本数据证实，行业知识外溢能够产生积极的效果，对同行业的本土企业进入国际市场起到了促进作用。整体上来看，国内学者对区域溢出效应的研究较为细致、深入，而对行业溢出效应的探讨还有待丰富。

第四节　进口溢出与企业出口表现

目前国内外关于进口对企业影响的研究中，进口对企业生产率影响的实证分析较为全面，但由于具体研究对象的不同，结论略有差异。以发展中国家为研究对象的文献大多支持"进口中学习"理论，认为进口品对企业技术进步存在正向影响。但目前关于进口对企业生存影响的研究相对较少，且根据研究对象的不同，实证结果也截然不同。本文根据研究主题对过往相关文献进行了总结，主要分为两类：进口对企业生产率的影响研究以及进口对企业生存扩延的影响研究，同时分别针对进口影响的研究结果以及具体的作用机制进行总结。

一、进口对企业生产率的影响

针对进口对企业生产率的影响这一研究方向，不论是国外学者还是国内学者都进行了大量的实证工作，既往文献研究丰富。国外文献中，不同学者选定不同进口国进行了实证分析。例如，Pavcnik（2002）通过使用微观数据对智利企业生产率受进口贸易自由化的正向影响进行了分析，从而得出了相应结论；Schor（2004）利用巴西在1986—1998年的制造业企业数据，得出了最终品以及中间品关税减少对企业生产率有正向影响的结论；Amiti and Konings（2007）也曾利用印度尼西亚1991—2001年的制造业普查数据研究了进口贸易对于企业生产率的影响，同样发现最终品以及中间品的关税减少有利于企业生产率的增加；Halpern et al（2011）在针对匈牙利的研究中发现，1993—2002年间，中间投入品的进口为匈牙利的生产率带来了三分之一的提升；Florlani（2010）在针对爱尔兰进口的实证研究中，也发现了中间品的进口对企业生产效率的促进作用。在国内的研究中，李小平等（2008）通过技术差距模型在针对1998—2003年中国32个工业行业的进口品研究中，发现进口对企业生产率有显著的促进作用；余淼杰和李晋（2015）利用了2002—2006年中国企业层面的数据，将进口品分为进口中间投入品以及最终产品，以探究不同类型进口对国内企业生产率的影响；张杰等（2015）则利用2002—2006年间中国工业企业和海关贸易统计库的合并数据从中间品和资本品两个角度研究进口的作用。

随着针对进口对企业生产率的影响的研究的深入，国内外越来越多的学者开始将进口国进行划分，或者研究在不同情况下进口对企业的生产率影响的差异。例如，在国外学者的研究中，Zaclicever and Pellandra（2012）将进口来源国进行了划分，发现来自G7（七国集团）国家进口的中间品相较于来自南方共同市场的进口中间产品能够更好地提升乌拉圭企业的生产效率；相似地，Loof and Andersson（2010）发现从不同知识密集度的经济体的进口对企业生产率的影响程度不同；在Bloom（2016）选定中国为进口来源国，探究欧洲发达国家从中国的进口对其技术进步的影响研究中，发现来自发展中国家的进口品同样可以促进发达国家技术的进步。在国内学者的研究中，余淼杰等（2015）将行业划分为同质性产品行业以及异质性产品行业，探究了进口对于不同行业的影响差异及原因；张杰等（2015）在针对中国企业进行证实研究的时候，将企业依据不同标准进行了划分，如有无出口活动等，发现中间品的进口对无出口同时有研发的民营企业的生产率正向影响更为显著。这样的研究不仅可以排除出口活动对研究的影响，还可以为中国当前的进出口政策提供相应的依据。

以上国内外文献均为研究进口对企业技术进步的影响，同时，也有越来越多的学者展开针对不同进口类型以及进口品的质量对企业技术进步的影响的探究。例如，Antoniades（2015）通过构建质量内生化模型，将单纯的产品质量测度研究方法发展为产品质量与企业生产效率之间的关系探究；钟建军等（2016）通过研究发现，提高进口中间品的质量可以帮助企业提高生产效率，同时阐述了具体的作用机制；郑亚莉等（2017）从不同层面证实了进口中间品质量对企业生产率的影响差异；钱学锋等（2011）则从两种不同的层面证实了进口种类的增加对企业技术进步的正向影响。

而针对进口与企业生产率之间的关系，主要集中为两类观点。一方面，一些学者认为进口对企业的生产率有促进作用，即"进口中学习"理论；另一方面，许多针对发达国家进行研究的学者则认为，生产率较高的企业普遍会增加进口的数量，也就是企业生产率的高低决定了企业的进口，即"自主选择"理论。观点产生差异的原因主要在于研究对象的不同，由于不同的国家由于具备不同的技术水平及学习能力，因此对待进口的反应也有所差异。

二、进口对企业生产率的影响机制

进口对企业生产率的影响作用机制，可以依据进口产品的类别进行分析：进口中间投入品、进口资本品、进口最终消费品。由于进口品的不同，即便对企业生产率均有正向的影响效应，具体的作用机制仍存在差异。以往学者的研究大多集中于进口中间品对企业生产率的影响，从"进口中学习"理论的角度进行阐述。"进口中学习"的具体作用机制可以分为三类（Coe & Helpman, 1995; Keller, 1998, 2001; Connolly, 2003; Helpern et al, 2011）[①]：其一，由于企业进口的中间投入品与国内现有的中间品种类不会完全重合，因此进口的中间投入品会带来国内产品的种类数量增加，而产品种类的丰富程度可以代表企业的技术进步程度（Halpern et al, 2011）。其二，进口的中间投入品来自技术更成熟的国家，因此中间投入品的质量相比于国内的产品也能得到提升，并将中间品更好地应用于国内的生产，这样可以帮助提高整体的产品质量，产品质量的提升同样是生产效率提高的重要标志。其三，另外一个途径便是技术外溢效应，因为不同企业具备不同的学习能力以及研发水平。由于创新知识的非竞争性，国外中间投入品以及资本品所具有的先进技术水平可以被国内的企业习得，从而提高自身的生产水平，这样的过程便是技术外溢的过程。Acharya and Keller（2009）构建了一个17个工业化国家制造业行业在

[①] 在国际贸易研究领域，关于企业层面进口对生产率的影响主要分为两类观点，"进口中学习"以及"自主选择"，后者则认为企业进口主要取决于自身选择行为，此类观点的支持者多以发达国家为研究对象。

1973—2002年的样本,并使用广义矩方法(generalized method of moments, GMM)进行估计,发现进口是技术转移的一个重要途径。Keller(2002)通过对OECD国家在1970—1991年的数据进行分析,发现与进口贸易相关的技术溢出可以带来生产率的总量增加。[①] 也有越来越多的国内学者从不同视角验证并研究进口溢出对中国企业生产率的影响。黄漓江(2017)等通过使用中国1998—2007年制造业企业的微观面板数据,对存在技术差距时的进口溢出对企业生产率的影响做出了验证,结果表明进口溢出对企业生产率的影响显著为正。

上述三种机制主要解释了进口中间投入品对企业生产率的影响。对于资本品而言,它的进口对国内企业生产率的影响拥有更为直接的途径。从国外进口的资本品大多指那些具有更高生产率以及技术含量的生产设备或者关键零件。而这些资本品可以直接用于生产所需帮助企业提高其生产效率,因此,相较于中间品,资本品对企业生产率的影响更为直接。而这样的过程也就是在Solow经济增长模型当中常被提及的体现型技术进步(Solow, 1962)。除去资本品在国内的应用对企业生产率产生的直接促进效果,资本品的进口同中间品的进口一样同样存在技术溢出效应。张杰(2015)利用2000—2006年的工业企业样本针对中间品以及资本品对企业生产率的影响进行了研究,发现它们均存在对生产率的正向显著影响;而黄漓江等(2017)则通过构建资本品以及中间品之和与行业总资产的比值作为进口溢出的衡量标准,得出了进口溢出对企业生产率存在的正向显著影响。可以看出,专业化的生产设备的进口可以为进口国带来技术进步的可能。

而对于最终消费品的进口,在以往学者的研究中较少提及。国内外学者普遍认为最终消费品的进口对企业的技术进步影响较小,其影响主要通过中间品以及资本品的进口体现。

除上述几种影响途径,进口还会为国内的产品带来竞争效应。国外产品的进口会与市场上国内企业生产的产品形成竞争,企业为了应对来自进口品的竞争会产生主动提高自身生产效率的动机,因为进口而增加的市场竞争带来的生产率的提高是进口的竞争效应。不少学者认为,对于发达国家而言,从以中国为代表的发展中国家进口的产品所产生的技术溢出效应并不明显,因而对进口国家企业的技术进步的影响并不显著,部分学者支持"自主选择"理论,即企业生产率越高会越偏向于增加进口,而不是进

[①] OECD即经济合作与发展组织,简称"经合组织",是由34个市场经济国家组成的政府间国际经济组织。

口对企业的生产率存在正向影响。但 Bloom et al（2015）利用 12 个欧洲发达国家自 1996—2007 年间的统计数据的研究发现，上述 12 个发达国家的来自中国的进口品的竞争促进了本国企业的全要素生产率的增加，同时增加了进口国的创新活动（专利活动），而这样的竞争会导致欧洲发达国家部分企业的规模缩减甚至退市。①

而在国内的文献当中，余淼杰等（2015）基于 2002—2006 年间中国制造业企业面板数据，以市场集中度作为指标衡量行业的竞争程度进行研究，发现市场集中度较高的企业拥有相对较高的垄断地位，但是受到进口竞争效应所带来的激励效果相对较弱，提升自身生产率的主动性较差。因此，引入市场集中度、进口以及产品差异化程度的交叉项可以甄别进口中间品和最终品对企业生产率提升的两种不同途径：竞争效应和技术溢出效应（见图 2-1）。

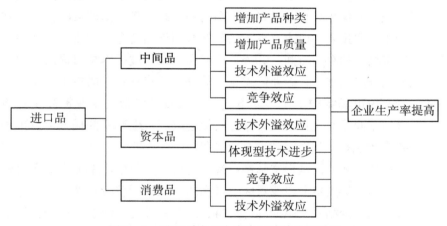

图 2-1 进口对企业生产率影响的作用机制

三、进口对企业规模及存活情况的影响

进口所带来的竞争效应以及技术溢出效应会帮助国内企业提高生产效率，同时增强其进行创新活动的能力。但是，由于进口品可能具备更高的技术含量或更精美的外观，因此与国内的产品构成竞争关系，这样的竞争可能会导致国内企业规模的萎缩甚至退出市场。

---

① Bloom et al（2015）文章中所研究的 12 个发达国家分别为：澳大利亚、丹麦、芬兰、法国、德国、爱尔兰、意大利、挪威、西班牙、瑞典、瑞士及英国。

Bloom et al（2015）以中国为进口来源国，在针对12个欧洲国家的进口研究中发现，从中国的进口会使欧洲发达进口国企业的规模缩减甚至降低它们的存活率，从而导致行业内的资源重置。而在目前国内文献中，关于进口对企业存活影响的研究相对较少，多数学者在研究国内企业的生存概率时，多集中于企业创新（Boyer & Blazy，2014）、政府补贴（毛其淋等，2016）、国际贸易（于娇等，2015）等方面，而国内关于进口对企业生存影响的文章均仅涉及中间品的进口的影响效应。毛其淋等（2016）通过对2000—2007年间中国工业企业微观数据的研究发现，中间品进口在总体上可以显著地促进企业市场存活。

刘海洋等（2017）在进口中间品与企业生存扩延一文的研究中，提出进口可以增加中国企业在市场中的存活时间的观点，并阐述了三种可能的促进机制：①进口中间品可以通过资源配置优化提高企业的生存概率，在进口的过程中，企业可以通过进口其他国家种类更加丰富产品来实现国内外的资源配置和优化。企业进口中间品的种类越丰富，则越会降低企业在生产过程中需要投入的成本，成本的降低有利于提高企业的竞争力从而延长企业在市场中的存活时间。②进口中间品可以通过技术溢出提高企业的创新能力以及研发水平，企业研发水平的提升意味着企业的技术进步，可以帮助企业在市场竞争中赢得竞争优势，从而可以帮助企业提高生存概率。③进口中间品对企业的生产率存在促进效应，生产率的提升可以帮助企业节省生产成本，从而有利于企业的存活。

综上所述，在目前国内文献中，针对进口对企业生产率的影响研究较为丰富，但是针对资本品以及最终消费品的实证分析较少；而进口对企业生存的影响仍缺少相关文献的理论支持，鲜有关于进口同企业市场存活情况的关系研究。因此，本文希望通过构造计量模型以及实证研究更全面地考察进口对中国企业的影响，同时希望可以通过对进口品的分类更全面地研究不同进口品对企业生产率以及企业生存的影响。

第五节 文献评述

一、现有文献的局限

既有的研究基本上是沿着出口沉没成本-生产率-出口决策这条主线进行的。生产率是以上研究的重要节点，由各种因素（企业内部的和外部的）构成的出口沉没成本的存在使得只有具有相对较高生产率的企业才能成为跃过"龙门"的出口者。这里暗含着一个假定，就是出口企业都是"明星企业"（Mayer & Ottaviano，2007）。这种研究思路尽管能够在一定程度上廓清企业出口决策之谜，但是也存在一些局限性：①文献中对出口行为的界定是含混的。多数文献仅仅关注了企业"是否出口"的决策（出口倾向，export propensity），而忽略了出口行为的其他方面。我们认为，出口决策是一系列行为的组合，决定是否出口只是行为的开端，接下来企业还需要对出口与内销比重（出口强度，export intensity）、出口目的地组合（出口市场广度，export destination）、出口产品组合（出口产品广度，export composition）等一系列问题进行考量与决策。而目前约有90%的此类文献仅关注了出口倾向这一个方面，剩下的10%也只是涉及出口强度这一方面（Iyer，2010），而其他方面则被有意无意地忽略了。②绝大多数实证类文献都是从生产率角度对企业出口行为进行研究，这在某种程度上是受理论研究［因为具有开创意义的Melitz（2003）模型就是以生产率差异作为异质企业的标志的］的误导。其实，从企业的角度来看，出口决策的背后融合多种因素的考量，因此，应该用系统的观点进行分析，任何基于单因素的判断都会显得片面和武断。③对沉没成本的处理略显简单，由此形成了所谓的"沉没成本黑箱"。"沉没成本"在很大程度上只是一个理论上的概念，在实证研究中很难找到合适的变量来代表它，因此很多文献仅仅使用出口状态的滞后期来表示沉没成本（邱斌等，2011）。要想打破"沉没成本黑箱"，就需要对企业出口决策的机理有更深一层的认识。④对中国出口的动态研究不足，目前的研究大多只关注出口的一阶矩（绝对值）问题，而忽略了对二阶矩（波动）的考量，其实贸易的波动性要远远大于生产的波动性（Novy & Taylor，2014）。另外，即使是动态研究也仅仅是关注企业的进入和退出行为层面，而缺乏更为全面的测度。⑤对外部冲击下出口的不确定性缺乏充分的认识，更不能科学地评测冲击的传导路径。⑥缺乏企业战略层面上的考量。现有的研究主要关注影响企业出口行为的宏观因素，如基础设施、信贷约束等，而忽略了企业发展战略等微观层面因素。企业属于经济组织的范畴，因此，要全面洞悉企业出口行为及表现的决定因素，还需要从组织管理的视角进行别样的审视。

二、潜在的研究方向

第一，单纯将企业的出口行为定义为企业是否出口以及出口强度有些过于偏狭，无法准确、全面地刻画企业的出口行为的概念。因此，未来的研究应该扩展现有的出口行为概念，将企业出口过程中发生的一系列活动进行逻辑梳理，将出口市场组合、产品组合、市场开发路径以及出口网络拓扑结构等因素纳入考量范围，建立一个综合的出口行为评价体系。另外，增加对企业出口动态的认识，充分识别企业在国际市场上的行为调整。

第二，超越传统的"沉没成本－生产率－出口"研究主线，将出口行为的决定因素进行扩展。不可否认，生产率是企业能否克服出口沉没成本约束，参与出口活动的重要因素，但是生产率并非唯一的因素，其他企业特征、所在行业和地域特征都将对企业的出口行为施加影响。因此，需要以系统的观点对这些因素加以考察，从而更有效地识别企业出口的机理。

第三，将需求因素纳入中国工业企业出口行为的研究范围。出口是国内供给和国外需求双重作用下的产物。目前，从需求角度探究中国企业出口行为是该项研究无法回避的问题。随着国际竞争的加剧以及全球经济的进一步衰退，需求因素在出口增长的作用也越来越突出。因此，研究国外消费者的需求行为以及出口目的地市场特征，从需求角度解读中国出口增长的滥觞具有理论和实践的双重迫切性。

第四，从制度经济学讲，企业的出口活动是跨国的契约行为，在这种情况下，契约的不完备性问题将会更加突出，而契约的完备性往往又是由制度环境所决定的。已有的研究重点关注经济政策、国际贸易谈判等正式的制度，对某些非正式制度缺乏考虑。但是，在正式约束不明确或者失效的情况下，非正式约束在为企业减少不确定性和保持稳定性方面发挥着更大的作用（Peng，2011）。因此，未来的研究应该将影响企业出口动态的非正式制度纳入分析框架，以丰富现有的研究。

第五，在不确定背景下识别企业出口模式的动态变化，除了进入和退出决策以外，还应该纳入对市场－产品组合、市场开发途径的调整等方面。尤其是结合社会网络方法，研究出口商的市场拓扑结构，这对于发现冲击传导途径、降低出口波动具有重要意义。

出口增长编

韓國學論集

第三章 中国企业出口参与的决策及其决定因素

第一节 中国企业出口强度的特征事实

1999—2007 年期间,中国大陆企业出口参与度维持在 20% 以上,并于 2004 年达到最高值（26.85%）,略高于美国（21%）、法国（17.4%）等发达国家,但远低于同为新兴经济体的中国台湾地区（46%）、越南（38.15%）、厄瓜多尔（30.4%）等国家与地区。在出口强度方面,中国企业平均出口强度（16%）同样略高于美国（14%）而远低于越南（24%）。见表 3-1。

表 3-1 中国企业出口参与度与出口强度（1999—2009 年）

年份	出口企业个数/个	出口参与度/%	出口企业平均出口强度/%	全部企业平均出口强度/%	企业总量/家	企业总量(初始样本)/家
1999	25386	21.23	67.58	14.36	119591	162033
2000	27585	22.63	68.56	15.53	121883	162885
2001	30977	23.60	68.89	16.28	131261	171256
2002	34964	24.77	68.47	16.96	141182	181557
2003	39371	25.10	68.92	17.31	156882	196222
2004	60852	26.85	67.94	18.25	226647	279092
2005	59495	26.55	63.03	16.73	224107	271835
2006	61146	24.59	63.61	15.64	248624	301961
2007	59481	21.26	67.83	14.42	279736	336768
2008	53776	25.54	64.60	16.50	210584	411407
2009	35892	21.69	64.36	13.96	165510	320778
均值	44448	23.98	66.71	15.99	184182	254163

资料来源:作者根据中国工业企业数据库相关数据计算。

就分布结构而言,中国出口企业出现了"两级分化"现象,出口企业以完全出口和小部分出口为主。根据 2007 年的数据来看,出口强度在 91%~100% 的企业占比 46%,低于 10% 的企业占比 11%,出口强度为 10%~90% 的出口企业总占比仅为 43% 左右,呈现纺锤形或哑铃形结构。见表 3-2。

表3-2 中国企业出口强度分布

出口强度/%	2007年		1999—2007年	
	企业个数/个	百分比/%	企业个数/个	百分比/%
0~10	6429	10.81	51339	12.86
11~20	3777	6.35	26460	6.63
21~30	3155	5.30	19426	4.87
31~40	2814	4.73	17507	4.38
41~50	2821	4.74	17331	4.34
51~60	2759	4.64	17237	4.32
61~70	2896	4.87	18330	4.59
71~80	3309	5.56	21299	5.33
81~90	4218	7.09	27460	6.88
91~100	27303	45.90	182863	45.80
总计	59481	100	399252	100

资料来源：作者根据中国工业企业数据库相关数据计算。

备注说明：《中国规模以上工业企业数据库》的实证研究都不会保留西藏数据。

从地区分布来看，受地理因素的影响，中国东部地区沿海的区位优势促进了出口企业的发展，出口企业比重达到30.18%，出口强度超过20%；而中、西部地区的比重分别仅为11.08%和6.044%，出口强度均低于5%，不到东部地区的1/4。中国的出口企业比重从沿海到内陆方向递减，见图3-1。

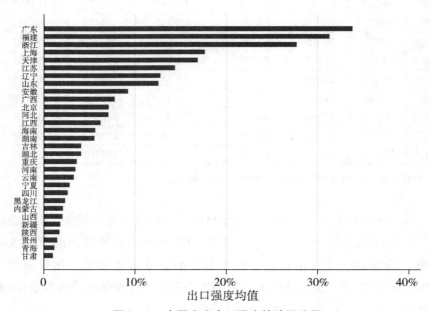

图3-1 中国企业出口强度的地区差异

此外，企业出口存在着明显的产业差异，制造业、纺织业等劳动力密集型产业中出口企业的比重较高，尤其是文教体育用品、工艺品、纺织服装行业内出口企业比重达到60%以上，出口强度均值超过50%；而原材料类行业，包括金属、非金属采选业，石油炼焦等石油化工行业内超过90%企业为非出口企业，出口强度均值低于5%，见图3-2。由此可见，行业特征对企业的出口选择影响较大。

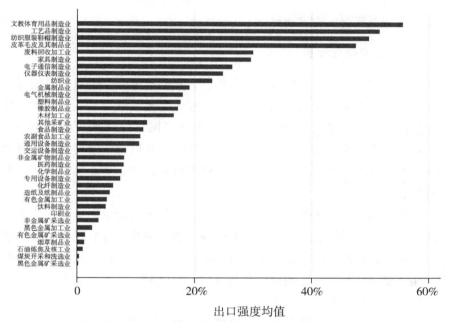

图3-2　中国企业出口强度的行业差异

第二节　企业出口参与的决定因素Ⅰ：供给侧

一、理论思考及假说的提出

从决策的流程上讲，一个企业的出口参与决策是分两个阶段完成的。企业首先解决的是是否参与出口的问题，再进一步决定具体的出口比重（以出口为主还是以内销为主）。为了同时体现两个阶段的特点，我们选择出口强度指标来体现企业出口决策的结果：出口强度为正数的企业标志为出口企业，出口强度为零则表示该企业是纯内销企业，并以出口强度的数值表示企业选择的出口比重。

在进行企业的出口决策（即出口强度的决策）时，企业家的决策机制受多方面因素的制约，通常可以分为内部因素和外部因素两个部分。内部因素主要是指企业自身的特征，包括劳动生产率、全要素生产率、资本密集度、企业规模等；外部因素主要有国内市场因素和国外市场因素等。本章的研究重点将主要集中在企业自身因素和国内因素对决策的影响，所以我们将企业出口决策的因素细分为三个维度：企业自身的特征、国内市场竞争程度和本地商业环境约束。

（一）企业特征变量

根据已有研究成果和数据的可获得性，我们集中研究企业自身的以下特征：劳动生产率、全要素生产率、研发投入、负债情况、人力资本、资本密集度、企业规模、外资比重、电子邮件和网站使用概率等（表3-3）。其中全要素生产率采用OLS和OP法计算，并以企业雇员人均工资水平表示人力资本，以企业人均资本表示资本密集程度，企业规模用企业雇员总数表示。

在新-新贸易理论中，生产率往往被认为是决定企业出口的一个重要因素（Melitz，2003）。一个企业拥有较高的生产率意味着它能以更低的成本生产商品，从而在国际竞争中占据优势。在同一行业内，生产率较高的企业能在出口市场以更低的价格参与竞争，所以更有可能克服出口贸易的额外成本，选择成为出口型企业。

研发投入也是影响企业出口强度的因素之一。它对出口决策的影响机制同劳动生产率有一定关系，高研发投入的企业，更有可能通过技术提高或生产创新实现较高的劳动生产率，推动企业由内销转向出口。此外，较高的研发投入在新产品和新工艺的发展、管理体制的改进等方面也发挥了重要作用，使企业在出口竞争中更具竞争力。当然，由于该变量与生产率的关联性较大，因此应该注意由此所产生的共线性问题。

另外一个和生产技术相关的概念就是资本密集度。企业往往会根据自身的资本实力以及要素价格来选择特定的劳动资本配比。资本实力雄厚的企业会更多地参与高级技术引进或者进行更高强度的技术研发。与此同时，企业还需要考虑要素市场的特征，而这些特征又和一国的禀赋状况密切相关。中国是一个劳动力富余的国家，尤其是非熟练劳动力存量巨大，因此整体工资水平较低，企业在效率和成本的权衡中，往往优先考虑后者。因此，对中国而言，资本密集程度被认为是一个与出口强度呈负相关关系的因素。

企业规模也是出口决策者需要考虑的因素。我们以企业从业人员数量来衡量企业规模，规模较大的企业拥有更多的资源来开辟国外市场，且更容易通过规模效应来实现低成本，取得出口的竞争优势。在不考虑国内和国际市场的异质性的前提下，各种规模的企业在两个市场上均衡发力，而规模较大的企业往往在两个市场上均具有较高的份额。因此，预计企业规模与出口强度存在正相关关系。

企业存续的时间亦会影响其出口行为。我们预期寿命较短的企业出口强度更高，原因在于寿命较短的企业往往是较晚进入所在行业的企业，此时国内市场已被先进入的企业占据，它们想要取得一定的国内市场份额，就必须投入大量的资金和人力与那些发展得更成熟的企业竞争。在这种形势下，这些新企业们更愿意进军国外，去开辟竞争压力较小的国外市场，以提高出口强度。

企业的资产负债率是企业负债占总资产的比重，它被认为是判断企业偿债能力和经营风险的重要指标。出口企业的资产负债率通常会高于非出口企业，原因在于对外贸易要求企业具有更强的资金周转能力和融通能力，而为了提高国际市场的竞争力，出口企业通常还会授予合作方一定的信用额度，导致应收账款、存货等项目在资产负债表中的比重较大。为了满足这些要求，出口企业会积极利用财务杠杆融资，从而导致资产负债率偏高。

电子邮件和网站的使用率与企业出口行为的关系更为直观。由于地理距离的影响，与国内贸易相比，对外贸易的商业沟通方式更受限制，网站尤其是英文网站成为出口企业对外展示产品、吸引贸易伙伴的重要途径，电子邮件也成为普遍的沟通手段。因此，电子邮件和网站使用率高的企业更倾向于选择成为出口型企业。

外资比重也被认为是影响企业出口强度的一个重要因素。一方面，外资比重高的企业能更便捷地通过投资方获取先进的生产技术和管理技能，提高劳动生产率；另一方面，外资企业拥有更高效、更完善的国际沟通网络，包括电子邮件和外文网站等，使出口贸易更为便利，从而获得对国外市场的更高准入机会。

（二）国内市场竞争（行业特征）

国内市场的竞争压力是本国企业进入国际市场的重要原因。竞争程度低的市场意味着行业集中程度较高，大部分市场份额被少数大企业垄断，这些大企业拥有丰富的资源和市场需求，可以通过规模效应实现高劳动生产率，也更有机会通过出口扩展国外市场。但实际上，竞争压力较小的企业，更愿意把企业的战略重心放在巩固和维护国内市场份额上，而不是寻求出口机会，在充满风险的国际市场参与竞争。所以，我们预期国内市场的竞争程度和出口强度存在正相关关系。

（三）本地商业环境（地区特征）

对于本地商业环境对企业出口强度的影响，主要考察市场化程度和融资约束两个方面。市场化指数采用樊纲的中国市场化指数来衡量市场化改革进程，融资约束则用应收账款/销售收入的相对值表示。

一国国内的经济环境和经济体制对外贸型企业的发展有重要的影响，市场化改革引导着以市场为导向，优胜劣汰的市场竞争机制的健全与完善。在市场化程度高的国家，政府对企业经营行为的干预较少，因此企业所受的制度牵制也较少，企业的出口决策具有更大的自主性，在同等条件下，更多的企业有机会进入国际市场。所以，我们预期得到市场化程度与出口强度的正相关关系。

除了市场环境，融资环境也是商业环境中不可忽视的因素。出口类似于对一个新市场的投资与开发，需要大量的初始投入和固定成本，所以企业面临的融资环境在企业的出口决策中至关重要。面临较低的资金约束的企业更容易获得需要的资金，也更有可能进入国际市场或加大出口强度。

基于 Melitz（2003）异质企业模型的思路，相对于非出口企业，出口企业需要跨越出口沉没成本，因此企业的融资能力对出口决策具有重要的影响。本文在基准回归模型中增加了考察企业融资能力的变量，主要有以下三类：①融资约束（Fin_c）。应收账款除了可以反映企业间的商业信贷行为，还能够反映企业回收货款的效率。过高的应收账款也存在坏账风险，这有可能不是企业主动向合作方提供的商业信贷，而是被动产生的，反映了企业对货款回收管理的不到位。本研究参考于红霞（2011）的做法，构造衡量货款回收相对情况的指标以衡量企业的融资约束。具体是计算应收账款占销售收入的比值，然后分行业计算该比值的均值，再用企业应收账款占销售收入比值除以行业均值，这样就能反映货款回收的相对情况。该指标越大，说明企业的货款回收情况越不好。②商业信贷规模（$Fincon2$）。应收账款是伴随赊销行为产生的一种债权，反映了企业间的商业信贷行为，应收账款可以视为企业向合作方提供的一种商业信贷额。本研究参考阳佳余（2012）的做法，计算了应收账款占总资产的比例，并以此衡量企业向合作方提供的商业信贷额度。该比率越高，说明企业提供商业信贷额度的能力越强，具有更充裕的流动性。③企业规模（$Fincon3$）。在应对危机方面，大企业往往具有天然的优势。因为大企业可以通过盘活内部的资源来应对局部风险，企业规模越大，往往意味着其具有越强的融资能力。本研究以企业总资产来衡量企业的规模。

综上所述，对于影响企业出口参与决策的供给侧因素，本研究主要考虑的因素见表3-3。

表3-3 影响企业出口参与决策的供给侧因素及其影响方向预测

变量类别	变量名称	变量	描述	预期影响
企业特征	劳动生产率	ln_lab	产出与劳动之比	+
	全要素生产率Ⅰ	TFP_OLS	通过OLS法计算的全要素生产率	+
	全要素生产率Ⅱ	TFP_OP	通过OP法计算的全要素生产率	+
	研发投入	RD	研发投入占销售总额的比重	+
	负债情况	Lev	负债总额与资产总额之比	-
	人力资本	lnHUM	企业雇员人均工资	+
	资本密集度	lnCAP	企业人均资本	+
	企业规模	Size	企业雇员总数	+
	外资比重	FDI	外资占总资本的比重	+
	电子邮件	Email	虚拟变量，是否有公司邮件系统	+
	网站使用	Web	虚拟变量，是否有企业网站	+
	企业年龄	Age	企业的成立年限	-
国内市场竞争（行业特征）	竞争程度Ⅰ	HHI	SIC四位数水平上的赫芬达尔指数	+
	竞争程度Ⅱ	HHI4	SIC四位数水平上前四大企业占比	+
本地商业环境（地区特征）	市场化程度	Market	樊纲市场化指数	+
	融资约束	Fin-c	企业应收账款/销售收入的相对值	+

二、数据及实证方法

（一）数据来源

本章的数据来源于 1999—2009 年中国工业企业调查数据库。该数据库由国家统计局每年对销售额在国有及 500 万元以上的大中型制造业企业进行统计整理而得。1999—2009 年中国工业企业数据库包括约 279 万个观测值，每年的样本企业数量从 1999 年的大约 162033 家逐年递增到 2009 年的 320778 家。该数据库涵盖了中国工业企业的绝大部分，近似于一个全样本，是海内外学者研究中国企业行为及其绩效的主要数据库之一（聂辉华、江艇、杨汝岱，2012）。与此同时，该数据库也存在样本错配、指标缺失、指标异常、样本选择和测度误差等诸多问题。如果忽视这些问题，经验研究的结果可能不稳健，甚至可能是错误的。为此，我们对该数据库进行了以下处理：一是删除了明显异常的样本以及存在测量误差的样本；二是去除了遗漏变量的样本，例如，删除了工业总产值、工业增加值、固定资产、从业人员等数值为 0 的样本。另外，由于中国工业企业数据库中 2004 年出口交货值以及工业增加值等重要指标缺失，国内大多数研究要么将该年数据删除（如包群、邵敏，2010），要么仅截取小部分年份的数据进行检验（如于洪霞，2010）。本章通过 2004 年经济普查数据库与中国工业企业数据的对应，补充了 2004 年的缺失指标，从而建立了 1999—2009 年的长时间面板数据。

（二）计量模型及方法

对于企业 i 而言，它在 t 期的出口强度（IE）服从以下函数特征：

$$IE_{it} = \begin{cases} 1, & \text{若 } IE_{it}^* \geq 1 \\ IE_{it}^*, & \text{若 } 0 < IE_{it}^* < 1 \\ 0, & \text{若 } IE_{it}^* \leq 0 \end{cases} \quad (3-1)$$

第一种情形表明企业的所有产出全部用于出口，而第三种情形说明企业只关注国内市场，只有第二种情形的企业才会同时进入国内和国外两个市场。对于中国工业企业而言，属于第一种情况的企业占到企业总数的 7.88%，而后两种情况的企业的占比分别为 16.36% 和 75.8%。以上统计特征说明出口强度属于典型的受限制变量（左侧截断），大量的观测值被压缩到 0 和 1 这两个点上。此时，IE 的概率分布就变成了两个离散点与一个连续分布所组成的混合分布。

本章关心的问题是哪些因素会影响企业内销和出口的选择。根据前面的理论分析，我们需要估计以下回归方程：

$$IE_{it}^* = \beta_0 + \sum_k \beta_k Firm_{kt} + \sum_m \beta_m Industry_{mt} + \sum_n \beta_n External_{nt} + \beta_i + \beta_t + \varepsilon_{it} \quad (3-2)$$

其中，$Firm$ 代表企业的特征变量，如资本劳动比、生产率以及企业规模等；$Industry$ 代表企业所在的行业特征变量，如行业竞争程度、补贴程度等；而 $External$ 表示企业所在地的外部商业环境，如市场化程度、基础设施以及融资约束等。

但是，在被解释变量呈断尾分布的情况下，如果用 OLS 法（最小二乘法）来估计方程（3-2），则无论使用的是整个样本，还是去掉离散点后的子样本，都不能得到一致的估计（Heckman，1976）。

另外，数据的收集过程也是非随机的，存在着一定的选择性。异质企业贸易理论的研究表明，企业的出口行为中存在着自选择效应，从而使得出口企业和非出口企业存在着系统性差异。为了解决这个问题，我们使用 Heckman 样本选择的"两步法"来估计方程（3-2）。

在第一步，我们首先根据企业的出口抉择定义一个新的二值选择变量——出口倾向（export propensity，EP），企业的出口强度能够被观测到取决于 EP 变量的取值。而决定 EP 变量的方程如下：

$$EP_{it} = \begin{cases} 0, & 若 EP^* \leq 0 \\ 1, & 若 EP^* > 0 \end{cases} \quad (3-3)$$

$$EP_{it}^* = \alpha_0 + \alpha_x X_{it} + \alpha_y Y_{it} + \alpha_z Z_{it} + \alpha_i + \alpha_t + \mu_{it} \quad (3-4)$$

方程（3-4）中，X_{it}、Y_{it} 和 Z_{it} 分别表示企业的内部特征、行业竞争因素以及区位特征的向量。假设 $\varepsilon_i \sim N(0, \sigma^2)$，$\mu_i \sim N(0, 1)$，其相关系数为 ρ。因为假定 μ_i 服从正态分布，因此 EP_{it} 服从 Probit 模型。估计该模型，得到逆米尔斯比率（λ），将该值代入方程（3-2）的右端作为解释变量，做 EI 对企业、行业和地区特征变量以及 λ 的 OLS 估计，如果逆米尔斯比率的估计系数显著不为 0，那么就说明该模型中存在着样本选择偏差，而 Heckman 方法有效地解决了这一问题，从而得到对方程（3-2）的一致性估计[①]。

在通常情况下，方程（3-2）和方程（3-4）的解释变量基本一致。根据 Heckman（1979），方程（3-4）中至少有一个变量不被包含在方程（3-2）中。同时，考虑到出口企业一般都会通过网站宣传自己，在方程（3-2）的右端变量中，我们建立了 Web 虚拟变量。此外，在方程（3-4）中，我们用电子邮箱（Email）变量取代 Web 变量[②]，从而保证 Heckman 两步法的要求得以满足。

三、估计结果及分析

（一）基本回归结果

Heckman 模型的估计使用极大似然估计方法，其中对"出口决策方程"和"出口强度方程"的估计结果见表 3-4。

全要素生产率变量无论是在出口决策方程中还是在出口强度方程中，其回归系数均显著为正。这也验证了 Melitz（2003）异质企业贸易模型的结论，即企业生产率的提升能够增加企业越过出口门槛的能力，从而提高其出口的可能性以及出口的强度；资本密集度对企业的出口倾向和出口强度有抑制作用，对此结果的解释是，本研究的数据覆盖期是 2000—2009 年，在此阶段，中国的出口模式仍然处于加工贸易占主导地位的阶段，比较优势和出口品类主要集中在劳动密集型产品上，因此使得资本密集度对出口倾向和出口强度呈现阶段性的特征；研发投入能够提高企业的出口可能性，但是对出口强度体现为抑制作用；人力资本强度的作用与生产率的作用相似，均在一定程度上促进了企业的出口可能性和强度。

在控制变量方面，由于外资企业是中国出口的主力，很多外资进入中国主要从事加工贸易，因此企业股权结构中的外资强度对于出口倾向和出口强度均有较为显著的促进作用。企业年龄对出口倾向的回归系数为正，说明随着企业的成长，开拓海外市场会成为很多企业的选择；而对于出口强度的影响为负，说明随着企业年龄的增加，企业会更加注重内外市场的

---

① 一般来说，极大似然法更有效率。因为在"两步估计法"中，第一步的误差被带入第二步，故其效率不如 MLE 的整体估计。然而，"两步估计法"依然流行，主要是因为它操作简便，而且不依赖于正态性假设。

② 对于出口企业而言，为了商务谈判的方便，电子邮件往往是不可或缺的；但是，企业网站并不是必不可少的。

多元化，逐步减少出口强度。企业规模对出口可能性和出口强度的影响方向一致，均具有显著的促进作用。见表3-4。

表3-4 Heckman模型回归结果

变量	融资约束		商业信贷规模		企业规模	
	D_ex (1)	Int_ex (2)	D_ex (3)	Int_ex (4)	D_ex (5)	Int_ex (6)
TFP_OLS	0.196*** (50.02)	0.086*** (25.49)	0.197*** (50.41)	0.087*** (25.68)	0.196*** (50.16)	0.083*** (25.56)
$lnCAP$	-0.089*** (-21.60)	-0.140*** (-59.14)	-0.089*** (-21.51)	-0.141*** (-58.94)	-2.870*** (-22.70)	1.202*** (15.97)
RD	0.005*** (2.87)	-0.008*** (-8.82)	0.005*** (2.80)	-0.008*** (-8.64)	0.012*** (6.32)	-0.005*** (-5.86)
$lnHUM$	0.137*** (20.01)	0.031*** (7.73)	0.136*** (19.87)	0.033*** (8.12)	0.126*** (18.34)	0.024*** (6.25)
FDI	1.201*** (106.42)	0.563*** (33.46)	1.201*** (106.23)	0.572*** (33.75)	1.198*** (106.08)	0.545*** (33.85)
Age	0.015* (1.96)	-0.063*** (-16.78)	0.015** (1.97)	-0.063*** (-16.73)	0.007 (0.99)	-0.066*** (-18.11)
$Size$	0.311*** (93.73)	0.074*** (15.84)	0.311*** (92.23)	0.075*** (15.86)	—	—
HHI_all	0.484*** (4.49)	-0.163*** (-3.16)	0.487*** (4.52)	-0.161*** (-3.11)	0.318*** (2.94)	-0.240*** (-4.75)
Fin_c	-0.000 (-0.15)	0.002*** (3.24)	—	—	—	—
$fincon2$	—	—	0.009 (0.38)	-0.063*** (-5.33)	—	—
$fincon3$	—	—	—	—	2.963*** (23.42)	1.342*** (17.66)
$\_cons$	-2.408*** (-81.22)	-0.370*** (-6.57)	-2.416*** (-79.05)	-0.370*** (-6.54)	11.468*** (19.33)	5.973*** (18.04)
行业	是	是	是	是	是	是
年份	是	是	是	是	是	是
地区	是	是	是	是	是	是
逆米尔斯比率	0.473*** (20.23)		0.482*** (20.50)		0.450*** (19.97)	
样本数/个	148975		149233		149233	

注：系数下方括号内为对应的稳健标准差。***、**和*分别表示在1%、5%和10%的水平下显著。

本书使用赫芬达尔指数衡量企业所处的国内市场结构。关于市场结构对企业出口的影响，回归结果显示行业的垄断程度越高，则其出口的可能性就越强，这一点可以从国有外贸公司主导中国出口的这一情况中得到解释。但是，国内竞争程度提高，则企业的出口强度会随之显著增加，对此，可以把出口理解为国内市场竞争的溢出，企业通过开辟海外市场来缓解国内市场竞争的压力。

关于金融状况对于企业出口行为的影响，本研究从三个视角进行考察：①企业融资约束明显地限制了企业的出口意愿，这从侧面证明了出口存在门槛效应。②在出口强度方面，融资约束倾向于增加企业的出口份额，对此，本研究的解释是，企业一旦越过出口门槛，海外市场与国内市场的互补作用就开始显现。③当遭受融资约束冲击时，企业将会增加出口以弥补国内市场现金流不足的状况，从而表现为对出口份额的促进作用；商业信贷规模在商业意义上是缓解企业融资约束的主要手段，因此，其作用与融资约束的作用方向相反。表3-4列（3）和列（4）的估计结果也显示了同样的效果；如果将企业规模同样作为企业缓解融资约束的手段对待，其对出口倾向的作用体现为促进效应。

（二）稳健性检验

本研究通过以下两种方法验证基准回归结果的稳健性：①采用半参数方法对企业生产率进行重新估计，具体估计方法参考鲁晓东和连玉君（2012）的研究。②对企业金融状况使用了新的变量，估计方法仍然使用Heckman两步法来完成，具体回归结果见表3-5。

表3-5 稳健性检验（加入新的控制变量）

变量	清偿比率		外资投入比重		资产收益率	
	D_ex (1)	Int_ex (2)	D_ex (3)	Int_ex (4)	D_ex (5)	Int_ex (6)
TFP_OP	0.197*** (50.55)	0.086*** (25.44)	0.197*** (50.58)	0.086*** (25.43)	0.207*** (52.65)	0.090*** (26.36)
$lnCAP$	-0.089*** (-21.75)	-0.140*** (-58.90)	-0.089*** (-21.70)	-0.140*** (-59.04)	-0.101*** (-24.38)	-0.146*** (-59.69)
RD	0.005*** (2.82)	-0.008*** (-8.89)	0.005*** (2.81)	-0.008*** (-8.89)	0.008*** (4.15)	-0.006*** (-7.10)

续表 3-5

变量	清偿比率		外资投入比重		资产收益率	
	D_ex (1)	Int_ex (2)	D_ex (3)	Int_ex (4)	D_ex (5)	Int_ex (6)
lnHUM	0.137*** (19.91)	0.031*** (7.69)	0.137*** (19.94)	0.031*** (7.66)	0.153*** (22.14)	0.041*** (9.89)
FDI	1.201*** (106.36)	0.564*** (33.49)	1.201*** (106.46)	0.563*** (33.52)	1.216*** (107.28)	0.567*** (34.40)
Age	0.015** (2.01)	-0.063*** (-16.73)	0.015** (1.98)	-0.063*** (-16.76)	0.001 (0.19)	-0.071*** (-19.06)
$Size$	0.310*** (93.60)	0.074*** (15.90)	0.311*** (93.82)	0.074*** (15.85)	0.305*** (91.73)	0.069*** (15.51)
HHI_all	0.490*** (4.54)	-0.163*** (-3.16)	0.486*** (4.51)	-0.164*** (-3.19)	0.511*** (4.74)	-0.149*** (-2.91)
$fincon5$	-0.000 (-1.22)	0.000 (0.95)	— —	— —	— —	— —
$fincon7$	— —	— —	0.000 (0.00)	0.000 (0.00)	— —	— —
$fincon8$	— —	— —	— —	— —	0.631*** (19.95)	0.402*** (21.82)
_cons	-2.411*** (-81.34)	-0.373*** (-6.63)	-2.413*** (-81.47)	-0.370*** (-6.58)	-2.297*** (-76.10)	-0.282*** (-5.34)
行业	是	是	是	是	是	是
年份	是	是	是	是	是	是
地区	是	是	是	是	是	是
逆米尔斯比率	0.475*** (20.29)		0.473*** (20.26)		0.468*** (20.68)	
样本数/个	148972		149233		149233	

注：系数下方括号内为对应的稳健标准差。***、**和*分别表示在1%、5%和10%的水平下显著。

由表 3-5 可知，首先，使用 OP 方法估计的生产率无论对于出口倾向还是出口强度都体现出了显著的正向作用，这一点与使用 OLS 方法估计的结果相同；其次，其他变量的回归系数与基准回归结果基本一致。

对于企业的融资状况，首先，我们来看清偿比率对出口行为的影响。清偿比率（$fincon5$）即企业所有者权益占总负债比率，该指标显示了企业对偿债风险的承受能力。该指标值高，即代表当企业面对突然的债务风险时，可以以企业资产清偿负债。清偿比率越高则企业的信用越好，比较容易获得银行等金融机构的融资支持。清偿比率对企业出口倾向具有抑制作用，但同时显著地提高了企业的出口强度。其次，本研究考察外资投入比重对企业出口行为的影响。外资股比（fincon7）是企业内源性融资的主要手段之一，其作用效果等于直接增加企业的资本金。但是，表3-5的回归结果显示，外资投入比重对企业出口行为并未产生显著的影响。最后，本研究继续使用资产收益率（fincon8）来考察其对出口行为的影响。资产收益率ROA（fincon3）即税后净利润与总资产之比，它反映了企业的盈利能力。金融机构在审批贷款时，往往会考量企业的ROA并且倾向于借款给ROA较高的企业。因此，ROA在一定程度上也体现了企业获得融资支持的水平。回归结果显示，企业资产收益率对出口行为产生了积极的正向影响。

四、结论

本节着重考察了企业生产率等供给侧特征对企业出口行为的影响，以及融资状况的异质性影响。为了避免出口行为的自选择效应给模型带来的内生性困扰，本研究使用了Heckman两步法来估计回归方程。研究结果显示：①生产率水平对出口行为有显著的促进作用，从而验证了异质性企业理论同样适用于中国企业的出口行为；②企业的研发投入、人力资本存量、外资流入、规模等特征在大多数情况下体现出对企业出口的正向作用；③企业获得的融资支持对企业出口增长有促进作用。本研究使用了所有工业企业的出口数据，在控制了包括全要素生产率、资本集中度、人力成本等控制变量后，使用不同的衡量企业融资状况和能力的指标，证实了企业所在的融资环境会直接影响企业是否出口，以及企业所获得的融资支持会影响企业出口行为的变化。因此，良好的融资环境是推动企业对外出口的必要保障。

第三节　企业出口参与的决定因素Ⅱ：需求侧

上一节从供给端考察了影响企业出口决策的各种因素，发现企业主要的特征变量，如生产率、融资约束、资本密集度等均会显著地影响企业的出口倾向和出口强度。由于出口是一种典型的跨境交易，是供给和需求因素共同作用的结果，而且在跨国交易中，需求来自国外，消费者偏好、收入水平等因素均和国内交易存在明显差别，因此，需求端的因素可能会在塑造企业出口行为中扮演更加重要的角色。另外，出口目标国消费者不同的消费偏好和收入水平也有可能会影响生产率等供给端因素对于出口决策的作用方向。因此，单纯从供给端考察企业出口决策的决定因素是不全面的。基于以上考虑，本节将从需求侧因素出发，考察消费者收入水平、消费偏好等因素对企业出口决策的影响。

一、理论模型及假说

考虑到进口国居民的收入水平和消费偏好主要体现在产品质量这一维度上，本节在 Melitz（2003）经典异质企业模型的基础上加入了质量因素，将企业的异质性从生产率的单维度扩展至双维度，即企业的异质性除了体现在生产率上，还体现在产品质量上。

（一）外生产品质量假定下出口强度与产品质量的关系

假设经济中代表性消费者有着典型的 CES 型偏好，其效用函数是：

$$U = \left(\int_{z \in Z} q(z)^{1-\rho} c(z)^{\rho} \mathrm{d}z \right)^{\frac{1}{\rho}} \qquad (3-5)$$

其中，z 是可供消费的产品集 Z 中的一种商品。$q(z)$ 是消费者认知的产品质量，$c(z)$ 是对产品 z 的消费量。$\rho \in (0,1)$，以保证被消费的产品数量可以取 0 值，以及总体效用函数的凹性。ρ 并非产品的相互"替代弹性"，而是弹性的一个函数。如果我们以 σ 表示替代弹性，则 $\rho = \dfrac{\sigma-1}{\sigma} = 1 - \dfrac{1}{\sigma}$。该参数一般被称为"替代参数"或者"多样化偏好参数"（Brakman et al, 2001）[①]。

消费者面临的预算约束如下：

$$\int_{z \in Z} p(z) c(z) \mathrm{d}z = y \qquad (3-6)$$

在此，可以通过拉格朗日乘子法求解最大化问题。拉格朗日方程为：

$$L = \left(\int_{0}^{1} q(z)^{1-\rho} c(z)^{\rho} \mathrm{d}z \right)^{\frac{1}{\rho}} - \lambda \left(\int_{0}^{1} p(z) c(z) \mathrm{d}z - y \right) \qquad (3-7)$$

该方程的一阶条件是：

$$\frac{\partial L}{\partial c(z)} = \frac{1}{\rho} \left(\int_{0}^{1} q(z)^{1-\rho} c(z)^{\rho} \mathrm{d}z \right)^{\frac{1}{\rho}-1} q(z)^{1-\rho} \rho c(z)^{\rho-1} - \lambda p(z) = 0$$

[①] 当 $\rho=1$ 时，$\sigma \to \infty$，说明产品之间接近于完全替代，因此属于同质品。在这种情况下，消费任何 x_1 都是无差异的。当 $\rho<0$ 时，$\sigma<1$，此时产品之间是互补的（Brakman et al, 2001）。

则有：

$$\left(\int_0^1 q(z)^{1-\rho}c(z)^{\rho}dz\right)^{\frac{1}{\rho}-1} q(z)^{1-\rho}c(z)^{\rho-1} = \lambda p(z)$$

$$c(z)^{\rho-1} = \frac{\lambda p(z)}{\left(\int_0^1 q(z)^{1-\rho}c(z)^{\rho}dz\right)^{\frac{1-\rho}{\rho}} q(z)^{1-\rho}} \quad (3-8)$$

式中 λ 为产品技术含量。则产品 i 相对于产品 j 的需求量为：

$$\frac{c(z_i)}{c(z_j)} = \left(\frac{p(z_i)}{p(z_j)}\right)^{\frac{1}{\rho-1}} \cdot \frac{q(z_i)}{q(z_j)}$$

产品 i 与产品 j 的相互替代弹性为：

$$\frac{d\ln(c(z_i)/q(z_j))}{d\ln(p(z_i)/p(z_j))} = \frac{1}{\rho-1}$$

由上式可知，加入技术含量异质性的效用函数仍然满足不变替代弹性条件。接下来，令 $\sigma \equiv \frac{1}{1-\rho} > 1$，可以得到对产品 z_i 的需求量为：

$$c(z_i) = c(z_j)\left(\frac{p(z_i)}{p(z_j)}\right)^{-\sigma} \cdot \frac{q(z_i)}{q(z_j)} \quad (3-9)$$

将方程（3-9）两端同时乘 $p(z_i)$，并求（0,1）范围内的积分，得：

$$\int_0^1 p(z_i)c(z_i)dz_i = \int_0^1 c(z_j)p(z_i)^{1-\sigma}p(z_j)^{\sigma}\frac{q(z_i)}{q(z_j)}dz_i$$

$$= \frac{c(z_j)p(z_j)^{\sigma}}{q(z_j)}\int_0^1 p(z_i)^{1-\sigma}q(z_i)dz_i$$

$$I = \frac{c(z_j)p(z_j)^{\sigma}}{q(z_j)}\int_0^1 p(z_i)^{1-\sigma}q(z_i)dz_i$$

$$c(z_j) = \frac{q(z_j)Ip(z_j)^{-\sigma}}{\int_0^1 p(z_i)^{1-\sigma}q(z_i)dz_i}$$

令 $P = \left[\int_0^1 p(z_i)^{1-\sigma}q(z_i)dz_i\right]^{\frac{1}{1-\sigma}}$，即为一个考虑了产品技术含量差异的总体价格指数。方程（3-9）可以简化为：

$$c(z) = \frac{q(z)p(z)^{-\sigma}R}{P^{1-\sigma}} \quad (3-10)$$

方程（3-10）就是消费者对产品 z 的消费量。

$$c(z) = \frac{q(z)p(z)^{-\sigma}R}{P^{1-\sigma}} \quad (3-11)$$

其中，R 代表总收入（支出）；$P = [\int_0^1 p(z)^{1-\sigma} q(z) \mathrm{d}z]^{\frac{1}{1-\sigma}}$，为一个考虑了产品质量差异的总体价格指数。

根据方程（3-5），消费者的偏好是产品质量和产品种类的函数。对于产品的种类，标准的异质企业贸易模型是基于"多样性偏好"假设的[①]。但是，对于本模型最新引入的产品质量参数，我们假定消费者对具有质量差异商品的偏好相对于其收入是非位似（non-homothetic）的。参照 Hallak（2006）对于产品质量的设定，假定 $t(z)$ 满足以下函数形式：

$$q(z) = \lambda(z)^{\alpha(y)} \qquad (3-12)$$

其中，$\lambda(z) \geqslant 1$ 表示可以量化处理的"真实"的产品质量。$\alpha(y)$ 是一个递增的凹函数[②]，反映消费者的收入如何影响对不同质量商品的需求。

接下来，我们分析企业的行为。假定企业在垄断竞争的市场结构下生产差异产品，企业的异质性体现在生产率和产品质量的双重维度上。

企业的生产活动存在着规模经济特征，这一点是通过对固定成本的设定实现的。企业总成本函数采取如下形式：

$$C(\varphi) = MC(\varphi, \lambda(\varphi)) x(\varphi) + F(\lambda(\varphi)) \qquad (3-13)$$

其中，MC 是边际成本，F 是每个差异品的固定成本[③]。φ 表示企业的生产率水平，$\varphi > 0$。从形式上看，方程（3-13）非常类似于 Melitz（2003）关于企业生产函数的假定，唯一不同的是，本章除了保留企业的生产率异质性，还引入了产品的技术含量异质性。产品技术含量的变化同时会影响固定成本和可变成本。

固定成本分成内生的、外生的两个部分，外生的固定成本用 f 表示，内生部分（用 F 表示）是产品技术含量的函数：

$$F(\lambda(\varphi)) = f + f\lambda(\varphi)^{\gamma}, \quad \gamma > 0 \qquad (3-14)$$

其中，$\gamma > 0$ 是固定成本对产品技术含量的弹性。

对于可变成本的具体形式，借鉴 Hallak and Sivadasan（2008）的做法：

$$MC(\varphi, \lambda(\varphi)) = \frac{\lambda(\varphi)^{\beta}}{\varphi}, \quad \beta > 0 \qquad (3-15)$$

[①] Spence（1976）以及 Dixit and Stiglitz（1977）假定存在一个对多种差异产品有需求的代表性消费者，这种假定也被归纳为"love of variety"方法。这种假定被 Krugman（1979，1980，1981）使用，从而将其引入对国际贸易的分析。

[②] 即 $\alpha'(y) > 0$，$\alpha''(y) > 0$。这种对函数的设定背后的含义是消费者的收入越高，则对高技术含量的商品的需求量越大，但是边际需求量呈递减趋势。

[③] 这里不存在范围经济（economies of scope）。

方程（3-15）假设边际成本与企业的生产规模无关，而与企业生产率（φ）以及产品技术含量（λ）有关。在技术含量不变的条件下，MC 是生产率的倒数，说明企业的生产率越高，其边际成本越低。

首先，我们假定不存在出口，在利润最大化条件下，可以求得企业的收入函数为：

$$r[\varphi,\lambda(\varphi)] = R(\rho\varphi P)^{\sigma-1}\lambda(\varphi)^{\alpha(y)-\beta(\sigma-1)} \qquad (3-16)$$

以上收入是在封闭条件下获得的，也可以认为是来自国内市场的收入。接下来，我们假定企业可以从事出口活动，出口企业将面临一个出口成本。参照异质企业贸易模型的经典假设，我们假定出口成本为冰山型。在成本加成定价以及"冰山成本"的作用下，出口品的国外价格为（凡是国外的变量一律用"*"表示）：

$$p^*[\varphi,\lambda(\varphi)] = \frac{\lambda(\varphi)^\beta \tau}{\rho\varphi} \qquad (3-17)$$

相应地，来自出口的收入 $r^*(\varphi)$ 为：

$$Ex = r^*[\varphi,\lambda(\varphi)] = R^*\left(\frac{P^*}{\tau}\rho\varphi\right)^{\sigma-1}\lambda(\varphi)^{\alpha(y^*)-\beta(\sigma-1)} \qquad (3-18)$$

用方程（3-16）除以方程（3-18）可以得到企业国内销售和国际销售之比：

$$\frac{r^*[\varphi,\lambda(\varphi)]}{r[\varphi,\lambda(\varphi)]} = \frac{R^*}{R}\left(\frac{P^*}{\tau P}\right)^{\sigma-1}\lambda(\varphi)^{\alpha(y^*)-\alpha(y)} \qquad (3-19)$$

出口强度对产品质量的弹性为：

$$\frac{d\ln(r^*/r)}{d\ln\lambda} = \alpha(y^*) - \alpha(y) \qquad (3-20)$$

当国外市场总是大于国内市场，即 $y^* > y$ 时，国内外销售收入之比是产品质量 λ 的增函数；当 $y^* < y$ 时，国内外销售收入之比是产品质量的减函数；也就是说，出口行为对产品质量的弹性是目标市场人均收入的函数。

现在，我们假设企业同时向两个国家 h 和 l 出口，h 国具有较高的经济发展水平，而 l 国的经济发展水平较低。即 $y_l < y_d < y_h$，其中 y_d 表示国内人均收入。企业对低收入国家的出口强度是：

$$EI_l = \frac{r_l}{r_d + r_l + r_h} = \frac{r_l/r_d}{1 + r_l/r_d + r_h/r_d} \qquad (3-21)$$

将方程（3-19）代入方程（3-21），对方程两边取对数，并求产品质量的偏导数，得：

$$\frac{\mathrm{d}\ln EI_l}{\mathrm{d}\ln\lambda} = -[\alpha(y_d) - \alpha(y_l)](1 - EI_l) - [\alpha(y_h) - \alpha(y_d)]EI_h < 0 \tag{3-22}$$

同理,可以得到对高收入国家出口强度的产品质量弹性:

$$\frac{\mathrm{d}\ln EI_h}{\mathrm{d}\ln\lambda} = [\alpha(y_h) - \alpha(y_d)](1 - EI_h) + [\alpha(y_d) - \alpha(y_l)]EI_l > 0 \tag{3-23}$$

方程(3-23)表明进口国的收入水平会影响到出口强度与产品质量的关系。并得到以下假说。

假说1 对高收入国家的进口而言,出口强度与产品质量是正向相关的;如果进口国是低收入国家,情况则刚好相反。如果不区分目标国,出口强度与产品质量的关系则是不确定的。

根据方程(3-19),我们可以计算对高收入国家的出口的份额$[ES_h = r_h/(r_l + r_h)]$与产品质量的关系:

$$\frac{\mathrm{d}\ln ES_h}{\mathrm{d}\ln\lambda} = [\alpha(y_h) - \alpha(y_l)](1 - ES_h) > 0 \tag{3-24}$$

从而得到以下假说。

假说2 生产高质量产品的企业,将更倾向于将高收入国家作为目标市场。

(二)内生产品质量假定下出口强度与生产率的关系

以上均假设产品质量是外生的,接下来,我们将其内生化,以研究产品质量与企业生产率的关系。根据 Johnson(2007)以及 Crino and Epifani(2010)的文献,假定产品的质量是内生于企业的,那么企业在进入市场之后,总是选择能够使其利润最大化的产品来生产。为简单起见,我们假设企业最初处于封闭经济条件下,因此,它的目标产品必须满足国内市场收益最大化①。在这种情况下,企业面临的最优化问题是:

$$\max\left\{\frac{R(\rho\varphi P)^{\sigma-1}\lambda(\varphi)^{\alpha(y)-\beta(\sigma-1)}}{\sigma} - [f + f\lambda(\varphi)^\gamma]\right\} \tag{3-25}$$

方程(3-25)中的第一项是运营利润,它是企业总收入(r)的一个固定部分($1/\sigma$)。我们假定$0 < \alpha(y) - \beta(\sigma-1) < \gamma$,以保证最大化的二阶条件得到满足。求解方程(3-20),得:

---

① 在下一部分,我们将在开放经济条件下,讨论企业对其生产产品的技术含量的选择。结果证明,开放经济并不会影响其最优决策。

$$\lambda(\varphi) = (\overline{\lambda}\varphi)^{\varepsilon_\beta} \qquad (3-26)$$

其中，$\overline{\lambda} = \left(\dfrac{R(\rho P)^{\sigma-1}\alpha(y) - \beta(\sigma-1)}{\gamma f \sigma} \right)^{\frac{1}{\sigma-1}}$。

根据方程（3-26），可得产品技术含量对生产率的弹性是：

$$\frac{d\ln\lambda(\varphi)}{d\ln\varphi} = \varepsilon_\beta = \frac{\sigma-1}{\gamma - [\alpha(y) - \beta(\sigma-1)]} > 0 \qquad (3-27)$$

由此，我们可得出产品技术含量与生产率的关系：生产率越高的企业越倾向于生产技术含量高的产品。

将方程（3-26）分别代入方程（3-16）和方程（3-19），可以得到企业在国内市场的收入以及出口收入，两者相除得：

$$\frac{r^*[\varphi,\lambda(\varphi)]}{r[\varphi,\lambda(\varphi)]} = \frac{R^*}{R}\left(\frac{P^*}{\tau P}\right)^{\sigma-1}(\overline{\lambda}\varphi)^{\varepsilon_\beta[\alpha(y^*)-\alpha(y)]} \qquad (3-28)$$

由此，我们发现出口强度是贸易成本 τ 的减函数。如果我们将 R^*/R 视为进口国的相对规模，则可以发现企业的出口强度与目标国的规模存在正向关系。从而得到类似引力方程的结论。

假说3　企业的出口强度是地理距离以及其他贸易成本的减函数。

假说4　企业的出口强度随着进口国规模的增加而增加。

根据方程（3-28），我们还可以证明出口强度对生产率的弹性满足：

$$\frac{d\ln EI_l}{d\ln\varphi} < 0;\quad \frac{d\ln EI_h}{d\ln\varphi} > 0;\quad \frac{d\ln ES_h}{d\ln\varphi} > 0$$

因此，出口强度与生产率的关系会因为进口国的收入而存在差异，从而形成以下结论。

假说5　对低收入国家的出口强度随着生产率的提高而降低，因此存在典型的"生产率悖论"。

假说6　对高收入国家的出口强度与生产率呈正向关系，也就是说，生产率越高的企业，对高收入国家的出口越多。对高收入国家的出口份额会随着企业生产率的提高而提高，生产率越高的企业越倾向于向高收入国家出口。

二、实证模型与变量说明

（一）模型构建

根据前述的理论模型，接下来需要构建一个同时包含了需求端和供给端变量的实证模型。考虑到实证模型和理论模型的一致性,以及企业各种特征变量之间的高度相关性,本节的供给端因素重点考察生产率差异对企业出口行为的影响,而需求端需要纳入的变量主要包括收入水平、地理距离等。

基于以上思考,本节构建的计量模型如下:

$$EP_{ijt}^{*} = \alpha_0 + \alpha_1 TFP_{it} + \alpha_2 [(y_j/y_{CHN}) \times TFP_{it}] + \alpha_3 [(y_j/y_{CHN}) \times Quality_{it}] + \alpha_4 POP_{jt} + \alpha_5 Dist_{ij} + \alpha_i + \alpha_j + \alpha_t + \mu_{ijt}$$

其中,EP 是企业的出口强度,以出口交货值占总产值的比重衡量;TFP 是企业的全要素生产率;y_j/y_{CHN} 是出口目的国 j 相对于中国的人均收入水平;$Quality$ 是企业出口品的质量;POP 为出口目的国的人口总量,用来衡量该市场的规模;$Dist$ 是该国与中国的距离;α_i、α_j 和 α_t 分别是企业、市场和时间固定效应。

(二) 变量说明

企业的全要素生产率(TFP)分别使用 OLS 回归方法和 Olley and Pakes(1996)的半参数方法估计得到。具体估算方法参照鲁晓东和连玉君(2012)针对中国工业企业的研究。

出口产品的质量是内嵌于产品本身的,对产品定价产生重要影响,因此,在考察"汇率波动和出口品价格波动之间关系"时,我们需要将产品质量的因素从价格中剔除出来,这就需要在基准回归中控制质量因素。

目前关于产品质量的测算主要基于产品单位价格,但施炳展和邵文波(2014)指出,由于存在着以下两个方面的问题,这种方法并不能准确估计中国出口品的质量。首先,中国要素市场的价格扭曲问题,容易产生高质低价问题;其次,出口企业的同质化竞争容易导致出口价格偏低。基于以上两点考虑,越来越多的文献从质量需求方程来寻求出口品质量的估计方法,其中比较有代表性的是 Piveteau and Smagghue(2013)对出口质量的测度模型。根据 Piveteau and Smagghue(2013),企业 i 在 t 期出口产品 j 到目标市场 c 的出口数量可以表示为:

$$\log x_{ijct} = (1-\sigma)\log p_{ijct} + \lambda_{ijct} + \mu_{jct} \quad (3-29)$$

其中,p 为产品价格;μ 为产品 – 市场 – 年份的三维度交叉固定效应;λ 为出口品质量,作为残差项来处理,因此满足:

$$\sum_{f=1}^{N} \lambda_{ijct} = 0$$

上式经过变换可以得到:

$$\lambda_{ijct} = \log x_{ijct} - (1-\sigma)\log p_{ijct} - \mu_{jct} \qquad (3-30)$$

质量表示为需求量中剔除价格的差异以及产品 - 市场 - 年份固定效应后的"剩余"。由于所有的企业的产品质量之和为 0，因此该方法测算的质量并非现实意义的绝对质量，而是平均质量指数，它可以跨产品进行直接比较。

以上利用需求方程和贸易数据求解企业层面质量的方法固然优于传统的使用产品单位价格的方法，但是其估计存在两个技术性的问题：首先，该方法仅考虑了产品价格和产品质量对产品需求量的影响，但没有考虑产品水平多样化特征，因此无法反映需求的多样化偏好问题；其次，产品质量和价格存在内生性问题。

对于第一个问题，我们借鉴 Khandelwal（2010）的思路，认为企业产品种类是市场规模的函数，因此在回归中加入企业国内市场需求规模来控制企业生产的水平种类问题，具体方法可参考施炳展和邵文波（2014）的研究。对于第二个问题，许多文献根据不同的数据特征使用了不同的工具变量，一定程度上解决了上述问题。我们借鉴 Nevo（2001）、Hausman（1996）估计需求函数的工具变量，选择企业 i 在其他市场（除进口国 c）出口产品的平均价格作为该企业 i 在 c 市场出口产品价格 p_{ijct} 的工具变量。

通过以上方法我们获得了企业的出口品质量的指标 Quality。

（三）数据来源

本节使用的微观企业数据主要来自中国海关公布的 2000—2007 年企业进出口贸易的交易数据和中国工业企业数据库。两个数据库的合并方法参考余淼杰和袁东（2016）等的做法。POP 等宏观变量主要来自世界银行的 WDI 数据库和货币基金组织的 IFS 数据库。

三、回归结果及分析

（一）基准回归结果

我们使用标准的柯布 - 道格拉斯生产函数估计全要素生产率，将其代入回归方程，回归结果见表 3 - 6。

表3-6 基准回归结果

变量	(1)	(2)	(3)	(4)
TFP_cd	1.608***	1.768***	1.375***	1.527***
	(0.353)	(0.353)	(0.339)	(0.343)
$(y_j/y_{CHN}) \times Quality$	0.965***	1.002***	0.967***	0.851***
	(0.229)	(0.226)	(0.231)	(0.230)
$(y_j/y_{CHN}) \times TFP\_cd$	—	—	0.983***	1.019***
			[0.232]	[0.229]
POP	0.621**	0.669**	0.911***	0.576**
	(0.287)	(0.293)	(0.290)	(0.274)
$Dist$	-1.488***	-1.461***	-1.432***	-1.470***
	(0.368)	(0.369)	(0.362)	(0.402)
企业FE	否	是	否	是
市场FE	是	是	是	是
时点FE	是	是	是	是
样本数/个	21040	21040	21040	21040
R^2	0.108	0.108	0.109	0.109

注：系数下方括号内为对应的稳健标准差。***、**和*分别表示在1%、5%和10%的水平下显著。

第一，与供给侧的研究结果一致，生产率对于企业的出口存在正向效应，说明中国企业的出口符合异质企业贸易理论的基本结论，至少在整体上并不存在明显的"生产率悖论"问题。

第二，我们通过引入出口目标国相对收入和产品质量的交叉项来考察"产品质量假说"，回归结果如表3-6中第（1）和（2）列所示，无论是否控制企业固定效应，该项都显著为正，说明出口目标国的收入水平对于不同质量的出口品的流向存在调节效应，即对于收入水平相对较高的出口目标国而言，出口强度会随着出口品质量的提升而增加，反亦反之。这就验证了理论模型中的假说1和假说2。

第三，针对文献中提出的中国出口存在"生产率悖论"问题，理论模型的假说5和假说6表明，"生产率悖论"只存在于对低收入国家的出口。我们使用目标国收入水平和生产率的交叉项进行验证。该项显著为正，说明对于相对高收入的进口国，企业生产率的提高会促进对该类国家的出口；而对于相对低收入的进口国，生产率对于出口的促进作用将会大打折扣，至于在何种程度上生产率对出口的促进作用会出现反转，这需要进一步的验证。

第四，模型对于传统引力方程的两个因素——规模和地理距离——进行验证，在控制了企业、市场和时间的固定效应后，规模变量的回归系数为正，而地理距离的回归系数为负，这分别对应着假说3和假说4。

至此，基于模型回归结果的分析，理论模型所推导出的假说都得到了验证，接下来，我们将通过多种方法对以上结果的稳健性进行验证。

（二）稳健性检验

先对TFP变量的估计设定进行调整，前文的生产函数使用的是柯布－道格拉斯生产函数，这是一种典型的常替代弹性函数，其虽然具有易估计、参数的经济含义清晰等优点，但是也存在假设过强等缺点，现将生产函数调整为超越对数生产函数①，另外使用半参数LP方法，重新估计企业的全要素生产率，代入回归方程后得到的估计结果见表3－7。

表3－7 稳健性检验

变量	(5)	(6)	(7)	(8)
TFP_trans	1.609*** (0.353)	1.722*** (0.353)	1.731*** (0.339)	1.379*** (0.343)
$(y_j/y_{CHN}) \times Quality$	0.965*** (0.229)	1.002*** (0.226)	0.967*** (0.231)	0.851*** (0.230)
$(y_j/y_{CHN}) \times TFP\_trans$	—	—	0.942*** (0.223)	0.976*** (0.220)
POP	0.647* (0.348)	0.797** (0.329)	0.745** (0.305)	0.747** (0.310)
$Dist$	-1.381*** (0.390)	-1.446*** (0.402)	-1.463*** (0.366)	-1.187*** (0.351)
企业FE	否	是	否	是
市场FE	是	是	是	是

---

① 超越对数生产函数是一种易于估计和包容性很强的变弹性生产函数模型，它在结构上属于平方反映面模型，可有效研究生产函数中投入要素的交互影响、各种投入技术进步的差异。通过超越对数生产函数模型，可以分析投入要素的产出弹性和要素的替代弹性。

续表 3-7

变量	(5)	(6)	(7)	(8)
时点 FE	是	是	是	是
样本数/个	21040	21040	21040	21040
R^2	0.32	0.32	0.32	0.32

注：系数下方括号内为对应的稳健标准差。***、** 和 * 分别表示在 1%、5% 和 10% 的水平下显著。

估计结果显示，虽然各个回归系数的数值均发生了一些变化，但是显著性和符号均保持不变，说明本研究验证的各种关系具有一定的稳健性，基于理论模型得到的各种假说进一步获得了经验证据的证明。

四、主要结论

对于工业企业出口决策背后的决定因素，本节从需求侧的视角，通过建立基于生产率和质量的双异质贸易模型，推导出企业出口强度与目的国收入水平、产品质量偏好、人口规模以及地理距离等因素之间的关系，然后，通过中国工业企业数据库和海关进出口数据库的匹配数据，对理论假说进行检验，得出了以下主要结论。

首先，企业出口强度和产品质量的关系依赖于进口国的收入水平，在对高收入国家的出口中，二者呈正相关关系，而在对低收入国家的出口中，情况则刚好相反。这在一定程度上回答了文献中关于中国出口的"质量悖论"问题。从出口倾向来看，生产高质量产品的企业，更倾向于向高收入国家出口。

其次，"生产率悖论"仅存在于对低收入国家的出口，对高收入国家的出口强度与生产率呈正向关系。也就是说，生产率越高的企业，对高收入国家的出口越多。对高收入国家的出口份额会随着企业生产率的提高而提高，生产率越高的企业越倾向于向高收入国家出口。

再次，规模效应在企业出口强度中表现明显，出口强度随着进口国人口规模的增加而增加。

最后，地理距离等传统贸易成本会抑制企业的出口强度。

第四节 小　结

本章研究了中国企业出口参与决策及其决定因素。根据决策逻辑，本章的第一节将该问题分解为出口参与和出口强度两个维度，并结合中国工业企业 1999—2007 年的表现，归纳了中国企业出口参与度的特征事实，发现出口参与在中国工业企业中是少数的情况，平均参与度为 20% 左右，从分布状况看，不出口和仅出口的"两级分化"现象严重。出口的地域分布特征呈现从东到西，从沿海到内地逐渐减弱的趋势。出口企业主要集中在轻工业、纺织业等劳动密集型行业，而初级产品的出口强度较低，这一点也和中国的要素禀赋特征吻合。

本章的第二节同样从企业出口决策的流程出发，从供给侧考察企业出口决策背后的决定因素。使用 Heckman 两步法克服实证模型中的内生性，结论表明企业的生产率水平、资本密集程度、规模以及国内市场的竞争程度等因素均会对企业的出口决策产生显著的影响，其中融资状况的影响尤甚。以上结论也为企业参与出口提供了决策参考。

本章的第三节将视角转向出口的需求侧，即进口国的基本特征会如何影响企业出口参与，从理论和实证两个方面证明了进口国的收入水平将会对出口企业的行为产生重要影响。通过引入该变量，可以较好地解释为什么中国出口会存在"生产率悖论"和"质量悖论"的问题。另外，还印证了企业出口中存在的规模效应和贸易成本效应。

第四章　中国企业出口总额分解

第一节　引　言

改革开放以来,中国的企业出口进入了快速发展期,而2001年中国加入世界贸易组织(WTO)更进一步推动了中国出口的繁荣。2002—2016年,中国出口额高达2.1万亿美元,年均增幅为15.8%。中国已连续多年保持全球货物贸易第一大国的地位。在连年快速增长的出口统计数字背后,究竟是什么因素促成了中国出口的持续扩张? 而作为对外贸易的直接参与者——企业又在出口活动中扮演了怎样的角色? 明确这些问题,不仅能为了解中国对外出口的结构变化并寻找进一步的优化空间提供参考,也有助于从企业微观层面提出更具针对性的贸易政策建议。

从现有研究文献看,国内学者在研究中国出口问题时较多从宏观层面对中国出口的快速增长进行探讨,主流的观点有劳动力比较优势(林毅夫等,1994)、垂直专业化(卢峰,2006)、国内市场分割(朱希伟,2005)、全球价值链分工(刘志彪,2007)等。虽然这些理论能够从一个侧面解释中国飞速增长的对外出口,但对于微观层面的个体企业在出口活动中所发挥的作用仍有待进一步的认识。根据近年发展起来的以企业异质性为基础的新-新贸易理论,一国出口主要沿集约边际(intensive margin)和扩展边际(extensive margin)实现,贸易发展的现象和结果是参与贸易的微观主体行为的集合,因而对宏观的贸易数据进行微观层面的分解以考察贸易总体的动态是十分必要的。近年来,也有一些国内学者从二元边际理论出发对中国的出口扩张进行了分析,例如,钱学锋和熊平(2010)利用中国与7个主要贸易伙伴的双边贸易数据首次对中国出口的扩展边际和集约边际做了估算;施炳展(2010)将中国沿集约边际的出口增长细化为数量增长和价格增长并进行了测算,但这些文献对出口的结构性分解仍局限于国家层面;陈勇兵(2012)是国内最早从企业微观层面对中国出口扩张进行分析和解读的学者,他对中国企业出口动态与中国出口增长的关系进行了研究,并考察了中国出口二元边际的影响因素和作用机制,但受样本数据时间跨度的局限（2000—2005年），其结果并不能反映出近年来中国出口增长的二元边际的最新变化。

本章的目的主要是通过对中国海关2000—2012年的出口统计数据进行处理，从企业微观层面出发，刻画中国企业的出口动态变化情况及其对中国出口增长的影响，并对出口二元边际的影响因素进行分析。同以往的文献相比，本章的主要贡献在于，在参考学者过去研究的基础上，基于企业出口多种产品的事实，将产品种类纳入Buono and Fadinger（2012）提出的企业－目的国二元边际模型，通过对中国企业出口动态变化的描述，分别考察二元边际对中国出口扩张的影响程度，并从企业自身因素、目的国市场因素、产品种类因素和企业－目的国特定贸易关系四个维度探讨其对中国企业出口关系和出口额波动的影响情况。

本章结构安排如下：第一节对前人的研究文献进行梳理和简短评述；第二节和第三节针对中国出口情况的经验研究，分别从出口关系变化和出口数量变化两个角度分析二元边际对中国企业出口的影响，以及影响出口二元边际的因素；第四节为结论和政策建议。

第二节　中国企业出口总额的分解

一、企业出口关系的界定及其动态变化

在讨论之前，首先应当对出口关系这一概念进行明确的界定。本章定义的企业出口关系，指的是某一企业在某一特定年度向某一国市场出口某一种产品。利用中国海关数据库，本章对2000—2012年中国企业出口关系动态进行了统计，见表4－1。表4－1第2列为2000—2012年中国企业每年出口关系的总数，第3～6列反映每年出口关系动态变化，即出口关系的确立和中止。其中，企业新建出口关系表示在$t-1$年不存在而在t年确立的企业某一产品的出口关系，中止出口关系指$t-1$年存在的某一产品出口关系在t年消失。通过对企业出口关系的分解，可以发现，每年新建的企业出口关系占总出口关系的44%，而同时有近35%的原有出口关系消失。这两个比例反映出在宏观出口贸易统计数据背后，中国企业出口在微观层面的变化也十分剧烈。

从出口关系数量上看，2002年企业新建产品出口关系比2001年有较大幅度增长，从2002年到2007年，中国产品出口关系数量增长了3.5

倍，同一时期每年年均净新增的产品出口关系在当年出口关系中的占比达12.6%，表明2001年中国加入WTO对中国产品出口具有极大的推动作用。2008年和2009年企业净新增出口关系占比的大幅萎缩，反映出2008年世界金融危机对中国外贸产品出口的严重影响。2009年后企业总出口关系数量和新建产品出口关系数量增速较金融危机前大幅下降，说明金融危机后全球经济复苏乏力，国际市场需求缩减，中国产品出口增速也随之放缓。

表4-1　2000—2012年中国企业出口关系变化情况

年份	出口关系	新建出口关系	比例/%	中止新建出口	比例/%	净新增	比例/%
2001	3180276	1353015	42.5	1136275	35.7	216740	6.8
2002	3717741	1673596	45.0	1234121	33.2	439475	11.8
2003	4538900	2056268	45.3	1443149	31.8	613119	13.5
2004	5641228	2545664	45.1	1808261	32.1	737403	13.1
2005	7142388	3308772	46.3	2306233	32.3	1002539	14.0
2006	8842487	4008076	45.3	2976783	33.7	1031293	11.7
2007	11122186	5256626	47.3	3850974	34.6	1405652	12.6
2008	12443090	5172155	41.6	4710814	37.9	461341	3.7
2009	13118752	5387161	41.1	5136556	39.2	250605	1.9
2010	14636825	6657997	45.5	5003377	34.2	1654620	11.3
2011	16082652	6447655	40.1	6549411	40.7	-101756	-0.6
2012	16750309	7218185	43.1	6652301	39.7	565884	3.4

资料来源：中国海关数据库2000—2012年出口统计数据。

二、出口数量动态的分解

通过上文的分析，我们可以发现每年有相当比例和数量的出口关系新建和终止，同时又有大量的企业进入和退出出口市场，那么，如何判断其对中国出口增长的影响？除了这些企业外，持续参与出口活动的连续出口企业对中国出口增长的贡献又如何界定呢？本章借鉴Buono and Fadinger（2012）的研究方法，将参与出口的中国企业分为进入、退出和持续出口三大类，其中"进入"指企业产品出口关系的建立，"退出"为产品出口关系的终止，持续出口企业依据出口额的变化情况又可将其进一步细分成出口增长型和出口下降型企业，由此，可以将中国出口总增长率分解为新建/中止关系企业出口增长率、出口额增加/减少企业出口增长率四部分，从而分别衡量扩展边际和集约边际对中国出口增长的影响。

值得说明的是，同以往的研究文献仅仅考察企业和出口目的国不同，本章将企业出口的产品种类也一并纳入考察范围，即使用包含年份、企业、目的国和出口产品在内的四维度数据进行分析，从而更全面地衡量不同因素对中国企业出口动态的影响。

定义 Q_t 为 t 年中国所有企业 i 的出口总额，

$$Q_t = \sum_{i \in I} \sum_{c \in C} \sum_{j \in J} q_{icjt} \tag{4-1}$$

其中，q_{icjt} 表示某企业 i 在 t 年向 c 国出口 j 产品的出口额。

定义 G_t 为总出口增长率，

$$G_t = \sum_{c \in C} \sum_{i \in I} \sum_{j \in J} g_{icjt} S_{icjt} \tag{4-2}$$

其中，S_{icjt} 表示企业 i 在 t 年向 c 国出口 j 产品的出口额占当年全部企业出口总额的比重，即 $S_{icjt} = \dfrac{q_{icjt} - q_{icjt-1}}{Q_t + Q_{t-1}}$；$g_{icjt}$ 表示企业 i 向 c 国出口产品 j 的中点增长率，即 $g_{icjt} = \dfrac{q_{icjt} - q_{icjt-1}}{\frac{1}{2}(q_{icjt} + q_{icjt-1})}$。

为进一步研究扩展效应和集约效应对中国出口扩张的影响，将企业出口关系分解成如下四个部分：

a. 进入 entry ——t 年新建的出口关系（$q_{icjt-1}=0$ 且 $q_{icjt}>0$）；
b. 退出 exit ——t 年中止的出口关系（$q_{icjt-1}>0$ 且 $q_{icjt}=0$）；
c. 增长 increase ——t 年出口额大于 $t-1$ 年出口额（$0 < q_{icjt} < q_{icjt-1}$）；
d. 下降 decrease ——t 年出口额小于 $t-1$ 年出口额（$0 < q_{icjt} < q_{icjt-1}$）。

因此，式（4-2）可改写为：

$$G_t = \sum_{ic \in entry_t} g_{icjt} S_{icjt} + \sum_{ic \in exit_t} g_{icjt} S_{icjt} + \sum_{ic \in increase_t} g_{icjt} S_{icjt} + \sum_{ic \in decrease_t} g_{icjt} S_{icjt} \tag{4-3}$$

同时，考虑到式（4-3）计算过程中可能存在出口变化率正负相互抵消的情况，对所有的中点增长率取绝对值，故有：

$$\widehat{G_t} = \sum_{ic \in entry_t} |g_{icjt}| S_{icjt} + \sum_{ic \in exit_t} |g_{icjt}| S_{icjt} + \sum_{ic \in increase_t} |g_{icjt}| S_{icjt} + \sum_{ic \in decrease_t} |g_{icjt}| S_{icjt} \tag{4-4}$$

表 4-2 反映了 2001—2012 年中国企业总出口增长率（中点增长率）

以及分解后出口关系四个组成部分对总增长率的贡献情况。可以看出，这12年内年均出口总中点增长率接近100%，而中国企业年均出口净中点增长率约为19%。具体来看，中国企业出口的扩展边际，即每年新建和终止的出口关系对总出口增长率变动的年均贡献率分别为27.6%和18.9%；而对于那些持续存在的出口关系来说，出口数额的增长和下降可分别解释总出口增长率波动的32.1%和21.4%，中国企业出口的集约边际对中国出口增长的贡献程度（53.5%）高于扩展边际的贡献程度（46.5%）。

表4-2 2001—2012年中国企业出口增长率分解统计情况

年份	总增长率/%	净增长率/%	扩展边际		集约边际		Δ/%
			进入/%	退出/%	增长/%	下降/%	
2001	95.6	15.3	26.3	19.2	31.7	22.8	9.0
2002	98.6	11.1	29.6	20.1	26.0	24.3	0.6
2003	98.6	29.1	32.4	17.1	32.3	18.2	1.0
2004	93.2	29.7	26.3	13.3	39.7	20.7	20.8
2005	91.6	23.8	28.2	15.1	34.7	21.9	13.2
2006	89.7	24.3	27.1	14.7	36.4	21.8	16.3
2007	121.5	5.1	33.0	26.7	19.1	21.2	-19.4
2008	99.3	15.8	27.0	19.4	30.9	22.7	7.2
2009	104.8	-17.6	21.6	25.8	19.9	32.6	5.1
2010	95.2	26.2	27.1	16.5	36.7	19.8	12.9
2011	106.3	33.4	23.4	18.7	42.3	15.6	15.8
2012	104.8	29.2	29.0	20.3	34.9	15.8	1.4

为了更好地考察这一发现是否符合各年度的实际情况，表4-2中的Δ值计算了2001—2012年中国企业出口的集约边际贡献率减去扩展边际贡献率的差。可以看出，扩展边际和集约边际对中国出口增长的影响每年的变化波动十分剧烈，除2007年扩展边际显著高于集约边际贡献外，其他年份内集约边际对出口增长的贡献均大于扩展边际的贡献，其中在2004—2006年、2010—2011年Δ值均超过10%。

综上所述，我们可以得出结论，中国出口企业出口关系的波动程度十分剧烈，在每一年份都有大量的国内企业新进入或退出出口市场，或向某一市场新出口或不出口某一类产品。虽然集约边际与扩展边际出口贡献率之差的年均值并不大（约7%），但考虑到净新增出口关系的年均增长率仅为 8.6%，说明出口集约边际扩张对出口增长的贡献仍大于企业出口动态关系的变动（扩展边际）对中国出口扩张的贡献，中国的 2000—2012 年的出口繁荣主要依赖集约边际，即通过已经进入出口市场的企业持续扩大出口来实现。

第三节　中国企业出口关系与出口额波动源识别

本节主要介绍影响集约边际与扩展边际的因素，即造成中国企业进入或退出某一国市场和企业出口数额在不同年度间波动的原因。针对企业出口波动原因的研究思路大体可以分为两类，一类关注企业异质性特征（生产率）和沉没成本，认为企业生产率变动和国际汇率变化是决定个体企业出口决策变化的重要原因；另一类认为企业在建立出口贸易关系之时往往对目的国市场或当地贸易伙伴缺乏足够了解，面临很大的风险和不确定性，而这种贸易关系的不确定性往往是导致企业中断出口某种产品甚至彻底退出某一国出口市场的重要原因，企业需要在出口中逐步"学习"并积累经验。国外研究者对此概括为"learning model"即"学习模型"。

该学习模型认为，出口额和出口增长率的变化、企业出口决策的变化主要受到不确定性导致的"贸易关系"冲击，而非企业所面临的供给或需求侧的影响。同时，由于不确定性的存在，企业在刚刚进入市场时通常会先试探性地出口小部分产品以降低风险，而随着时间的推移和贸易关系的成熟，企业的出口额会逐渐上升；同时，企业更愿意向曾经建立过出口关系的国家出口产品（Buono，2012）。

具体而言，企业出口的变化的原因可以归纳为四点：一是供给侧因素，根据企业异质性理论，企业生产率的差异是决定企业是否参与出口活动的主要原因；二是需求侧因素，主要表现为目的国的市场需求；三是产品因素，由于企业向不同的目的国市场出口不同的产品，因此产品种类的变化也可能是导致企业出口波动的一个重要因素；四是贸易关系因素，即学习模型提出的贸易关系的不确定性的影响。

一、扩展边际的影响因素

根据定义，企业出口的扩展边际是指新企业进入出口市场参与出口，即企业新出口关系的建立，主要表现为企业出口决策和企业出口状态的变化。企业出口决策可以用一个线性概率模型表示：

$$Y_{icjt} = \delta_{it} + \delta_{ct} + \delta_{jt} + u_{icjt} \qquad (4-5)$$

其中，虚拟变量 Y_{icjt} 表示企业 i 在 t 年向 c 国出口 j 产品的情况，当企业 i 在 t 年向 c 国出口 j 产品时等于 1，不出口时等于 0。虚拟变量 δ_{it} 和 δ_{ct} 分别表示企业自身供给因素和目的国市场需求因素，δ_{jt} 表示产品因素，u_{icjt} 表示除企业自身供给、目的国市场需求和企业产品因素外不能直接观测到的其他随机因素（称为企业－目的国关系因素）。

本章对 2000—2012 年中国所有对外出口企业的出口情况按行业类型进行了分类处理，并借助 STATA 软件计算出模型总离差平方和、各因素离差平方和以及自变量对总离差平方和的贡献率。需要说明的是，在进行方差分析运算时，由于本章选用的产品分类过于粗略，波动难以识别，因此，δ_{jt} 部分在运算时被自动忽略。详见表 4-3。

表 4-3 分行业出口增长的波动源识别

行业	δ_{it}/%	δ_{ct}/%	δ_{jt}/%	u_{icjt}/%	样本容量/个
1. 活动物、动物产品	27.46	0.15	0	72.23	704145
2. 植物产品	25.68	0.05	0	74.20	2548169
3. 动、植物油脂及其分解产品，精制的食用油脂，动、植物蜡	36.66	0.35	0	62.34	89739
4. 食品，饮料，酒及醋，烟草及烟草代用品的制品	25.56	0.07	0	74.32	2122484
5. 矿产品	35.19	0.06	0	64.64	1432431
6. 化学工业及其相关工业的产品	25.03	0.07	0	74.89	15074358
7. 塑料及其制品，橡胶及其制品	29.32	0.06	0	70.62	23647416
8. 生皮、皮革、毛皮及其制品，鞍具及挽具，旅行用品、手提包及类似品，动物肠线（蚕胶丝除外）制品	32.15	0.03	0	67.79	10932025

续表 4-3

行业	$\delta_{it}/\%$	$\delta_{ct}/\%$	$\delta_{jt}/\%$	$u_{icjt}/\%$	样本容量/个
9. 木及木制品，木炭，软木及软木制品，稻草、秸秆、针茅或其他编结材料制品，篮筐及柳条编结品	26.22	0.03	0	73.69	4488419
10. 木浆及其他纤维状纤维素浆，回收（废碎）纸或纸板，纸、纸板及其制品	29.52	0.04	0	70.43	10861123
11. 纺织原料及纺织制品	23.01	0.03	0	76.94	42367676
12. 鞋、帽、伞、杖、鞭及其零件，已加工的羽毛及其制品，人造花，人发制品	28.94	0.02	0	71.01	14523171
13. 石料、石膏、水泥、石棉、云母及类似材料的制品，陶瓷产品，玻璃及其制品	28.74	0.04	0	71.21	18527743
14. 天然或养殖珍珠、宝石或半宝石、贵金属、包贵金属及其制品，仿首饰，硬币	40.16	0.01	0	59.71	2539277
15. 贱金属及其制品	25.92	0.04	0	74.02	36740574
16. 机器、机械器具、电气设备及其零件，录音机及放声机，电视图像、声音的录制和重放设备及其零件、附件	27.35	0.09	0	72.56	35851621
17. 车辆、航空器、船舶及有关运输设备	28.40	0.08	0	71.51	6153524
18. 光学、照相、电影、计量、检验、医疗或外科用仪器及设备，精密仪器及设备，钟表，乐器，上述物品的零件、附件	29.93	0.06	0	70.01	10556468
19. 武器、弹药及其零件、附件	42.23	1.18	0	56.26	49270
20. 杂项制品	28.76	0.04	0	71.19	30184531
21. 艺术品、收藏品及古物	48.42	0.07	0	51.30	507364

分析结果显示，2000—2012 年，约 30.7% 的中国企业出口决策方差的波动可由企业自身供给因素解释，目的市场国家因素对企业出口决策方差变动的贡献率仅为 0.12%，表明企业供给因素对企业出口决策的影响远大于企业目的国市场因素的影响。与此同时，残差对出口决策方差变动的影响程度高达 69.9%。因此，可以认为除企业自身供给和目的国市场需求以外，未能直接观测到的企业-目的国关系对企业出口决策具有十分重要的影响。此外，我们还可以发现，企业供给与目的国市场需求对不同行业的企业出口决策的影响存在显著差异。例如，对艺术品、收藏品及古物出口企业而言，有 48.42% 的出口决策变动是企业自身因素导致的，仅有 0.07% 的出口决策变动受到目的国市场因素影响；相反，对出口动、植物油脂及其分解产品，精制的食用油脂，动、植物蜡的企业而言，企业自身因素对出口决策变化的影响比重为 36.66%，而目的国市场需求的变动对出口决策的影响比重则上升到 0.35%。

企业出口状态变化指企业参与对外出口情况的变化，即有无进入或退出出口市场。企业自身供给、目的国市场需求和企业-目的国关系的变化都可能导致企业出口状态的变化。因此，可以建立线性概率模型：

$$C_{icjt} = \delta_{it} + \delta_{ct} + \delta_{jt} + u_{icjt} \qquad (4-6)$$

其中，虚拟变量 C_{icjt} 表示企业出口状态，当企业进入或退出某国市场时，企业出口状态发生变化，$C_{icjt}=1$（$\Delta Y_{icjt} \in \{-1, 1\}$）；当企业出口状态不变时，$C_{icjt}=0$（即企业连续出口某种产品或连续不出口某种产品，此时 $\Delta Y_{icjt}=0$）。解释变量仍设定为虚拟变量 δ_{it}（表示企业供给因素）、δ_{ct}（表示目的国市场需求因素）和 δ_{jt}（产品因素），u_{icjt} 为残差。

二、集约边际的影响因素

企业出口的集约边际表现为企业在现有出口关系上出口额的变动。企业自身供给变化、目的国市场需求波动、企业出口产品种类和不能直接观测到的企业-目的国关系变化都是导致企业出口额波动的重要影响因素。因此，企业出口额的变化可用如下线性概率模型表示：

$$g_{icjt} = \delta_{it} + \delta_{ct} + \delta_{jt} + u_{icjt} \qquad (4-7)$$

其中，被解释变量 g_{icjt} 表示任意连续两年均向 c 国出口的企业 i 出口 j 产品的中点增长率，解释变量 δ_{it} 表示企业供给因素，δ_{ct} 表示目的国市场需求因素，δ_{jt} 表示产品因素。我们再次利用 ANOVA 分析对模型的总离差平方和进行分解,结果见表4-4。

表4-4 企业出口集约边际的分解结果

行业	$\delta_{it}/\%$	$\delta_{ct}/\%$	$\delta_{jt}/\%$	$u_{icjt}/\%$	样本容量/个
1	17.70	0.35	0	81.75	171976
2	15.89	0.20	0	83.70	589553
3	30.52	0.73	0	67.53	19838
4	15.61	0.28	0	84.00	525032
5	27.97	0.34	0	71.21	286204
6	14.05	0.38	0	85.38	3206893
7	15.41	0.29	0	84.15	4954104
8	18.65	0.16	0	81.09	2215282
9	6.38	0.14	0	83.62	1011057
10	20.01	0.22	0	79.63	2073357
11	11.37	0.14	0	88.37	8778352
12	18.03	0.11	0	81.74	2792935
13	16.09	0.20	0	83.56	3586388
14	32.50	0.04	0	67.31	473633
15	13.36	0.24	0	86.24	7397807
16	10.55	0.45	0	88.84	8348626
17	15.28	0.29	0	84.25	1366890
18	17.66	0.30	0	81.89	2182431
19	44.52	2.00	0	52.01	9005
20	13.93	0.19	0	85.78	6275499
21	44.52	0.12	0	53.39	89151

从表4-4中可以看出,2000—2012年,就各行业平均情况来看,企业供给因素对企业出口增长率变动的影响约为20.00%,而目的国因素对企业出口增长率变动的影响仅为0.34%,表明企业供给因素对企业出口增长率变动的影响更为显著。同时,来自企业供给端和目的国市场需求端的波动对各行业出口企业出口增长率(即各行业的出口集约边际)的冲击影响大小也有非常明显的差异,对木及木制品,木炭,软木及软木制品,稻草、秸秆、针茅或其他编结材料制品,篮筐及柳条编结品出口企业而言,6.38%的出口增长变化可由企业自身因素解释;同时,目的国市场需求变

化对出口增长率的变化影响为 0.12%；而武器、弹药及其零件、附件的产品出口增长率变动的 44.52% 是由其自身供给端的变化引起的，且目的国市场需求的变动对其出口增长率的变化的影响竟达 2.00%，显著高于其他行业。同样地，来自贸易关系的冲击对企业出口增长率变动的影响仍十分显著（各行业平均为 78.83%），且在不同行业间差异明显。例如，贸易关系对出口机器、机械器具、电气设备及其零件，录音机及放声机、电视图像、声音的录制和重放设备及其零件、附件的企业出口增长率变动的影响高达 88.84%，而对艺术品、收藏品及古物的出口增长率波动影响仅为 53.39%。与扩展边际相比，企业自身供给端和贸易关系对中国企业出口集约边际的变动的影响相对较低，而目的国市场需求因素对企业出口集约边际的冲击相对较明显。

综合来看，通过上述内容对总离差平方和的分解，我们可以得出这样的结论，即贸易关系因素是导致中国企业出口关系（扩展边际）和出口数额（集约边际）变化的关键因素，对企业出口动态变化有显著影响；企业自身供给和对中国企业出口关系和出口数额的冲击程度相对较低，但仍有一定影响，而来自目的国市场需求一侧的变动对中国企业出口二元边际的作用不明显。

第四节 小 结

本章基于中国 2000—2012 年商品出口数据，在参考 Buono（2012）提出的研究方法的基础上，利用海关 HS2 位编码对出口产品进行分类并将其纳入考察范围，通过建立企业－目的国市场－产品角度对中国企业出口动态和二元边际进行了分解。分析结果表明，中国企业出口微观动态变化十分剧烈，每一年份都有大量的企业进入或退出出口市场、新建立或终止出口关系。对中国企业出口增长而言，出口集约边际扩张对出口增长的贡献仍大于扩展边际对中国出口扩张的贡献，中国的 2000—2012 年的出口繁荣主要依赖集约边际，即通过已经进入出口市场的企业持续扩大出口来实现。

在对中国出口增长进行二元边际分解后，本章接着对影响集约边际和出口边际的因素进行了讨论。通过建立线性概率模型并运用 ANOVA 离差平方和分解方法，分别考察了企业供给、目的国市场需求、产品和贸易关系的不确定性对企业出口决策、出口状态和出口增长率的影响。结果表明，企业供给冲击和贸易关系的冲击对企业出口集约边际和扩展边际的影响明显，说明企业生产率水平的差异和贸易关系面临的不确定因素是导致中国企业出口关系（扩展边际）和出口数额（集约边际）变化的关键因素，对企业出口动态变化有显著影响。相对而言，来自目的国市场需求一侧的变动对中国企业出口二元边际的影响比较小。此外，由于HS2位商品分类编码对出口商品归类较粗，产品因素对二元边际的影响未能得到很好地检验。与此同时，这一针对中国企业出口二元边际影响因素的分析结果支持了国外研究者关于出口学习模型的理论假说，即贸易关系的不确定性是影响企业出口动态的决定性因素。

第五章　中国企业出口增长的扩展边际

第一节　引　言

由 2008 年金融危机引发的全球经济衰退在一定程度上暴露了中国出口增长面临外部冲击的脆弱性。根据国家统计局的数据，2009 年、2011 年、2012 年和 2013 年，我国净出口对 GDP 的贡献率分别为 -44.8%、-5.8%、-2.2% 和 -4.4%。2012 年我国进出口总值比 2011 年同期增长 6.2%，和原先预定目标有一定差距，6.2% 的增速也是最近十多年来最低的增长速度（张二震，2013）。一系列的情况引发了人们对中国出口甚至经济增长的担忧：为什么中国的出口极易遭受外部冲击的影响？中国的出口是否还有潜在增长空间？针对这些问题，学者们从各种角度对中国出口增长问题进行了解读（Egger & Kesina，2014；Feenstra & Wei，2010；Amiti & Freund，2008；钱学锋等，2010）。

然而，既有的绝大部分研究仍然是基于国家层面的。尽管一国的出口表现会反映该国技术水平、禀赋等诸多特征，但客观来讲，国家并非真正的出口主体，国家的出口数据只是众多微观数据在统计层面的汇总而已，真正的出口主体是企业。在一个奉行开放政策的国家，出口是企业的一项重要经济活动，它暗含了企业作为一个微观主体的最优化决策过程（Amatori et al，2011）。因此，要从根本上回答中国出口增长问题，还需要从中国企业的出口行为以及出口表现进行深入剖析。

一国的出口体现为企业的出口，企业的出口增长是沿着扩展边际和集约边际展开的，如图 5-1 所示。从图中可以看出，中国的出口总额可以分解为企业边际（有多少企业参与出口）、市场边际（企业选择怎样的市场组合）和产品边际（企业选择怎样的产品组合）。即使是诸多文献聚焦的扩展边际和集约边际，其实也可以在出口总量、出口企业、市场组合、产品组合等多个层面进行定义，而各个层面又存在着逻辑和数量上的对应关系。因此，中国企业的出口是一个"多重边际"，而非"一重边际"。

对于企业而言，其出口决策可以划分为以下三个阶段：①解决是否出口的问题，即出口倾向；②确定内销和出口的比例，即出口强度；③出口什么产品以及出口到何种市场，即产品组合和市场组合。由此可见，市场边际和产品边际是企业出口边际中最重要的两个组成部分。或者说，以上两个边际的横向和纵向扩张是企业出口增长的终极源泉。因此，廓清各种出口边际之间的关联和对应关系，分析中国企业的市场边际和产品边际上的特征，对于洞悉中国企业出口增长的实质具有重要意义。

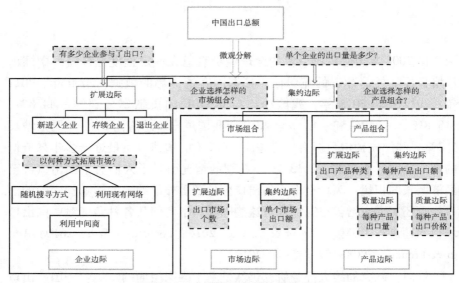

图5-1 中国出口总额的微观分解

识别了中国企业的出口边际以及出口动态之后，接下来的一个问题是：什么因素塑造了中国企业的出口边际及其动态表现？目前的研究大多沿着"生产率－沉没成本－出口行为"这条主线展开，即用生产率的差异解释中国是否能够克服出口的"冰山成本"，这也是异质性企业贸易理论的精髓所在。但是，企业的异质性并不单单体现在生产率差异上，诸如企业资本密集度、规模、年龄等因素都会成为企业出口决策以及出口表现的范畴，与生产率一道共同构成企业出口边际的"供给约束"①。

另外，对于出口企业而言，贸易方式的选择也是其出口决策的重要内容。随着全球化程度的加深，生产要素在世界范围内的流动和配置更加频

---

① 企业出口是国内供给和国外需求双重作用下的产物，本章将内化于一国内部的企业特征定义为供给约束，而将进口者特征这些外部特征定义为需求约束，前者是本章的考察重点。

繁,价值链开始被重新切割,并在全球范围内被重新组合优化。作为这个进程的重要参与者之一,中国企业被逐渐纳入全球生产体系,以"中国制造"的身份成为全球价值链中的重要一环。而加工贸易是参与这种国际化分工的一种主要形式。加工贸易持续快速发展的结果就是其增长速度在很长的一段时间里超过了一般贸易,占据了中国对外贸易的半壁江山(裴长洪,2009)。由于不同的贸易方式决定了企业在价值链处于完全不同的位置,因此,参与加工贸易的企业与参与一般贸易的企业有着完全不同的出口决策机制,从而也可能有着完全不同的出口表现,尤其是在企业的市场组合和产品组合方面。从贸易方式去梳理企业的各种出口边际,对于发现中国企业的出口决策机理、解释中国出口增长的源泉具有重要的现实意义。

与此同时,跨国公司在出口中的角色构成了中国对外贸易的一道独特风景。外资企业对中国出口的作用也越来越大,外资企业在中国出口中的占比在1986年只有2%,1992年超过了20%,1995年超过了50%,2006年接近60%,此后外资企业的出口占比虽有波动,但是都保持在50%以上,与其他产权类型的企业成为中国出口的贡献主体。这组数据的背后折射的所有权结构同样会作用于企业的出口决策,在市场和产品组合上塑造着中国企业的出口表现。因此,在解析中国企业出口行为的决定因素时,所有权结构是另外一个不能忽略的视角。

基于以上考虑,本章将聚焦于以下几个问题:生产率对于以不同贸易方式参与出口的企业的市场组合和产品组合是否产生相同的影响?所有权结构对于不同贸易方式下企业的出口边际是否构成了不同的影响?

在传统的国际贸易理论研究中,作为出口主体的企业一直是缺席的。尽管在新贸易理论中引入了代表性企业(representative firm),但这些企业都是同质的,无法识别出企业出口行为的差异。直到20世纪90年代,Bernard and Jensen(1995)通过对美国出口企业的数据进行研究,发现出口只是少数企业的行为,而且企业只是将少部分的产品用于出口(例如,2002年美国制造企业平均出口强度仅为14%)。这一实证发现很快在其他国家的实证研究中被证实,同时也对原有的贸易理论提出了挑战,从而引发了对企业异质出口行为的理论探讨。Melitz(2003)开创性地将异质企业引入经典的 Kugman(1980)垄断竞争模型关于企业出口行为的研究,企业的异质性主要通过一个服从帕累托分布的生产率来识别,由于该模型具有良好的易用性和拓展性,逐渐成为异质企业贸易理论的基准(Bernard et al, 2011)。Melitz模型关于企业出口行为的推论是:只有少数高效率企业出口是由于企业生产率差异所造成的"自我选择"的结果，而非"出口中学习"的结果。这一点在 Mayer and Ottaviano（2007）以及 World Trade Organizaiton（2008）等诸多实证研究中得到了证实。

近些年来，借鉴以上研究方法和视角，学者利用中国的企业层数据进行企业出口行为的研究（邱斌、刘修岩和赵伟，2012）。目前，关于中国企业出口行为的研究主要是沿着"生产率－沉没成本－出口决策"这条主线展开的，而且主要是关注企业的总体出口决策，围绕是否出口以及出口多少（出口倾向和出口强度）这两个问题展开。近几年来，对中国企业出口表现的解读已经逐步深入到其整个出口行为的第三个层面，即出口边际层面。这一类研究又可以分为以下四个方面：其一，对中国出口进行结构性分解。钱学锋和熊平（2010）从产品层面把中国出口增长分解为扩展边际和集约边际，证明中国的出口增长主要是沿着集约边际实现的，扩展边际的比重较少。同时，他们也基于引力模型分析了影响二元边际的宏观因素。施炳展（2010）借鉴 Hummels and Klenow（2005）的方法将中国出口增长分解为广度、数量和价格增长，发现中国出口产品价格低、数量高，且中国出口的增长主要是由广度增长和数量增长造成的，价格对出口的增长几乎没有贡献。鲁晓东（2013）利用同样的分解方法研究了中国与东亚其他经济体的出口竞争关系。其二，从多个角度解读中国企业出口边际变化的原因。王孝松等（2014）研究了中国出口产品遭遇的反倾销壁垒对出口增长的二元边际所产生的影响，易靖韬和傅佳莎（2011）使用浙江省数据检验了企业异质性、市场进入成本对企业进入出口市场的影响。其三，注重对企业出口动态的研究，发现企业进入或退出市场背后的影响因素。盛斌和毛其淋（2013）、易靖韬（2009）检验了贸易自由化、企业异质性以及市场进入成本对企业进入出口市场的影响；陈勇兵等（2012）关注了企业出口持续时间的问题；陈勇兵、周宇媚和周世民（2012）描述了中国企业出口动态和二元边际结构，并考察不同贸易成本的作用机制。其四，从不同视角研究影响企业出口决策的因素。阳佳余（2012）认为所有权结构、产业特征等因素显著影响企业出口决策，这一结论被符大海和唐宜红（2013）以及陶攀（2014）的研究证实。

以上研究对于中国企业的出口行为，尤其是出口边际进行了较为透彻的解读，但是仍然存在着以下三个方面的缺失：其一，大部分研究仍然是从中国的宏观出口总量入手，进行扩展边际和集约边际上的分解，对应着图5-1中的第一层次，其主要目的还是挖掘中国出口增长的源泉，以发现出口的增长主要是来自更多的企业参与还是来自现有参与企业出口规模的扩大，而未能从企业交易层面的微观数据进行边际分解，剖析中国出口增长的真正内核。其二，忽略了贸易方式和所有权结构对企业出口边际的影响。贸易方式，尤其是加工贸易是中国出口的一个显著特征，在企业的市场组合和产品组合方面势必会表现出与一般贸易不同的特征。同时，外资企业在中国出口的角色也说明了所有权结构是考察企业出口边际问题时所不能忽略的一个维度。其三，过于强调生产率在企业出口表现中的作用，而忽视了企业的异质性除了体现在生产率差异之外，还表现在要素密集度、规模、企业年龄以及区位等多个方面，这些因素均会影响企业的运作方式，进而影响企业的出口表现。

本章通过构建多重边际的分析框架，延拓了传统扩展边际和集约边际的维度，打通了中国出口的宏观表现和企业出口行为之间的通道。同时，本章借助于海关进出口数据库与中国工业企业数据库提供的信息，构建了基于交易的出口商－产品－目标国－贸易方式的微观数据。此外，本章还研究了中国企业出口的市场扩展边际和产品扩展边际，并从所有权结构、贸易方式以及企业特征等维度解读企业出口扩展边际的差异，从而识别中国出口增长的源泉。

本章的结构如下：第二节对前期相关文献进行梳理，发现既有研究的不足并提出新的研究方向。第三、第四节结合中国的出口现状，根据图5－1的设计框架分析中国企业出口的市场边际和产品边际的典型事实，并着重针对不同贸易方式和产权结构的企业做出比较性分析；接下来，通过构建实证模型识别这种出口表现的决定因素，并通过分析估计结果做出稳健性检验。第五节是本章的结论。

第二节 数据来源与典型事实

一、数据来源及处理方法

本章的研究数据主要来自两个数据库：企业出口的扩展边际信息来自中国海关进出口数据库提供的企业－产品－目的地的交易数据，企业特征信息来自中国工业企业数据库，我们选取两个数据库完全重叠的2000—2006年来整理本章的样本。

接下来需要拼接两个数据库，由于两套数据使用完全不同的企业编码体系，因此直接通过编码匹配并不现实。为此，我们主要按照两条思路来完成这一工作。首先是通过中文名称和年份来进行拼接，如果两个系统的企业在同一年里使用完全相同的企业名称，则认定该企业是同一家企业。其次，进一步根据企业邮政编码、电话号码以及法人代表等信息"挽救"一部分丢失的样本。

拼接之后，我们仅保留两类企业：第一类是在两个数据库中均存在的企业，也就是参与出口的国有或规模以上（年销售收入超过500万元）的非国有企业；第二类是在工业企业数据库中存在，但是不在海关数据库的企业，这类企业有着详细的财务信息，但是并没有参与出口[①]。另外，由于本章重点关注贸易方式对企业出口边际的影响，而有些企业可能既从事一般贸易，也从事加工贸易。借鉴陶攀等（2014）的处理方法，把企业分为三种类型：纯加工贸易企业、纯一般贸易企业、加工一般并存型企业。对于第三类企业，我们在样本中进行分类统计，也就是说，这类企业对应着两组数据，一类是按照加工贸易统计的市场组合和产品组合，一类是按照一般贸易统计的市场组合和产品，以区分贸易方式差异对企业出口表现的不同影响。

海关数据库一共提供了20种贸易方式，在本章的样本考察期内，经过数据处理之后的从事各类贸易的企业数见表5-1。从表5-1中可以看出，加工贸易具体被分为13个种类，其中有两种是尤为重要的：来料加工和进料加工[②]。在前一种类型的贸易中，本国企业免费从其国外贸易伙伴处获得原材料和组装配件，但必须将加工后的成品出售给指定的同一国外进口商。相反，对从事来料加工贸易的企业，自行进口原材料并加工后，可以将产品售给国外的任何企业（余淼杰，2011）。本章选取这两种贸易方式，对数据进行汇总以获取加工贸易的整体统计信息。

[①] 保留第二类企业的目的是解决出口企业非随机的问题，因为如果样本非随机的话，基于这样的样本做出的任何结论只能代表这部分做出相应（出口）决策的企业行为，而不是总体的行为，这就会存在样本的选择性误差（sample seclection bias）（Heckman，1979）。保留这类企业可以方便后文通过 Heckman 两部修正法来检验回归结果的稳健性。

[②] 加工贸易的其余分类主要还有：境外援助（12）、补偿贸易（13）、商品寄售代销（16）、货物租赁（17）、边境小额贸易（19）、工程承包（20）、对外承包工程出口（22）、易货贸易（30）、保税仓库进出境贸易（33）、保税区仓储转口贸易（34）等。

表5-1　从事各类贸易方式的企业分布状况（2000—2006年）

贸易方式	海关编码	频度/次	百分比/%	累计百分比/%
一般贸易	10	46218	43.54	43.54
国际援助	11	4	0	43.55
来料加工	14	8365	7.88	51.43
进料加工	15	50387	47.47	98.90
寄售代销	16	6	0.01	98.91
边境小额贸易	19	37	0.03	98.94
对外承包工程出口	22	2	0	98.94
租赁贸易	23	1	0	98.95
出料加工	27	9	0.01	98.95
易货贸易	30	4	0	98.96
保税仓库进出境贸易	33	182	0.17	99.13
保税区仓储转口贸易	34	183	0.17	99.30
其他贸易	39	741	0.70	100
合计	—	106139	100	—

数据来源：作者根据中国海关进出口数据库计算。

经过以上处理之后，本章获得的总样本399257个，其中，出口企业[①]样本106139个、纯内销企业样本293018个。前者对应着40845家企业，其中，一般出口和加工出口同时进行的企业有15523家（38%）、纯一般出口企业有18846家（46%）、纯加工出口企业有6476家（16%）。

根据本章的研究目的，我们将处理后的数据分为以下四部分：一是企业基本资料，如企业名、企业编码和企业年龄等；二是企业财务状况和生产状况，如出口额、杠杆率、资本密集度和生产率等；三是企业所有权状况，主要包括国有控股和外商控股两种情况，这两者占绝大部分；四是企业出口信息，包括企业出口地个数、出口产品个数以及贸易方式等。

---

① 对于加工和一般贸易并存型企业，每个企业每年对应两个样本。

二、企业出口边际的典型事实

(一) 不同贸易方式下企业出口市场边际

表 5-2 列示了 2000、2002、2004、2006 年不同贸易方式下企业出口的市场边际,表中的数据表示各种市场组合下企业个数占企业总数的百分比。从中可得出以下结论。

表 5-2 不同贸易方式下企业出口市场边际

出口市场数/种	2000 年		2002 年		2004 年		2006 年	
	一般/%	加工/%	一般/%	加工/%	一般/%	加工/%	一般/%	加工/%
1	14.87	43.86	20.68	40.42	18.97	38.55	16.08	29.10
2	10.09	17.50	15.42	17.34	14.28	17.14	13.88	17.91
3	6.42	8.85	10.31	8.69	9.90	9.06	9.26	10.16
4	4.23	5.87	6.92	5.42	30.14	5.34	30.01	6.28
5 种以上	64.39	23.91	46.67	28.14	26.71	29.90	30.77	36.54
合计	100.00	100.00	100.00	100.00	100.00	100.00	100.00	100.00

首先,一般贸易企业比加工贸易企业的出口市场更加多样化。从整体上来说,一般出口企业有 50% 以上出口到较多的 (4 个以上) 市场,不到三分之一的企业出口到较少的 (2 个以下) 市场;而近年来加工出口企业中,只出口一两个市场的企业保持占据 50% 左右的份额,而出口到 4 个以上的目的地的企业只占三分之一左右。原因可能在于加工贸易企业已经嵌入国际供应链,承担其中的某一个加工环节,企业自主性相对较弱,对出口方向的控制权低,因此出口市场组合相对量少但稳定。

其次,加工贸易单个出口市场企业所占比重在逐年减少,多市场企业所占比重相应增加,而一般出口企业出口市场数趋于稳定。在这 7 年间,出口市场数目少的企业所占百分比呈下降趋势 (2000 年除外),而出口市场数目多的企业所占百分比逐年上升。截至 2006 年,一般出口企业出口到 4 个市场的企业大幅增加,而出口到 5 个以上市场的企业减少。这说明一般加工企业有稳定现具有出口市场数的倾向,而加工出口企业呈现增加出口市场的趋势。

最后,无论是一般出口企业还是加工出口企业,出口市场数越多的企业其所占的百分比越低。两种贸易方式下，出口到多市场对企业有一定的能力要求，因此出口范围越小的企业能力越低，但该类企业的数量上占多数。有能力出口到多市场的企业较少，这是一般出口企业和加工出口企业表现出来的共同特征。

（二）不同贸易方式下企业出口产品边际

表5-3列示了2000、2002、2004、2005、2006年不同贸易方式下企业出口的产品扩展边际，表中的数据表示各种出口产品数下企业数量占比。从中可以得出以下结论。

表5-3 不同贸易方式下企业出口产品边际

出口产品数/种	2000年		2002年		2004年		2005年		2006年	
	一般/%	加工/%	一般/%	加工/%	一般/%	加工/%	一般/%	加工/%	一般/%	加工/%
1	22.85	31.25	18.43	27.65	18.78	17.07	17.35	25.92	16.21	26.13
2	17.85	18.35	16.48	17.31	15.85	12.64	14.82	18.06	15.25	17.74
3	12.06	11.44	12.40	11.50	11.92	8.82	11.22	12.29	12.18	10.66
4	9.21	7.90	9.29	9.04	9.26	8.82	9.00	9.22	8.92	9.23
5种以上	38.03	31.06	43.40	34.51	44.19	52.65	47.60	34.52	47.44	36.25

首先，一般出口企业比加工出口企业有着更丰富的出口产品。前者中出口5种或以上产品的企业约占40%，而后者的对应数据约为三分之一。

其次，两种企业的出口产品种类都逐年上升。一般出口企业中，只出口1～3种产品的企业约占50%，这个比例每年都略有下降，与4种以上产品数的企业所占百分比的上升相对。加工出口企业的情况与此接近。在出口产品种类上，两种贸易方式的企业的变化倾向没有显著差别。由于生产技术和生产率的提高以及规模经济、范围经济效应，生产更多种类的产品对企业来说更加有利。

最后，无论是从事加工贸易还是从事一般贸易，企业总是倾向于采取多产品战略，而且这种状况有加强的趋势。以一般出口企业为例，单产品线的企业只占不到20%，而出口4种产品以上的企业则超过50%，而且单产品线的企业占比逐年减少。对应地，多产品的企业占比逐年上升。截至2006年，只出口一种产品的企业仅占16%。而加工出口企业也有相似的表现及变化趋势。

（三）不同所有权企业出口市场边际

表5-4列示了不同所有权结构下不同贸易方式的企业出口市场边际，从表中可得出以下结论。

表5-4　不同所有权企业出口市场边际

出口目的地数/个	国有控股		外商控股		港澳台商控股	
	一般/%	加工/%	一般/%	加工/%	一般/%	加工/%
1	25.33	52.94	20.52	31.13	14.48	27.15
2	15.90	17.65	16.73	18.78	13.51	17.52
3	11.17	7.94	9.82	10.15	9.43	10.40
4	7.33	5.59	7.58	5.25	7.79	9.45
5	6.19	3.53	5.96	4.91	6.42	5.01
6	5.44	2.06	4.64	2.71	4.58	3.72
7	4.48	2.35	3.79	3.72	4.48	3.15
7个以上	24.16	7.94	30.96	23.35	39.32	23.61

首先，单一出口市场企业比多出口市场企业所占的比例更高，且随着出口市场数增加，对应企业数所占的份额下降。这可能是由于出口对于企业而言是有一定门槛的，即企业需要更大的规模和更高的效率才能将产品出口到更多的市场，只有少数的企业能有足够大的规模出口到多个目的地，因此出口市场数越多的企业所占百分比越低。

其次，与外商控股企业和港澳台商控股的企业相比，国有企业更倾向于出口到数量较少的市场。不管是一般出口企业还是加工出口企业，国有控股企业都呈现更高的出口集中度，出口到2个以下市场的两种企业分别占41.23%和70.59%，体现国有企业主要面向国内市场的特色。在三种所有权中，港澳台商控股企业出口市场最为多元，出口到4个以上市场的两种企业分别占62.59%和44.94%。这可能是港澳台本身市场较小，企业把主要精力集中在海外市场造成的。

最后，三种所有权下一般出口企业均比加工出口企业出口市场数更多。以外商控股企业为例，一半以上的一般出口企业出口到4个以上的市场，而加工出口企业的对应数据不到40%。国有控股和港澳台商控股的情况与此接近，一般出口企业的出口去向更多、范围更广。

(四) 不同所有权企业出口产品边际

表5-5列示了不同所有权下不同贸易方式的企业出口的产品边际，从表中可得出以下结论。

表5-5 不同所有权企业出口产品边际

出口产品数/个	国有控股		外商控股		港澳台商控股	
	一般/%	加工/%	一般/%	加工/%	一般/%	加工/%
1	28.50	53.82	14.24	30.29	14.18	23.17
2	19.21	13.24	13.92	19.12	13.57	17.78
3	12.06	7.94	10.47	9.64	12.84	10.85
4	9.78	3.53	8.96	8.29	8.63	9.63
5	5.87	6.18	8.37	6.26	7.66	7.32
6	5.05	0.59	5.67	6.60	5.65	5.20
7	2.74	1.76	4.08	2.54	4.98	4.62
7个以上	16.79	12.94	34.29	17.26	32.50	21.44

首先，单产品线企业比多产品线企业所占的比例更高，且随着出口产品数增加，对应企业数所占的份额下降。出口对于企业而言是有一定要求和限制的，企业需要更大的规模和更高的效率才能承担起研发费用和开拓生产线的成本，从而生产出更多产品，只有少数的企业能有足够大的规模出口多种产品，因此出口产品数越多的企业所占百分比越低。

其次，与外商控股企业和港澳台控股企业相比，国有企业更倾向于出口单一的产品。不管是一般出口企业还是加工出口企业，国有控股企业出口的产品都更单一。国有控股的企业中，出口6种以下产品的企业数量占比为70%以上，远高于外商控股的对应数据。在三种所有权中，外商控股企业出口产品最为多元，比港澳台商控股的企业平均出口产品数略高，都有约1/3的企业出口到6个以上的市场。其中，可能的原因有外商和港澳台商引进了更先进的技术和管理经验，有利于企业通过产品线的增加来获取范围经济。

最后，与市场边际情况相似，不同所有权下一般出口企业的出口产品数均高于加工出口企业。以国有控股企业为例，有不到50%的一般企业和约67%的加工企业出口2种以下产品，有近40%的一般企业和仅24%的加工企业出口4种以上产品，一般企业出口产品的丰富程度远高于加工企业。对于其他两种所有权的企业来说，情况也是相似的，但由于这两者本身就更注重多产品战略，所以一般出口企业的优势相对来说不太明显。

第三节 实证模型与变量构造

为了确定企业出口表现三方面（出口市场数、出口产品数及出口质量）的决定因素以及不同贸易类型的影响，我们构建以下实证模型：

$$EEM_{it} = \alpha_0 + \beta_1 TFP_{it} + \beta_2 Size_{it} + \beta_3 Age_{it} + \beta_4 Lev_{it} + \beta_5 \ln CAP_{it} + \beta_6 Wage_{it} + \beta_7 ownership\_dummy_{it} + \beta_8 locaton\_dummy_{it} + \beta_9 export\_typy_{it} + \varepsilon_{it} \quad (5-1)$$

其中，EEM（exporting extensive margin，出口扩展边际）是被解释变量，代表 i 企业在 t 期的出口市场数或出口产品种类。

TFP 代表的是企业的全要素生产率，根据异质企业贸易理论，生产率高的企业具有更强的市场竞争能力，因此更有可能克服出口的固定成本，从而进入国际市场。该变量是我们考量的核心变量。本章采用了两种方法测度生产率，第一种是基于普通最小二乘法计算的全要素生产率（TFP_OLS），第二种是基于半参数方法计算的全要素生产率（TFP_OP），用于稳健性检验。根据鲁晓东和连玉君（2012）的研究，半参数方法可以较好地处理变量相互决定偏差所引起的内生性问题和样本选择偏差所引起的问题，因此，我们分别采用参数和半参数的方法估计全要素生产率，以保证估计结果的稳健性。在过去的研究和实践中，生产率高的企业倾向于出口更多的产品到更多的市场，这可能是因为只有当企业有足够高的生产率时，才能在克服贸易壁垒、关税、出口交通成本等的情况下盈利。因此，我们预期生产率与企业出口表现呈正相关关系。

$Size$ 测度的是企业的规模，即总资产规模的对数。加入对企业规模的考量的必要性在于企业的规模大小与生产率有正相关关系，它是衡量企业能否实现规模经济的指标之一，因此，其与出口表现关系密切。与企业规模相似的变量还有 Age，即企业年龄，在此我们用截至 2009 年企业注册的时长来衡量。在考察企业出口表现的决定因素时，企业年龄是不可忽略的变量。这是因为企业在成长的过程中不断完善产品线、拓展客户群、提高生产率和引进管理经验。企业能否出口、出口多少及出口到哪里，与企业生存的时间关系十分密切。我们预期企业的规模和年龄与企业的出口表现呈正相关。

Lev 表示杠杆率（＝总负债/总资产），它是企业的融资能力的代理变量。考虑到中国国内资本市场和银行业体制的不完善导致了企业外部融资困难，我们认为高杠杆率代表高融资能力。另外，杠杆率是我们衡量一个企业的流动性的指标之一。在资本市场不发达的情况下，企业在出口更多产品到更多市场的同时，其实面临着更高的资金门槛（Yang et al, 2013）。由于企业的财务状况与企业出口行为密切相关，因此，我们将杠杆率加入实证模型之中并预期杠杆率越高的企业其出口表现越佳。

Wage 代表人均工资，它在某种程度上代表了企业对人力资本的投入程度，亦可以代表该企业人力资本的质量，这个因素对企业的生产率和竞争力有较大的影响。因此，人均工资可能与企业的出口行为有间接关系，我们把它纳入考量范围。除了人均工资，我们还考虑 ln*CAP*，即资本密集度的自然对数。不同资本密集度的企业可能会体现出不同的出口模式，且在其他条件一致的情况下，资本密集度越高的企业其平均利润越低，越有可能面临产能过剩，不利于其出口表现。

另外，我们还利用虚拟变量探究了三个因素对三种贸易表现的影响，分别为地区虚拟变量（京津冀地区 *jjj* 和长江三角洲地区 *cjdelta*）[①]、所有权虚拟变量（国有控股 *soe* 和外商控股 *foe*）以及贸易类型虚拟变量（一般出口贸易 *ord_ex* 和加工出口贸易）。中国的经济重心在东部沿海地区，如长江三角洲和珠江三角洲地区等，不同地区有着不同的出口模式和经济特色。在本章中，我们简单考虑了地处中国首都（京津冀地区）和长江三角洲地区给企业出口表现带来的影响，这是因为珠江三角洲地区虽然有数目庞大的出口企业，但是其主要为中小型企业，这些中小型企业创造的价值远低于位于北京、上海的大中型企业。所以，我们将主要注意力放在京津冀及长三角地区。各变量及相关数据见表 5-6。

[①] 根据统计，北京地区（京津冀）的出口企业占总样本的 6.28%，长三角地区（上海、江苏和浙江）出口企业占比为 39.63%，珠三角地区（广东省）出口企业占比为 25.11%，三个地区的出口企业占全国总数的 71.02%。因此，这样设计变量的目的是把珠三角地区作为对照组，也就是说，*foe* 变量和 *cjdelta* 变量的回归系数反映了该地区出口企业相对于广东地区出口企业的特征。

表 5-6 主要变量的统计性特征

变量	定义	均值	标准差	样本数/个	最大值	最小值
$country\_num$	企业出口市场数量	8.15	9.46	106140	110	1
$prod\_num$	企业出口产品数量	7.36	11.64	106140	609	1
$Size$	企业规模	9.97	0.93	106140	3.83	11.40
$lnWage$	人均工资	2.59	0.59	106017	8.70	-4.44
Lev	杠杆率	0.59	0.24	106140	0.99	0
Age	企业年龄	14.07	7.70	106140	60	3
$lnCAP$	资本密集度	3.51	1.24	106140	9.55	-5.58
TFP_OLS	全要素生产率Ⅰ	3.02	1.07	106140	7.56	-1.93
TFP_OP	全要素生产率Ⅱ	3.86	1.49	106140	16.07	-1.70

第四节 实证分析

一、模型估计结果

为了更深入地了解企业出口扩展边际，观察一般贸易和加工贸易的差别，我们分别对以上两类企业进行实证分析，并根据回归结果的差异，分析不同类型的企业出口表现的决定因素。由于在计量模型中涉及的虚拟变量较多（如区域、企业所有权等），采用固定效应回归会引起较为严重的多重共线性问题，因此本章采用随机效应模型进行估计。

（一）出口市场数量的决定因素

我们在表 5-7 中列示了企业生产率、资本密集度、地域等各类特征对其出口市场数的影响，为了重点考察这些因素在不同贸易方式下的表现，我们分别对从事一般贸易和加工贸易的企业做了估计，其中模型 1 和 2 对应一般出口，模型 3 和 4 对应加工出口，估计结果呈现下述特征。

表5-7 出口市场数量的决定因素

变量	模型1 一般出口	模型2 一般出口	模型3 加工出口	模型4 加工出口
TFP_OLS	0.189***	0.148***	0.0146	0.0478
	(5.37)	(4.20)	(0.27)	(0.87)
$Size$	2.591***	2.592***	1.392***	1.391***
	(68.86)	(68.98)	(23.58)	(23.59)
Age	-0.0644***	-0.0635***	-0.0182	-0.0224
	(-15.31)	(-15.10)	(-1.58)	(-1.94)
Lev	0.362***	0.287**	-0.788***	-0.778***
	(3.32)	(2.63)	(-5.17)	(-5.11)
$\ln Wage$	0.776***	0.754***	0.112*	0.133*
	(19.86)	(19.23)	(2.02)	(2.38)
$\ln CAP$	-0.892***	-0.919***	-0.673***	-0.638***
	(-32.24)	(-33.09)	(-16.27)	(-15.35)
soe	-0.934***	-0.825***	-0.601	-0.543
	(-6.23)	(-5.49)	(-1.86)	(-1.69)
foe	0.179*	0.195*	0.571***	0.578***
	(2.17)	(2.37)	(3.72)	(3.76)
jjj	—	-2.185***	—	-2.852**
	—	(-6.40)	—	(-3.11)
$cjdelta$	—	0.928***	—	-1.653***
	—	(10.34)	—	(-7.59)
$\_cons$	-16.97***	-17.10***	-6.490***	-6.479***
	(-48.29)	(-48.68)	(-11.43)	(-11.43)
N	83947	83947	22070	22070

注：括号内的数字是估计系数的 Z 统计量。变量定义如表5-6所示。***、**和*分别表示估计系数通过了1%、5%和10%的显著性水平检验。

(1) 贸易方式。在两种出口方式下，各种纳入回归模型的因素对企业的出口边际所产生的影响基本一致，但是作用的强度存在差异。具体而言，首先，对于从事一般出口的企业而言，企业出口市场的个数与其全要素生产率有着密切的正向关联，说明生产率高低对于企业拓展海外市场发挥重要作用，然而 TFP 对于加工出口企业的市场数量的影响尽管为正，但是没有通过显著性检验，这与异质企业贸易理论的一般结论是违背的。对于这一点，后文将会通过改进的回归技术做进一步的验证。其次，企业年龄对加工出口企业没有显著影响。考虑到加工出口企业普遍企业年龄较低（平均14.5年）且其出口表现的主要控制者不是加工出口企业，而是加工出口企业所处的整个供应链，而加工出口企业仅仅是其中一个环节，因此，出口表现与企业年龄关联并不显著。最后，杠杆率和地域因素对两种企业的影响完全相反。杠杆率越高或位处长江三角洲的，一般出口企业出口市场数越多，而加工出口企业的出口市场数越少。这可以归因于两种企业本身的还款能力不同，融资目的也不一样。

（2）所有权结构。不同所有制结构企业的出口市场边际表现不同。国有控股的所有权特征对一般加工出口企业的出口市场数产生了负的显著影响，但是对从事加工型出口的企业却无显著的影响。总体而言，国有企业在海外市场的拓展方面比其他类型的企业积极性要弱。再来看外资企业，无论是从事加工出口还是从事一般出口，外资企业都表现出非常强的市场拓展欲望。从具体的系数上来看，从事加工出口的外资企业在增加出口市场个数上的努力程度要比从事一般出口的外资企业更加强烈。对于以上特征，可能存在以下两个原因：①外资企业的国际属性可能使其具有更强的外部市场准入机会；②加工贸易产品一般都是标准化产品，是生产链条中某一个环节的零部件或其他半成品，因此有着更广泛的适用性和市场，从而更容易进入新的国家和地区。

（3）其他因素。决定出口市场数的其他显著因素包括企业规模、人均工资等，这些因素是显著的，它们与企业的出口市场数呈正相关关系。一个可能的解释是，这些指标越高，意味着企业出口多个市场的能力越强大。例如，企业规模越大，意味着企业把产品运往多个地区的能力越强；而人均工资越高，代表人力质量越高，且做好员工关怀可以吸引更多的优质人才。这些因素都有利于更广的出口面。

无论是对于从事一般出口的企业还是从事加工出口的企业，资本密集度对于出口市场的个数的影响均为负。这从另一个方面印证了中国的出口商品结构是劳动密集型产品主导的事实。另外，地处京津冀等对出口市场数产生了负的影响。这与本章对于区域虚拟变量的设定有关。对于位于三个地区（长三角、珠三角和京津冀）的企业，我们设定了两个虚拟变量，也就是说，表5-6中代表京津冀和长三角的区域虚拟变量的回归系数都是相对于珠三角地区的结果，负的回归系数意味着京津冀地区的企业并不如珠三角的企业具有更加广阔的市场，这一点与京津冀地区企业的市场定位有关，最近几年，北京也是三个地区中唯一具有巨额贸易逆差的地区（2014年北京地区进出口2.6万亿元人民币，贸易逆差1.8万亿元）。而长三角地区的从事一般出口的企业比珠三角地区的企业市场更加广泛，而从事加工出口的企业的目标市场个数不如珠三角的多。

（二）出口产品数的决定因素

接下来研究企业特征对其出口产品扩展边际的影响。将回归模型的被解释变量改为每个企业出口产品的种类，回归结果如表5-8所示。

表5-8 出口产品数量的决定因素

变量	模型1	模型2	模型3	模型4
	一般出口	一般出口	加工出口	加工出口
TFP_OLS	1.139***	1.126***	0.650***	0.652***
	(26.61)	(26.18)	(14.11)	(14.12)
$Size$	1.200***	1.202***	0.318***	0.318***
	(27.30)	(27.33)	(6.59)	(6.59)
Age	-0.0225***	-0.0221***	0.0438***	0.0440***
	(-4.56)	(-4.48)	(4.48)	(4.49)
Lev	-0.249*	-0.272*	-0.524***	-0.525***
	(-2.01)	(-2.20)	(-4.33)	(-4.33)
$\ln Wage$	0.356***	0.352***	0.0514	0.0521
	(8.15)	(8.04)	(1.19)	(1.20)
$\ln CAP$	-0.374***	-0.382***	-0.293***	-0.292***
	(-11.70)	(-11.90)	(-8.70)	(-8.62)
soe	0.239	0.277	-0.817**	-0.813**
	(1.40)	(1.61)	(-3.17)	(-3.15)
foe	0.728***	0.733***	0.0618	0.0623
	(8.11)	(8.16)	(0.52)	(0.53)
jjj	—	-1.329**	—	-1.171
	—	(-2.94)	—	(-1.40)
$cjdelta$	—	0.359**	—	-0.0404
	—	(3.04)	—	(-0.20)
$\_cons$	-7.925***	-8.002***	0.157	0.154
	(-19.13)	(-19.28)	(0.34)	(0.33)
N	83947	83947	22070	22070

注：括号内的数字是估计系数的Z统计量。变量定义如表5-6所示。***、**和*分别表示估计系数通过了1%、5%和10%的显著性水平检验。

（1）贸易方式。不同考察因素对两种贸易方式的企业的影响有很大不同。加工出口企业和一般出口企业的回归结果差异较大，主要体现在以下方面：首先，企业年龄对参与两种贸易方式的企业的影响相反。成立时间越久的一般贸易企业，其产品线越单一。而成立越久的加工企业，其出口产品的个数越丰富。由于一般贸易企业的产品大多是产成品，更要经过较长时间的市场检验，因此这类企业的产品线往往比较稳定，在新产品开发上相对比较保守。而加工企业主要是为了满足外部生产的需要，新产品开发成本相对较低，因此拥有更丰富的产品种类。其次，对于国有企业而言，一般出口企业的产品数量更多，但是系数却不显著，而加工企业的产品数量更少。最后，区位分布对两种贸易方式的企业产生了不同的影响。对于加工贸易企业而言，区域特征不影响其产品数量；但是对于从事一般贸易的企业而言，地理特征则有着显著的影响。京津冀地区的企业相对于珠三角企业的产品线相对单一，而长三角地区的企业的产品线则比珠三角的同类企业产品线更加丰富。

（2）生产率。无论从事何种方式的出口，生产率越高的企业，其产品的种类也越丰富。这一点也验证了陈勇兵等（2012）在多产品二元边际理论模型关于"企业生产率越高，其出口的产品种类数越多"的结论。

（3）所有权结构。所有权对这两种企业的影响也有所不同：国有控股这个因素与加工出口企业的产品数呈负相关，但是不影响参与一般出口企业的产品数。而外商控股的一般出口企业却显示有着更高的出口产品数，反而对加工出口企业的产品数没有显著影响。

（4）其他因素。除上述因素外，企业规模等因素对企业的出口产品数产生了显著的正的影响。这一点不难理解，因为产品数本来也是衡量企业规模的一个维度。大企业的产品种类一般比中小企业要丰富得多。

杠杆率对出口企业的产品数产生了负的显著影响。也就是说，企业负债程度越低，则其产品种类越少。这一点与传统的关于企业融资约束的研究结论存在一定的出入。一般认为，企业杠杆率反映了企业的融资能力，而融资能力又是企业克服出口固定成本的重要保证。因此，杠杆率越高的企业越倾向于出口。但是这个结论不能简单地推及企业出口的产品边际，其深层次的原因需要进一步挖掘。

人均工资对两种贸易方式的出口企业的产品种类均有正的影响，但是对加工出口企业的影响不显著。这是因为，人均工资水平在一定程度上反映了企业的人力资源水平，而人力资源水平又决定了其技术研发水平，研发能力是新产品开发的重要决定因素。

二、稳健性检验

以上模型识别了影响企业出口扩展边际的各种因素，但是由于所有的估计都是基于出口企业完成的，而根据异质企业贸易理论，出口存在较高的固定成本，因此，只有那些具有较高生产率的企业才能达到出口的"门槛"，参与出口活动，这就使得本章的样本存在选择的偏差，从而诱发估计结果的偏误。因此，对于估计结果的稳健性检验，需要首先对样本进行重新集结，同时纳入出口和非出口企业，然后使用合宜的估计方法进行验证。

因此，我们对两个数据库进行合并时，保留了那些在工业企业数据库但是不在海关进出口数据库的企业，共获得399257个观测值，这个新样本既包含了出口企业，也包含了非出口企业。其中，出口企业的占比为26.61%，非出口企业的占比为73.39%。大量非出口企业的存在因为很多变量（如出口状态变量、出口目的地个数、出口产品个数）都是零值，此时需要采用零膨胀泊松分布模型来处理，该模型是分析零点膨胀计数数据的有效工具（Yang et al, 2013）。

处理样本选择偏差的另一种方法是 Heckman 两步法。Heckman（1979）样本选择模型针对样本企业存在的自选择现象，提供了一种处理样本选择偏差的方法（阳佳余，2012）。本部分的稳健性检验采用 Heckman 选择模型，同时考虑企业的出口决策与出口扩展边际的决定。由于该方法要求出口决策方程和出口扩展边际方程至少有一个变量不一样，即需要选择一个变量明显地影响出口决策方程，而对出口扩展边际没有显著影响。根据异质企业贸易理论以及本章前文的检验，我们将全要素生产率作为区别两个方程的变量。

（一）出口市场个数的稳健性检验

使用零膨胀泊松分布模型（zero-inflated poisson，以下简称"ZIP 回归"）的结果如表5-9所示。Vuong 检验显示所有统计量都在1%的水平上显著，说明采取零值膨胀泊松回归在技术上是合理的。另外，回归系数的显著性大大增强，说明新数据对模型的拟合效果要更好。对于一般贸易，与表5-7的第（2）列结果对照，发现 ZIP 回归全部确认了固定效应模型的结果，证明了之前的估计结果具有相当的稳健性。对于加工贸易，原模型中无法确认的关系,如企业生产率、企业年龄和国有企业虚拟变量对出口市场扩展边际的作用在 ZIP 回归中得到了确认,企业生产率和企业年龄与出口扩展边际负相关,而国有企业相对其他类型的加工贸易企业的出口市场更为集中。唯一出现符号反转的变量是人均工资,在 ZIP 回归中,它的系数为 -0.0874,在 1% 的水平上显著。本章设计这个变量的初衷是为了捕捉人力资本在企业出口表现中的作用,但是,在加工出口里,人力资本的作用并不显著,甚至过高的工资水平有可能会拉高企业生产成本,成为其拓展市场的障碍。人均工资与加工出口企业的市场扩展边际的关系在 Heckman 模型中得到了进一步确认。

接下来,我们使用 Heckman 样本选择模型对新的数据集进行进一步检验。对于一般贸易的估计结果见表 5-9 第二列和第三列,其中第三列是出口决策方程的估计结果,第二列是 Heckman 模型第二步的估计结果,即对出口市场扩展边际的回归结果。从模型的整体判断来看,各估计方程的 ρ 值系数显著,这表明出口决策方程和出口市场个数方程显著相关,适合用 Heckman 模型对企业出口行为进行估计。

首先看出口决策方程。由于我们在稳健性检验部分使用了基于半参数估计的 TFP,并将其作为决策方程和出口扩展边际的区分变量,发现生产率对于一般出口和加工出口的作用方向相反,在一般出口中,TFP 的提高会增加企业的出口倾向,而在加工出口决策中,生产率与出口倾向负相关。这和李春顶(2010)对中国企业的出口的"生产率悖论"的解释相同,即大量加工贸易的存在是引起悖论的主要原因。在剔除加工贸易企业之后,出口企业的生产率均值显著高于内销企业,悖论由此化解。

对于出口市场扩展边际方程,与基准回归结果对比,企业规模、人均工资水平、劳动资本比、企业所有权变量和企业区位虚拟变量的回归结果都比较稳定。但是,企业年龄在一般出口中发挥了积极作用,其回归系数为 0.0683,并且在 10% 的水平上显著。但是,在加工出口中,企业年龄的作用为负,这改进了原模型的估计效果[①]。

(二)出口产品扩展边际的稳健性检验

沿着以上思路,我们继续对企业出口产品种类的决定因素进行稳健性检验,检验结果如表 5-10 所示。

---

① 在原模型中,企业年龄变量的回归结果不显著。

表5-9 出口市场个数的稳健性检验结果

解释变量	一般贸易			加工出口		
	ZIP回归	Heckman样本选择模型		ZIP回归	Heckman样本选择模型	
		市场个数	出口决策		市场个数	出口决策
$Size$	0.161***	5.745***	0.213***	0.302***	0.709**	0.342***
	(91.71)	(5.89)	(70.87)	(108.63)	(2.24)	(97.56)
Age	-0.0103***	0.0683*	0.00837***	-0.00522***	-0.0753***	0.00919***
	(-48.05)	(1.82)	(29.43)	(-11.48)	(-7.20)	(27.28)
Lev	0.355***	-2.252**	-0.207***	0.0387***	2.107***	-0.770***
	(54.88)	(-2.32)	(-20.32)	(4.37)	(2.91)	(-67.19)
$lnWage$	0.0414***	1.168***	0.0295***	-0.0874***	-0.322***	0.0597***
	(15.01)	(6.74)	(6.87)	(-21.75)	(-3.97)	(12.06)
$lnCAP$	-0.176***	-1.328***	-0.00404*	-0.159***	-0.499***	-0.115***
	(-123.14)	(-21.32)	(-1.75)	(-74.60)	(-4.72)	(-44.30)
soe	-0.207***	-0.986***	—	-0.454***	-1.353***	—
	(-22.17)	(-3.98)		(-22.89)	(-5.89)	
foe	0.0139*	-0.151		0.166***	0.561***	
	(2.32)	(-0.87)		(22.85)	(4.92)	
jjj	-0.160***	-0.671***		-0.591***	-1.348***	
	(-12.19)	(-3.90)		(-19.72)	(-8.29)	
$cjdelta$	0.185***	1.416***		-0.264***	-1.022***	
	(59.55)	(15.47)		(-46.02)	(-12.99)	
TFP_OP	-0.00846***	—	0.00843***	-0.0165***	—	-0.0258***
	(-8.63)		(4.92)	(-10.29)		(-12.29)
常数项	-1.570***	-80.44***	-3.053***	-1.075***	7.405*	-3.860***
	(-53.09)	(-4.47)	(-112.06)	(-37.12)	(1.65)	(-120.33)
逆米尔斯λ		22.89***			-4.486***	
		(3.97)			(-3.91)	
观测值	—	356874	356874	—	334786	334786

注：括号内的数字是估计系数的Z统计量。变量定义如表5-6所示。***、**和*分别表示估计系数通过了1%、5%和10%的显著性水平检验。

表5-10 出口产品种类的稳健性检验结果

解释变量	一般贸易			加工出口		
	泊松回归	Heckman 样本选择模型		泊松回归	Heckman 样本选择模型	
		产品种类	出口决策		产品种类	出口决策
Size	0.0586***	-4.667***	0.213***	-0.0413***	4.257***	0.342***
	(30.64)	(-3.28)	(70.87)	(-15.13)	(10.58)	(97.56)
Age	-0.0085***	-0.265***	0.00837***	0.0136***	0.146***	0.00919***
	(-35.56)	(-4.83)	(29.43)	(32.19)	(11.39)	(27.28)
Lev	0.142***	5.503***	-0.207***	-0.187***	-10.28***	-0.770***
	(20.05)	(3.88)	(-20.32)	(-20.36)	(-11.16)	(-67.19)
lnWage	0.0729***	-0.0653	0.0295***	0.0390***	1.168***	0.0597***
	(24.06)	(-0.26)	(6.87)	(9.15)	(11.38)	(12.06)
lnCAP	-0.166***	-0.836***	-0.00404*	-0.193***	-2.244***	-0.115***
	(-105.57)	(-9.20)	(-1.75)	(-87.94)	(-16.65)	(-44.30)
soe	-0.0802***	-0.0831	—	-0.318***	-0.717***	—
	(-8.12)	(-0.23)	—	(-16.96)	(-3.29)	—
foe	0.126***	0.604**	—	0.0940***	0.0877	—
	(20.06)	(2.38)	—	(12.02)	(0.80)	—
jjj	-0.123***	-0.961***	—	-0.306***	-1.734***	—
	(-8.97)	(-3.83)	—	(-11.50)	(-11.41)	—
cjdelta	0.0932***	0.519***	—	-0.0840***	-0.183**	—
	(27.11)	(3.89)	—	(-14.69)	(-2.49)	—
TFP_OP	0.0493***	—	0.00843***	0.0804***	—	-0.0258***
	(50.89)		(4.92)	(54.25)		(-12.29)
常数项	0.816***	102.6***	-3.053***	1.411***	-52.04***	-3.860***
	(42.54)	(3.90)	(-112.06)	(50.84)	(-9.12)	(-120.33)
逆米尔斯 λ		-33.39***			13.88***	
		(-3.97)			(9.51)	
样本数	—	356874	356874	—	334786	334786

注：括号内的数字是估计系数的 Z 统计量。变量定义如表 5-6 所示。***、** 和 * 分别表示估计系数通过了 1%、5% 和 10% 的显著性水平检验。

ZIP 回归的结果大大改善了基准模型拟合的效果，确认了一些在固定效应模型中没有确认的关系。例如，参与一般出口的国有企业相对于其他一般出口企业有着更为单调的产品线，而参与一般出口的外资企业的产品线相对而言更为丰富。另外，ZIP 回归重新定义了一般出口企业的融资约束对于出口产品种类的影响，具有更高负债程度的企业其产品线的扩展能力更强。在稳健性检验中，我们同样使用半参数方法（OP 方法）估计的 TFP 来代替使用普通最小二乘法（OLS 方法）估计的 TFP，回归系数仍然为正值，且在1%的水平上显著，说明生产率对出口产品种类拓展的积极作用具有相当的稳定性。

对于加工出口企业而言，OP 方法估计生产率同样能够促进产品数量的扩展。在固定效应回归中，企业所有权性质以及区位特征对于出口产品种类的影响基本上没有得到统计上显著的结果，但是 ZIP 回归的拟合效果大大改善。估计结果表明，国有加工企业的出口产品种类相对于其他企业要单一，而外资加工企业的产品种类则相对丰富。京津冀和长三角地区的出口加工企业相对于珠三角的加工出口企业的产品线相对狭窄。其余变量对于出口产品种类的作用方向具有相当的稳健性。

表5-10 的第二列、第三列、第五列和第六列和给出了对企业出口产品种类的 Heckman 样本选择模型估计结果。OP 方法估计的 TFP 进一步确认了"生产率悖论"只在加工贸易企业存在，而对于参与一般贸易的企业而言，生产率更高的企业则具有更高的出口倾向，说明异质企业贸易理论的预测结果更加适用于一般贸易。

对于一般出口企业，Heckman 两步法并没有显著地改进原来的估计效果，但是企业年龄、人均工资、资本劳动比、所有制变量和区位变量对于出口产品种类的影响得到了确认。出现估计结果不一致的是企业规模变量和企业融资约束变量。后者的估计系数由负值变为正值，说明负债程度高的企业，更容易获取研发资金，从而具有更为丰富的产品线。

对于加工出口企业，Heckman 两步法的估计系数与原来的估计系数的符号完全一致，但是模型的拟合程度大大提升。原来统计上不显著的变量，如人均工资、外资企业虚拟变量以及区位虚拟变量都获得了更为显著的估计结果。说明 Heckman 样本选择模型的估计更为有效，同时也说明本章充分识别了加工出口企业的产品扩展边际的决定因素。

综上所述，为了验证以上模型估计结果的稳健性，本章主要通过以下三种途径进行检验：①针对样本的选择性偏差，重新纳入非出口企业作为参照，使用 Heckman 两步法进行估计；②针对新样本中的被解释变量出现大量零值的情况，使用 ZIP 回归进行估计；③针对 TFP 核心变量，使用半参数方法重新估计，并纳入模型检验原有变量的合理性。结果表明，新的估计方法大大提高了模型拟合的效果，同时确认了主要变量与被解释变量之间的关系，进而说明本章的模型设置具有合理性，同时估计结果也具有一定的稳健性。

第五节 小 结

本章借助于海关进出口数据库与中国工业企业数据库提供的信息，构建了基于交易的出口商－产品－目标国－贸易方式的微观数据，研究了中国企业出口的市场边际和产品边际的典型事实；同时，从所有权结构、贸易方式以及企业特征等维度解读企业出口扩展边际的决定性因素，从而识别中国出口的源泉。主要结论如下。

第一，贸易方式和所有权结构显著地影响了企业的出口扩展边际。与加工出口企业相比，一般出口企业的市场和产品更加多样化；两种类型的企业都有拓展市场和产品线的倾向，但是加工出口企业的拓展市场的欲望更强。从所有权结构角度来看，国有企业的市场集中度最高，其次是外资企业，而港澳台控股企业的市场范围最广；在产品线丰富程度方面，国有企业更倾向于出口单一产品，外商控股企业的出口产品种类最为多元。

第二，在加工出口和一般出口两种出口贸易方式下，各种纳入模型的因素对企业的出口扩展边际所产生的影响基本一致，但是某些因素的作用方向和作用强度存在差异。首先，生产率对于一般出口和加工出口的作用方向相反。在一般出口中，TFP 的提高会增加企业的出口倾向；而在加工出口决策中，生产率与出口倾向负相关。其次，杠杆率对两种企业的出口市场数的影响完全相反，两种企业本身的还款能力不同，融资目的也不一样。最后，地处长三角这一地理因素与一般企业的出口产品数呈正相关，却显现出对加工出口企业的产品数的负面影响。

第三，所有权结构对企业出口边际的影响较为直接，国有控股性质抑制了企业对出口市场的开拓和出口产品生产线的发展，而外资控股企业呈现更为多元的市场组合和产品组合。

第四，决定出口市场数的其他显著因素包括企业规模、人均工资等，这些因素与企业的出口市场数有显著的正相关关系。这些因素的指标越高，意味着企业具有出口多个市场、多种产品的能力越大。无论是对于从事一般出口的企业还是从事加工出口的企业，资本密集度对出口市场的个数和出口产品的种类数的影响均为负。这从另一个方面印证了中国的出口商品结构是劳动密集型产品主导的事实。最后值得注意的是，地处京津冀对出口市场数产生了负的影响，意味着京津冀地区的企业并不如珠三角和长三角的企业那样有具有广阔的出口市场和开拓新的出口产品线的倾向，这与京津冀地区企业的市场定位有关。

从政策意义上来说，企业是中国出口最终微观贡献主体，而企业的出口增长又是从扩展边际和集约边际展开的，因此，要实现中国出口的可持续增长，不仅要关注出口的集约边际，更要从扩展边际入手，识别决定企业出口边际的各种因素，从贸易方式和所有制特征上进行结构性的改革。具体而言，应鼓励加工贸易的转型升级以及一般贸易的发展，从而使得出口增长能够沿着产品边际和市场边际进行良性拓展；加强国有企业改革，对条件成熟的企业进行所有制转化，引进更为灵活丰富的资本。与此同时，国有企业应加强对外资企业出口市场战略和产品战略的吸收学习，拓展现有的市场范围和产品线，实现跨越式发展。只有通过这种微观的结构性改革，才能保持"中国制造"的领先地位，实现中国出口的可持续发展。

第六章　融资支持与中国企业出口增长

第一节　研究背景及意义

一、研究背景及问题提出

出口贸易对中国经济发展的意义重大。从出口创汇、出口收汇改善贸易逆差到充分提供境内就业机会再到推动中国制造亮相于世界贸易舞台大放异彩，可以说出口贸易的发展，对中国的宏观经济发展有重要的影响。随着全球化的深入，人民币跨境走出去的步伐加快，中国企业在全球贸易中表现得越来越活跃。

出口贸易飞速增长的背后是中国工业企业家们的出口抉择。任何一个在中国从事生产的企业，在制定市场战略时，都必须考虑出口和内销的问题，包括是何种因素促成了出口？出口抉择又受何种因素的制约和影响？2004年中国实行外贸经营权备案制，而非审批制，从这一时点起，对于企业而言，进入世界市场的制度性壁垒已经不复存在。一般而言，企业的出口决策往往分为两个维度：①要不要出口；②出口多少。出口决策是基于本国经济环境、国际经济环境、行业状态、企业自身情况等多方面因素共同影响而做出的。

企业出口决策除了与企业自身生产率、行业特征、地区特征等基本因素相关，也与企业受到的融资约束条件密切相关。目前，越来越多的中国出口企业摆脱了改革开放初期大量出口企业以自有资金支撑生产销售、小作坊家族式运作、现金结算极少融资的经营方式，且越来越多的企业的出口变得与金融环境密不可分。企业从内部及外部获得融资的难易程度、融资期限、融资成本等因素，对出口企业的行为决策的影响也越来越大。

从出口数据上看，自2000年以来，中国企业每年对外出口量呈现逐年不断上升的走势，但2008年全球金融危机的爆发，不单单给企业带来了糟糕的宏观经济环境，同时也使得企业所处的金融环境迅速恶化：金融危机大大加剧了企业运营的风险,全球应收账款是否可如期收回成为悬在很多企业头上的疑问。为了避免信贷不良率的上升,商业银行等金融机构纷纷对出口企业的融资贷款提高审核标准、降低贷款发放率,以保证自己的坏账率在可控范围内。

综合以上因素,我们认为,从融资约束角度对中国企业的出口行为、出口决策、出口增长率的影响进行研究,是具有现实意义的。

二、研究意义

针对企业的出口决策问题,前人已经有了很多的研究和描述。如有学者认为宏观经济表现和企业自身生产要素如全要素生产率、固定成本等会影响企业的对外出口决策(邱斌等,2015)。但我们同时观察到,企业的出口行为也和企业所处的金融环境有一定的关系:那些更加容易获得融资支持的企业往往在出口增长率上表现得更加稳健,即与同类企业相比,当其他要素水平相同时,哪家企业获得的融资支持越大,其出口量年度增长率就越大、出口偏好就更强烈。

那么,企业所面临的信贷环境、融资支持是否有助于其实现更为稳定的出口增长,融资约束是否对中国企业的出口参与产生了重要影响?目前,国内外有关融资约束或融资支持的相关研究大多集中于上市企业维度,对于出口企业尤其是融资约束如何影响企业出口抉择行为进而影响出口增长率的研究却比较少。本章正是从这一点切入。

在全球金融联系日益密切、跨国贸易互动频繁、人民币汇率双向波动、欧美债务危机蔓延、出口企业融资难的环境下,研究"融资约束与企业出口决策及增长率"问题,具有可预期的现实指导意义。

三、研究思路

本章探讨企业对外出口的中点增长率和企业获得融资支持的关系,研究思路如下:第二节简述中国出口贸易的现状、发展以及中国企业融资支持的现状;第三节简述研究的数据来源、变量构造及模型构造;第四节介绍计量模型的结果并对结果做一定的分析、解读;第五节对话题做更深一步的探讨研究,探究在不同所有制企业中,融资支持对于企业出口中点增长率的作用是否存在差异;第六节为总结性部分,对企业发展提出政策性建议。

四、主要创新与不足之处

本章的主要创新之处在于：较为深入地研究了企业出口增长率和融资支持之间的关系。此前已经有大量文献探究并证实了企业的出口行为与融资支持之间存在正相关关系，但这些文献所研究的"企业出口行为"单单是指"企业是否出口"，是一个简单的"0/1 逻辑变量"。"企业是否出口"这个逻辑变量，仅能从泛化的判别、感性认知的角度描述企业的出口行为。随着经济全球化的日益深入，对企业参与全球化分工的原因、参与度等越来越受到重视，"出口增长率"才是微观层面的企业个体以及宏观层面的作为整体的国家经济体所更加关注的、更为精细化、更有实践指导意义的变量。可以认为，本章所研究的"增长率的变化原因"是一个较大的创新，将"0/1 逻辑变量"的定性研究深化为更为精准的量化研究，对我们研究出口企业的微观经济行为、指导国家调整政策导向，更具有现实意义。本章在具体研究方法层面，采取了如下方法：以企业的中点增长率来衡量企业的出口增长率作为因变量，分别以外源性融资支持指标和商业信贷指标为融资约束变量（自变量），通过构建 OLS 回归方程探求融资支持对出口增长率的影响。在变量选择上，还引入了全生产要素、资本密集度、人力成本、成立年限等作为控制变量。

从整体上看，由于客观局限性的必然存在，本章难免存在一些不足之处：首先，经过权衡，本章最终只采用了外部融资支持指标 ScoreA 和行业信贷支持指标 ScoreB 作为融资约束的衡量指标，而放弃了使用内部融资支持指标。这样做的原因是，微观企业的内部融资数据难以获得，但在真实的企业运营中，内部融资的影响对创业型企业和中小型企业较为重要，故而，若不收录此指标会对最后的结果产生一定的影响。其次，融资支持指标和其他控制变量在某些所有制、某些行业中都存在一定程度的内生性联系，为了数据的完整性，本章并未剔除这些所有制或行业的数据。最后，由于目前工业数据库及海关数据库在时效上未能涵盖 2008 年以来的近 10 年数据，缺失了金融危机以来、经济新常态、"一带一路"倡议下的微观企业生产经营实际数据，本章模型未能运用相关数据进行验证，实属遗憾。期待在全国数据开放的大背景下，将来能够更为容易地获得进行实证分析所需的各类经济主体实际运行数据，以促进我们持续不断地对企业出口增长率与融资支持之间的关系做进一步的验证和探究。

第二节 中国企业出口增长和融资支持的现状

一、中国出口贸易的发展历程

1978年党的十一届三中全会以来,中国进入改革开放的新时期,大力发展对外贸易。40多年来,中国坚持和平发展、对外开放的基本发展思路,享受了人口红利,享受了经济全球化、国际再分工的红利,大力拓展对外出口的深度和广度,对外贸易进出口额均得到了长足的发展。中国年出口总额已从1978年的97.5亿美元增长到2017年的22635.22亿美元,增长了230倍,成为世界货物贸易第一出口大国(见图6-1)。

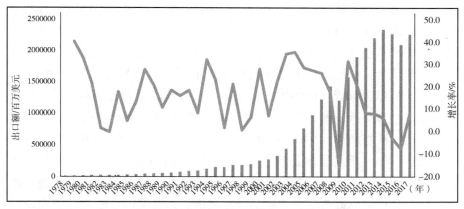

图6-1 1978—2017年中国出口额及增长率

数据来源:国家统计局网站。

注:图中波浪线为出口额、竖线为增长率。

中国出口贸易参与者范围逐渐扩大,政策逐步放松。在改革开放前,中国出口贸易实行指令性计划管理,外贸企业以国有企业为主,并且没有自主权。改革开放以后,珠三角地区率先出现了"三来一补"这一经济形态,大量外资或民营企业进入外贸出口行业。到1994年,中国取消出口财政补贴,转而实行出口退税制度,并同步调整汇率政策,将双轨制汇率变为单轨制,初步实现了以市场供需为驱动力的受管理的浮动汇率制度。两年后,中国进而开放了经常项目下的人民币可兑换。在这一阶段,中国加入关贸总协定、世界贸易组织,不断调低各类商品关税,减少进口配额和许可证等非关税贸易保护主义措施,并积极争取美国贸易最惠国待遇。

2001年，中国成功加入世界贸易组织。2004年，中国修订《中华人民共和国对外贸易法》，自2004年7月起参与外贸的企业资质由旧的审批制改为备案登记制，所有对外贸易经营者在经营进出口贸易时不再有行政审批的壁垒。与此同时，税收政策也在不断优化调整，2008年1月，中国实施《中华人民共和国企业所得税法》，废除《中华人民共和国外商投资企业和外国企业所得税法》以及《中华人民共和国企业所得税暂行条例》，从而将外商投资企业的超国民待遇废除，使中国的民营企业和国有企业在税负上与外资企业缩小了差距。而在长三角、珠三角等沿海发达地区，由于当地政府一直以来相对更为开放、包容，对企业是国有企业还是民营企业的所有制性质关注度更低，孕育、催生并扶持大量活跃的民营企业，这些民营企业寻求各种方式积极参与国际分工，并依托人力资源优势、自然资源优势、地理区位优势，充分发挥比较优势，持续开拓新的出口目的地，不断扩大其全球市场份额，从无到有、从弱到强，已成为中国对外贸易中不可忽视的重要参与者。2020年，中国对外贸易500强企业中，第5名就是中国的民营企业华为技术有限公司，年出口额超过159.7亿元。

一般认为，中国对外出口贸易所面临的形势具有较为明显的周期性、阶段性。根据国家统计局的数据来观察，我们可以较为直观地判断，2000年以来，全球对外贸易以亚洲金融危机（2008年）为分水岭，大体以每十年一次阶段性波动。中国自2001年加入世贸组织之后，出口贸易进入一段长达7年、年复合增长率在20%~30%之间的高速、黄金增长发展期。这一时期，中国出口贸易之所以取得高速增长的成绩，主要得益于国内稳健的货币和财政政策、平稳的政治局面，以及美国、欧盟国家在此期间经济持续向好所产生的对中国出口的工业品需求的平稳增长。

直到2008年，全球受到金融危机重创，中国的对外出口增长率出现了断崖式的下跌：由上一年17.2%的增长率直接下跌到负增长（-16%）。2015年，受国际经济总体复苏乏力、全球贸易进入深度调整期的影响，中国出口出现了2008年全球经济危机后的首次负增长。

改革开放以来，中国出口整体呈持续扩张趋势，但也有较为明显的周期性变化。由于自身发展阶段、在国际分工中的定位等原因，中国在服务贸易出口方面相对较为弱势，而在货物出口方面居世界领先地位。

二、中国出口贸易的现状

中国经常账户余额占同期国内生产总值（GDP）比重相对较为稳健。

在2011—2017年间，中国经常账户余额占GDP比重始终在2%上下波动。国家外汇管理局的官方统计数据显示，2017年中国经常账户顺差为1720亿美元，占同期GDP的1.4%。同年，韩国在6%上下波动；日本自2014年触底后持续攀升，该比重在4%附近；美国则尚未突破-2%。（如图6-2所示）

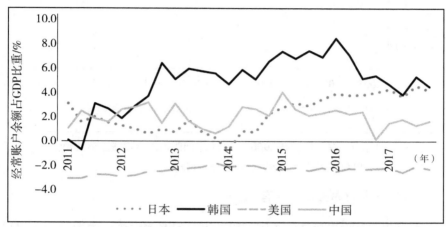

图6-2　中、美、日、韩2011—2017年间经常账户余额占GDP比重
数据来源：OECD（经济合作与发展组织）官方网站。

（一）商品出口水平不断提升

国内总出口增加值是一个经济体在生产供出口的货物和服务过程中所增加的价值。这个价值增加量可以分解为劳动力成本、运营收益、税收及生产补贴。

图6-3为中国、日本、韩国与美国2005—2014年间国内总出口增加值指标的变化。可以看出，中国该项指标自2005年的73.7%上升到2009年的80.5%，然后经历短暂的回落之后，再反弹到2014年的80.5%。美国、日本该项指标变动趋势高度类似，虽整体延续下降趋势（于2009年即金融危机次年大幅跃升），但2014年时两国该项指标都在80%以上。由图6-3可知，中国过去15年来经济转型逐步取得成果，作为"世界工厂"的同时，出口产品的附加值在持续上升。

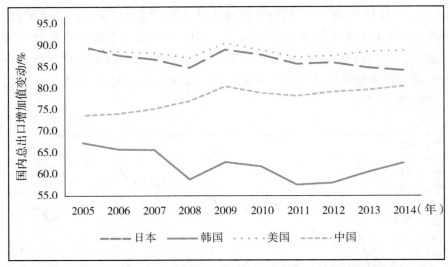

图6-3 中、美、日、韩2005—2014年间国内总出口增加值变动情况

数据来源：OECD（经济合作与发展组织）官方网站。

（二）服务贸易出口水平有待提升

在服务贸易出口领域，美国的服务出口额遥遥领先；中国的服务出口额自2001年超越韩国，于2007年超越日本，但近年其增速不及日本。服务贸易意味着创意、科技的交换，可能会面临国家之间的政策协调甚至管制，这就更需要企业提高自身造血能力以及应对全球金融大环境的能力。详见图6-4。

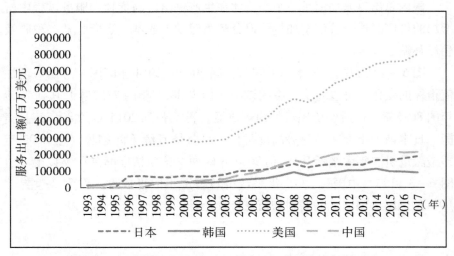

图6-4 1993—2017年中、美、日、韩服务出口额对比

数据来源：OECD（经济合作与发展组织）官方网站。

（三）中国国内的营商环境持续提升

近年来，中国国内的营商环境在不断提升，限制外资进入的行业及领域也在逐步减少。

外商投资企业由于本身的股份构成，天然具有对外出口的内动力，尤其是大型跨国企业在华设立的生产型企业往往会被纳入跨国企业全球布局链条。在中国的外商投资生产型企业往往承担了跨国企业全球化生产的职能，产品会根据世界各地的需求由跨国企业销售到世界各地。从改革开放40年来的数据看，境外全球大型企业对中国的直接投资状态也是会间接影响中国整体出口形势的。

图6-5为中国、欧盟以及日本2005—2015年外国对其直接投资占GDP比重。根据中国商务部利用外资统计，2017年1—12月全国实际使用外资金额8775.6亿元人民币（1310.4亿美元），同比增长7.9%（按美元则同比增长4%）。前十位国家/地区（以实际投入外资金额计）实际投入外资总额1246.1亿美元，占全国实际使用外资金额的95.1%，同比增长5.2%。2017年，对中国内地投资前十位国家/地区依次为：中国香港（989.2亿美元）、新加坡（48.3亿美元）、中国台湾（47.3亿美元）、韩国（36.9亿美元）、日本（32.7亿美元）、美国（31.3亿美元）、荷兰（21.7亿美元）、德国（15.4亿美元）、英国（15亿美元）、丹麦（8.2亿美元）。2017年，外国直接投资进入中国农、林、牧、渔业并新设立企业近600家，年增长29%。制造业新设立外商投资企业4986家，同比增长24.3%；实际使用外资金额335.1亿美元，同比下降5.6%。在"三驾马车"驱动的新常态下，中国消费升级主题吸引了大量海外资金，2017年中国服务业新吸引外资投资设立了30061家企业，按年增长近三成。值得注意的是，在扣除中国香港、中国台湾地区对内地投资之后，中国当年利用外资额不足300亿美元。这一方面说明了内地与港澳台的贸易融合、投资融合越来越密切，另一方面也说明了中国与除港澳台之外的其他区域的"走出去"潜力有很大的挖掘空间。

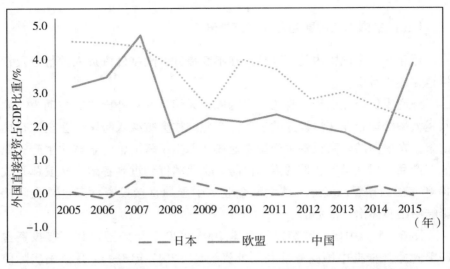

图6-5 中、日及欧盟2005—2015年外国对其直接投资占GDP比重
数据来源：OECD（经济合作与发展组织）官方网站。

（四）"走出去"步伐逐渐加大，对外投资不断扩大

随着中国"一带一路"倡议逐渐深入人心、亚洲基础设施投资银行（Asian Infrastructure Investment Bank，AIIB，简称"亚投行"）的设立，中国的企业"走出去"步伐不断加大，外向型的经济发展一方面有利于输出国内结构性过剩产能，另一方面有利于持续提升中国的服务贸易出口（如知识产权输出、特许权使用费等）。同时，中国也不断扩大到世界各地的直接投资（outbound direct investment，ODI），一方面可满足中国企业发展的资源性需求，另一方面有利于以低成本快速获取各类知识产权，规避出口时可能遇到的各类知识产权壁垒。

图6-6为2003—2011年中国、印度、日本、韩国及OECD国家外国直接投资限制指数对比。外国直接投资限制指数值域为0到1，0表示完全开放，而1则表示完全封闭。从图6-6可看出，中国自1997年以来，外国直接投资限制指数持续下降，尤其是2003—2006年、2014年以来两次快速下降。但同时也可以看出，当时中国对外国直接投资限制程度仍较高，约为OECD成员国的平均值的3倍、韩国的2倍，只相当于2005年印度的水平，这说明后续中国在对外开放程度上仍大有可为。

图6-7为中国、日本以及欧盟在2005—2015年对外直接投资占GDP比重。可以看到，2013年以前，中国该指标持续波动，而2013年随着"一带一路"倡议的落实、亚投行的成立、国内企业"走出去"步伐的逐

渐扩大，中国对外直接投资占 GDP 比重迅速由低于 0.8%一路攀升，并一度在 2015 年追上欧盟。从图 6-7 还可以看出，欧盟成员国对外直接投资占 GDP 比重波动巨大，而日本则于 2011 年触底以来持续上升。

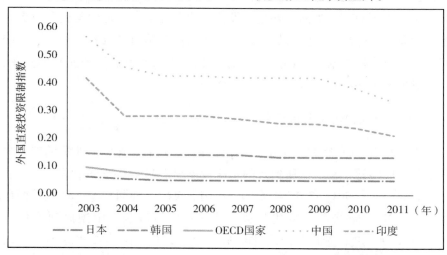

图 6-6　2003—2011 年中、印、日、韩及 OECD 国家外国直接投资限制指数对比

数据来源：OECD（经济合作与发展组织）官方网站。

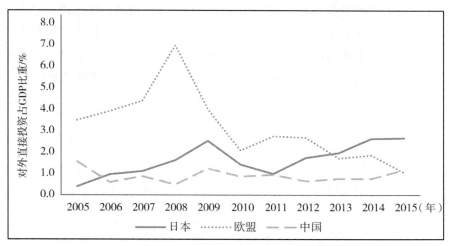

图 6-7　2005—2015 年中、日、欧盟对外直接投资占 GDP 比重

数据来源：OECD（经济合作与发展组织）官方网站。

2016 年的《2016 年度中国对外直接投资统计公报》显示，中国有 1570.2 亿美元 ODI 投向美国、开曼群岛、英属维尔京群岛以及中国香港地区，占到中国 ODI 流量总额的 80%。中国对美、欧的直接投资增长迅猛，其中对美国的对外直接投资达 169.81 亿美元，按年攀升 111.5%；对

107

欧洲的ODI达99.94亿美元，按年猛增超过80%。中国大力支持发展中国家和地区，这些国家和地区吸纳了中国ODI存量的80%以上。中国对外直接投资经济行业类别广泛，高科技领域增长最为迅猛，按年达到174%。

对于中国而言，当前对外直接投资有两大意义：一是中国企业在更大范围内获取、分享海外的自然资源为我所用；二是通过投资、控股、并购等方式拥有先进技术（如制造业、信息传输/软件和信息服务业）的企业，以低成本抢占科技制高点，获得比较优势。

（五）企业科研投入持续上升，仍有提升空间

研发费占GDP比重，是指一国范围内所有居民企业、研究机构和大学以及政府实验室在国内所投入的总研发支出占当年GDP的比重。

图6-8为1981—2017年中国、英国、美国、韩国和OECD成员国研发费占GDP比重指数的变化趋势。从图中可以看到，中国该项指标从1991年持续下跌，直到1996年的谷底0.56%，然后持续攀升到2017年的2.12%，在2010年已经超越了英国，并于2020年超过OECD成员国平均水平。值得注意的是，韩国该项指标自1999年以来持续攀升，2004年超过美国，2016年是中国的2倍。韩国在资本、技术密集型的电子信息产业持续占据世界领先地位，在世界半导体市场、显示器件市场占据较大优势，这与其研发费用占GDP比重较高有紧密联系。世界经验表明，高科技产业获得大量融资才能支撑高投入、高产出、高出口模式的持续运行。

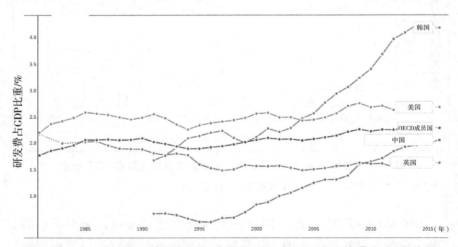

图6-8 中、英、美、韩及OECD成员国1981—2017年研发费占GDP比重

数据来源：OECD（经济合作与发展组织）官方网站。

随着企业科研投入的持续提升，企业不断转型升级，企业的劳动力中科研人员占比也会不断上升。

三、中国企业融资支持的现状

统计数据显示，在中国出口企业中，中小外贸企业占据了极高的比重，但这些企业普遍技术含量低、发展规模有限。对于大部分中小型企业来说，外部融资渠道是不充分的，无论是 A 股上市、港股上市还是从境内境外债券市场等融资渠道融资，都存在难以跨越的门槛。因此，通过国内四大银行、股份制商业银行、城市商业银行等被大众熟知和接受的传统金融机构申请信贷融资支持，便成为中小外贸企业获取资金的主要途径。

中国企业所获得的融资支持整体上受行业、企业性质和融资来源等方面的影响，在直接融资或间接融资、内生融资和外源融资等方面均有较大差异。但整体而言，民营企业受到较明显的金融抑制。

作为盈利的商业机构，商业银行在融资主体的选择上，更倾向于央企、国有企业、上市公司、行业龙头等评级高、资质良、信贷风险相对较低的企业，中小外贸企业获得银行贷款或授信的难度较大。

表 6-1 显示，自 2011 年以来，在银监会"三个不低于"（小微型企业贷款增速不低于各项贷款平均增速、小微型企业贷款户数不低于上年同期户数、小微型企业申请贷款获批率不低于上年同期水平）的原则要求下，境内金融机构对小微型企业的信贷支持逐年增加。

表 6-1 2011—2016 年金融机构对小微型企业融资情况

时间	小微型企业贷款/万亿元	占企业贷款比例/%
2011 年	10.76	19.60
2012 年	11.58	28.60
2013 年	13.21	29.40
2014 年	15.46	30.40
2015 年	17.39	31.20
2016 年	19.31	32.10

数据来源：依据中国人民银行《金融机构贷款投向统计报告》整理。

随着 30 多年的出口贸易发展，中国在对外贸易中与境外交易对手以跟单信用证结算的比例逐步下降，而赊销逐渐成为主流的出口结算方式。

赊销带来的出口企业融资需求与银行融资相结合，具体体现为贸易融资类信贷支持和流动资金贷款两大类。要追求利益最大化、缓解赊销带来的资金融通压力，出口型企业在无法便捷地获得直接融资时，必须想方设法多获得间接融资。

目前，商业银行对于出口型企业的融资方式主要有境内流动资金支持、贸易融资信贷，以及部分银行可提供的以境内外贸易交易为基础的离在岸一体化、网络大数据融资、境内外三方协议融资等新型融资方式。

从股份制商业银行的对公授信审批风险等级界定（见表6-2）可以看出，银行对进出口融资业务的风险较为重视，风险等级最低定为D级，但整体上基于对未来应收账款的贸易融资类信贷支持，风险级别低于流动资金贷款。

表6-2 某商业银行授信风险等级界定

业务品种	风险等级
符合行内授信标准的低风险授信业务	A
背对背信用证	B
投标保函、履约保函等非债务类保函，套保类衍生品交易（含远期、掉期及期权业务）	C
进口开证、保付加签、出口双保理、出口单保理（有追索权）	D
出口托收押汇	E
打包放款、提货担保等	F
短期流动资金贷款	G
无追索权国内保理	H
债务类保函、备用信用证	I
中长期流动资金贷款	J

注：从A到J，表示风险等级逐渐提高。
数据来源：某股份制商业银行内部资料。

出口企业从银行获得纯粹的中长期流动性资金贷款，风险等级定为最高级别，此时企业获取银行资金融通的成本最高，且难度也最大。流动资金贷款是企业最喜欢的一种融资方式，但是目前国内的流动资金融资大多需要企业提供较强的反担保措施，如不动产抵押、保证金担保等，这部分反担保措施更适用于重资产型的企业，出口贸易企业大多为轻资产的贸易型企业，所以获得流动资金贷款的难度很大。现实中，大部分出口企业的融资，多为基于出口应收账款的贸易融资授信。

整体而言，目前商业银行对企业经营所需的流动资金贷款是较为谨慎的，客观上会造成企业感受到金融抑制，同时也会引导有意获取贷款的企业选择更容易获得贷款的业务种类，从这一意义上说，银行的风险偏好会间接影响实体经济的风向。

第三节 数据来源、变量说明与模型构建

出口增长率有很多衡量指标，本章将选取中点增长率作为衡量指标，也就是融资约束的因变量；同时，分别以外源性融资支持指标和商业信贷指标为融资约束变量（自变量）。其中，外源性融资支持指标由四个子指标构成，分别是有形资产净值率、清偿比率、资产收益率和利息支出率。商业信贷指标则采取了用信贷比率（fincon5）即企业的应收账款占总资产的比重作为数据依据。实践中，内源性融资支持也是影响企业出口增长率的重要因素，但是由于内源性融资支持不易量化、具有很强的隐蔽性，暂时不纳入此次变量统计范畴。除了因变量出口增长率、自变量融资支持指标 ScoreA、ScoreB，我们还引入了全生产要素、资本密集度、人力成本、成立年限等控制变量。

数据来源为中国工业企业数据库 2000—2007 年共计 8 年的数据。

一、主要变量设计

（一）出口增长：中点增长率

本章的第一个难点在于如何构造相应的指标来描述出口增长率、融资支持等重要指标。在构造出口增长率方面，本章参考了 Ines Buono 在 *The Micro Dynamics of Exporting – Evidence from French Firms* 一书中研究出口增长率的方法，采取"中点增长率"来衡量一个企业出口量的增长情况。

中点增长率的计算方法如下：

$$grow_{cy} = \frac{q_{cy} - q_{cy-1}}{(q_{cy} + q_{cy-1}) \cdot 0.5}$$

其中，下标 c 代表某一家出口企业；角标 y 代表年份；q 代表出口量；$grow$ 代表增长率，即 $grow_{cy}$ 代表某一家企业 c 在 y 年的出口增长率。

在其他文献中，也有研究者使用增长率指标，即：

$$normal\ growrate_{cy} = \frac{q_{cy} - q_{cy-1}}{q_{cy-1}}$$

增长率指标在研究中存在极端值，比如，当上一年的出口量为零时，只要第二年出现了出口情况，普通增长率的值就会取到正无穷，这会导致回归时出现过多难以甄别的极端值。

与普通增长率相比，中点增长率具有有界性和对称性的优点，$grow_{cy}$的值可能为正也可能为负，值域位于 -2 到 2。如果在当年，企业的出口量减少，则$grow_{cy}$为负数，反之为整数；如果在当年，企业退出了出口市场，则$grow_{cy} = -2$；如果在当年，企业新加入了出口市场，则$grow_{cy} = 2$。因此，可以直接通过观察中点增长率判断企业的进出口增长情况。

通过对样本观察值（见表6-3）进行分析，可以看出，出口中点增长率平均值为53.4%、标准差是93.5%、最小值为-2、最大值为2。

表6-3 中点增长率统计性描述

变量	观测值	平均值	标准差	最小值	最大值
grow	241000	53.4%	93.5%	-2	2

（二）融资约束

本章的第二个难点在于如何很好地构造指标来描述企业受到的融资约束或者融资支持。在以往的文献中，研究者对如何衡量融资约束有很多种看法。李磊和包群（2015）将利息支出占销售占比的对数值作为融资支持的代理变量，该值越大则代表企业获得的融资支持越大。鉴于在中国的融资环境下，企业向银行贷款的利息率不会有特别大的差别，故本研究认为一个企业利息支出比的确能够衡量企业贷款的比重；负债比例也被用于刻画企业的融资支持（Feenstra，2011），负债比例又称"杠杆"，如果企业可以以较少的资产撬动较多的负债，则说明企业受到的融资约束较小；企业投资对于现金流的敏感程度也可以做融资支持的衡量指标（Poncet et al，2010）。这些指标都能从不同的角度刻画一个企业受到的融资支持或者融资约束，但是，如果单一地运用指标则可能会出现一定的局限性和数据偏差。通常企业有三种途径获得融资，即内源性融资、商业信贷融资及外源性融资。

1. 内源性融资

企业将自己生产经营过程中产生的留存收益转入资本或者股本，使用企业的内部资金以满足生产活动的需求，也可以通过股东增资、向企业内部员工借贷等方式，增加企业的资本，这就是企业最基本的融资方式——内源性融资。该融资方式是企业最原始、最可控、最低成本的可选途径，是所有企业发展、存续所必不可少的资金来源。目前，世界一流企业也广泛采用内源性融资，如苹果公司、微软公司和谷歌公司等，这些企业甚少贷款，而主要是以企业利润结余作为生产运营的资金。

内源性融资是否可满足企业的资金需求，高度依赖于企业自身的经营状况、行业地位以及行业景气周期。该方式融资自主性强、较少受制于外部因素，但是受企业规模的约束，其融资规模也受到相应制约。

2. 商业信贷融资：企业间应收账款融资

商业信贷，又称贸易信贷，指通过企业间依托商业信用而在上下游之间提供赊销，从而为企业间货物和劳务以及服务之间的交易提供资金周转，这也是中国商业史上有悠久传统的融资方式。

商业信贷相对于其他资金融通方式，具有更灵活、无须办理抵押和担保，且有利于构筑产业链上下游厂商之间相对稳固而长期的关系的特点，因此，一直以来都较受欢迎。

现代企业的经营活动无法独立进行，生产型、贸易型企业都有其上下游对手。企业处于行业中上下游的相对位置决定了企业往往存在应收账款和应付账款。对于供应商企业，应收账款的存在会减少企业本期的现金流入，同时先于现金流入产生税收，会降低企业的融资能力。对于销货方企业，应付账款作为一项负债增加了企业的杠杆水平，表明企业收到的融资支持力度较大。但美中不足的是，应收款、应付款不单单由企业的信用水平决定，更加与行业规则相关。

在财务报表上，商业信贷融资主要簿记在上游企业的应收账款科目以及下游企业的应付账款科目，应收账款科目不仅可以反映企业的货物、服务赊销状况，还可以反映商业信用的提供情况。目前，各大分销商均广泛依赖上游批发或生产厂商提供的商业信贷，主要体现在应付账款科目。据报道，京东、国美、苏宁等终端分销平台自营商品赊销账期长达180天，为这些平台带来了大量低成本贸易信贷，也促进了生产、批发环节的销量增长。

为了避免行业规则因素对该项指标的干扰，后文将采取行业分组的方式来度量指标。

3. 外源性融资

外源性融资是与企业的内源性融资相对的一种融资描述，指企业从公开市场、金融中介等企业外部的融资渠道获取融资。具体的外源性融资方式和渠道包括商业银行信贷支持、公开发行公司企业债券、境内外上市发行股票融资、发行 DR 存托凭证等。受制于中国严苛的上市监管规则，公开上市目前仍是少数企业可以获得的融资渠道。对于大多数企业而言，从商业银行借贷仍然是最普遍、最直接的外源性融资方式。

中国当前的间接融资体系仍然是以四大国有商业银行、多家股份制商业银行、村镇银行、农村信用社等提供信贷为主导的集中管制型金融体系，该体系的核心是加强风险防范。中国商业银行近年来在发放贷款时十分看重企业的资产状况及债务抵押品，非常重视企业的经营现金流能力、还款能力，同时对风险补偿、风险对价要求甚高。

根据《经济日报》等媒体的报道，小微企业融资难度较大，中国有超过八成的小微企业流动资金不能满足需求，近六成的小微企业难以获得中期或长期信贷支持，而超过五成的倒闭的中小微企业是由于资金链断裂所致。企业所需信贷期限越短，成功获得资金的概率越高，反之则越困难。

为了更好地反映融资支持，本章借鉴了阳佳余（2012）的指数构造方法并做了适当的修整和改进，形成了用两个维度的综合指标来描述一个企业获得的融资支持的方法。

本章设定 $ScoreA$ 为外源性融资指标，该指标由以下四个子指标共同构造。

（1）有形资产净值率（$fincon1$），即企业有形资产占企业总资产的比率。有形资产是企业以实物形式存在的净资产，通常包括存货、固定资产等。企业在向金融机构贷款时，有形资产往往可以作为抵押品或者质押品从而加强企业的信用水平，所以有形资产净值率高的企业往往更容易申请到银行贷款，其获得的融资支持力度也更大。

（2）清偿比率（$fincon2$），即企业所有者权益占总负债比率。该指标显示了企业对偿债风险的承受能力。该指标值高，即代表当企业面对突然的债务风险时，可以以企业资产清偿负债。通常情况下，清偿比例越高，则企业的信用越好，比较容易获得银行等金融机构的融资支持。与该指标存在深度关联关系的另一个指标为资产负债率（即企业负债率占总资产的比率），通常把在商业银行的融资实践作为衡量企业是否过度融资的一个量化指数。企业资产负债率不得高于 75% 是大部分银行设定的融资预警线，资产负债率过高意味着企业的发展过多依赖于外部融资，抵抗风险能力较弱。如果资产负债达到或超过100%，则说明企业处于资不抵债的状况，这种情况很难从银行获得融资支持。

（3）资产收益率（teturn on assets，ROA，$fincon3$），也叫资产回报率，即税后净利润与总资产之比。资产收益率反映了企业的盈利能力。金融机构在审批贷款时往往会考量企业的 ROA 并且倾向于借款给 ROA 较高的企业，ROA 在一定程度上也体现了企业获得融资支持的水平。资产收益率作为衡量企业盈利能力的核心指标，目前在学界的应用率极高，该指标越高，表明企业的资本运作效率越高、效果越好。资产收益率值样本数据中存在离散值，为了降低离散值对样本数据的影响，对资产收益率转换为对数值。

（4）利息支出率（$fincon4$），即企业支付的利息与总资产的比值。正如前文中所提到的，企业相对的利息支出越多，表示企业从外界获得的融资越多，利息支出率也可以比较直观地反映企业的外部融资支持水平。

我们对 ScoreA 中四个子指标分别按照全部企业样本和所有制进行区分后，可得到如下统计性描述，详见表6-4。

表6-4 *ScoreA* 子指标统计性描述（不区分所有制形式）

变量	观测值	平均值	标准差	最小值	最大值
$fincon1$（有形资产净值率）	241000	98.1%	4.8%	6.1%	100%
$fincon2$（清偿比率）	241000	525.3%	26197%	-56.9%	11109800%
$fincon3$（资产收益率）	257000	8.8%	11.8%	-41%	100%
$fincon4$（利息支出率）	257000	0.9%	1.8%	-158.4%	89.5%

通过对241000个样本观察值进行分析，得出有形资产净值率的平均值为98.1%、标准差为4.8%、最大值和最小值分别为100%和6.1%；清偿比例的平均值为525.3%、标准差为26197%、最大值和最小值分别为11109800%和-56.9%。通过对257000个样本观察值进行分析，得出资产收益率的平均值为8.8%、标准差为11.8%、区间为-41%到100%；利息支出率的平均值为0.9%、标准差为1.8%、最大值和最小值分别为89.5%和-158.4%。

同时，我们通过设置三个虚拟变量 StateOwned、Private 及 ForeignOwned，对国有企业、民营企业及外商投资企业的上述四个子指标进行观察，详见表6-5。

表6-5 ScoreA 子指标统计性描述（区分所有制形式）

	变量	观测值	平均值	标准差	最小值	最大值
国有企业	$fincon1$	8988	97.6%	5.8%	23.9%	100%
	$fincon2$	8983	318.9%	15412.9%	0%	1458060%
	$fincon3$	8988	4.6%	7.0%	-1.1%	95.8%
	$fincon4$	8988	1.2%	1.3%	-7.2%	18.7%
民营企业	$fincon1$	127000	98.0%	5.3%	11.3%	100%
	$fincon2$	127000	336.4%	13078.9%	-56.9%	3155200%
	$fincon3$	127000	8.7%	12.0%	-40.4%	100%
	$fincon4$	127000	1.3%	1.9%	-158.4%	77.7%
外商投资企业	$fincon1$	109000	98.4%	4.0%	6.1%	100%
	$fincon2$	109000	775.6%	36727.3%	0%	11100000%
	$fincon3$	109000	9.3%	11.7%	-41.0%	100%
	$fincon4$	109000	0.5%	1.5%	-94.1%	89.5%

上述三个虚拟变量的赋值原则分别为：$StateOwned$ 值为 0，代表国有资本占实收资本投入比例小于 50%，否则值为 1；$Private$ 值为 0，代表企业类型为非民营企业，否则为 1；$ForeignOwned$ 值为 0，代表外商投资之和占实收资本投入比例小于 50%，否则值为 1。

从上述国有企业、民营企业和外商投资企业的四个子指标的描述性统计来看，外商投资企业和港澳台资企业的清偿比率（$fincon2$）均值为 775.6%，远大于民营企业的 336.4% 以及国有企业的 318.9%。而外商投资企业的利息支出率（$fincon4$）均值为 0.5%，远低于民营企业的 1.3% 以及国有企业的 1.2%。同时也可看出，民营企业的融资成本较高，其利息支出率高于国有企业。而在资产收益率（$fincon3$）方面，外商投资企业均值达到 9.3%，大于民营企业的 8.7%，且远大于国有企业的 4.6%。这证实了国有企业经营效率不高、不注重经营性指标等普遍认识，也可能与国企负担较重、经营模式僵化有关，而民营企业可能由于融资成本较高，虽然经营效率较高，但资产收益率仍低于外商投资企业。在有形资产净值率（$fincon1$）方面，外商投资企业均值（98.4%）略高于民营企业（98.0%）以及国有企业的该项指标（97.6%）。

除此之外，在阳佳余的论文中，还有其他的一些指标被用于构造外源性融资支持，但本章认为有待商榷，这些指标包括以下三个。

（1）企业规模（asset）。阳佳余等认为，由于金融机构更倾向于发放贷款给资产规模较大的企业，因此，大部分情况下，企业规模越大，企业获得的融资支持越多。但在实际操作中，企业规模较大的企业往往在贷款时会受到更加严格的行政审核和风险审核，银行等金融机构也会对金额更大的贷款持有更加谨慎的态度，所以，企业规模大不一定就意味企业获得的融资支持大。出于这种考虑，本章没有将企业规模纳入 $ScoreA$ 的范围。

（2）外资投入比例，即外资股本占企业总股本的比例。外资比重也被认为是影响企业出口强度的一个重要因素。外资比重高的企业能更便捷地通过投资方获取先进的生产技术和管理技能，提高劳动生产率。另外，外商投资企业拥有更高效完善的国际沟通网络，包括电子邮件和外文网站等，使出口贸易更为便利，从而获得对国外市场的更高准入机会。已经有学者验证了外资进入不仅会显著地提高企业的出口可能性，还会提高企业的出口额（荆逢春，2014）。但是，也有文献指出外资进入中国市场对企业融资约束的贡献具有双面性：一方面，为大型企业从境外注入了可以用于企业生产经营的资本外援，缓解了国内融资的压力；另一方面，给其他非外商投资型的中小企业带来了巨大的融资压力（姚耀军等，2015）。鉴于学界关于外资进入对企业融资约束的效果尚存在较多争议，本章没有采取这个有争议性的系数来对企业的融资支持进行度量。

（3）销售净利润率（税后净利润与主营业务收入之比）也被列入衡量企业融资支持的指标之一，然而，考虑到该指标虽然能度量企业的盈利能力但是不能度量随之而来的风险，如很多高科技企业、创业企业往往有很高的销售净利润率，而同时企业面对的经营风险也相对较大，因此，银行等金融机构在考虑贷款时可能会因为较大的风险而对企业的融资要求加以约束。基于这个考虑，本章在构造 $ScoreA$ 的时候删去了销售净利润率的指标。

在构造外源性融资支持指标 $ScoreA$ 时，因为考虑到有形资产净值率、清偿比例、资产收益率、利息支出率等指标不仅取决于企业自身，还取决于企业所在的整个行业，比如信息化企业的有形资产净值率普遍偏低，这些企业在获得外部融资时，金融机构考虑的只是有形资产净值率在行业中的相对值而不是绝对值，所以，如果不加甄别地将所有企业的各个系数直接加总，构造的 $ScoreA$ 并不能有效地反映企业所面临的融资支持情况。

为了解决这个问题，本章根据《国民经济行业分类（GB/4754—2011）》的两分位标准进行分类，按照行业大类，将总体样本分为39个子样本，每个子样本中企业所处的行业一致。

以 $fincon1$ 为例，如果企业A的 $fincon1$ 指标位于本行业的前20%，则给企业A的 $\widehat{fincon}1$ 赋值为5；如果企业A的 $fincon1$ 指标位于本行业的前20%～40%，则给企业A的 $\widehat{fincon}1$ 赋值为4；如果企业A的 $fincon1$ 指标位于本行业的前40%～60%，则给企业A的 $\widehat{fincon}1$ 赋值为3；如果企业A的 $fincon1$ 指标位于本行业的前60%～80%，则给企业A的 $\widehat{fincon}1$ 赋值为2；如果企业A的 $fincon1$ 指标位于本行业的前80%～100%（即最末尾的20%），则给企业A的 $\widehat{fincon}1$ 赋值为1。

通过如上方式，先将 $fincon1$、$fincon2$、$fincon3$ 和 $fincon4$ 的权重分别赋值并标准化到值域为 $0 \sim 5$ 的区间后，再相加并除以4，即得到 $ScoreA$，即企业外源性融资支持。

$ScoreB$ 为商业信贷融资支持指标。本章采用信贷比率（$fincon5$）即企业的应收账款所占总资产的比重。正如上文所提到的企业因为自身在供应链中的特殊位置往往能获得上游、下游企业的融资支持或者融资约束。在于洪霞等的文献中，应收账款比被视为商业信贷融资性约束的指标，因为从直观上看，应收账款的存在会减少企业本期的现金流入，同时先于现金流入产生税收，会削弱企业的融资能力（于洪霞等，2011）。但是本章更加倾向于阳佳余的观点：应收账款的占比被视为融资支持的指标，因为有能力允许赊销的企业往往自身的财务水平较高，否则，出于企业经济利益最大化的考量，企业是不会接受大量应收账款存在于账面的。另外，应收账款作为企业的一种资产，可以成为企业对外寻求融资支持时的质押物、抵押物等，这样能降低企业在参与信贷活动时对现金流及不动产等抵押物占用的成本。

与 $ScoreA$ 的构造方式相似，商业信贷指标 $ScoreB$ 也会受到企业所处行业的影响。在同一个行业中，上下游企业对于赊销、信贷的水平往往会有一个"行业规则"的存在。为了避免行业因素对数值的影响，本章对 $ScoreB$ 采取了和 $ScoreA$ 相似的处理方法，也通过行业分组重新构造了系数。

内源性融资诚然也是企业获得融资支持的重要渠道之一，但是内源性融资在实践中很难度量，也很难取得明确的量化指标。其具体有两个方面的原因：一是本章所采用的工业企业数据库缺少企业的留存收益数据，缺乏数据分析的基础；二是企业的股东增资、向员工融资等内源性融资行为往往不会在财务报表上公开显示，此类行为存在很强的隐蔽性和差异性。于是，本章采用了更能准确度量的外源性融资支持指标 *ScoreA* 和商业信贷融资支持指标 *ScoreB* 作为企业获得的融资支持的代理变量。

（三）控制变量指标

除了因变量出口中点增长率、自变量外源性融资支持指标 *ScoreA* 和商业信贷融资支持指标 *ScoreB* 之外，融资约束与企业的出口增长率关系研究还应该引入其他控制变量。

本章参考了 Bernard and Jensen（2004）、余淼杰（2010）等研究者的已有文献，选择了如下的控制变量。

1. 全要素生产率

全要素生产率是指全部要素的总产量与全部要素投入量之比，企业生产率的提高会促进企业的对外出口行为（余淼杰，2010）。

本章采用了柯布－道格拉斯生产函数来计算全要素生产率，用 OLS 线性回归法计算企业产出拟合值和真实值之差。

具体方法如下：

$$\ln Y_{cy} = \beta_0 + \beta_1 \ln M_{cy} + \beta_2 \ln K_{cy} + \beta_3 \ln L_{cy} + \varepsilon_{cy}$$

导入数据拟合方程后，获得回归系数后计算拟合值 $\widehat{\ln Y_{1t}}$，则全要素生产率为：

$$\ln TFP\_OLS_{cy} = \ln Y_{cy} - \widehat{\ln Y_{cy}}$$

2. 资本密集度

资本密集度即企业固定资产年末净值与企业雇员人数之比的对数值。针对资本密集度与出口的影响，有研究认为，高资本密集度能够有效促进企业同时进入国内和出口国外市场（杨亚平等，2014）。本章认为，资本密集度可能也能推动企业进一步的对外出口、提高出口增长率。$\ln\_CI$ 值越大，则代表企业人均获得的生产资料越多；$\ln CI$ 值越小，则代表企业人均获得的生产资料越少。（见图6-9）

在企业实际运营中，高收入、低收入人群并存，样本数据存在大量离群点。对人均资本取对数可以有效处理离群点，同时能更好地进行区分。

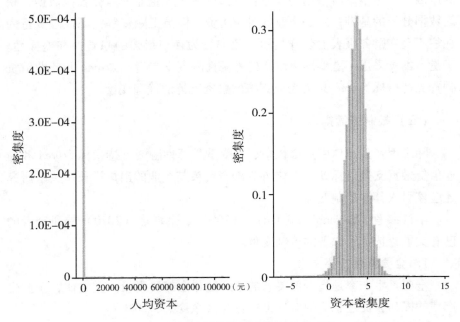

图6-9 资本密集度对数转换前后对比

由图6-9可知，采用资本密集度指标比原始的人均资本明显更有利于后续的回归分析。

3. 人力资本

衡量人力资本的指标有很多。有研究认为，中国区域人力资本（平均受教育年限）与出口贸易之间存在长期稳定的均衡关系。由于无法获取企业员工的教育水平，本章取企业平均员工薪酬的对数值作为衡量人力资本的指标。$\ln\_Wage$越大，则表示员工的平均薪酬水平越高；$\ln\_Wage$越小，则表示员工的平均薪酬水平越低。

为了更好地处理离群点，本章使用平均员工薪酬的对数值。

4. 企业成立年限

本章对于企业成立年限这一数值，取的是企业自成立日到2007年为止的存续年限。

在选择控制变量时，应该遵循相关性和外生性两个原则：相关性指控制变量应与因变量有相关关系；外生性是指控制变量指标与自变量指标不存在内生性问题，即与自变量无关。（见表6-6）

表6-6 控制变量统计性描述

控制变量	全部企业	连续出口企业	非连续出口企业
资本密集度（$\ln CI$）	3.626（1.328）	3.687（1.306）	3.612（1.333）
全要素生产率（$\ln TFP\_OLS$）	0.860（0.617）	0.855（0.676）	0.8613（0.603）
人力资本（$\ln Wage$）	2.648（0.621）	2.686（0.645）	2.640（0.615）
企业成立年限（Age）	2.763（0.412）	2.945（0.302）	2.720（0.422）
观测值	254523	47952	206830

注：括号内的数字为该变量的标准差。

从表6-6可看出，各个控制变量指标的平均值没有非常明显的大小差异，相对都比较稳定，连续出口型企业在资本密集度、人力成本、企业成立年限方面的平均值均高于非连续出口企业。

从资本密集度变量看，连续出口企业的平均值为3.626高于全部企业和非连续出口型企业的平均值；这与现实出口型企业逐渐从人力密集型企业向资本密集型企业转变的现状和趋势基本相符。

在全要素生产率方面，全部企业的平均值为0.86、连续出口型企业平均值为0.855、非连续出口型企业平均值为0.8613。

在人力成本方面，连续出口企业成本最高，高于平均水平和非连续出口企业，这与现实情形不谋而合。连续出口企业为了保持企业产量、质量的稳定，雇佣的工人大部分为熟手和长期服务的工人，工资水平相对稳定。而非连续出口企业对于人力的成本更敏感，人力成本控制会更严格。

从企业成立年限看，全部企业平均值为2.763年，意味着大多为2004年及以后注册成立的企业。这正印证了2004年中国将企业外贸经营权由审批制改为备案制后，推动了大量企业进入出口市场。连续出口企业平均年限为2.945，高于非连续出口企业，这从侧面反映了连续出口企业稳定性高于非连续出口企业。

二、模型构造

本章选择出口中点增长率作为被解释变量（因变量），将融资支持综合指标（ScoreA、ScoreB）作为解释变量（自变量），同时选择了全要素生产率（$\ln TFP\_OLS$）、资本密集度（$\ln CI$）、人力资本（$\ln Wage$）、企业成立年限（Age）四个变量作为控制变量，使用 OLS 线性回归法，构造如下的方程：

$$grow_{cy} = \beta_1 ScoreA_{cy} + \beta_2 \ln TFP\_OLS_{cy} + \beta_3 \ln CI_{cy} + \beta_4 \ln Wage_{cy} + \beta_5 Age_{cy} + \beta_0 + \varepsilon$$

$$grow_{cy} = \alpha_1 ScoreB_{cy} + \alpha_2 \ln TFP\_OLS_{cy} + \alpha_3 \ln CI_{cy} + \alpha_4 \ln Wage_{cy} + \alpha_5 Age_{cy} + \alpha_0 + \delta$$

考虑到本章中两个综合指数 ScoreA 和 ScoreB 分别从外部融资支持和商业信贷两维度来刻画企业的融资支持，因此，理论上 ScoreA 和 ScoreB 这两个指标之间可能存在一定的内生性和关联度，即一个企业的商业信贷支持和外部融资支持并不是完全独立的、完全隔离的，而是相互影响、相互支撑的。

本章将用外部融资支持指标 ScoreA 和商业信贷融资支持指标 ScoreB 分两次来解释出口中点增长率，以避免该模型中变量间内生性问题。其中，$grow$ 为出口中点增长率，下标 cy 代表企业 c 在 y 年所对应的面板数据。

从表 6-7 可以看出，对于外部融资支持指标 ScoreA 和商业信贷融资支持指标 ScoreB 两个指标的指标特征，通过对 257000 个样本观察值进行分析，ScoreA 和 ScoreB 的平均值、最大值和最小值相同，均分别为 3、5 和 1；与此同时，两个综合性指标的标准差数值存在较大的不同，其中，ScoreA 的标准差为 0.689，而 ScoreB 的标准差则为 1.414。

表 6-7 ScoreA 和 ScoreB 统计性描述

变量	观测值	平均值	标准差	最小值	最大值
ScoreA	257000	3	68.9%	100%	500%
ScoreB	257000	3	141.4%	100%	500%

三、数据来源及数据描述

（一）数据来源

本章验证模型的数据均来自中国工业企业数据库。中国工业统计数据库的统计指标比较多，统计范围比较全，分类目录比较细，准确程度要求高，该数据库是目前国内除了经济普查数据之外，能从国家统计渠道得到的最全面、最细化、最贴近真实企业状态的统计数据。

中国工业统计数据库共收录了中国近 30 万家工业企业的相关数据，数据统计范围覆盖了中国近 50 个大产业、90 多个中类，是经济产业研究和中国企业行为研究必备的核心基础资料。

（二）数据描述

中国工业统计数据库由国家统计局统计发布，其统计范围为中国大陆地区年销售额大于 500 万元的大中型制造企业，包括国有企业、集体企业、股份合作企业、联营企业、有限责任企业、股份有限企业、私营企业、其他内资企业、港澳台商投资企业、外商投资企业。中国工业统计数据库的核心指标涵盖了工业企业的大部分指标，包括企业总收入、财务指标（总收入、总资本、负债等）、统计范围内的从业人员年龄、工资总数、成立年限等。

本章用到了中国工业企业数据库自 2000—2007 年共计 8 年的数据，收录了存在出口行为的企业数据约为 256494 条，涵盖了煤炭开采和洗涤业、通信设备、计算机及其他 40 多个行业[①]。其中，连续出口的企业数据有 48209 条、非连续出口的企业数据有 208285 条。如此庞大、多维度的数据量在统计上非常具有代表性，其分析结果可以作为一般结果使用。

第四节 计量结果分析

选定出口中点增长率作为因变量，外源性融资支持指标 ScoreA 和商业信贷融资支持指标 ScoreB 作为自变量，并将全要素生产率、人力资本、企

---

① 采用 sic2 两位数行业分类。

业年限等选为控制变量并构建回归模型后,本章将主要集中于对计量结果的分析。

一、变量处理

完成第四章所述模型构建过程后,删除明显不合逻辑、错误的数据后,将数据分两次分别导入上述的两个回归方程中,我们可得到如表6-8所示的模型统计性结果。

表6-8 模型估计结果

变量	外源性融资指标 ScoreA	商业信贷指标 ScoreB
出口增长率 （grow）	0.029*** (0.003)	0.018*** (0.001)
全要素生产率 （$\ln TFP\_OLS$）	0.005* (0.003)	0.007** (0.003)
资本密集度 （$\ln CI$）	0.029*** (0.001)	0.033*** (0.002)
人力资本 （$\ln Wage$）	-0.042*** (0.003)	-0.046*** (0.003)
企业年龄（Age）	-0.452*** (0.005)	-0.455*** (0.0046)
_cons	1.690*** (0.0182)	1.724*** (0.0166)
观测值	238380	238380

注:系数右上方星号表示显著性水平,***表示在1%的显著性水平下显著($P<0.01$),**表示在5%的显著性水平下显著($P<0.05$),*表示在10%的显著性水平下显著($P<0.1$)。系数下方括号内为对应的稳健标准差。

从表6-8模型估计结果数据中可以看到,不管是使用外源性融资指标ScoreA还是商业信贷指标ScoreB代入方程中,得到的各个解释变量的显著性和正负号都是一致的。

我们发现,样本数据中全要素生产率、资本密集度、人力资本存在很多离群值,为降低离群值变量对样本回归分析结果的影响,特对上述几个变量采用对数转换进行分析。对存在离群值的变量做对数转换可以克服其离群值问题，且对数转换并不影响样本数值之间在此变量上的相对大小。为什么对数转换可以克服离群值问题呢？这是因为，转换后的数据分布会变得更加集中。换言之，虽然对数转换并不能改变原有数值的相对大小，但可使转换后数值间的相对距离缩小。用对数转换后的数据进行回归分析，则回归模型中系数的经济含义会发生变化。

第一个方程中各变量的统计结果分别如下：在第一个方程中，外源性融资指标 ScoreA 通过了 99% 的显著性检验，系数为 0.029，即每当企业的外源性融资指数上升 1 个单位，其当年的对外出口增长率将提高 2.9%；全要素生产率通过了 90% 的显著性检验，系数为 0.005，即每当企业的外源性融资指数上升 1 个单位，其当年的对外出口增长率将提高 0.5%；资本密集度通过了 99% 的显著性检验，系数为 0.029，即每当企业的外源性融资指数上升 1 个单位，其当年的对外出口增长率将提高 2.9%；人力资本通过了 99% 的显著性检验，系数为 -0.042，即每当企业的外源性融资指数上升 1 个单位，其当年的对外出口增长率将下降 4.2%；企业成立年限通过了 99% 的显著性检验，系数为 -0.452，即每当企业的外源性融资指数上升 1 个单位，其当年的对外出口增长率将下降 4.52%。

同理，在第二个方程中，商业信贷指标 ScoreB 通过了 99% 的显著性检验，系数为 0.018，即每当企业的外源性融资指数上升 1 个单位，其当年的对外出口增长率将提高 1.8%；全要素生产率通过了 95% 的显著性检验，系数为 0.007，即每当企业的外源性融资指数上升 1 个单位，其当年的对外出口增长率将提高 0.7%；资本密集度指标通过了 99% 的显著性检验，系数为 0.033，即每当企业的外源性融资指数上升 1 个单位，其当年的对外出口增长率将提高 3.3%；人力资本指标通过了 99% 的显著性检验，系数为 -0.046，即每当企业的外源性融资指数上升 1 个单位，其当年的对外出口增长率将下降 4.6%；企业成立年限通过了 99% 的显著性检验，系数为 -0.455，即每当企业的外源性融资指数上升 1 个单位，其当年的对外出口增长率将下降 4.55%。

综合第一个方程和第二个方程对外源性融资指标 ScoreA 和商业信贷指标 ScoreB 的回归结果，外源性融资指标 ScoreA 和商业信贷指标 ScoreB 面临的融资性支持指数上升与企业的出口增长率成正相关关系，即每当企业的外源性融资指数上升时，将带来企业出口增长率的提高。从具体数据上看，外源性融资指标 ScoreA 的效应略高于商业信贷指标 ScoreB，每当企业 ScoreA 的外源性融资指数上升 1 个单位，其当年的对外出口增长率比商业

信贷指标 $ScoreB$ 高 1%。

具体到单独的要素指数，全要素生产率、资本密集度与企业出口增长率的变动呈正相关关系，即外源性融资指数上升，将带来企业出口增长率的提高；而人力资本、企业成立年限两个要素与企业的出口增长率呈负相关关系，即这两个要素的外源性融资指数上升，将带来企业出口增长率的下降。

二、数据回归结果分析

从上述数据分析中我们不难发现，良好的融资支持对于促进企业对外出口、推动企业出口增长率的提高具有非常明显的效果。

当企业的全要素生产率得到提升时，企业的生产能力提高、核心竞争力提高，如果企业本身是出口企业，那么按照生产率推动克服出口沉没成本的角度，企业出口的意愿和强度都会增强。全要素生产率提高主要来自三个方面：科学技术进步、生产效率提升、规模效应。

资本集中度高的企业倾向于增加自己的对外出口量，这可能是因为中国正在从劳动力输出国向资本输出国过渡，随着科技的发展，那些技术程度低、产业附加值低、资本集中度低的出口品正在缓慢地被市场淘汰，而那些资本集中度高、产业附加值高的出口品的市场正逐渐扩大并且呈现增长趋势。

人力资本的提高会导致企业的出口量下降，因为人力资本的计算是在同个行业内比较得出的。在同一个行业内，若企业以高于业内平均值的薪酬支付员工报酬，很可能会导致企业净利润的下跌，进而导致企业留存收益缩水，使得企业扩大经营、加速出口的可能性下降。

企业成立的年限越长，则企业出口的中点增长率越低。这一方面是因为年轻的企业大多处于快速成长和发展期，成立年限较长的企业通常会进入相对平稳的发展期；另一方面，在融资实务中，此种现象的出现还与当地的招商引资、对外贸易政策息息相关。比如，为了鼓励企业扩大进出口业务，很多地方政府鼓励更多的企业加入国际贸易中来，并对于新成立的进出口尤其是出口企业，给予税收优惠、专项补贴等。由于出口型企业的贸易利润率越来越低，能得到政府的优惠、补贴可以间接降低企业融资成本、提高企业盈利水平，因此，一部分企业的运营时间跟当地的优惠政策享受时间挂钩。比如，当地政府对成立 3 年以内的出口型企业给予税收优惠、退税补贴及其他优惠政策，这很可能会导致一部分企业主在成立一个企业 3

年之后放弃,再成立一家新的企业以重新获得政府的各项优惠政策。

三、稳健性检验

自变量之间可能存在的线性相关关系(如果某个自变量可以用其他某个或几个自变量通过线性方程计算而来,则表示自变量之间存在线性相关)在进行多元逐步回归之前采用方差膨胀性因子(VIF)进行了多重共线性诊断。

ScoreA、ScoreB 与其他控制变量方差膨胀因子测试分别见表 6-9、表 6-10。

表 6-9 ScoreA 与其他控制变量方差膨胀因子测试

变量	VIF	1/VIF
lnWage(人力成本)	1.12	0.891721
lnCI(资本密集度)	1.12	0.896169
Age(企业年龄)	1.02	0.982366
ScoreA	1.01	0.986181
lnTFP_OLS(全要素生产率)	1.01	0.990994
VIF 均值	1.06	—

表 6-10 ScoreB 与其他控制变量方差膨胀因子测试

变量	VIF	1/VIF
lnCI(资本密集度)	1.16	0.862649
lnWage(人力成本)	1.13	0.881080
ScoreB	1.04	0.957212
Age(企业年龄)	1.01	0.988426
lnTFP_OLS(全要素生产率)	1.01	0.993925
VIF 均值	1.07	—

方差膨胀因子方程:$VIF_i = 1/(1 - R_i^2)$,其中 R_i 为自变量 x_i 对其余自变量作回归分析的复相关系数。VIF 越大,共线性问题越大。通常我们认为 VIF 小于或等于 5,如果 VIF 超过上述区间,则说明自变量之间可能存在多重的共线性(即某一个变量实际上可以用其他一个或多个自变量的

线性表达式计算而来)。

而 ScoreA、ScoreB 与控制变量之间的相关系数矩阵分别见表 6-11、表 6-12。可以看出,所有因变量均在 10% 的置信水平下通过了相关性检验。

表 6-11　ScoreA 与控制变量之间的相关系数矩阵

变量	(1)	(2)	(3)	(4)	(5)
ScoreA	1.000	—	—	—	—
lnCI	0.029*	1.000	—	—	—
lnTFP_OLS	0.061*	-0.032*	1.000	—	—
lnWage	0.071*	0.307*	0.056*	1.000	—
Age	-0.089*	0.058*	-0.016*	-0.092*	1.000

注：*表示在 10% 的显著性水平下显著（$P<0.1$）。

表 6-12　ScoreB 与控制变量之间的相关系数矩阵

变量	(1)	(2)	(3)	(4)	(5)
ScoreB	1.000	—	—	—	—
lnCI	-0.168*	1.000	—	—	—
lnTFP_OLS	0.023*	-0.032*	1.000	—	—
lnWage	0.065*	0.307*	0.056*	1.000	—
Age	-0.036*	0.058*	-0.016*	-0.092*	1.000

注：*表示在 10% 的显著性水平下显著（$P<0.1$）。

通过上述工作,我们可以确认 ScoreA、ScoreB 自变量之间不存在相关性、多重共线性。结合前面的数据回归分析结果,不管是将外源性融资指标 ScoreA 还是将商业信贷指标 ScoreB 代入方程中,得到的各个解释变量的显著性和正负号都是一致的,这也充分证明了融资约束的提升可以有效促进企业的出口增长这一结论是稳健的。

第五节　不同所有制企业融资支持对增长率的影响

结合前文的研究,融资约束对出口增长率的影响是毋庸置疑的,即良好的融资支持可以有效地促进出口增长。在中国现有的金融体系之下,融资支持对于不同所有制企业的出口增长影响是否相同？本章正是基于这一点切入，研究不同所有制企业融资支持对出口增长率的影响。

一、所有制企业样本分类说明

通过上文的数据分析我们可以看出，整体而言，获得融资支持可以有效推动企业的出口增长率，融资支持的力度很大程度上影响了企业的出口决策。但是，具体到不同所有制形式的企业之间，这种促进作用是否会存在差异呢？或者说，规模相似、生产水平相近、不同所有制形式的企业是否会获得不同的融资支持呢？

考虑到中国社会的融资环境，国有企业往往在融资支持、税收政策、融资成本等各方面更容易获得政府、金融机构更多的支持。本章将整体样本再细分为国有企业、境内普通企业、外商投资企业三类，分别研究融资支持对企业出口的增长率的影响。

对样本企业按照所有制形式进行分类的标准是计算国有资产、外商投资（包括外资和港澳台投资）资产、境内一般法人投资占实收资本比重，某项比重超过50%的即可划定为该资本类型。例如，A企业的国有资产占实收资本比重超过50%，则判定A企业为国有企业；B企业的外商投资资本占实收资本比重超过50%，则判定B企业为外商投资企业。

总体而言，中国对外出口的主要参与企业的所有制结构特征鲜明，主要以外资企业为主。中国每年仍处于大进大出阶段，主要的出口参与者是外商投资企业，其出口份额占比超过50%，虽然近年来民营企业参与出口的比重在逐年上升，但仍远不如东亚的出口导向型国家。

在中国加入WTO 10周年之际，国务院发布了《中国的对外贸易》白皮书。该白皮书中明确提出，中国已在20世纪80年代完成了出口商品结构由主要提供初级产品转变为主要提供工业制成品，进一步在20世纪90年代由轻工业纺织品为主转变为机械、电子产品为主。中国出口产品中，高新技术产业的产品占比日益提升，如个人电脑、手机、平板电脑等。中国参与对外贸易的交易主体主要有民营企业、外商投资企业以及国有企业等，国有企业在出口份额占比上早已落后于其他经济形式，而外商投资企业占比一度占据了中国出口的半壁江山。以2016年中国对外贸易500强企业榜单为例，我们可以发现富士康系（含鸿富锦、富泰京等关联企业）占据了该榜单中的14个位次，并占据了前5名中的第2名、第4名，进出口总额超过了1300亿元，但整体而言密集度并不高。这与韩国这一出口导向型国家差距极大。前述榜单的前20位中有12家是外商投资企业或港澳台资企业。仅韩国本土的三星一家就占据了韩国出口额的28%，而韩国本土的现代汽车和海力士则占据了韩国出口排行榜的榜眼和探花。

二、回归结果分析

从表6-13的统计性描述可以看出，在出口中点增长率上，国有企业和外商投资企业都表现得相对比较疲软，反而是民营企业的出口增长率均值高于国有企业和外商投资企业的增长率，且高于整体平均值。

表6-13 部分所有制企业的统计性描述

因变量	所有企业	国有企业	外商投资企业	民营企业
中点增长率 ($grow$)	0.534 (0.934)	0.471 (1.021)	0.379 (0.817)	0.575 (0.951)
自变量	所有企业	国有企业	外商投资企业	民营企业
外部融资支持 ($ScoreA$)	3.001 (0.692)	3.201 (0.623)	3.077 (0.682)	2.996 (0.696)
信贷融资支持 ($ScoreB$)	3.002 (1.414)	3.076 (1.266)	3.095 (1.442)	3.012 (1.413)
控制变量	所有企业	国有企业	外商投资企业	民营企业
全要素生产率 ($\ln TFP\_OLS$)	0.860 (0.617)	0.780 (0.594)	0.884 (0.618)	0.861 (0.618)
资本密集度 ($\ln CI$)	3.626 (1.328)	4.347 (1.188)	3.714 (1.398)	3.553 (1.304)
人力资本 ($\ln Wage$)	2.648 (0.621)	2.753 (0.740)	3.004 (0.565)	2.561 (0.593)
企业年龄 (Age)	2.76 (0.412)	3.285 (0.626)	2.592 (0.335)	2.763 (0.374)
观测值	254523	14410	44128	184697

注：括号内数字为标准差。

国有企业和外商投资企业获得的外源性融资支持和信贷融资支持均高于整体平均值，民营企业的融资支持指标则略微低于整体平均值，这和现实实践中，国有企业从商业银行等金融机构借款容易、民营企业从银行等金融机构融资难的事实是基本吻合的。

外商投资企业和民营企业的全要素生产率高于平均值，这从侧面反映出中国的国有企业在生产率的管理效率上低于外商投资企业和民营企业，在全要素生产率的提高上还有很大的空间。

资本密集度方面，国有企业和外商投资企业的平均值高于整体平均值，尤其是国有企业的平均值最高且远高于整体平均值。

外商投资企业的人力资本显著高于整体平均值，这是由于现实中很多外商投资企业会从境外引入中高层管理人员、专业技术人员，该类人群的薪资水平要明显高于境内普通的民营企业管理人员以及技术工人。

从表6-14和表6-15可以看出，融资支持在不同所有制企业中的表现对出口中点增长率的贡献有很大的不同，主要体现在以下三个方面。

表6-14　不同所有制企业融资支持 ScoreA 对中点增长率的影响

估计模型被解释变量	全部企业	国有企业	外商投资企业	民营企业
外源性融资支持（ScoreA）	0.028*** (0.003)	0.019 (0.021)	0.0003 (0.005)	0.040*** (0.003)
全要素生产率（lnTFP_OLS）	0.005* (0.003)	-0.035*** (0.016)	-0.008 (0.006)	0.012*** (0.004)
资本密集度（lnCI）	0.029*** (0.001)	0.017 (0.012)	0.036*** (0.003)	0.0314*** (0.002)
人力资本（lnWage）	-0.042*** (0.033)	0.044** (0.019)	0.014*** (0.006)	-0.022*** (0.004)
企业年龄（Age）	-0.452*** (0.005)	-0.141*** (0.021)	-0.659*** (0.012)	-0.487*** (0.006)
_cons	1.693	0.706	1.953	1.735
观测值	238380	6779	51255	180346

注：系数右上方星号表示显著性水平，*** 表示在1%的显著性水平下显著（$P<0.01$），** 表示在5%的显著性水平下显著（$P<0.05$），* 表示在10%的显著性水平下显著（$P<0.1$）。系数下方括号内为对应的稳健标准差。

表6-15 不同所有制企业融资支持 ScoreB 对中点增长率的影响

估计模型被解释变量	全部企业	国有企业	外商投资企业	民营企业
信贷支持融资支持 ($ScoreB$)	0.0181 *** (0.001)	0.003 (0.010)	0.017 *** (0.003)	0.022 *** (0.002)
全要素生产率 ($\ln TFP\_OLS$)	0.007 ** (0.003)	-0.033 *** (0.020)	-0.009 (0.006)	0.014 *** (0.004)
资本密集度 ($\ln CI$)	0.033 *** (0.002)	0.018 (0.012)	0.039 *** (0.003)	0.037 *** (0.002)
人力资本 ($\ln Wage$)	-0.046 *** (0.033)	0.047 *** (0.019)	0.008 *** (0.006)	-0.025 *** (0.004)
企业年龄 (Age)	-0.046 *** (0.046)	-0.143 *** (0.020)	-0.660 *** (0.012)	-0.492 *** (0.006)
_cons	1.724	0.748	1.911	1.788
观测值	238380	6779	51255	180346

注：系数右上方星号表示显著性水平，*** 表示在1%的显著性水平下显著（$P<0.01$），** 表示在5%的显著性水平下显著（$P<0.05$），* 表示在10%的显著性水平下显著（$P<0.1$）。系数下方括号内为对应的稳健标准差。

（1）对于国有企业来说，外源性融资支持指标 ScoreA 和信贷融资支持指标 ScoreB 均没有通过显著性检验，即对于国有企业而言，融资支持对其外贸出口增长的支撑效果并不明显。可能的原因是，国有企业出口产品具有一定的政策性或者国有企业已获得的融资支持是随时可得的，国有企业得到融资支持的成本较低。

（2）对于外商投资企业来说，融资支持可以促进企业对外出口：外源性融资支持 ScoreA 每提升一个单位，企业当年的出口中点增长率提高1.8%；信贷融资支持 ScoreB 每提升一个单位，企业当年的出口中点增长率提高0.8%。不过，数据显示，虽然融资支持可以有效提高外商投资企业的出口增长率，但是其系数均小于总样本水平。

（3）对于民营企业来说，融资支持对于企业出口增长的贡献率为正，均通过了99%的显著性检验，而且系数值均远远高于国有企业、外商投资企业以及全部企业的平均值：ScoreA 和 ScoreB 每提升一个单位，企业的出口中点增长率分别提高3.7%和2.4%。这说明在民营企业中，融资支持是推动企业出口增长的重要力量之一。

上述结论也展示了打破国有企业的融资垄断优势、促进金融均衡发展、推动对企业融资支持的重要性。也就是说，提高融资支持力度可以有效提升企业的竞争力水平，同时会促进企业进一步对外出口、对外贸易，而且这种促进作用在民营企业中表现得非常明显。

但在当前的中国金融环境中，民营企业贷款难、融资难是普遍存在的现象。为了进一步推动中国企业的对外出口能力，提升金融机构的资源配置能力、合理发放贷款、通过政策支持民营企业贷款、探寻更加多元的融资方式是当务之急。

第六节 小 结

本章主要研究了融资支持对企业出口增长率的影响和作用。为了完成这个目标，本章采集了2000—2007年间有出口行为的工业企业，使用多个维度指标分别构造了综合性外源性融资支持指标 ScoreA 和商业信贷融资支持指标 ScoreB，并通过实证研究的方式得到了以下结论。

企业获得的融资支持对企业出口增长有促进作用。本章使用了所有工业企业的出口数据，在控制了包括全要素生产率、资本集中度、人力成本等控制变量后，得出了不管是外源性融资支持指标 ScoreA，还是商业信贷融资支持指标 ScoreB，均与企业的对外出口增长率有显著的正相关关系的结论：ScoreA 和 ScoreB 每提升一个点，企业当年的对外出口率将分别增长2.8%和1.8%。同时，本章也验证了全要素生产率、人力资源成本、企业成立年限等因素对企业的对外出口有显著影响。过去的学者已经通过实证研究的方式证实了企业所在的融资环境会直接影响到企业做出是否出口的决策。而本章则用数据进一步证明了企业获得的融资支持会影响企业出口行为的变化，进而影响企业出口增长率的变化。因此，良好的融资环境是进一步推动企业扩大对外出口的必要保障。

当前，在不同所有制的企业中，融资支持对于企业出口增长的作用不尽相同。

对于国有企业，融资支持对其出口增长的影响并不明显，即便提高了对国有企业的融资支持，其出口率不一定就能得到增长。

对于外商投资企业，融资支持能有效地促进其出口率的增长，但是，其促进效果居于全部企业的平均值之下。在影响外商投资企业出口增长率的各个指标中，人力资源是对其影响最为显著的因素，这说明外商投资企业依然主要依靠优秀的人力资源获得出口的比较优势。

对于更为普遍的民营企业,融资支持对其出口增长率的影响就表现得非常显著了,而且其系数也远远超过了全体企业的平均值。对于民营企业来说,融资约束依然是限制其出口决策的重要因素之一,但遗憾的是,以商业银行为主力的金融行业在做商业网信贷资源配置时,往往由于股东背景、资金实力、企业规模等因素,对民营企业有所保留。

出口波动编

第七章　中国企业出口多样化和波动性的现状

资产组合理论认为，分散化投资可以降低风险。因此，多样化与风险是学者研究的一个重要问题。那么，在国际贸易的出口领域中这样的逻辑是否也存在呢？出口的多样化与出口的波动性之间存在着怎样的关联呢？本章试图阐述此研究的缘起及其背后所蕴含的丰富意义，从中梳理出核心研究问题和研究思路，为后文的探讨打下坚实基础。

第一节　研究背景及问题提出

一、研究背景

近现代以来，得益于民族国家的解放和国际局势逐渐趋于稳定，全球经济和国际贸易在近数十年呈现飞速的发展与进步的态势，全球的经贸联系正在不断地扩展与深化。根据统计数据测算[①]，全球 GDP 总量在 2001—2015 年 14 年间年均复合增长率为 5.88%，与此同时，全球出口贸易额年均复合增长率高达 7.23%。世界范围与区域范围内的贸易安排不仅使得我们在总量方面取得了喜人的进展，而且在贸易与合作的广度与深度上也有了质的飞跃。近年来，以世界贸易组织为首的国际组织多边谈判举步维艰，难以取得更多的成果。而区域一体化组织谈判的全面铺开，使世界贸易得以在壁垒越来越小的环境中不断生长，各种资源能够在更宽广的范围内进行优化配置，各类千差万别的经济体也得以在更深的层次上相互交流与融合，凡此种种，皆成为全球经济发展的原动力。

另外，伴随着经济与贸易的大发展，世界范围内的风险和不确定性也在不断积聚，这集中地表现在经济与贸易的波动方面。如果我们同样考察上述 2001—2015 年这 14 年的数据，并将其分为两个时间段，即 2001—2008 年以及 2009—2015 年，分别计算其增长率方差，我们发现 GDP 在两

[①] 数据计算自 UN Comtrade Datebase。

个时间段内方差分别为 0.0298 和 0.0601，出口贸易额在两个时间段方差分别为 0.0461 和 0.1488，世界经济运行风险的积聚和扩大由此可见一斑，而且贸易的状况似乎对经济的变动更为敏感。实际上，学者曾就贸易波动会超过经济波动的"过度反应"现象进行研究（Taglioni & Zavacka, 2012），并试图从理论上解释这一问题（Novy & Taylor, 2014）。无论学者给出了怎样的解释，不可否认的是，当今贸易和经济的运行风险越来越高，并且面临着较大的下行压力。

普遍认为，出口是一个充满风险的经济行为（对国家）和商业行为（对企业）。与在政治、经济、偏好、社会文化等方面颇为熟悉的国内市场不同，经济主体进入国外市场往往需要面临更多的不确定性和风险，这其中还有诸多的因素是事先的调查和防范难以预见和控制的，并且这些因素可能会成为主体决定进入国外市场行为成败的关键所在，对外贸易所带来的不确定性和风险也确实会对社会福利和政策产生影响。对于宏观经济之微观基础的企业而言，出口所面临的风险和不确定性更是决定企业行为的重要因素，有学者就企业从决定出口到对外直接投资的关系进行了研究，对风险和不确定性在其中所起的重要作用提出了证据。

那么，该如何应对这些潜在的风险和不确定性才能降低其给经济主体所带来的损害呢？本研究认为可以采取两个方面的措施，即外部措施和内部措施。具体来说，外部措施就是政府利用自身财政支出、转移支付等手段弥补因为不确定性和风险给主体所带来的消极影响，以实现风险补偿、鼓励出口、促进经济稳定发展等综合目标，相当于政府为出口行为主体提供了社会保险（Bates, Brock & Tiefenthaler, 1991）；内部措施就是企业自身采取的应对风险和不确定性的措施，包括经营策略调整、投资项目筛选、避险的金融工具使用等方面。对于出口企业而言，选择一个合适的出口多样化水平，生产种类丰富的产品进行出口，同时将这些产品出口到更多的目的市场，变出口的单一维度为地理和产品的多元化，是将风险在纵向与横向进行分散从而降低单一维度带来的高波动性的重要举措（Hirsch & Lev, 1971）。当然，也有部分学者认为多样化策略未必能降低企业出口的波动性（M. Buch, Döpke & Strotmann, 2009），相关文献和研究还会在后文进行梳理。

类似于分散化投资行为有助于降低整体投资风险，如果我们考虑出口的多样化策略是否同样有助于稳定出口额甚至在某些情况下能够推动企业的发展，我们就同样可以提出类似的问题。现实的情况是，中国出口贸易的分散化程度远比世界整体的水平要低，出口商品的种类比较单一，存在着比较大的多样化空间，关于这一点后文会有更为详细的分析。此外，中国经济如今正处于转型期,原本凭借丰富的廉价劳动力发展起来的低附加值产业面临着升级更新,推动中国经济发展的新增长点也在不断涌现,通过提升企业的积极性以带动整体经济健康快速发展。在这样的形势下关注面临着更多新选择和挑战的企业多样化选择行为对自身稳定和发展的影响,是时代对我们提出的要求。

那么在现实中,对中国企业而言,出口多样化行为的选择能否降低其出口的波动性,从而可以作为企业的一种应对其所面临的风险和不确定性的手段呢?我国出口企业多样化的现状如何?多样化的水平是否合适其分散风险的需求?地理(市场)的多样化与产品的多样化选择究竟何者能够对稳定企业出口起到更大的作用?多样化与降低出口波动的内在作用机制又是怎么样的?等等。另外,从宏观的角度来看,中国是否存在通过进一步提升出口多样化水平来稳定出口的可能性呢?这些都是我们亟待解决的问题。

二、研究意义

关于经济宏观波动性的研究,国内外的学者都取得了丰富的成果,也提出了许多令人信服的解释,但是关于宏观波动背后的微观基础——企业的行为还有许多可以研究的空间。由于世界和中国经济与贸易的发展,大到国家、小到企业都深入参与到国内外的经济活动之中。正是在这样的经济形势与对外贸易发展的情况下,研究参与经济活动的主体对外贸易行为会对自身的出口乃至整个宏观经济的波动产生怎样的影响,对于了解经济与贸易运行轨迹、稳定发展以及理性决策都有着巨大作用,故而这一问题的讨论在当前形势下有着极为重要而特殊的理论和现实意义。下面主要从外部经济压力、内部经济变革、企业需求以及理论意义四个层面来论述研究出口多样化与出口波动性的意义所在。

正如前文研究背景所述,全球的经济与贸易在近数十年获得了巨大的发展,中国的发展也令世界瞩目。但是,在光鲜的数据背后,也潜藏着各种各样的问题。从世界与中国各自的发展趋势来看,一方面,两者的波动性在过去14年间都很大,经济运行风险不断提升;另一方面,两者表现出了颇为一致的联动性,中国作为世界上屈指可数的大国,与世界发展必然同呼吸共命运,两者相互影响不断加深。此外,全球经济面临着较大的下行压力,表现在2015年世界经济与贸易总量的下行以及2015年中国出口量的下滑和近年来增长速度的放缓。在运行风险与下行压力并存的现状下,在夯实经济与贸易发展的基础上进一步寻找到未来发展的新方向和新模式，是现实以及未来给我们提出的重要课题。

每个国家因为种种因素的差异只能自己在发展中寻找到属于自己的模式，中国自身也在探索适合本国发展的中国特色道路，如果只把视野放在改革开放的初期到现在这 40 多年来的发展成绩确实足以傲视群雄，从无到有白手起家，我们的经济与贸易在"数量"上取得的进展就是放眼整个近现代世界史也堪称奇迹，未来也还有很大的上升空间。但是，在"质量"上尚存在着许多不足之处，主要表现在贸易结构失衡与低端、中国制造难成中国创造、经济金融风险潜伏等。虽然国家已经下了决心调节，但是质量上的不足所带来的消极影响还是比较明显地发生了，我们或许很难说数量与质量两者是否存在孰先孰后，可是现阶段质量方面的问题已经成了左右我国经济稳定健康发展的重要一环。中国如何应对经济与贸易的新挑战，走出一条稳定与优化的发展道路，是国内外无数学者苦思冥想的重要议题。

作为构成宏观经济的微观个体，企业也应当有所作为。当代的经济发展几乎没有留给闭门造车的企业进一步发展的空间，无论是企业主动走出去还是被迫与走进来的企业竞争，已经很少有所谓纯粹的国内市场了。更多的竞争意味着更多的机会，而更多的机会意味着正面承受的风险也与日俱增。来自多个市场的竞争与风险，自身过分波动乃至破产，是时刻悬挂在每个中国企业经营者头上锋利的达摩克利斯之剑。

从研究的理论意义来看，研究微观层面企业的多样化出口行为选择对出口稳定性的影响，是对既存大量宏观研究的拓展，并为多样化与波动关系的观察分析提供微观基础，符合这一领域现今微观研究的趋势。在大部分国内相关研究停留在较为宏观层面的情况下，这一话题的探讨可以为该领域的研究推进做出贡献。

三、研究的内容与方法

结合前文的研究背景和研究意义，本章的主要研究内容总结如下。本章的核心研究内容关注微观层面企业的出口多样化行为，包括出口市场的多样化选择与出口商品的多样化选择对企业自身出口额波动的影响，探讨多样化策略作用于企业稳定发展的机制，以期深入剖析两者之间的关系。

具体而言，采用中国企业出口的海关数据库与工业企业数据库匹配整理所得的关于企业出口和企业特征的翔实数据，分析企业决策出口的市场个数和每个市场出口的数量以及出口的商品种类和各类商品出口数量与企业整体的出口额波动之间的关联性，分析企业的异质性在其中所起的作用。在此基础上,进一步探讨出口多样化与出口稳定发展之间的作用模式和机理,试图从不确定性的角度对两者关系提出解释。

研究方法的选择方面,本章主要采用实证研究的方法,通过整理2000—2012年海关数据和工业企业调查数据,计算相关指标并加入异质性控制变量,通过 Stata 软件进行截面和面板回归,实证分析出口多样化与波动性和发展的相关性,分析作用模式。在此基础上,加入不确定性相关变量,试图对多样化与波动性的内在作用机理进行实证分析和解释。最后进行总结并且给出政策建议。此外,本章还综合采用文献研究、定性分析等方法,对这一研究主题的来龙去脉和研究状况等方面进行分析,以求能够最大限度地反映出这一研究话题的全貌。本研究的研究思路(技术路线图)见图 7-1。

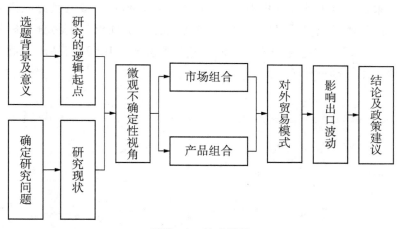

图 7-1 技术路线

从选题的背景开始,引入现实中企业出口的多样化选择与其出口波动这一核心研究问题。在明确这一选题的意义和总结归纳了这一话题相关研究文献之后,确立以企业所面临的不确定性为分析视角,考察在这样的背景之下企业出口行为中的多样化策略,包括市场和产品两个维度对出口波动(稳定性)的影响,分析其作用模式和内在机制。最后,根据实证分析的结果给出政策建议。

第二节 出口多样化发展现状

本节主要从宏观上回顾世界与中国出口贸易的发展，并分析其现状。在此基础上，根据整理的实证数据从微观上来初步考察中国企业出口多样化与出口稳定性的关系，明确现状有助于指导后文进行深入的实证分析。

一、世界与中国出口的整体特征

正如前文所述，世界范围内的出口贸易在近数十年间获得了飞速的发展。如果我们以中国加入世贸组织的 2001 年为起始，考察世界经济与贸易发展的整体状况，可以发现这 14 年间世界经济和出口贸易分别以每年 5.88% 和 7.23% 的速度增长。我们将这期间全球 GDP 和商品出口额的状况整理绘图，详见图 7-2。

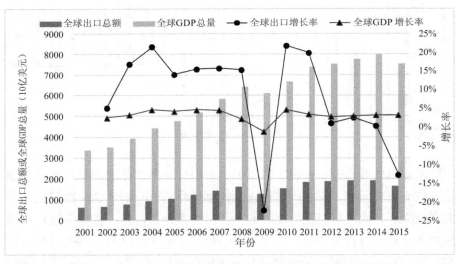

图 7-2 2001—2015 年全球出口总额和 GDP 总量及增长率

数据来源：World Bank Database & UN Comtrade 整理。

从图 7-2 中我们可以看到，在 2001—2015 年的 14 年间，全球 GDP 总量和出口总额均有了显著的增长，但是两者的波动性均较大，并且如前文所述，两者的波动性增大较为明显。若我们比较两者波动大小，一个很明显的特征是出口贸易额的波动要显著大于 GDP 的波动，即出口贸易对经济的变化存在着所谓的过度反应,是经济形势的一个"晴雨表"。另外,为了考察国别贸易的商品结构,我们考察了 2015 年出口额的分布情况以及 2001—2015 年间出口商品结构的变化情况。

从 2015 年的出口分布分析可知,全球贸易出口主要集中在中国、俄罗斯、日本、美国、加拿大、墨西哥、德国、英国和法国等国家,表现出了在数量上较为集中的特征。另外,从出口的结构来看(详见图 7-3),根据国际贸易标准分类①(standard international trade classification,SITC)得到的 10 类商品进行分析,这 14 年间第 7 类商品始终占据最大的 30%～40% 的份额;其次是第 6 类、第 8 类和第 0 类商品,商品出口呈现某种程度上的多元化的态势。同时,各类商品每年变化情况并没有规律,但是整体的结构具有相对的稳定性。如果我们对该期间的多样化指标赫芬达尔指数②进行计算,可以发现其在 [0.1848,0.2220] 区间内变动,并表现出相当高的多样化水平。

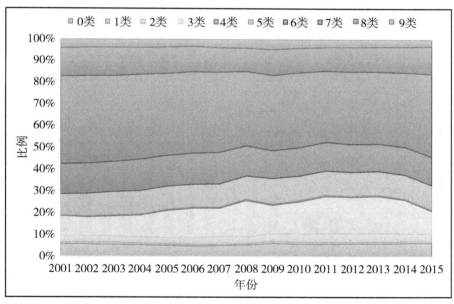

图 7-3 2001—2015 年世界平均出口商品结构

数据来源:UN Comtrade Database。

---

① 根据 SITC 分类,第 0 类到第 9 类分别为:0 类为粮食及活动物,1 类为饮料及烟叶,2 类为除燃料外的非食用未加工材料,3 类为矿物燃料、润滑油及有关物质,4 类为动物及植物油、脂肪及蜡,5 类未列明的化学及有关产品,6 类为主要按材料分类的制成品,7 类为机械和运输设备,8 类为杂项制成品,9 类为未列入其他分类的货物及交易。

② 后文有关于此指标的详细说明,此指标在 0～1 之间,数值越大则说明多样化程度越低。

世界经济与贸易飞速发展的背后，少不了中国这一极具影响力的经济体活跃的身影。根据数据测算，中国的 GDP 和出口额在 2001—2015 年年均复合增长率分别高达 13.94% 和 16.56%，在 2010 年更是超越日本成为全球第二大经济体，并且与第一大经济体美国的差距越来越小。与世界的发展情况作对比，我们在这里同样展示对应年份的中国 GDP 和出口情况，可以从中发现比较类似的关系和结构特征。

从图 7-4 可以看出，中国 GDP 与出口额均表现出了比世界水平更大的波动性，并且波动性呈现递增的趋势，出口额对经济变动的过度反应现象更为显著，这对宏观经济稳定和微观出口企业而言都是极为不利的。另外，从分布与结构来看，大量出口贸易额集中在东部沿海地区，中西部诸多省份出口额较小，地理集中度较高。从图 7-5 可以看出，在结构方面，机械及运输设备占据半壁江山，此外，第 6 类和第 9 类商品也有较高比重，三者之和超过 80%，结构的多样化程度较低。同样测算期间内的赫芬达尔指数，分布区间为 [0.2801, 0.3309]①，多样化水平远较世界整体水平低，存在较大多样化选择的余地。

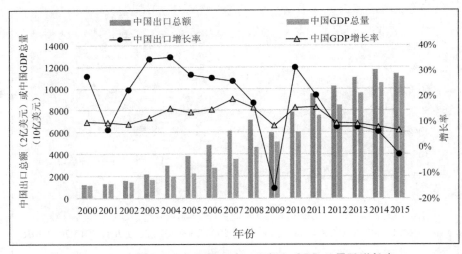

图 7-4　2001—2015 年中国出口总额和 GDP 总量及增长率

数据来源：中经网统计数据库。

---

① 宏观的多样性与微观的多样性之间可能存在着较大差异，因为宏观数据的加总会导致大量微观信息的丢失，故而后文对微观多样性的分析所得到的平均值可能与此区间有较大偏离。

第七章　中国企业出口多样化和波动性的现状

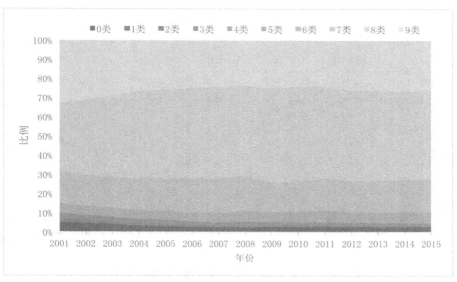

图7-5　2001—2015年中国平均出口商品结构
数据来源：中经网统计数据库。

二、中国企业出口的微观特征

讨论了世界和中国宏观层面的出口、出口多样化以及出口稳定性之后，我们将关注点转向微观层面，分析对于中国企业而言，出口、多样化以及稳定性又呈现怎样的状态。我们整理了海关数据库从2000—2012年的出口数据，从均值变化、企业差异和地理差异三个层面分别进行考察，见图7-6、图7-7。

首先，从时间趋势来看，随着时间的推移，中国企业的出口商品赫芬达尔指数和出口市场赫芬达尔指数均在不断下降。也就是说，中国企业层面整体的多样化水平在不断提高，从图7-6的折线图中可以较为明显地看出这一点。但是，在下降过程中也存在着一定的波动性，如2012年呈现多样化水平的下降。从商品与市场多样化的对比来看，以2007年为分界点，2007年以前一直是商品的多样化水平高于市场的多样化水平，但是该年之后市场的多样化水平开始超越商品多样化水平，这反映出我国企业在进行出口多样化决策方面选择偏好的差异，近年来则是以市场多样化为主导的多样化策略选择方法。平均值大约在[0.602, 0.694]，说明多样化的程度还相对较低，还有着很大的选择空间。

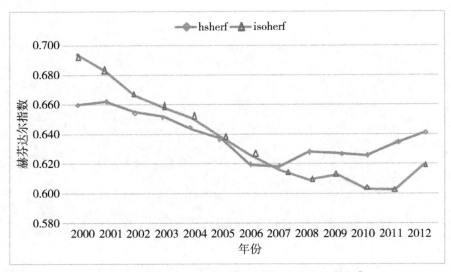

图 7-6　2000—2012 年中国企业出口多样化状况①

数据来源：整理计算自海关数据库。

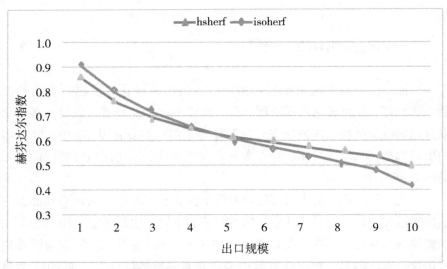

图 7-7　2000—2012 年中国企业平均出口多样化与出口规模的关系②

数据来源：整理计算自海关数据库。

---

①　图中 hsherf 和 isoherf 分别表示出口商品的多样化和出口市场的多样化，其中商品多样化按照 HS8 位码的标准来计算赫芬达尔指数，后文还会有关于计算和处理方法的详细说明。

②　我们将海关数据按照出口规模从小至大分为 10 个组，分别求各组内的两类赫芬达尔指数并作图。

其次,从企业性质来看,我们主要从两个角度进行考察:一是企业出口规模与企业多样化水平的关系,出口规模更大的企业是否会选择更高的多样化水平;二是将贸易模式分为一般贸易和加工贸易两类,后者包括进料加工和来料加工贸易,并以此将企业划分为两种类型分别进行考察。

从图7-7中我们可清晰地看到,随着企业出口规模的扩大(组1~组10),两类赫芬达尔指数均在不断下降,也即随着出口规模的提高,出口多样化的水平也相应水涨船高。考虑到出口规模越大,无论是在出口商品的选择还是出口目的地的配置上企业都能够有更多的选择空间和余地,因而出口规模的差异是导致企业间多样化水平呈现差异化的重要影响因素。

我们再从一般贸易企业和加工贸易企业的区别来看。从图7-8中可以明显地观察到,无论是商品的多样化还是市场的多样化水平,一般贸易类企业的赫芬达尔指数均显著低于加工贸易类的企业,也即一般贸易类企业的多样化水平要显著高于加工贸易类的企业。由于一般贸易企业对自己出口产品和市场的控制能力要比加工贸易企业强,故而其在出口的多元化方面有较大的自主选择权和掌控能力,可以根据市场需求充分调整自身出口。但是,加工贸易类企业在这些方面相对受到限制。两者无论在产品选择层面还是市场选择层面都表现出了比较大的差异,这是符合一般预期的结果。

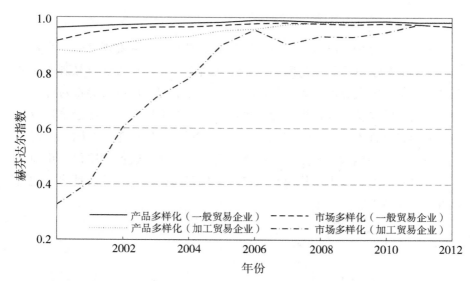

图7-8 2000—2012年一般贸易企业与加工贸易企业多样化水平

数据来源:海关数据库。

此外，我们还可从企业出口多样化的地理差异来进行考察，东部沿海和中部的一些地区在出口的多样化方面的水平都相对比较高，西部和北部的一些地区出口的多样化程度则相对比较低。具体而言，在市场的多样化方面，基本上呈现由内地向沿海多样化水平逐渐提高的趋势，这与沿海地区具备天然对外贸易发展优势是相关的，加之陆路接壤地区由于接壤国家稳定，也会在一定程度上对出口目的地起到稳定的作用。从商品多样化方面来看，其分布并没有呈现明显的规律性，本研究认为出口商品的多样化可能与本地区资源和产业结构有着较大的关系。例如，东北和北部地区由于产业结构相对比较单一，因此出口商品的种类也相对比较有限，其多样化水平比较低。

总而言之，在分析了我国微观层面的出口多样化特征之后，我们可以做出以下两个总结：①从分布状态来看，企业多样化水平和一个地区的地理位置、产业结构、资源环境等方面息息相关；②从变化趋势来看，我国企业的出口多样化水平在不断提高，出口商品和出口市场的选择都更为灵活多样，以不断适应经济发展的要求，且不同类型企业表现出了差异性。

关于出口多样化与出口波动性关系的讨论，将会安排在后文的其他章节进行详细的讨论与分析，在此不做赘述。

第三节 小 结

本章主要分析了出口和出口多样化的发展现状，从宏观整体与企业微观两个层面分别进行研究与阐述，主要的结论也分别从宏观与微观两个方面进行总结。宏观方面，无论是世界整体还是中国，出口贸易都对经济波动有着过度的反映，表现为前者波动水平要远大于后者；世界经济以及出口的平均波动性要小于中国，出口多样化平均水平要高于中国。微观方面，中国企业多样化水平虽然在不断提高，但尚处于较低的阶段，出口的多样化水平受到企业出口规模和出口贸易类型的影响，并且表现出了地理分布的一些特性。

第八章　多样化与企业出口波动：理论与实证

第一节　理论分析

本章试图从微观层面的企业视角入手，分析企业出口行为的不同选择对企业自身会产生怎样的影响，因为宏观经济就是不同微观个体的总和，这一研究可以为宏观经济的波动寻找到坚实的微观基础。而本章主要论述企业的多样化战略，包括市场的多样化的选择和产品的多样化的选择是如何通过市场集中度对企业本身的出口波动产生影响的，从理论分析的角度对两者的内在作用机理进行定性分析并建立一个简单的模型进行详细说明。本章旨在深入分析前文提出的问题，同时为下文的实证分析奠定基础。

一、理论基础

企业的经营离不开优质的产品和正确的市场定位，生产适销对路的产品关乎企业的存续和发展。中国改革开放至今已有 40 余年，原来许多只专注于国内市场的企业也随着对外开放的大潮逐渐走出国门，走进宽广的国际市场参与全球化分工和竞争，这些选择将产品出口到国际市场的企业往往面临着比只专注于国内市场的企业更大的风险，包括不同国家和市场的政治风险、经济风险、社会文化风险等，暴露在这些不确定和风险之中，企业自身又会如何应对呢？其中一个能想得到的措施就是企业促进自身的多样化生产经营。美国经济学家马可维茨（1952）在其论文中首次详细阐述了资产组合和选择问题，该理论认为投资组合能降低非系统性风险，这也是现代资产组合理论的开端。

同样的思想可以用于企业经营战略的选择。专注于国内市场的企业没有分散风险选择的余地，由于只面临着单一的国内市场，企业的全部生产经营只能为一个单一的市场服务，其波动随着国内市场的波动而变动。这种只服务于本国单一市场的企业由于其拥有较多关于本国的消费者和市场的相关信息，故而信息的不对称性问题以及市场的风险给企业带来的消极影响都相对较低，这是企业服务于本国市场的优势。相对的，选择仅仅出口服务于单一国外市场的企业同时也没有可以分散化的空间，但是其面临的风险可能较之于前者更大。相较于只服务于单一市场的企业，选择出口到多个市场的企业可以在不同的市场之间配置自己的出口比例，这就好比企业选择了一个对自己"最优的"资产组合进行配置，能够使得企业自身总体的风险最小化，具体到本章来说就是出口的波动最小化。这样的"最优"组合不仅仅适用于企业出口的市场选择，如果我们将关注点转到产品上，我们也可以得到一个这样的"最优"产品组合，使得出口多种产品的企业面临的出口波动最小。这也正是本章核心思想的灵魂所在。

那么，影响企业出口波动的因素究竟来自何处？为什么一个"最优"的组合可以使得波动的风险降低？一个简单的理论说明如下：我们可以假设企业服务于市场 1，2，…，n 个市场（或者产品），其需求分别为 y_1，y_2，…，y_n，总出口量为 y，那么每一个市场的比例分别为 $w_1 = y_1/y$，$w_2 = y_2/y$，…，$w_n = y_n/y$，对应的需求（或者产品）的波动分别为 $Var(y_1)$，$Var(y_2)$，…，$Var(y_n)$，由于市场之间存在相互的关联性，故而我们可以得到企业出口的总波动为

$$Var(y) = w_1^2 Var(y_1) + w_2^2 Var(y_2) + \cdots + w_n^2 Var(y_n) + 2\sum\sum w_i w_j Cov(y_i, y_j)$$

企业对不同市场（或产品）采取不同组合配置，也即其集中度的不同确实会对企业自身出口波动产生不同影响，具体而言，影响因素包括以下三个方面：①不同市场（或产品）的配置比例；②不同市场（或产品）自身的波动程度的差异；③市场的关联程度。三者的内在作用机理见图 8-1。

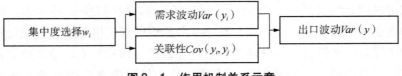

图 8-1 作用机制关系示意

企业对自身出口的集中度选择即不同市场（或产品）的配置比例，通过不同市场（或产品）的需求波动和不同市场间的关联性两个途径对出口的波动大小产生作用。具体来说，如果企业集中度较低，那么可以降低单

个市场（或产品）的高波动性对总体出口波动的影响，同时也可以降低由于存在正向的关联性而导致的分散化效果减弱的影响。故而，企业的出口集中度选择会对企业面临的风险即企业出口的波动性有较大的影响。

在这里，我们借用资产组合理论中的两个词语：分散效应和复合效应。分散效应（diversification effect）表示企业在自身出口行为选择中由于增加出口目的市场（或产品）使得每一部分市场比例减小从而达到分散风险降低出口波动的效果；复合效应（composition effect）则表示企业由于增加出口的目的地市场（或产品）与既存市场（或产品）的高关联性导致的出口波动增加效果。两种效应我们可以从以上的分析之中清晰地看到并且进行分类讨论，但是这两种效应相互的大小情况如何是不确定的，所以企业提高其多样化水平或者说降低集中度究竟会给企业出口带来怎样的影响有待进一步的实证研究，我们也只能考察其综合效应而无法从中精确分离两种效应各自具体的大小。

二、理论研究框架

在对企业多样化选择和出口波动的关系进行以上的理论分析之后，本节试图建立一个简单的理论模型以求更为精确地反映出两者之间的关系。本部分的理论模型主要来自 Urška čede et al（2015）和 G. Vannoorenberghe et al（2016）建立的理论模型，以上研究其核心思想一脉相承，并且与前文所做的逻辑分析相符。在此，我们对其所做理论模型进行分析以便能深入探讨本章所要研究的两个变量间的相互关联，并为实证分析奠定基础。以下模型主要从市场选择的角度展开，同样适用于产品选择行为。

假设一个位于中国的企业，其产品主要出口到两个市场：市场 1 和市场 2，而企业生产只用单一要素劳动 l，并且其工资标准化为 1，企业有一个单一的生产率 φ，表示一个劳动力所生产的产品数量，故而企业的产出为：

$$y = \varphi l$$

企业 j 在市场 i（$i=1, 2$）和时间 t 中面临着如下的反需求函数：

$$p_{jit} = (\xi_{jit}\chi_{ji})^{1/\sigma} q^{-1/\sigma}$$

其中，ξ_{jit} 表示企业 j 在市场 i 和时间 t 上面临的随时间变化的时变因素，χ_{ji} 表示企业 j 在市场 i 上面临的随企业不同而变化的长期因素，σ 则是需求价格弹性。

而企业出口到一个市场上，需要支付一定的固定成本 f，这部分固定成本来自对市场信息的获取以及出口的一些固定费用，主要用以确定以上

企业在市场 i 上反需求函数中的系数 ξ_{jit}，确定了 ξ_{jit} 之后企业就可以决定是否对市场 i 进行出口以及出口的数量为多少。根据利润最大化，我们有以下式子：

$$\max\ p_{jit} \cdot q + q/\varphi - f$$
$$\text{s.t.}\ p_{jit} \cdot q + q/\varphi > f$$

对以上最大化问题求关于出口量 q 的导数，整理得到最优出口数量 x_{jit} 表达式：

$$x_{jit} = \sigma^{-\sigma+1}(\sigma-1)^{\sigma-1}\varphi^{\sigma-1}\xi_{jit}\chi_{ji} = \sigma\xi_{jit}\lambda_{ji}\quad (\xi_{jit}\lambda_{ji} > f)$$

其中，$\lambda_{ji} = (\sigma-1)^{\sigma-1}\sigma^{-\sigma}\varphi^{\sigma-1}\chi_{ji}$，这一变量越大，表示企业生产率越高，那么企业在市场 i 上的出口也会越高，同时条件告诉我们只有企业在市场 i 上出口的可变部分利润超过其固定成本，企业才会选择出口到市场 i 上。

企业的出口波动用企业出口增长率波动的方差表示，其为每个市场出口变化率以出口到该市场比例为权数的加权平均数，但是为了简化理论模型，根据 di Giovanni et al (2014) 的定义有：

$$g_{jt} = \sum w_{ji}g_{jit}$$
$$V_j = \sum w_{ji}^2 Var_{ji}$$

企业市场配置的状况用市场集中度指标赫芬达尔指数（Herfindahl index）表示，其定义如下：

$$Herf_j = \sum w_{ji}^2$$

因为 $x_j = x_{j1} + x_{j2}$，分别取 V_j 和 $Herf_j$ 的全微分，得到如下表达式：

$$dV_j = 2x^{-3}(dx_{j1}x_{j2} - dx_{j2}x_{j1})(x_{j1}var_{j1} - x_{j2}var_{j2}) + dx_{j1}(x_{j1}/x_j)^2 \cdot$$
$$(dVar_{j1}/dx_{j1}) + dx_{j2}(x_{j2}/x_j)^2(dVar_{j2}/dx_{j2})dHerf_j$$
$$= 2x^{-3}(dx_{j1}x_{j2} - dx_{j2}x_{j1})$$

代入整理得到：

$$dV_j = dHerf_j/2(x_{j1} - x_{j2})[d(x_{j1}^2 Var_{j1})/dx_{j1} - d(x_{j2}^2 Var_{j2})/dx_{j2}] +$$
$$dx_j \sum w_{ji}^3 dVar_{ji}/dx_{ji}$$

从上面的式子我们可以看到，在市场1的出口数量大于市场2的出口数量的情况下，若企业选择更加多元化的策略，降低市场集中度，赫芬达尔指数也会随之下降，这样就会降低企业的出口波动幅度。另外，这也和市场本身的波动幅度以及包括企业的出口规模、企业的生产率等在内的企业异质性的要素相关。值得说明的是，以上分析假设两个市场之间不存在相关性。同理，企业的产品组合选择亦然。

三、小结

本部分主要讨论企业的出口多元化策略与自身出口波动之间的内在理论关系，其核心思想与资产组合理论相一致。

企业通过出口目的市场（或产品）的多元化策略，影响不同市场（或产品）的出口比例，即对集中度指标产生影响，通过分散效应和复合效应对企业的出口波动产生影响，其影响的大小还会因企业异质性、目的市场特性等方面因素的不同而不同。

对两者关系的理论分析是下一章设计实证分析方案进行实证研究的基础。

第二节 实证分析

在对企业出口的多样化策略和出口的波动性两者关系进行理论分析，明确其中的逻辑关系之后，本节用中国企业的数据给出实证研究的证据。从市场多样化和产品多样化两个层面进行实证，并且在控制了一系列的变量之后，发现两者依然呈现显著的相关性。最后，对结果进行稳健性检验和总结。

一、模型设计与变量说明

根据之前理论分析的结果，我们设计如下的实证研究模型：

$$vol_j = \beta_0 + \beta_1 Herf_j + \gamma \Theta_j + d_r + d_s + d_0 + \varepsilon_i$$

其中，vol_j 是企业 j 的出口额波动，$Herf_j$ 是企业出口目的市场（或产品）的赫芬达尔指数，Θ_j 则是一系列企业特征的控制变量，d_r 是企业所在省份虚拟变量，d_s 是企业所在行业的虚拟变量，d_0 是企业所有制控制变量。

企业异质性控制变量 Θ_j 主要包括以下四个方面。①企业劳动生产率水平。根据 Melitz（2003）的文章，劳动生产率的差异是异质企业出口的重要影响因素之一，不同的劳动生产率水平预计会对企业的出口波动性水平产生不同的影响。因此，我们认为生产率高的企业在出口的多样化选择上会更趋于激进，并可能因此导致出口更大的波动性。②企业的规模。

Bernard et al（2003）在其文章中指出，企业规模是异质性企业的一个重要方面，不同规模的企业会选择与之对应的出口策略，会影响到出口的波动性水平。因此，我们认为其与出口波动性的关系同劳动生产率类似。③企业的资本密集度水平。Wagner（2007）认为企业的异质性除了反映在劳动生产率和生产规模之外，还应该体现在企业资本密集度、人力资本、所有权等其他诸多方面，在考虑异质性因素的时候不能忽略掉这些因素的作用。④企业的财务政策。在以上几个方面的异质性因素基础之上，我们认为企业财务方面的差异亦是企业异质性的一个重要视角，其集中反映在企业的负债水平上，不同的资产负债表结构企业面临差异化的经营风险和金融风险，进而对企业的稳定性有着重要的影响，因此，我们将其纳入异质性企业的控制变量。值得一提的是，模型中加入的若干虚拟变量从广义的角度来说，均体现了企业、行业、地区等方面的差异性，也可视作异质性的因素，对这些变量进行控制，能够得到更真实的实证分析结果。

在对实证模型进行说明之后，我们将对模型中变量的具体选取进行说明，本节先行对变量的选取进行说明，下文将会对对应变量的处理方法和计算方法进行详细说明。本章最核心的研究议题是企业的多样化策略选择对企业出口波动性（稳定性）的作用，其中多样化包括产品的多样化和市场的多样化两个层面，故而实证分析最为核心的三个变量是企业出口的波动性、企业出口产品的集中度水平以及企业出口的市场集中度水平。

企业出口波动性主要从企业出口增长率的波动性来考察，企业出口增长的波动性越大，则企业出口的波动也会越大，故而计算企业出口增长率的方差，可以比较准确地刻画出企业出口的波动水平。

企业出口多样化主要从其出口的集中度角度进行衡量，在研究中学者们广泛采用赫芬达尔指数来度量集中度水平。其中，出口商品的赫芬达尔指数（hsherf）根据企业出口各类商品的 HS8 位码对应的出口额进行计算，出口市场的赫芬达尔指数（isoherf）则根据企业出口到各个国家的出口额进行计算。由此，我们可以分别计算出企业对应年份的出口商品赫芬达尔指数和出口市场的赫芬达尔指数，以此反映企业个体的两方面多样化水平差异。此外，在多样化的指标选择方面，我们还选择了绝对数指标进行刻画，具体来说包括对应的两个指标：企业出口商品数量指标（hsnum）是企业在该年出口商品按照 HS8 位码的方法统计的种类数；企业出口市场的数量指标（isonum）则是企业在该年出口的目的地数量的统计数，用于下文进一步的实证研究。

在控制变量方面，企业劳动生产率（TFP）采用简化的全要素生产率计算方法，即用企业工业总产值（当年价）与企业雇用人数之比表示；企业的规模（CAP）采用企业资产的总值来代表；企业资本密集度（$Capint$）用企业固定资产总值与企业雇用人数之比反映；企业的杠杆水平（Lev）采用企业的资产负债率水平代表；省份虚拟变量（$prov$）根据企业所在省份生成；行业虚拟变量（$indu$）根据企业出口商品 HS2 位码归类生成；所有制虚拟变量（own）根据企业注册登记类型生成。

此外，进一步的实证分析还会涉及企业所在市场与其他市场的关联度（$corr$），其主要反映企业本国与企业出口国之间市场关联度的水平；企业面临的不确定性（$uncert$），其主要反映企业出口到不同的市场所面临的不确定性水平，是企业多样化决策所要考虑的重要方面。

二、数据来源与处理方法

前文对模型设计和变量选取进行介绍之后，本节将会对本章实证分析所采用数据的处理过程、计算方法以及来源进行说明。由于本章涉及数个数据量巨大的数据库，如何对这些庞大纷繁的数据进行整理和计算得到实证分析所使用的数据是一个重大的难题，下面就对此进行简要的说明。

首先从数据来源和基本处理方法讲起，本章使用的企业出口详细数据来源于海关数据库，这一数据库包括了我国企业出口的详细信息以及基本的企业信息，包括企业编码、名称、邮编、出口商品的海关编码、出口额和数量、出口目的地等基本信息，数量庞大记录翔实，为本章的实证研究提供了莫大的方便。企业异质性方面的数据主要来源于工业企业数据库，该数据库统计了销售额具备一定规模的制造企业，企业资产负债表的详细信息、从业人数、控股情况、经营状况等信息均是取自于此。计算市场不确定性程度和市场的相关程度的股市状况和各国国内生产总值等指标则来源于国际货币基金组织（International Monetary Fund）的 IFS 数据库。

中国工业企业数据库和海关进出口数据库的合并策略：由于两个数据库所采用的企业编码系统不同，不能直接通过编码合并，需要借助其他信息实现对企业的匹配。①除了编码以外，企业最为显著的标识为企业名称。因此，我们根据企业的名称，在同一年的两套数据中具有相同名字的则认为是一个企业，通过这种方式完成 70%～90% 的企业匹配，年份越接近现在，这种方法的匹配成功率越高。②使用邮政编码和法人代表对企业进行识别。这种方法在 2000 年能够实现 26.87% 的企业对接。③通过企业的邮政编码和电话号码的后 7 位进行匹配，因为在每一个邮政地区中，企业的号码不同。④通过企业电话号码和法人代表组合进行匹配。以上四种方法的匹配结果如表8-1所示。

表8-1 2000—2012年中国工业企业数据库和海关进出口数据库匹配结果

年份	匹配方法				
	电话-法人	企业名称	邮编-法人	邮编-电话	合计
2000	357个	14905个	5842个	639个	21743个
	1.64%	68.55%	26.87%	2.94%	100%
2001	362个	18823个	5497个	604个	25286个
	1.43%	74.44%	21.74%	2.39%	100%
2002	349个	21886个	5199个	605个	28039个
	1.24%	78.06%	18.54%	2.16%	100%
2003	314个	26049个	4780个	560个	31703个
	0.99%	82.17%	15.08%	1.77%	100%
2004	400个	41404个	7042个	543个	49389个
	0.81%	83.83%	14.26%	1.1%	100%
2005	438个	42430个	6661个	536个	50065个
	0.87%	84.75%	13.3%	1.07%	100%
2006	363个	49708个	5148个	469个	55688个
	0.65%	89.26%	9.24%	0.84%	100%
2007	535个	53035个	18002个	2958个	74530个
	0.72%	71.16%	24.15%	3.97%	100%
2008	1286个	65064个	13102个	1555个	81007个
	1.59%	80.32%	16.17%	1.92%	100%
2009	—	55195个	6029个	1274个	62498个
		88.31%	9.65%	2.04%	100%
2010	—	47722个	4275个	2012个	54009个
		88.36%	7.92%	3.73%	100%
2011	3721个	48372个	3637个	272个	56002个
	6.64%	86.38%	6.49%	0.49%	100%
2012	475个	65593个	1841个	148个	68057个
	0.7%	96.38%	2.71%	0.22%	100%

在简要说明数据的来源与匹配方法之后，下面介绍实证分析中使用的具体变量的计算方法。

核心指标之一企业出口波动性（vol）的计算方法是：在整理得到的数据集中逐年补齐企业的出口额数据[①]，将不出口（或者缺乏数据）的年份记为 0，分企业逐年计算出口额的中点增长率。由于中点增长率特有的性质，在研究中被学者广泛采用，其计算方法为：$g_{jit} = 2(x_{jit} - x_{jit-1})/(x_{jit} + x_{jit-1})$，这一增长率取值范围在 [-2, 2] 之间。在得到出口额中点增长率的基础上将连续不出口（或连续缺乏数据）年份予以排除，分企业计算这些中点增长率的方差，得到企业出口的波动水平指标。

核心指标之二是企业出口多样化，在研究中学者们广泛采用赫芬达尔指数来度量集中度水平。其计算方法为 $\sum x_{jit}^2/x_{jt}^2$，即各个部分份额的平方占总量平方比例之和，该指标值域为 [0, 1]。如果企业 j 在 t 年只出口一种产品（或只对一个国家出口），那么该指标取值为 1；如果企业 j 在 t 年出口 n 种商品（或对 n 个国家出口），当 $n\rightarrow\infty$ 时该指标趋于 0。具体而言，出口产品的赫芬达尔指数（hsherf）根据一年内企业出口各类商品的 HS8 位码对应的出口额计算，出口市场的赫芬达尔指数（isoherf）根据一年内企业出口到各个国家的出口额计算，由此可以得到企业每一年的商品赫芬达尔指数和市场赫芬达尔指数。

其他指标计算方法简要介绍如下。企业出口商品种类指标（hsnum）是企业在一年内出口商品种类（按照 HS8 位码分类）的合计数，企业出口市场的数量指标（isonum）是企业在一年内出口目的市场个数的合计数，与赫芬达尔指数相似，反映出企业出口多样化水平的两个角度。控制变量方面，企业劳动生产率的（TFP）采用企业工业总产值（当年价）与企业雇用人数之比粗略估计；企业的规模（CAP）采用企业总资产表示；企业资本密集度（capint）采用企业固定资产总值与企业雇用人数之比计算；企业的杠杆水平（lev）采用企业的资产负债率即企业总负债与总资产之比表示；企业与其他市场的关联度（corr）计算方法为：先计算中国与其他国家之间经济联动程度，使用两国经济增长率的相关系数估计，再以企业出口到不同市场份额为权重计算加权平均值，得到反映企业与目标市场关联度的刻画指标；企业出口面临的不确定性（uncert）指标计算方

[①] 由于样本中绝大多数企业并非每年都有出口（2000—2012 年连续 13 年出口的企业仅 1988 家，占样本总量的约 1.7%），在计算出口增长率时，这些有间断的年份往往变化率是最大的，故而采取补全的方式以便准确计算企业的出口增长率变化水平。

法类似于企业出口市场相关度指标的计算方法,为以出口到不同国家的份额为权重计算的出口目的国 GDP 波动方差加权平均数。另外,省份虚拟变量(prov)、行业虚拟变量(indu)以及所有制虚拟变量(own)生成方法如下:在数据集中提取企业邮政编码字段并取前两位数字,剔除非数字以及不在邮编范围内的数据之后,再根据中国邮编规则转换为对应的省份,并进行编号,进而得到企业省份信息同时生成系列虚拟变量;行业虚拟变量则是提取企业出口商品 HS 编码的前两位,根据 HS 编码两位数对应的行业进行归类得到企业所处行业信息并生成系列虚拟变量;所有制虚拟变量主要从企业登记注册类型中得到国有企业和非国有企业分类。

所有数据的时间范围均为从 2000—2012 年的 13 年若干企业的非平衡面板数据,但在实证分析中采用以企业为截面的截面数据。

三、描述性统计

在明确了实证分析所需核心变量的选取和计算方法之后,本部分主要对这些变量的基本特征进行介绍和分析,以进一步明确我国微观层面企业出口多样化以及波动的现状,对实证研究结果形成基本预期。(见表 8 - 2)

表 8 - 2 数据描述性统计

变量	海关数据			海关 - 工业企业匹配数据		
	观测值	均值	标准差	观测值	均值	标准差
vol	489186	5.795	4.226	116721	7.120	4.656
hsherf	482377	0.661	0.294	116721	0.701	0.273
isoherf	482377	0.675	0.291	116721	0.660	0.295
hsnum	489186	4.742	18.240	116721	2.635	6.019
isonum	489186	2.575	5.334	116721	2.832	5.310
hscha	489186	4.916	3.363	116721	6.594	4.190
isocha	489186	4.807	3.293	116721	6.545	4.177
corr	482377	0.270	0.288	170783	0.300	0.243
uncert	489186	1.121	0.866	170783	1.161	0.757
value	482377	12.456	2.195	116721	13.137	2.267
TFP	—	—	—	169185	5.607	1.021
CAP	—	—	—	116561	10.332	1.489

续表 8-2

变量	海关数据			海关-工业企业匹配数据		
	观测值	均值	标准差	观测值	均值	标准差
capint	—	—	—	169314	3.782	1.388
Lev	—	—	—	116556	0.615	0.397

数据来源：整理计算自中国海关数据库和工业企业数据库。

从数据的基本特征来看，海关数据 2000—2012 年经过处理后保留下 489186 个样本，匹配数据集共有 116721 个企业样本，样本量巨大，实证结果可信度较高。对比两个数据集共有的数据，样本企业的波动性很大，匹配数据集波动性进一步扩大。多样化指标方面，两者较为接近，中国出口企业的出口商品集中度平均在 0.7 左右，从赫芬达尔指数的定义来看这一指标属于偏高的范围，换言之，出口的多样性仍较低。企业异质性指标方面，总资产平均约为 27736（$e^{10.3}$）、资本密度平均约为 44（$e^{3.8}$）、从业人数平均约为 158（$e^{5.1}$），我国企业大体上还是处于偏向于劳动密集型的阶段，雇用人数较多，资本的密集程度较低。资产负债情况方面，我国企业资产负债率约为 0.6 左右，融资来源偏向于债务。

我们将数据进行进一步的剖析，前文根据企业出口商品种类将企业分类为 21 个行业[①]并生成系列虚拟变量，现在我们分行业考察出口波动性和出口多样化的状况。详见图 8-2。

[①] 具体包括如下 21 类商品：1 类为农产品（HS 编码 01-05）。2 类为植物产品（HS 编码 06-14）。3 类为动植物油脂及其分解产品、精制的食用油脂、动植物蜡（HS 编码 15）。4 类为食品、饮料、酒及醋、烟草及烟草代用品的制品（HS 编码 16-24）。5 类为矿产品（HS 编码 25-27）。6 类为化学及其相关工业的产品（HS 编码 28-38）。7 类为塑料及其制品、橡胶及其制品（HS 编码 39-40）。8 类为生皮、皮革、毛皮及其制品，鞍具及挽具，旅行用品，手提包及类似容器，动物肠线（蚕胶丝除外）制品（HS 编码 41-43）。9 类为木及木制品，木炭，软木及软木制品，稻草、秸秆、针茅或其他编结材料制品，篮筐及柳条编结品（HS 编码 44-46）。10 类为木浆及其他纤维状纤维素浆，纸及纸板的废碎品，纸、纸板及其制品（HS 编码 47-49）。11 类为纺织原料及纺织制品（HS 编码 50-63）。12 类为鞋、帽、伞、杖、鞭及其零件，已加工的羽毛及其制品，人造花，人发制品（HS 编码 64-67）。13 类为石料、石膏、水泥、石棉、云母及类似材料的制品，陶瓷产品，玻璃及其制品（HS 编码 68-70）。14 类为天然或养殖珍珠、宝石或半宝石、贵金属、包贵金属及其制品，仿首饰，硬币（HS 编码 71）。15 类为贱金属及其制品（HS 编码 72-83）。16 类为机器、机械器具、电气设备及其零件，录音机及放声机、电视图像、声音的录制和重放设备及其零件、附件（HS 编码 84-85）。17 类为车辆、航空器、船舶及有关运输设备（HS 编码 86-89）。18 类为光学、照相、电影、计量、检验、医疗或外科用仪器及设备，精密仪器及设备，钟表，乐器，以及上述物品的零件、附件（HS 编码 90-92）。19 类为武器、弹药及其零件、附件（HS 编码 93）。20 类为杂项制品（HS 编码 94-96）。21 类为艺术品、收藏品、古物、艺术品、特殊交易品及未分类制品（HS 编码 97-98）。

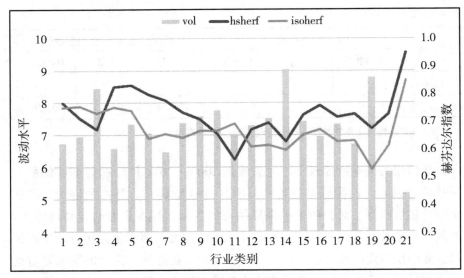

图 8-2　行业出口波动性和出口多样化

数据来源：整理自中国海关-工业企业数据集。

通过观察以上图表我们可以总结出以下几个特点：首先，大部分行业，除了行业2、3、10、11行业之外，微观层面的市场的多样化水平均高于商品的多样化水平，表现在图8-2上就是isoherf线绝大多数情况下均位于hsherf曲线以下，这表明市场的赫芬达尔指数要小于商品的赫芬达尔指数。其次，从波动性的角度看，行业14、19、3的波动性均较其他行业高，分别对应珠宝贵金属、武器弹药以及动植物油脂和蜡产品，这些产品确实容易受到各种不确定因素的影响；行业20和21则出口额小且颇为稳定；中国出口量较大的行业16、11、17出口波动中等偏高，由于这些行业内的企业出口额占据我国出口总额的较大比例，如何稳定这些行业内企业出口，减小其出口波动性，对于稳定宏观经济有着重要作用。最后，从波动性和多样化指标的关联性来看，一个趋势是波动性较大的行业其多样化水平相对较低，这个模式可以在后文关于数据的进一步分析中得到印证。

在分行业分析之后，针对截面数据集中的三个核心指标：企业出口波动性、出口商品的赫芬达尔指数以及出口市场的赫芬达尔指数，我们对三者的关系进行了进一步的描述性分析。首先通过将两个赫芬达尔指数按照升序的排列方式从小到大分别等距地分为10个组，求每个分组内的赫芬达尔指数，然后和波动性的均值形成多样性-波动数对，最后将之分别作在以赫芬达尔指数为横轴、以波动性为纵轴的图上，略做平滑处理之后我们得到了如图8-3所示的曲线图。

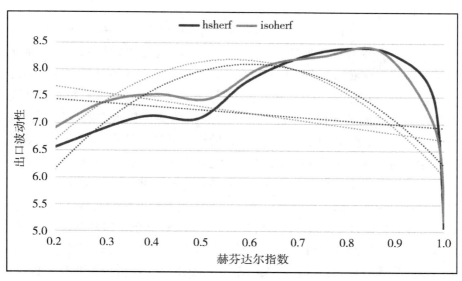

图 8-3　数据集多样化与波动性①

数据来源：整理计算自海关－工业企业数据库匹配数据集。

从图 8-3 可以清楚地发现，对中国企业而言，无论是出口商品的多样性还是出口目的地的多样性与波动之间都不是简单的线性关系。其实际情况是，波动性先随着赫芬达尔指数的上升和提高，在到达一定的临界值之后波动性随着指数的提高而趋于下降。换言之，在多样性水平较低的阶段（赫芬达尔指数大于 0.8 左右）提高多样性水平会使得出口波动加剧，而在超过这一临界值后（指数小于 0.8 左右）的阶段，多样化出口策略才能够切实降低出口波动性。从描述性的统计结果看，中国企业的出口多样性和出口波动性的关系符合非线性的倒 U 形状况，简单的线性关系可能不足以准确反映出真实的状况，具体的实证分析结果会在下一节中进行详细说明。

四、基准回归结果分析

本节正式进入实证分析阶段，本部分先展现并分析基础回归结果，主要是本研究最为关注的核心研究议题：出口多样性与出口波动性的实证分析，基础结果将两个数据集进行了对比，以表明回归结果的稳定性和较低

---

① 图内的虚线分别是采用线性和二次多项式进行模拟所得到的趋势线。

的选择偏差。

表 8-3 中的列(1)~(6)分别展示了不同情况下的基础回归结果：列(1)~(2)为采用海关数据的结果，列(3)~(6)为海关数据库与工业企业数据库匹配数据回归结果。我们发现，海关数据中在未控制任何变量的情况下，hsherf 系数为负并在 1% 显著水平下显著，isoherf 对应系数为正并且在同样显著性水平下显著，这表明出口商品的多样化水平越低波动性越低[①]，而出口市场多样化水平的提高有助于降低波动性水平，这一结论综合来看较为特殊，在后面控制相关变量之后两多样化作用方向相异的结论不复存在。进一步，根据前文的描述性统计分析，我们认为多样化和波动之间存在非线性关联的可能性。为验证非线性假说，我们加入了 hsherf 和 isoherf 解释变量的二次项进入方程回归，列（2）展示了对应的回归结果，可以发现加入了解释变量二次项之后四个系数均在 1% 的显著性水平下显著，二次项系数均为负数，一次项系数均为正数，且拟合优度有了提高，系数稳健标准差较低，估计的结果可接受性较高，赫芬达尔指数与出口波动性的倒 U 形关系比较显著。海关数据样本量虽大，但其缺点是没有关于企业异质性的信息，结果可能反映出的是某些非多样性的因素导致的关系，为了排除这些因素的作用，我们进一步采用了与工业企业数据匹配整理的数据进行进一步的实证分析。

同样的，我们在不加入 4 个重要企业异质性控制变量的情况下加入了省份、行业以及所有制虚拟变量估计了列（3），发现赫芬达尔指数的估计系数均为负显著，与之前列（1）估计的结论相矛盾。但是，在进一步加入 4 个企业异质性的控制变量估计了列（4）后发现结果依然与列（3）相同，我们认为若按照线性估计的方法，两系数与波动性的系数为负值呈现负相关关系的可信度较高。即从总体平均的结果来看，我国企业提高出口多样性会导致出口波动性提高，这可能与我国企业现阶段还处于赫芬达尔指数较高的阶段以及出口还没有真正得到优化有关。进一步地，我们加入了解释变量的二次项进行回归得到列（5）的结果，并在此基础上加入控制变量回归得到列（6）的结果，两者结果十分类似。我们可以发现，所有二次项系数均在 1% 的显著性水平下为负数，所有主要解释变量的一次项的系数均为正，与列（2）所得结果十分相似。为此，我们可以总结出如下结论：平均而言，企业提高出口多样性会提高出口的波动性，但是不同企业可能处于截然不同的阶段，存在一个关系逆转的临界水平。

---

① 注意赫芬达尔指数与多样化水平负相关。

表 8-3 基础回归结果

变量	(1)	(2)	(3)	(4)	(5)	(6)
$hsherf$	-0.290*** (0.021)	2.898*** (0.090)	-0.084*** (0.048)	-0.124** (0.048)	7.834*** (0.211)	7.685*** (0.213)
$isoherf$	0.368*** (0.021)	12.361*** (0.104)	-1.192*** (0.045)	-1.097*** (0.046)	9.211*** (0.238)	9.384*** (0.239)
$hsherf^2$	—	-2.815*** (0.075)	—	—	-6.402*** (0.171)	-6.315*** (0.172)
$isoherf^2$	—	-9.656*** (0.084)	—	—	-8.357*** (0.189)	-8.449*** (0.189)
TFP	—	—	—	0.147*** (0.015)	—	0.186*** (0.015)
CAP	—	—	—	0.063*** (0.012)	—	0.016 (0.012)
$capint$	—	—	—	0.033*** (0.013)	—	0.037*** (0.012)
Lev	—	—	—	0.322*** (0.035)	—	0.294*** (0.035)
prov-indu-own	No	No	Yes	Yes	Yes	Yes
N	482377	482377	116721	115943	116721	115943
R^2	0.001	0.035	0.079	0.081	0.108	0.110

注：系数右上方星号表示显著性水平，*** 表示在1%的显著性水平下显著（$P<0.01$），** 表示在5%的显著性水平下显著（$P<0.05$），* 表示在10%的显著性水平下显著（$P<0.1$）。系数下方括号内为对应的稳健标准差。

从基础回归结果得到的系数列（4）和列（6），我们可以得到刻画赫芬达尔指数和出口波动性关系的基本模型，将两类出口多样化与出口波动性的关系分开来进行考察，我们得到两个二次函数型的倒 U 形曲线。通过二次函数的相关性质我们可以得到 $hsherf$ 和 $isoherf$ 两函数的对称轴（临界点）分别为 $x=0.608$（7.685/12.630）和 $x=0.555$（9.384/16.898），通过将表达式对应的函数图像做成图，可以得到图 8-4、图 8-5。

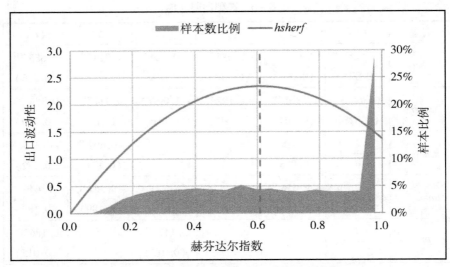

图8-4 出口产品多样性基础回归结果①

数据来源：实证分析回归结果。

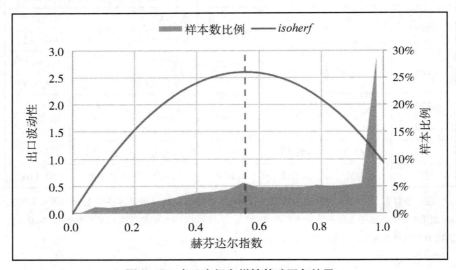

图8-5 出口市场多样性基础回归结果

数据来源：实证分析回归结果。

通过加入二次项进行回归所得到的实证分析结果，我们可以进一步确认这样一个事实：对于中国企业而言，出口多样性对出口波动的作用并非单纯的线性关系，而更趋近于一个倒U形的模式；不同企业由于本身的多

---

① 在做此图时没有考虑导致图像上下平移的截距部分，但是对核心分析结论无影响。

样化程度存在差异而处于临界值（U形顶点）的两侧，进一步提高多样化水平对波动性的影响存在差异。就平均而言，根据前一节描述统计结果，我们知道样本企业平均的商品多样性水平和市场多样性水平分别为0.701和0.660，从图8-4和图8-5看总体都位于临界值的右侧，此时波动性和赫芬达尔指数呈现负相关关系，也即提升多样化水平会导致面临的出口波动性上升，这也很好地解释了为什么做线性回归的时候两个系数会是负显著相关的关系。同时，这样的模式也同前节描述性统计分组作图的结果相类似，结果相互印证，可信度较高。

从控制变量的结果来看，生产率以及资本密集度较高的企业，其出口波动性越大。我们认为至少有两方面因素导致了这样的结果：第一，生产率和资本密集度较高的企业会选择更多样化的出口水平，若其多样化程度尚未突破临界水平则对其降低出口波动性并无助益；第二，这类型的企业可能在经营策略上较为激进，往往会导致经营状况的起伏波动。杠杆率的系数为正表明，企业的资产负债率越高或者说杠杆越高，企业出口波动性也相应提高，由于负债水平较高企业经营所面临的不确定性也越高，进而导致出口波动性也相应提高。这些方面的回归结果对于企业的经营决策有着很强的指导意义。

五、关于多样化策略与企业出口波动影响机制的讨论

在讨论了出口多样化与出口波动性的基础关系之后，我们进一步对形成这样关系的内在机制和原因进行分析，以明确在出口多样化选择影响出口波动性的关系中哪些中间因素在起作用，以及非线性的形成机制何在。这对于理解前一节基础回归结果以及前文对两者作用关系的内在逻辑十分有帮助。

根据前文理论研究部分的分析，我们认为企业出口的多样化策略通过在不同商品和市场之间进行配置，分散了企业面临的风险，同时选择出口到不同的市场实际上降低了市场关联度（原本是单一国内市场），增强了对企业出口与销售的稳定性。事实上，企业面临的不确定性和市场关联度的下降稳定了企业的出口。

这其中，企业通过自身多样化策略的选择（我们主要关注市场的多样化方面）对企业所面临的不确定性和市场关联度产生了影响，而这两方面的变化又均会对企业的出口波动性产生影响，即如果我们将企业出口多样化水平视为自变量X，企业出口波动性视为因变量Y，而企业面临的不确

定性和市场的关联度视为 M，三者的关系如图 8-6 所示。

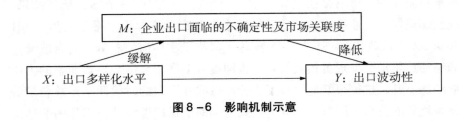

图 8-6　影响机制示意

可见，在 X 对 Y 的效应中，M 作为中介变量存在，由于出口多样化水平会对企业出口面临的不确定性和市场关联度产生影响，导致了出口的波动性随之发生变化。根据这样的逻辑，我们应该估计出口不确定性和市场关联度的中介效应，研究多样化水平对出口波动性的作用机制。

此外，根据理论研究，我们可以得到一个结论：出口规模会在多样化与波动性的作用关系中起到调节作用，即出口规模会改变多样化对波动性的作用方式。这一结论已经在 G. Vannoorenberghe et al.（2016）的文章中有过讨论。我们认为这也是理解出口多样化水平和出口波动性之间关系的重要视角，并在此用全新的数据重现了这一结论。事实证明，出口规模在其中起的作用确实是颇为重要的。

值得注意的是，出口规模在多样性与波动的关系中所起的作用与不确定性和市场关联度的区别，温忠麟等（2005）曾在研究中明确区分了调节效应和中介效应，他在文章中清楚地指出："如果变量 Y 与变量 X 的关系是变量 M 的函数，称 M 为调节变量。"即调节变量会改变 X 对 Y 的作用大小和方向，规模影响出口多样化与出口波动的关系正是符合调节效应条件的。在实证分析中，我们可以加入与 X 的交互项分析交互效应以研究这样的调节效应。

下面展示机制讨论部分的实证研究结果，如表 8-4 所示，列（1）～（5）为不确定性与市场关联度中介效应分析，列（6）为规模调节效应分析。

为分析 uncert 与 corr 的中介效应，第一步，我们先在列（1）～（2）中分别对 isoherf 及其二次项进行了回归（加入二次项是考虑到可能存在的非线性作用关系）。之所以只分析了市场层面的多样化水平的作用，是基于以下考虑：由于在 uncert 和 corr 的指标构造中，我们均采用企业出口到各个市场的份额所做的加权平均，对应的这两个指标也应该反映的是企业市场层面的状况，由于商品多样化层面的分析目前还没有进一步的成果，故而此处回归中仅包括了 *isoherf*。从结果来看，市场多样化对不确定性的作用非线性性显著，而市场多样化对市场联动性（关联度）影响为显著的正线性关系。第二步，我们在基础回归列（3）中复制了前文结果，证明 *isoherf* 对 *vol* 存在显著非线性影响，在此不再赘述。第三步，在列（4）～（5）的回归中，我们分别加入了 *uncert* 和 *corr* 变量重做列（3）的回归，发现两个系数均在1%的显著性水平下为正，不确定性和市场关联度均显著导致出口波动性增加。

表8-4 机制讨论回归结果

变量	（1）	（2）	（3）	（4）	（5）	（6）
hsherf	—	—	7.685*** (0.213)	7.793*** (0.213)	7.842*** (0.213)	-2.445*** (0.315)
isoherf	-0.139*** (0.034)	0.136*** (0.011)	9.384*** (0.239)	9.373*** (0.239)	9.267*** (0.240)	-7.863*** (0.327)
*hsherf*²	—	—	-6.315*** (0.172)	-6.390*** (0.172)	-6.409*** (0.172)	—
*isoherf*²	0.281*** (0.029)	-0.001 (0.001)	-8.449*** (0.189)	-8.460*** (0.189)	-8.425*** (0.189)	—
uncert	—	—	—	0.102*** (0.015)	—	—
corr	—	—	—	—	0.570*** (0.045)	—
value	—	—	—	—	—	-0.502*** (0.021)
value × *hsherf*	—	—	—	—	—	0.180*** (0.023)
value × *isoherf*	—	—	—	—	—	0.499*** (0.024)
TFP-CAP-capint-lev	Yes	Yes	Yes	Yes	Yes	Yes
prov-indu-own	Yes	Yes	Yes	Yes	Yes	Yes

续表 8-4

变量	(1)	(2)	(3)	(4)	(5)	(6)
N	115943	115943	115943	115943	115943	115943
R^2	0.044	0.060	0.110	0.111	0.111	0.086

注：列（1）被解释变量为 uncert，列（2）被解释变量为 corr，列（3）～（6）被解释变量均为 vol，其中列（3）的结果为前文基础回归结果，为方便讨论复制到此。系数右上方星号表示显著性水平，*** 表示在1%的显著性水平下显著（$P<0.01$），** 表示在5%的显著性水平下显著（$P<0.05$），* 表示在10%的显著性水平下显著（$P<0.1$）。系数下方括号内为对应的稳健标准差。

结合第一到第三步的结论：isoherf 对中介变量 uncert 和 corr 回归系数 1% 的显著性水平下显著，基础回归中 isoherf 对 vol 回归系数 1% 的显著性水平下显著，并且加入中介变量 uncert 和 corr 进入基础回归后各自的系数又在 1% 的显著性水平下显著，这证明中介效应存在而且是不完全的中介效应（若是加入中介变量后基础回归 isoherf 系数不显著则存在完全中介效应）。这也说明市场的多样化策略通过影响企业面临的出口不确定性和出口市场的联动性，从而影响出口的波动性。

从方向来看，根据列（1）～（2）的回归结果，uncert 在 isoherf 处于 [0.5, 1]（另 $y=0$ 可以粗略估算）的区间时为正，而在 [0, 0.5] 时为负，uncert 在列（4）的回归中系数为正；也即我们可以得出结论，随着多样化水平的提高，多样化水平通过影响不确定性进而影响出口波动性先上升后降低，在多样化水平为 0.5 左右的时候逆转。让我们回想在前一节基础回归分析的时候所得到的结论，市场的多样化水平在 0.555 左右的位置会导致多样化与波动的关系发生逆转，两者在逆转点上有着惊人的相似性，结论两相印证更具可信性。另外，中介变量 corr 回归系数一直为正，也即其会一直导致波动性的上升，但是提高多样化水平（降低 isoherf）还是会降低市场关联度对波动的影响。事实上，如果我们计算两者的净效应，随着市场多样化程度的提高，两者对会对降低波动性起到正效应。

关于机制讨论的另一个方面是出口规模存在的调节效应，根据 G. Vannoorenberghe et al（2016）研究设计，我们加入了与其模型相似的解释变量（没有引入二次项），即出口规模以及出口规模和多样化水平的交叉项，以观察出口规模对出口多样化和出口波动性的调节效应，我们用最新的中国数据研究了这个问题，回归结果如列（6）所示。我们可以看到，value 对波动性的影响为负，hsherf 与 isoherf 对 vol 系数均为负显著，但是

$value \times hserf$ 与 $value \times isoherf$ 均为正显著，这表明 $hserf$ 和 $isoherf$ 与 vol 的关系是 $value$ 的函数。具体而言，出口规模越大，则出口波动性越低。出口规模越大的企业出口的多样化策略可以降低波动性，出口规模小的企业这一作用也相应地小。由于出口规模越大，多样化选择的余地越多，这样的结论也正是反映了这个逻辑。

本节我们主要从企业面临的不确定性、市场的联动性以及企业的规模三个方面讨论了出口多样化策略对出口波动性的作用机制，两者之间存在看似简单实则复杂的关系，通过分析三个变量在其中起到的不同作用，我们探讨了其内在作用机理，并得到了一些发现。

六、稳健性检验

在进行了一系列实证分析和机制讨论之后，有必要对实证分析结果的稳定性和准确性进行说明和检验，以确认基础的回归结果的可信度。事实上，我们在前面的分析中也已经指出了许多相关结论实际上已经明显存在相互印证和共同加强的关系了，本部分的稳定性分析在此基础之上还会从替换变量和分样本回归等多个角度进一步对实证研究的结论进行稳健性检验和讨论，以确认回归所得结论的可靠性。

为验证非线性的倒 U 形关系的稳定性，我们试着变化了多样性的指标，变两类赫芬达尔指数为出口商品个数和出口目的地个数。由于这一指标同多样化水平之间有着很高的关联性，即多样化水平越高，出口的商品和出口的目的地相应也越多，故而我们认为其是赫芬达尔指数的一个较好替代，将之与波动性进行回归分析，结果见表 8－5。

表 8－5　稳健性检验结果

变量	(1)	(2)	(3)	(4)	(5)	(6)	(7)
$hsnum$	0.025*** (0.003)	0.026*** (0.004)	—	—	—	—	—
$isonum$	0.075*** (0.004)	0.258*** (0.016)	—	—	—	—	—
$hsnum^2$	—	$-1.4E-4$*** $(5.8E-5)$	—	—	—	—	—
$isonum^2$	—	-0.006*** (0.001)	—	—	—	—	—

续表 8-5

变量	(1)	(2)	(3)	(4)	(5)	(6)	(7)
$hsherf$	—	—	4.583*** (1.161)	7.771*** (0.847)	6.545*** (0.471)	7.194*** (1.662)	7.667*** (0.214)
$isoherf$	—	—	11.300*** (0.968)	13.291*** (0.666)	9.170*** (0.377)	12.039*** (1.801)	9.325*** (0.241)
$hsherf^2$	—	—	-2.750*** (0.976)	-4.895*** (0.677)	-4.314*** (0.367)	-6.339*** (1.280)	-6.292*** (0.173)
$isoherf^2$	—	—	-8.662*** (0.848)	-9.473*** (0.580)	-6.207*** (0.315)	-9.232*** (1.394)	-8.430*** (0.191)
TFP-CAP-capint-lev	Yes	Yes	Yes	Yes	Yes	Yes	Yes
prov-indu-own	Yes	Yes	Yes	Yes	Yes	Yes	Yes
N	115943	115943	1988	15636	52164	2165	113778
R^2	0.085	0.104	0.181	0.077	0.057	0.156	0.109

注：列（3）～（5）样本分别为连续出口13年的企业、出口大于8年的企业以及出口大于3年的企业。列（6）～（7）样本分别为国有企业和非国有企业。系数右上方星号表示显著性水平，*** 表示在1%的显著性水平下显著（$P<0.01$），** 表示在5%的显著性水平下显著（$P<0.05$），* 表示在10%的显著性水平下显著（$P<0.1$）。系数下方括号内为对应的稳健标准差。

列（1）是将出口商品个数和出口市场个数再加入企业异质性控制变量以及省份－行业－所有制虚拟变量后进行线性回归的结果，我们发现两个系数分别为0.025和0.075且均在1%的显著性水平上显著，即每增加一个出口的商品和出口的市场会导致出口增长率方差表示的波动性提高约0.025和0.075个单位。这一结论同前一节基础回归的结论相互印证，在基础回归中我们得到两赫芬达尔指数的系数均为负值，这同样表明了多样化和波动性之间存在着正相关性。在此基础上，我们加入出口商品个数和出口目的市场的二次项进行回归以分析非线性关系，回归结果如列（2）所示。观察列（2）我们可以发现，两个二次项系数均为负，且在1%的显著性水平下显著。根据系数以及描述性统计，我们同样可以得到中国企业处于提高多样化水平会提高波动性水平的位置，也是只有超越了一定水平之后才能起到降低波动性的作用。

另外一个可能会对结果产生影响的问题是，由于前文提到过样本中连续13年出口不间断的企业不过占样本总量的1.7%，退一步，13年中有8

年出口的样本也不超过14%，因此，在处理数据的过程中，我们采用了补齐的方式，即补充不出口年份并设为0以此计算中点增长率。虽然在计算增长率方差的时候考虑到了不出口年份的数量，但是，这些缺乏数据的不出口年份还是导致了波动性未必能够真实反映实际状况以及与多样化水平的不匹配性，由此可能导致回归的结果不能真实反映实际的状况，从而产生虚假关系。为了排除这样的误差导致的虚假回归结果，我们在整理数据时特意统计了企业有统计数据的出口年数，以此来进行分样本的回归。大体上，我们将样本划分为样本期间13年连续出口的企业、出口年数大于8年的企业和出口年数大于3年的企业等3个子样本，并分别对3个子样本做与前文同样的回归分析，加入同样的控制变量和虚拟变量，结果如表8-5列（3）~（5）所示。令人诧异的是，即便我们把出口年数定位到大于3年，如有四年或四年以上的出口数据，样本数也才52164个，占总体数据不足45%，仍未超过半数，这表明超过半数的企业出口年数都集中分布在1~3年的范围内，企业出口不稳定性很大。尽管如此，分样本的回归结果依然支持了非线性倒U形结论，3个子样本赫芬达尔指数、一次项系数均为正且在1%的显著性水平上显著，二次项系数均为负且在1%的显著性水平上显著，倒U形的结论没有因为排除可能存在的数据存在偏差而消失，其稳定性和真实性均有相当的保证。不过，这也并非表明数据集毫无问题，从拟合优度可以看到，非线性的倒U形关系在连续出口年份大的样本中越明显，但这也与样本量有一定的关联性，不可一概而论。

另外，企业性质可能会对结论产生影响，国有企业和非国有企业在实际中存在着许多方面的差异性，尤其在对抗风险和出口策略方面与一般企业有着较大的出入，这都会导致回归的结论受到影响。基于这样的考虑，我们将样本划分为国有企业以及非国有企业两类，观察两类企业在出口多样化与出口波动性关系中是否存在显著的差异，结果如列（6）~（7）所示。倒U形的关系在两类不同企业中依然显著存在，结论稳定性较强。

七、进一步的讨论

考虑到出口多样化水平和出口波动性之间可能存在非二次函数的更高阶或者其他非线性关系，本节在之前讨论的基础上尝试着对数据进行半参估计，Robinson（1988）对部分线性模型提出"罗宾逊差分估计量"（Robinson difference）解决了这类半参问题的估计，在此我们用这一方法对国企子样本进行半参估计①，图 8-7 是对国有企业进行半参估计的结果。

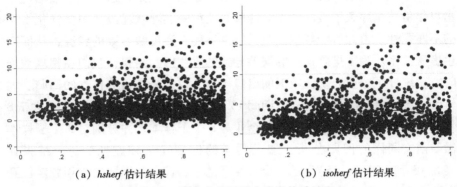

(a) *hsherf* 估计结果　　(b) *isoherf* 估计结果

图 8-7　国有企业子样本半参估计结果

从图 8-7 中我们可以观察到比较明显的二次曲线关系。事实上，我们在估计中同时采用自助法进行了 100 次抽样估计检验了半参估计结果与二阶关系参数估计结果是否存在差异，两个检验得到的 t 值分别为 1.350 和 1.926，我们都可以在 5% 的显著性水平下接受两者不存在差异的假设。也就是说，两类多样化指数与波动性之间存在着显著的二阶关系，这也为基础回归中认为两者存在的倒 U 形关系提供了一个有力的证据。

八、总结

本节主要是对出口多样化和出口波动性的关系进行实证分析，包括数据描述统计分析、实证及实证结果分析以及对实证结果的稳健性检验，环环相扣，逻辑严密。针对本章的主要研究结论，我们可以做出如下三个方面的总结：其一，描述性统计结果表明，中国企业的出口多样化程度整体还比较低，出口商品的多样化程度和出口市场的多样化程度（用赫芬达尔指数来衡量）都在较低位的 0.7 左右，尚不能达到指标的中间水准，甚至较世界平均水准还低，中国企业出口的多样化水平还十分不足，提升的空间还很大。其二，实证分析结果表明，中国企业出口多样性和出口波动性之间存在非线性的倒 U 形关系，即存在着两者关系逆转的临界点，实证分

---

① 由于全样本数据量巨大，计算时间很长且不易观察趋势，故而对分样本回归中的两个较小子样本采用半参估计方法以验证两者关系为二次关系。

析测算赫芬达尔指数分别约为 0.61 和 0.56，但平均而言，大量的企业还处于临界点右侧，尚未到达多样化降低波动性的阶段。其三，稳健性检验结果表明，倒 U 形的关系在采用了一系列的方法进行检验后均能够稳定存在，也不建立在可能存在的偏差之上，两者关系稳定性较强。因此，实证结论具备较高的真实性与可信性，对现实有着很强的指导意义。

第三节　研究结论及政策建议

本节对本章进行的研究进行总结，梳理其内在逻辑，总结重要研究结论，并给出各个研究结论所暗示的政策建议。从现实到理论，再从理论到现实，才是研究的价值之所在。本章对出口的多样化和出口的波动性进行了多个方面的探讨，分析了这一研究问题的背景与意义，明确了两者的现状和变化趋势，并且对两者关系进行了定性和定量的分析，出口的多样化与出口的波动性之间的关系在层层的分析与说明之后逐渐明确起来。现在，有必要对本章的核心结论进行梳理与总结，并且分析这些结论背后暗示的政策建议。

一、研究结论

世界贸易在近十几年间历经了飞速的发展与变化，各国的经济与贸易在较为安定的国际环境中都得到了长足的进步。贸易的发展原本正是经济发展的题中之义，但是对比两者的发展历程我们不难发现，无论是世界整体还是创造了发展奇迹的中国，其出口贸易波动幅度都要远超经济的波动程度，表现在前者远超后者的大起大落。学者研究认为，这其中经济与贸易运行风险的增加是导致波动性增加且两者波动发生偏离的一个重要因素。

在风险日益累积导致出口波动愈加剧烈的环境下，稳定出口与国际贸易是促进经济稳定运行与发展的重要一环。由此，企业在出口的过程中对出口商品和出口目的地的不同组合与配置是否有助于企业自身分散风险从而促进出口的稳定成为本节关注的核心问题。如果没能起到积极的作用又该如何进行优化呢？其核心思想来自资产配置理论。

从现状来看，无论是中国还是其他国家，其出口贸易额都出现了集中分布的状况，而世界整体出口则呈现多元化的特征。中国出口额虽然颇为巨大，但是多元化水平在整体上还低于世界平均水平，存在可以变动和改进的空间。中国企业层面的多元化水平也相对较低，赫芬达尔指数整体处在 0.7 左右的区间，企业出口的商品种类和出口的市场个数都相对较少，这可能与企业所处的发展阶段、企业本身的性质以及企业出口的规模有一定的关联性。

从实证研究的结果看，平均而言，中国企业出口的多样化会导致出口波动性的增加（回忆线性拟合的赫芬达尔指数系数符号为负，二次函数非线性拟合处于开口向下的曲线右半段部分）。研究认为，有证据表明出口的多样化水平与出口波动之间的关系可能是非线性的，出口商品的多样化和出口市场的多样化与出口波动的关系的赫芬达尔指数分别在 0.61 和 0.56 左右发生逆转，中国企业两者的平均水平分别在 0.70 和 0.66 左右，尚未达到出口多样化降低出口波动性的阶段，二次函数拟合和线性拟合结果两相印证可信度较高。

同时，我们也对出口多样化和出口波动性的内在作用机制进行了讨论。结合理论研究中对两者作用逻辑的探讨，我们认为，多样化通过影响企业面临的不确定性水平和市场联动性导致出口波动性发生改变，此外，企业出口规模也会对出口多样性和出口波动性的作用关系起到调节作用。具体而言，我们认为企业出口市场多样化水平非线性地作用于出口不确定性，导致出口不确定性下降，其结果可能会导致不确定性对波动性的影响为正或者为负（视多样化水平处于开口向上的二次曲线在 x 轴上部还是下部而定，交点在 0.5 左右，再次印证了前面得到的关系逆转点），这样的作用方式是对出口多样化水平和出口波动性非线性的一个合理解释。再者，多样化还会通过影响市场关联度对降低波动性起到正效应（结论否认了非线性关系存在），但是与不确定性变量的作用模式并不相同。企业出口规模会对两者作用方式起到调节作用，即出口规模越大的企业多样化选择空间越大（更有可能处于非线性关系逆转点左侧），故而不同出口规模的企业出口多样化与出口波动性的关系存在差异。

在此基础上，我们还做了一系列稳健性检验，证明实证研究所得结论不受变量和样本选择的影响，稳健性较强。

二、政策建议

本章对出口多样化与出口稳定性的关系进行了深入的分析与讨论，获得了一系列的研究结果，并且其中蕴含着指导实践的丰富政策建议内涵。

第一，宏观经济层面，世界和中国的经济运行风险都在不断地加剧和累积，表现在经济和贸易的大起大落以及两者波动幅度的偏离。中国作为近十几年来从国际贸易中获益最大的国家之一，经济总量位居世界第二，出口量已经位居世界第一，中国与世界诸多国家之间都建立了颇为深厚的经济贸易关系。在开放度越来越高的状态下，世界其他国家宏观经济与贸易的波动与风险很容易就会传导到中国并对中国产生影响，在这样的背景下，中国应该建立起应对宏观经济风险与稳定出口贸易的系列机制，并加强国际合作以共同应对世界性的风险。

第二，中国的经济发展与出口贸易虽然获得了举世瞩目的成就，但是不能忽视这其中存在的许多问题和风险。中国经济发展迅速但同时逐渐开始表现出后劲不足的一面，出口贸易量虽然巨大但多样化水平还相对较低，这些现象正是长期积累在经济发展中的结构性问题所导致的。如果不正视这些问题并进行改进，中国经济将难以在未来的发展中取得更进一步的成果。政府虽已采取了许多调节性的措施，但是其广度和深度都还不足，我们必须做好忍受彻底革新的阵痛而非"头疼医头，脚疼医脚"的准备，推动我国经济与贸易的优化与升级。

第三，作为中国宏观经济微观基础的企业，无论是出口商品的多样化水平还是出口市场的多样化水平都还比较低。虽然我们很难要求一个平均规模的代表性企业做到丰富的出口多样化，但是一个现实问题是我国企业出口的多样化程度还不足以降低其面临的出口波动性，或者说尚未到达能够对降低总体波动产生正效应的阶段。结合对企业出口的现状考察我们至少可以认为，中国出口企业稳定性和出口规模都相对较低，能够稳定出口的企业和出口规模较大的企业数量较少。在这样的状况下，我们很难要求一个企业做到其出口配置的优化，所以最根本的问题在于企业应当做大做强自身，保证自身生产经营的稳定性和竞争力，扩大出口规模为多样化选择留出更多空间。

第四，承接以上内容，企业在具备了一定条件的基础上我们谈出口多样化和分散风险的问题才有意义。企业想要通过出口多样化分散风险，其多样化水平必须超过一定的临界水平才能起到降低出口整体波动水平的效果。企业在选择商品和市场多样化时，应当权衡新增出口商品和市场所带来的边际效应，对比出口导致的风险增加与风险分散的净效应，同时考虑出口市场之间和与本国市场之间的联动性，以最优化其出口的多样化配置，达到多样化最优的效果。

出口动态编

第九章 中国企业出口动态及其影响因素研究

现有对中国企业出口行为的研究大多仅关注静态表现,即各种变量的一阶矩问题,而欠缺对企业行为的动态识别和解释。尽管一些文献(盛斌、毛其琳,2013;易靖韬,2009;陈勇兵、李燕、周世民,2012)开启了对中国企业出口动态的研究,但是仅仅站在企业进入、退出以及持续性等角度而并不能完全涵盖中国企业出口动态的全部,因为出口企业对于目标国组合(Amador & Opromolla, 2013)、产品组合的调整(Fontagne et al, 2014)以及市场网络的拓扑结构(Chaney, 2014)均是动态表现的重要方面,还需要更为全面和科学的评测和研究。

本章主要研究在外部不确定性加剧的背景下,中国企业过往的出口行为对于其市场进入、出口增长以及市场退出行为的影响。首先,本章根据中国企业连续三年的出口状态将出口企业划分为不同的类型;其次,利用中国海关与工业企业库的配对数据对各类企业的数量、出口数额、市场范围、出口增长等进行了描述性统计分析,从而揭示不同类型企业的出口行为特点。之后,分别建立企业的市场进入、出口增长以及市场退出模型,考察出口经验、市场因素、个体差异和溢出效应对企业出口行为的影响。最后,根据模型回归的结果,为促进我国出口贸易的稳步增长提出几点政策建议。

基于上述研究思路,本章制订了如图 9-1 所示的研究框架。

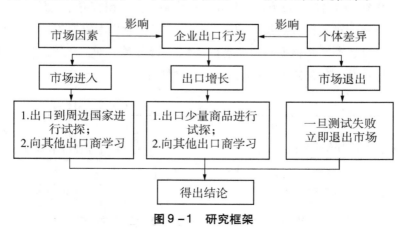

图 9-1 研究框架

第一节 中国企业出口行为的分析

一、出口企业分类及其动态出口决策

对于任一出口企业，本章考察其在当年及前后一年的出口状态，并根据出口状态的不同对企业进行分类。对第 t 年的出口企业，存在如图 9-2 所示的四种情况。

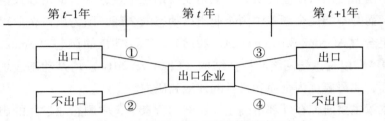

图 9-2　任一出口企业连续三年的出口状态

若①③成立，表明该企业连续三年均出口，定义这类企业为持续出口企业（continuers）；若①④成立，表明该企业在第 $t-1$ 年和第 t 年出口，但第 $t+1$ 年停止出口，定义这类企业为停止出口企业（stoppers）；若②③成立，表明该企业在第 $t-1$ 年及之前年份没有出口，第 t 年开始出口并且第 $t+1$ 年持续出口，定义这类企业为新出口企业（starters）；若②④成立，表明该企业仅在当年出口，由于这类企业的出口决策具有一定的偶然性，并且无法计算这类企业的出口增长率，本章将这类企业排除在研究样本之外。

同样地，对于出口到某一国家的任一出口企业也考察其在当年及前后一年的出口状态，并根据出口状态的不同进行分类。对第 t 年出口到国家 X 的企业来说，存在如图 9-3 所示的四种情况。

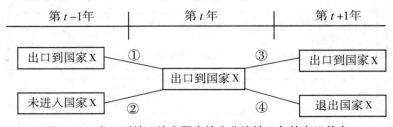

图 9-3　出口到某一特定国家的企业连续三年的出口状态

若①③成立，表明该企业连续三年均出口到国家 X，定义这类企业为在位出口企业（incumbents）；若①④成立，表明该企业在第 $t-1$ 年和第 t 年出口到国家 X，但第 $t+1$ 年退出国家 X，定义这类企业为退出出口企业（exiters）；若②③成立，表明该企业在第 $t-1$ 年及之前年份没有进入国家 X，第 t 年开始出口到国家 X 并且第 $t+1$ 年持续出口到国家 X，定义这类企业为新进出口企业（entrants）；若②④成立，表明该企业仅在当年出口到国家 X，由于这类企业的出口决策具有偶然性，并且无法计算该企业在国家 X 的出口增长率，本章也将其排除在研究样本之外。上述分类方法借鉴了 Creusen and Lejour（2011）在研究荷兰企业的出口决策时使用的方法，可以保证对任一年份的任一出口企业而言，其所属类别是唯一且排他的。

需要注意的是，两种分类方法针对的主体不同：前者是对所有出口企业的分类，而后者仅针对出口到某一特定国家的企业进行分类。新出口企业（starters）和持续出口企业（continuers）都可能开辟新的出口市场，成为新进出口企业（entrants）。同样的，退出出口企业（exiters）可能退出所有出口国家，成为停止出口企业（stoppers），但也可能仅退出部分出口国家，成为持续出口企业（continuers）。

本章考察企业连续三年的出口决策，图 9-4 以三家企业（F1，F2 和 F3）在第 $t-1$ 年到第 $t+1$ 年的市场进入和退出决策为例，进一步阐明企业的动态出口行为。

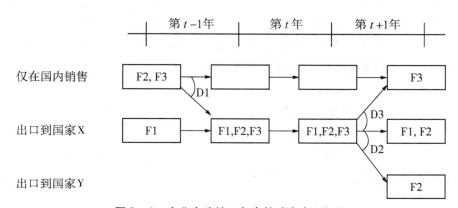

图 9-4　企业在连续三年内的动态出口行为

首先，假设三家企业都在国内市场销售。在第 $t-1$ 年之前，只有 F1 出口到国家 X，没有企业出口到国家 Y。决策 D1 表示非出口企业可能会进入国际市场，例如 F2 和 F3 在第 $t-1$ 年开始出口到国家 X。决策 D2 表示出口企业可能会开辟新的出口市场，例如 F2 在第 $t+1$ 年进入国家 Y。决策 D3 表示出口企业可能会退出某一外国市场，甚至停止出口，例如 F3 在第 $t+1$ 年退出国家 X，成为非出口企业。从图 9-4 可以看出，F2 成功地从非出口企业变为出口企业，并开辟了新的出口市场，而 F3 在生存了 1 年之后就退出了国外市场，成为停止出口企业。F1 始终保持稳定出口，为持续出口企业，对国家 X 来说，也是在位出口企业。

由于新出口企业可能会在年中进入国际市场，第一年的出口额会相对较少，如果从第二年开始计算其出口增长率，会产生向上偏误。因此，对于某一特定国家，我们比较新进出口企业和同期在位出口企业在第三年的出口增长率。例如，在图 9-4 中，对于国家 X 来说，F1 和 F2 分别为第 $t-1$ 年的新进出口企业和在位出口企业，本章将比较其在第 $t+1$ 年的增长率来分析不同类型企业的出口增长情况。

二、数据来源及处理

本章主要使用了中国海关进出口数据库与中国工业企业数据库在 2000—2012 年间的数据。海关数据包括每年出口企业的编号、企业名称、出口额、出口主要商品的 HS 编码、贸易方式、出口国家、出口企业地址等信息。以此为基础，可以分析每家企业在 2000—2012 年间的市场进入、出口增长及市场退出行为。工业企业数据库包括企业编码、企业名称、企业规模、法人代表、劳动生产率、财务指标等个体信息。利用 Stata 13.0 按照企业名称进行匹配，可以将两大数据库的信息合并，从而研究劳动生产率、企业规模等个体因素对企业出口行为的影响。

三、企业出口行为异质性分析

基于上文对出口企业的分类，本部分将会对新出口企业、持续出口企业及停止出口企业的特点进行对比分析。

（一）各类企业的分布状况及变化趋势

表 9-1 为 2001—2011 年中国出口企业平均数量及平均出口额。从表 9-1 可以看出，在所有出口企业中，持续出口企业数量最多，占所有出口企业的 69.9%，是新出口企业的 3.5 倍；停止出口企业数量最少，占比

仅为10.3%。就出口总额而言,持续出口企业贡献了91.8%,而新出口企业和停止出口企业的出口总额之和占比还不到所有企业出口总额的10%,表明中国的出口总额主要是由持续出口企业来拉动。就单个企业而言,每家持续出口企业的平均出口额比每家新出口企业多3.6倍,比每家停止出口企业的平均出口额多4.5倍。

表9-1 2001—2011年中国出口企业平均数量及平均出口额

项目	所有出口企业	新出口企业占比/%	持续出口企业占比/%	停止出口企业占比/%
企业数量/家	153253	19.8	69.9	10.3
出口总额/亿元	8419	5.6	91.8	2.4
每一企业平均出口额/万元	548.7	28.1	131.6	23.7

注:最后一行为各类出口企业平均出口额相对于所有出口企业平均出口额的比例。

图9-5为2001—2011年中国各类出口企业数量变化。从图9-5可以看出,2001—2011年我国出口企业总数稳步上升,其中,持续出口企业的数量变化与所有出口企业的数量变化基本保持一致,因为持续出口企业占所有出口企业总数的70%。新出口企业和停止出口企业的数量变化比较平缓,基本保持缓慢的上升趋势。受全球金融危机的影响,2008年新出口企业较上年减少了21.1%,这也是2001—2011年间新出口企业数量出现的首次下降。随着全球经济的复苏,停止出口企业的数量在2009年出现了轻微下降,之后恢复到缓慢的上升趋势。

图9-6为2001—2011年中国各类出口企业平均出口数额变化。从图9-6可以看出,2001—2011年我国所有出口企业平均出口额呈现一定的波动。在2006年之前,基本保持稳定的上升趋势。2007年出现了首次下降,降幅为8.78%。经过短暂的回升之后,2009年再次出现了下降,降幅为20.35%,之后年份保持快速增长。由于持续出口企业的出口总额占所有企业出口总额的90%以上,因此,持续出口企业的平均出口额与所有出口企业的变化趋势基本保持一致。对新出口企业而言,2006年之前平均出口额基本保持稳定,2007年出现了较大幅度的增长,但在两年后又回落到2006年的出口水平。在2010年之后,新出口企业的平均出口额开始出现快速增长,而停止出口企业的平均出口额则一直处于最低水平,同时保持相对稳定的缓慢增长趋势。

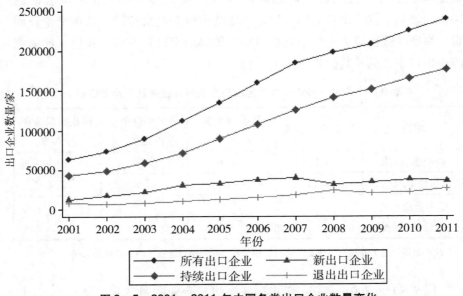

图 9-5 2001—2011 年中国各类出口企业数量变化

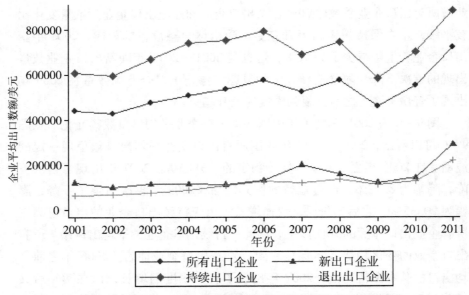

图 9-6 2001—2011 年中国各类出口企业平均出口数额变化

(二) 不同类型企业的异质性特征

为了探究个体因素对企业出口决策的影响,本章计算了1998—2013年中国不同类型企业在劳动生产率、雇员人数、研发投入等方面的差异,如表9-2所示。

表9-2　1998—2013年中国各类企业个体层面差异

项目	企业类型				
	出口企业	非出口企业	持续出口企业	非持续出口企业	所有企业
劳动生产率	5.5	5.6	5.59	5.47	5.57
资本密集度	0.369	0.319	0.577	0.288	0.327
年龄	2.64	2.57	2.9	2.55	2.59
雇员人数	5.38	4.61	5.81	5.24	4.81
研发投入	6.27	5.4	6.71	6.03	5.73
企业个数/家	157061	608097	16454	142863	765158

注:以上统计信息基于《中国工业企业数据库》(1998—2013);除"企业个数"以外,以上指标均是取自然对数之后的结果。

从表9-2可以看出,不同类型企业的劳动生产率十分接近,可见劳动生产率不是影响企业出口决策的主要因素。就资本密集度而言,出口企业的资本密集度高于非出口企业,持续出口企业的资本密集度高于非持续出口企业,可见资本密集度高的企业更倾向于出口;同时,高的资本密集度对企业保持持续出口也有积极的促进作用。年龄指的是从企业成立到统计日期的年数。计算结果显示,出口企业的年龄大于非出口企业,可见成立时间越长的企业越倾向于出口,因为这类企业的管理制度已相对完善,并在国内市场积累了一定的经验,更希望通过出口来扩大自己的市场份额。在出口企业中;持续出口企业的年龄也大于非持续出口企业,可见企业成立的时间越久,抵御外部风险的能力越强,越能够在国外市场持续生存。雇员人数反映的是企业规模。统计结果显示,规模越大的企业越倾向于出口,因为这类企业的抗风险能力相对较强;同时,规模较大的企业也具有更强的持续出口能力。就研发投入而言,研发投入越高的企业具有更高的科技创新能力,更倾向于出口;同时,较高的科研投入也有利于企业在国外市场保持竞争优势,维持出口状态。

(三) 各类企业出口市场范围及其动态变化

为了研究各类企业出口市场的情况，本章对不同类型企业的出口国家数量进行了统计。

表9-3为2001—2011年中国各类企业出口国家数量统计。从表9-3可以看出，约有67%的新出口企业仅出口到1~3个国家，出口国家超过10个的不足12%。在停止出口企业中，仅出口到1~3个国家的企业占比达到73.2%，出口国家超过10个的占比约为10%。就持续出口企业而言，其出口国家的分布较为均匀，约40%的企业出口到1~3个国家，约有30%的企业出口到4~10个国家，出口超过10个国家的企业占比也达到了30%。可见，持续出口企业的出口范围比新出口企业和停止出口企业更广。通过对比可以看出，新出口企业在开始阶段倾向于出口到少数国家，待其成为持续出口企业后，会拓展更多的出口市场。国外一些学者对本国企业的出口国家数量也进行了研究。Eaton等（2004）研究了法国制造企业在1986年的出口情况，发现有35%的企业仅出口到1个国家，有20%的企业出口超过10个国家，只有2%的企业出口超过50个国家。Creusen and Lejour（2011）分析了荷兰企业2003—2007年的出口数据，发现有46.4%的企业仅出口到1~3个国家，有29.2%的企业出口到4~10个国家，只有2.1%的企业出口超过40个国家，这与我国企业在2001—2011年间的出口范围大体相同。

表9-3　2001—2011年中国各类企业出口国家数量统计

出口企业类型	新出口企业	持续出口企业	停止出口企业	总计
企业数量/家	334399	1178622	172758	1685779
出口国家数量/个	占比	占比	占比	占比
1	39.8%	19.2%	48.1%	26.2%
2	17.3%	12.2%	16.8%	13.7%
3	9.6%	8.7%	8.3%	8.8%
4~10	21.6%	29.6%	16.6%	26.7%
11~20	6.7%	15.8%	5.3%	12.9%
21~40	3.6%	10.0%	3.3%	8.0%
>40	1.4%	4.5%	1.7%	3.6%

为了研究企业出口市场的动态变化情况，本章对 2001 年的 12827 家新出口企业和 43115 家持续出口企业的出口国家数量进行了追踪考察，并统计了这两批企业在 2011 年的存活情况及出口国家的数量，详见表 9-4。

表 9-4 2001 年的各类出口企业在 2001 年和 2011 年的出口国家数量对比

企业类型	2001 年的新出口企业		2001 年的持续出口企业	
年份	2001	2011	2001	2011
（剩余）企业数量/家	12827	4953	43115	15386
2002—2010 年间退出的企业数量/家	—	7874	—	27729
出口国家数量/个	占比	占比	占比	占比
1	42.5%	19.7%	26.2%	21.6%
2	18.2%	11.0%	14.7%	10.8%
3	9.2%	7.4%	9.0%	7.2%
4～10	19.3%	27.2%	25.5%	25.9%
11～20	6.6%	16.6%	12.6%	16.2%
21～40	3.2%	12.2%	8.0%	11.7%
>40	1.1%	5.8%	4.0%	6.8%

从表 9-4 可以看出，2001 年的 12827 家新出口企业到 2011 年只剩下 4953 家，约 61% 的新出口企业在 2002—2010 年间退出了国外市场。就持续出口企业而言，在 2002—2010 年间退出国外市场的企业占比为 64%，略高于新出口企业。通过比较 2001 年的新出口企业在 2001 年和 2011 年的出口国家数量可以发现，仅出口到 1～3 个国家的企业数量减少了 31.8%，出口超过 10 个国家的企业数量增加了 23.7%；就持续出口企业而言，出口到 1～3 个国家的企业数量仅减少了 10.3%，出口超过 10 个国家的企业数量仅增加了 10.1%。由此可以看出，新出口企业在开始阶段会通过出口到少数国家试探自己的出口能力，待其成功生存下来之后，新出口企业将会以更快的速度开辟新的出口市场，扩大出口国家的范围。持续出口企业虽然也会开拓新的出口市场，但其扩张的速度相对缓慢。

四、不同类型企业的出口增长情况

如上文所述，本章将考察新出口企业与持续出口企业在第三年的出口增长情况，基于此，本章计算了这两类出口企业在 2003—2011 年的出口增长率，如图 9-7 所示。

从图 9-7 可以看出，新出口企业的出口增长率明显高于持续出口企业，除 2009 年以外，新出口企业每年的出口增长率均在 100% 以上。在 2009 年之前，持续出口企业每年的出口增长率基本维持在 50% 左右，受 2008 年全球金融危机的影响，持续出口企业的出口增长率在 2009 年跌至 14.4%。就出口增长率的波动情况来看，新出口企业明显高于持续出口企业。由此可以看出，一旦新出口企业成功进入国外市场，其出口额会在短期内迅速增加，并且增长幅度远高于持续出口企业。同时，新出口企业应对外部不确定性的能力相对较弱，其出口增长更易受外部经济环境的影响。

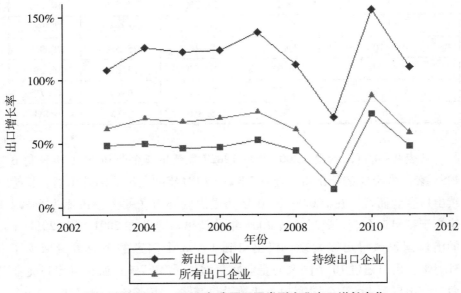

图 9-7　2003—2011 年我国不同类型企业出口增长变化

从不同企业出口行为的描述性统计分析可以看出，持续出口企业是拉动我国出口总额的主力军，其出口市场的范围较广并且变化较小。新出口企业在开始阶段会出口到少数国家，并且出口数额较低，一旦在国外市场成功生存下来，新出口企业会通过提高出口数额和开辟新的出口市场来巩固自己的地位。

在接下来的部分，本章将建立计量经济模型对新出口企业和持续出口企业的市场进入、出口增长和市场退出决策进行实证分析。

第二节 中国出口企业的市场进入决策分析

一、市场进入模型的建立与指标说明

为了降低市场进入成本和不确定性,新出口企业在开始阶段倾向于出口到少数国家。如果能够在这些市场上生存下来,它们可能会进入更多的国家。表9-4的结果显示,新出口企业在少数市场上生存下来之后,其出口市场的范围将会大幅扩张:2001年仅有30.2%的新出口企业出口超过4个国家,到2011年这一数据达到了61.8%。受全球化浪潮和新兴市场开放的影响,持续出口企业也会拓展自己的出口范围,但其扩张的幅度相对较小。本章在两国家、两期间模型的基础上,建立了多国家、两期间的市场进入模型,探究新出口企业是否更倾向于进入新的出口市场,以及企业是否会利用其现有的出口市场作为其拓展新市场的"踏脚石"。模型的具体形式如下:

$$PN_{ikt} = y_0 + y_1 FY_{it-1} + y_2 \log AD_{kt} + y_3 FY_{it-1} \times \log AD_{kt} + y_4 \log GDP_{kt} + y_5 \log D_k + y_6 \log \tau_{kt} + y_7 \log P_{it} + y_8 \log E_{it} + \delta_i + \varepsilon_{ikt}$$

(9-1)

其中,PN_{ikt}表示出口商i在第t年进入国家k的可能性。FY_{it-1}是区分不同企业类型的虚拟变量,若出口商i从第$t-1$年才开始出口,则FY_{it-1}的取值为1,表明出口商i在第$t-1$年是新出口企业;反之则取0,表明出口商i在第$t-1$年是持续出口企业。AD_{kt}为国家k与出口商i在第t年所有出口国家间的最短距离,以此来考察企业出口的"踏脚石"策略。FY_{it-1}和$\log AD_{kt}$的交叉项用来检测"踏脚石"策略对新出口企业的影响是否更大。此外,模型中也包括了代表目的国市场特征的变量:GDP_{kt}表示国家k在第t年的GDP水平;D_k为国家k与中国之间的距离(以两国人口最密集的城市之间的距离计量),以此衡量出口商i进入国家k的交通成本;τ_{kt}是国家k在第t年的平均进口关税水平。为了探究企业自身特点对其进入新市场的影响,模型中还包括了出口商i在第t年的劳动生产率P_{it}以及出口商i在第t年的雇员人数E_{it}。

二、市场进入模型的估计结果与分析

为了控制未观测到的企业个体特征造成的影响，本章采用带有随机效应的 probit 估计求解上述模型。样本数据来自 2001—2011 年中国海关与工业企业库的配对数据。所有的回归结果将会以边际效应的形式呈现，即解释变量前的系数表示在其他变量取平均值的情况下，该解释变量变化 1% 所引起的被解释变量变化的百分比数。出于对计算量的考虑，在国家 k 的选取上，本章仅考察中国在 2001—2011 年的前 50 大贸易伙伴。回归结果见表 9-5。

表 9-5 市场进入模型回归结果

解释变量	(1) 不包括企业层面变量	(2) 包括企业层面变量
FY	0.265***	0.455***
	(0.031)	(0.034)
$\log AD$	-0.0565***	-0.0485***
	(0.002)	(0.002)
$FY \times \log AD$	-0.00767*	-0.0267***
	(0.004)	(0.005)
$\log GDP$	0.161***	0.169***
	(0.001)	(0.001)
$\log D$	-0.134***	-0.160***
	(0.002)	(0.002)
$tariff$	-0.0212***	-0.0231***
	(0.000)	(0.000)
$\log P$	—	0.128***
		(0.001)
$Size$	—	-0.0140***
		(0.000)
回归方法	probit with RE	probit with RE
观察值	4543432	3601595
对数似然估计值	-2839116.5	-2219105.7

注：括号内为标准差。*** 表示在 1% 的显著性水平下显著（$P<0.01$），** 表示在 5% 的显著性水平下显著（$P<0.05$），* 表示在 10% 的显著性水平下显著（$P<0.1$）。系数下方括号内为对应的稳健标准差。

回归（1）没有包括企业层面的解释变量，就回归结果来看，FY前的系数为正，表明新出口企业更倾向于进入新的市场，这一结果与表9-4的描述性统计结果相符：新出口企业在开始阶段会比较谨慎，通过出口到少数国家来试探自己的出口能力，待其成功生存下来之后，将会以较快的速度拓展新的出口市场。该结果也与Albornoz et al（2010）的研究结论保持一致。解释变量$\log AD$前的系数为负，表明新市场与企业当年出口国家的距离越近，企业进入这一市场的可能性越高。例如，某一中国企业在某年已经出口到了德国，在其他条件相同的情况下，它更有可能进入瑞士、比利时、捷克等周边国家。由此可以证明，企业会从现有的出口市场中学习，并将它们作为自己进入新市场的踏脚石。交叉项$FY \times \log AD$前的系数为负，表明当FY取值为1时，踏脚石策略的积极影响将会增强，也就是说，踏脚石策略对新出口企业更为有效。代表国家特性的解释变量前的系数符号与实际情况相符：$\log GDP$前的系数为正，表明企业更倾向于进入经济发展水平较高的国家；$\log D$和$tariff$前的系数为负，表明新市场距离出口企业所在国的距离越远，关税水平越高，企业进入该市场的积极性就越弱。

回归（2）包括了企业层面的变量：企业当年的劳动生产率和雇员人数。就回归结果来看，$\log P$前的系数为正，表明企业的劳动生产率越高，企业越倾向于进入新的市场，这似乎与表9-2的描述性统计结果相悖。其实不然，因为表9-2的统计样本来自中国工业企业数据库，其统计范围是中国大陆地区销售额超过500万元的大中型制造企业，包括出口企业和非出口企业。而回归（2）的统计样本来自中国海关进出口数据库与中国工业企业数据库的整合，仅包括出口企业，正是统计样本的不同造成了计算结果的差异。从经济学的角度分析，企业的劳动生产率越高，表明企业在单位时间内生产的产品越多，每一产品的人工成本越低，在其他成本相同的情况下，该企业的产品在国际市场上的竞争优势更强，因而该企业更有可能进入新的市场。$Size$前的系数为负，表明企业的规模越小，企业越有可能进入新的市场。也是同样的原因导致了回归（2）的结果与表9-2不一致。笔者认为，这可能是以下两个原因导致小企业更倾向于进入新的市场：一是规模小的企业，其决策机制更为灵活，也更具冒险精神，在新市场开放之时，小企业能够更快地抓住市场机遇；二是大企业在国内市场上具有一定的垄断优势，小企业难以与之竞争，因而转战国外市场。

三、溢出效应对企业市场进入决策的影响

本部分研究溢出效应对中国出口企业市场进入决策的影响。溢出效应主要来自以下三个方面：一是区域溢出效应，即某一区域的出口企业的知识外溢给本区域企业带来的影响；二是行业溢出效应，即某一行业的出口企业的知识外溢给同行业企业带来的影响；三是国家溢出效应，即出口到某一目的国的企业的知识外溢给尚未进入该国市场的企业带来的影响。因此，本章在式（9-1）的基础上增加了三个变量（RE、IE、DE），以此考察不同的溢出效应对企业市场进入决策影响的大小：RE_t表示第t年与出口商i在同一省份的出口企业数量；IE_t表示第t年与出口商i在同一行业的出口企业数量；DE_{kt}表示第t年出口到国家k的企业数量。加入新变量之后的回归结果见表9-6。

表9-6 溢出效应对企业市场进入决策的影响

解释变量	（3）区域溢出效应	（4）行业溢出效应	（5）国家溢出效应
FY	0.253***	0.285***	0.264***
	(0.031)	(0.031)	(0.031)
$\log AD$	-0.0596***	-0.0576***	-0.0567***
	(0.002)	(0.002)	(0.002)
$FY \times \log AD$	-0.00569	-0.00989**	-0.00757*
	(0.004)	(0.004)	(0.004)
$\log GDP$	0.163***	0.161***	0.158***
	(0.001)	(0.001)	(0.001)
$\log D$	-0.141***	-0.133***	-0.132***
	(0.002)	(0.002)	(0.002)
$tariff$	-0.0195***	-0.0207***	-0.0211***
	(0.000)	(0.000)	(0.000)
RE	1.75E-05***	—	—
	(0.000)	—	—
IE	—	1.01E-05***	—
	—	(0.000)	—

续表 9-6

解释变量	(3) 区域溢出效应	(4) 行业溢出效应	(5) 国家溢出效应
DE	—	—	6.89E-07*** (0.000)
回归方法	probit with RE	probit with RE	probit with RE
观察值	4543432	4543432	4543432
对数似然估计值	-2834938.6	-2837503.7	-2839113.2

注：括号内为标准差。*** 表示在1%的显著性水平下显著（$P<0.01$），** 表示在5%的显著性水平下显著（$P<0.05$），* 表示在10%的显著性水平下显著（$P<0.1$）。系数下方括号内为对应的稳健标准差。

从回归结果可以看出，回归（1）中所包含的变量符号均未发生改变，仅交叉项的显著性发生了变化，不改变上文得出的主要结论。回归（3）考察的是区域溢出效应，RE 前的系数为正，表明同省份的出口企业越多，出口商 i 进入国家 k 的可能性越高。企业可以向周围数量众多的出口商学习出口相关的知识，降低市场进入成本，因此，其进入新市场的积极性将会提升。回归（4）考察的是行业溢出效应，IE 前的系数为正，表明同行业的出口企业越多，出口商 i 进入国家 k 的可能性越高。企业可以向同行业的出口商学习产品相关的知识与技能，提高其在新市场上的成功率，因而其进入新市场的可能性也会随之提升。回归（5）考察的是国家溢出效应，DE 前的系数为正，表明出口到国家 k 的企业越多，出口商 i 进入国家 k 的可能性越高。因为出口到某国的企业数量越多，就能为尚未进入该市场的企业提供更多的市场知识与经验，从而提高企业进入该国的积极性。从系数的大小上来看，区域溢出效应、行业溢出效应和国家溢出效应对企业进入新市场的积极影响都十分微弱，其中区域溢出效应带来的影响最为显著。

总的来说，本章证实了新出口企业开拓市场的积极性高于持续出口企业。"踏脚石"策略确实会影响企业的市场进入决策：如果已经出口到特定市场的周边国家，企业进入该市场的可能性越高。同时，目的国的特征也会影响企业进入该国的积极性，较高的 GDP 水平、较近的地理距离、较低的进口关税都是支持企业进入该国的有利条件。企业自身的特点也会影响其开拓市场的积极性，劳动生产率越高、规模越小的企业越倾向进入新的市场。另外，企业间的溢出效应对企业的市场进入具有微弱的促进作用。

第三节　中国企业出口增长的影响因素分析

一、企业出口增长模型的建立与指标说明

理论和实证文献表明，如果能够成功进入某一市场，新进出口企业的出口增长将会高于在位出口企业。从表9－7的统计结果可以看出，新出口企业在第三年的出口增长率超过同期持续出口企业的两倍。为了对这一现象进行实证分析，本章构建了如下出口增长模型：

$$\Delta \log X_{ikt} = \beta_0 + \beta_1 FY_{ikt-2} + \beta_2 FM_{ik} + \beta_3 FY_{ikt-2} \times FM_{ik} + \beta_4 \Delta \log \overline{X}_{i,-k,t} + \beta_5 \Delta \log GDP_{kt} + \beta_6 \tau_{kt} + \beta_7 \log P_{it} + \beta_8 \log E_{it} + \delta_i + \varepsilon_{ikt}$$

$$(9-2)$$

其中，$\Delta \log X_{ikt}$ 表示第 t 年出口商 i 在国家 k 的出口增长率。FY_{ikt-2} 是区分不同企业类型的虚拟变量，若出口商 i 在第 $t-2$ 年才进入国家 k，则 FY_{ikt-2} 的取值为 1，表明出口商 i 是第 $t-2$ 年的新进出口企业；反之，则取 0，表明出口商 i 是第 $t-2$ 年的在位出口企业。FM_{ik} 也是虚拟变量，表示国家 k 是否为出口商 i 的第一个出口市场。交叉项 $FY_{ikt-2} \times FM_{ik}$ 用来检测新进出口企业在其首个出口市场上的增长是否更快。$\Delta \log \overline{X}_{i,-k,t}$ 表示出口商 i 在除国家 k 以外的市场上的出口增长。同样地，模型中也包括了代表目的国市场特征的变量：$\Delta \log GDP_{kt}$ 表示国家 k 在第 t 年的 GDP 增长率，以此衡量目的国市场的经济增长情况；τ_{kt} 是国家 k 在第 t 年的平均进口关税水平。为了探究企业自身特点对企业出口增长的影响，模型中还包括了出口商 i 在第 t 年的劳动生产率 P_{it} 以及出口商 i 在第 t 年的雇员人数 E_{it}。

二、出口增长模型的估计结果与分析

为了控制未观测到的企业个体特征造成的影响，本章采用带有随机效应的最小二乘估计求解上述模型[①]。样本数据来自 2003—2011 年中国海关

[①] 采用带有固定效应的最小二乘估计会出现多重共线性的问题。

与工业企业库的配对数据①。国家 k 的选取与上文相同。回归结果见表9–7。

表9–7 出口增长模型回归结果

解释变量	(1) 不包括企业层面变量	(2) 包括企业层面变量
FY	1.365***	1.389***
	(0.045)	(0.049)
FM	−0.412***	−0.399**
	(0.158)	(0.167)
$FY \times FM$	−0.196	−0.240
	(0.221)	(0.237)
$\Delta \log \overline{X}_{i,-k,t}$	3.551***	2.604***
	(0.023)	(0.027)
$\Delta \log GDP$	18.60***	19.96***
	(0.639)	(0.703)
$tariff$	−0.0208***	−0.0334***
	(0.008)	(0.008)
$\log P$	—	0.327***
		(0.028)
$Size$	—	−0.512***
		(0.045)
回归方法	LS with RE	LS with RE
观察值	823916	618719
Wald chi2	27465.42	12985.95

注：括号内为标准差。*** 表示在1%的显著性水平下显著（$P<0.01$），** 表示在5%的显著性水平下显著（$P<0.05$），* 表示在10%的显著性水平下显著（$P<0.1$）。系数下方括号内为对应的稳健标准差。

回归（1）没有包括企业层面的变量，就回归结果来看，FY 前的系数为正，表明新进出口企业在第三年的出口增长比同期在位出口企业更快。这也反映出新进出口企业的"踏脚石"策略：在开始阶段仅出口少量商品到目的国市场进行试探，如果能够成功生存下来，出口商品的价值将会大

---

① 因为企业可能在年中进入某一出口市场，第二年的出口增长率会偏大，本章剔除了这部分数据记录。

幅增加。Harold Creusen and Arjan Lejour（2011）在研究荷兰企业的出口增长时得出了同样的结论。FM前的系数为负，表明企业在其首个出口市场上的增长会偏小。因为企业在第一次进入国际市场时，对待风险的态度会更加谨慎，需要更长的时间进行市场测试，所以在前期的出口增长会相对缓慢。交叉项$FY \times FM$未通过显著性检验，表明目的国是否为第一个出口市场不影响新进出口企业的出口增长快于在位出口企业这一现象。$\Delta \log \overline{X}_{i,-k,t}$前的系数为正，表明企业在其他市场上的出口增长能够提高其在特定市场上的出口增长率。由于企业的生产和管理具有规模效应，出口商品的价值越高，单位出口成本越低，因此企业能够从整体的出口增长中获益。$\Delta \log GDP$前的系数为正，表明目的国的经济增长越快，企业在该市场上的出口增长率越高。$tariff$前的系数为负，表明目的国的关税水平对企业在该市场上的出口增长具有消极的影响。

回归（2）包括了企业层面的变量：企业当年的劳动生产率和雇员人数。就回归结果来看，$\log P$前的系数为正，表明劳动生产率越高的企业在特定市场上的出口增长越快。本书在第四章已经证实，企业在出口市场上的竞争力与其劳动生产率正相关，劳动生产率越高的企业，越能够在短期的市场测试中存活下来，因此其出口增长也更为迅速。$Size$前的系数为负，表明规模越小的企业在特定市场上的出口增长越快。这是因为小企业的决策效率更高，进行市场测试的时间更短，一旦成功进入某一市场，小企业将会迅速提高出口数额，巩固自身的市场地位。

三、溢出效应对企业出口增长的影响

同样地，本章也考察区域溢出效应、行业溢出效应和国家溢出效应对企业出口增长的影响：依次在式（9-2）的基础上加入解释变量RE_t、IE_t和DE_{kt}（各变量的含义与上文相同），采用带有随机效应的最小二乘估计，得出的结果见表9-8。

表9-8 溢出效应对企业出口增长的影响

解释变量	(3) 区域溢出效应	(4) 行业溢出效应	(5) 国家溢出效应
FY	1.362***	1.364***	1.380***
	(0.045)	(0.045)	(0.045)

续表 9-8

解释变量	(3) 区域溢出效应	(4) 行业溢出效应	(5) 国家溢出效应
FM	-0.414***	-0.407***	-0.407***
	(0.158)	(0.158)	(0.158)
$FY \times FM$	-0.198	-0.197	-0.207
	(0.221)	(0.221)	(0.221)
$\Delta \log \overline{X}_{i,-k,t}$	3.551***	3.551***	3.548***
	(0.023)	(0.023)	(0.023)
$\Delta \log GDP$	18.32***	18.59***	18.92***
	(0.640)	(0.639)	(0.642)
$tariff$	-0.0207***	-0.0204***	-0.00754
	(0.008)	(0.008)	(0.008)
RE	-3.44E-05***	—	—
	(0.000)		
IE	—	-1.24E-05***	—
		(0.000)	
DE	—	—	2.18E-05***
			(0.000)
回归方法	LS with RE	LS with RE	LS with RE
观察值	823916	823916	823916
Wald chi2	27515.19	27472.91	27491.50

注：括号内为标准差。*** 表示在1%的显著性水平下显著（$P<0.01$），** 表示在5%的显著性水平下显著（$P<0.05$），* 表示在10%的显著性水平下显著（$P<0.1$）。系数下方括号内为对应的稳健标准差。

从回归结果可以看出，回归（1）中所包含的变量符号均未发生改变，上文得出的结论依然成立。回归（3）考察的是区域溢出效应，RE 前的系数为负，表明同省份的出口企业越多，出口商 i 在国家 k 上的出口增长越小。其原因可能是各省对部分产品的出口有配额限制，当更多的企业参与对有限的出口资源的争夺时，平均每家企业的出口增速将会放缓。回归（4）考察的是行业溢出效应，IE 前的系数符号为负，表明同行业的出口企业越多，出口商 i 在国家 k 上的出口增长越小。由于特定市场对某类产品的需求是有限的，当更多的企业出口该类商品时，在市场需求不变的情况下，平均每家企业的市场份额将会缩减，因此企业的出口增速将会减小。回归（5）考察的是国家溢出效应，DE 前的系数为正，表明出口到同一国家的企业越多，出口商 i 在该国的出口增长越快。由此可以看出，企业向出口到同一市场的企业学习所产生的积极影响超过了企业争夺目的国市场资源所产生的消极影响，因此国家溢出效应在整体上表现为对企业的出口增长具有积极的促进作用。从系数的大小上来看，溢出效应对企业出口增长的影响都十分微小。

综上，本章主要证实了新进出口企业的出口增长快于同期在位出口企业。同时，二者在其首个出口市场上的增速会放缓。首先，如果目的国的经济增长较快、关税水平较低，那么企业在该市场上的增速会显著提升；其次，企业的出口增长还受自身特征的影响，如果企业整体的出口增长较快、劳动生产率较高、规模较小，那么企业在特定市场上的出口增速会更大；最后，溢出效应对企业出口增长的影响十分微弱，区域溢出效应和行业溢出效应均表现为负面影响，仅国家溢出效应对企业的出口增长具有促进作用。

第四节　中国出口企业的市场退出决策分析

一、市场退出模型的建立与指标说明

新进出口企业和在位出口企业也会退出某一出口市场。由于存在不确定性，企业会通过出口少量商品来测试目的国市场是否有利可图。一旦测试失败，企业将会迅速退出这一市场。国外研究文献表明，新进出口企业退出某一市场的可能性比在位出口企业更高。为了探究中国企业的市场退出现象是否符合上述结论，本章构建了如下市场退出模型：

$$PX_{ikt} = \alpha_0 + \alpha_1 FY_{ikt-2} + \alpha_2 FM_{ik} + \alpha_3 FY_{ikt-2} \times FM_{ik} + \alpha_4 \log GDP + \alpha_5 \log AD_{kt} + \alpha_6 \log P_{it-1} + \alpha_7 \log E_{it-1} + \delta_t + \varepsilon_{ikt} \quad (9-3)$$

其中，PX_{ikt} 表示出口商 i 在第 t 年退出国家 k 的可能性。FY_{ikt-2} 和 FM_{ik} 的含义与它们在式（9-2）中的含义相同。交叉项 $FY_{ikt-2} \times FM_{ik}$ 用来检测新进出口企业退出其首个出口市场的可能性是否更高。$\log GDP$ 代表目的国市场的经济发展水平，AD_{kt} 为国家 k 与出口商 i 在第 t 年所有出口国家间的最短距离。由于大多数企业都会基于上年的经营情况来决定是否退出某一出口市场，因此，本章在模型中加入了企业上年的劳动生产率 P_{it-1} 和

雇员人数 E_{it-1} 来考察个体层面的差异对企业市场退出决策的影响。

二、市场退出模型的估计结果与分析

同样地,为了控制未观测到的企业个体特征对回归结果造成的影响,本章采用带有随机效应的 probit 估计求解上述模型。样本数据来自 2003—2011 年中国海关与工业企业库的配对数据①,国家 k 的选取与上文相同,回归结果见表 9-9。

表 9-9 市场退出模型回归结果

解释变量	(1) 不包括企业层面变量	(2) 包括企业层面变量
FY	0.297***	0.0888***
	(0.002)	(0.003)
FM	-6.449	—
	(465.152)	—
$FY \times FM$	-0.249	—
	(1044.289)	—
$\log GDP$	-0.0559***	-0.0839***
	(0.001)	(0.001)
$\log AD$	0.0647***	0.0423***
	(0.001)	(0.002)
$L.\log P$	—	-0.00601***
		(0.001)
$L.Size$	—	-0.00279***
		(0.000)
回归方法	probit with RE	probit with RE
观察值	3335228	2112419
对数似然估计值	-1832031.1	-972795.6

注:括号内为标准差。统计显著:*** $P<0.01$,** $P<0.05$,* $P<0.1$。

---

① 如果某一企业在中间年份退出了某一出口市场,之后又重新进入,本章仍将其作为新进出口企业。

回归（1）没有包括企业层面的变量，就回归结果来看，FY 前的系数为正，表明新进出口企业退出目的国市场的可能性高于在位出口企业。由于新进出口企业缺乏对目的国市场的了解，在市场测试中遭受失败的可能性更高，因此其退出市场的可能性更大。FM 和交叉项 $FY \times FM$ 均未通过显著性检验，表明目的国是否为第一个出口市场不影响企业退出该市场的可能性。$\log GDP$ 前的系数为负，表明企业退出经济落后国家的可能性更高。$\log AD$ 前的系数为正，表明目的国距离企业当年出口国家的距离越近，企业退出该市场的可能性越小。这也从反面证实了"踏脚石"策略的效果：企业可以从邻近市场的出口经验中学习并了解目的国市场的情况，提高其成功进入目的国市场的可能性，因此测试失败导致市场退出的可能性将会减小。

回归（2）包括了企业层面的变量：企业上一年的劳动生产率和雇员人数。就回归结果来看，$L.\log P$ 前的系数为负，表明企业的劳动生产率越高，企业退出特定市场的可能性越小。因为劳动生产率越高的企业在目的国市场上的竞争优势越强，越容易在市场测试中取得成功，因而其退出市场的可能性会降低。$L.Size$ 前的系数符号为负，表明大企业退出某一市场的可能性更低。一方面是因为大企业的决策机制不如小企业灵活，在市场测试受挫时，无法迅速退出该市场；另一方面是由于大企业抗风险的能力较强，在遭遇失败时，大企业可能会进行多次尝试，不愿立即放弃目的国市场，因此大企业退出特定市场的可能性更低。

简而言之，本章研究发现新进出口企业退出特定市场的可能性高于在位出口企业，无论该市场是否为企业的第一个出口市场，企业的退出决策都不会受其影响。同时，目的国有利的市场条件——较高的经济发展水平和较近的地理距离都会减小企业退出该市场的可能性。此外，企业自身的特征也是决定企业是否退出某一市场的重要因素，劳动生产率越高、规模越大的企业退出市场的可能性越小。

第五节 小 结

一、主要结论

本章基于 Albornoz et al（2010）的拓展模型，对影响中国企业市场进入、出口增长及市场退出决策的企业层面和市场层面的因素进行了研究。

首先，本章利用2000—2012年中国海关进出口数据对中国企业的出口行为进行了描述性统计分析，发现持续出口企业的数量较多、出口数额较大，是拉动我国出口增长的主力军。新出口企业在开始阶段的出口范围较小，但其市场拓展和出口增长的速度均快于持续出口企业。其次，本章对1998—2013年中国工业企业数据库中的数据进行了统计分析，发现企业规模、研发投入、成立时间等个体因素也会影响企业的出口决策。最后，在整合两大数据库的基础上，本章建立了企业市场进入、出口增长及市场退出决策模型，对描述性统计结果进行了实证检验，同时考察了市场因素、企业特征和溢出效应对企业出口决策的影响，得出了以下研究结论。

就市场进入而言，首先，新出口企业开拓市场的积极性高于持续出口企业。如果企业已经出口到特定市场的周边国家，那么企业成功进入该市场的可能性更高，"踏脚石"策略对企业的市场进入具有积极的影响。其次，目的国较高的经济发展水平、较近的地理距离以及较低的关税水平都会提高企业进入该市场的可能性。企业自身的特点也是影响其市场进入决策的重要因素，劳动生产率越高、规模越小的企业越倾向于开拓新的市场。最后，区域溢出效应、行业溢出效应和国家溢出效应对企业的市场进入都具有微弱的促进作用。

就出口增长而言，首先，新进出口企业在第三年的出口增长快于同期在位出口企业。如果目的国是企业的首个出口市场，那么企业在该市场上的出口增速将会放缓。其次，目的国有利的宏观环境，如较快的经济增长和较低的关税水平都会提高企业在该市场上的出口增速；同时，如果企业整体的出口增长较快、劳动生产率较高、规模较小，则该企业在特定市场上的出口增长将更为显著。最后，溢出效应对企业出口增长的影响较小，仅国家溢出效应能够促进企业在特定市场上的出口增长。

就市场退出而言，首先，新进出口企业在第三年退出市场的可能性高于同期在位出口企业，无论该市场是否为企业的第一个出口市场，企业的退出决策均不受其影响。其次，目的国市场的经济发展水平越低、距离企业已进入的国家越远，企业退出这一市场的可能性越高。最后，企业自身的特点也会影响其市场退出决策，如果企业上一年的规模较大、劳动生产率较高，则企业在当年退出特定市场的可能性将会减小。

二、相关政策建议

本章的研究结果表明，由于存在不确定性，企业在进入新市场时会通过出口少量商品对目的市场进行试探,如果能够成功生存下来,企业的出口数额会迅速增加,而一旦遭遇失败,企业就会迅速退出这一市场。为了降低企业出口面临的不确定性,促进我国出口贸易稳步增长,政府可以采取以下措施。

(1) 加强与周边国家和地区的经贸合作。对"踏脚石"策略的实证研究表明,企业可以从邻近市场的出口经验中学习并了解目的市场的情况,从而提高其成功进入新市场的可能性。政府应与周边国家和地区建立良好的经贸合作关系,鼓励非出口企业积极进入周边市场,慢慢积累出口经验,为今后开拓地理位置较远的市场做好铺垫。

(2) 积极推进区域贸易协定的建立。企业在开拓新市场时面临的不确定性大多来自对目的国市场的不了解。如果政府能够与更多的国家签订区域贸易协定,促进国家间的相互了解,为企业获取更多的出口国信息,降低出口环境中的不确定性,企业开拓新市场的意愿将会显著增强。同时,区域贸易协定的建立能够降低目的国的进口关税,减少企业的出口成本,对企业开拓新市场、提高出口数额都有积极的促进作用。

(3) 促进出口到同一国家的企业之间的交流与合作。本章的研究结果表明,国家溢出效应对企业的市场进入和出口增长均具有积极的影响。政府应鼓励出口到同一国家的企业建立区域代表商会,积极进行商业交流与合作,为尚未进入该国的企业提供与市场相关的信息,以促进更多的中国企业"走出去",实现中国出口贸易稳步增长的长期目标。

第十章 中国企业出口持续期及其影响因素

第一节 研究背景及问题提出

在社会发展的新时期，我国的对外贸易迎来了新的机遇。近年来，中国的外贸出口额稳定增长，中国在全世界的贸易市场份额也越来越大。但与此同时，"内忧外患"的情况也不断加剧，对外贸易的区域结构不合理，国际贸易摩擦持续增加，无一不在考验着中国对外贸易的稳定性，极大地影响着中国出口企业的良性发展。大量出口企业的快速倒闭，对中国的对外贸易和中国整体的经济发展是非常不利的。如何保持中国出口贸易的稳定性成为一个重要问题。以往的研究倾向于研究中国的出口政策和国外市场的政策，而鲜有从中国企业自身如何持续出口的视角进行研究。所以，对企业出口持续时间的研究十分迫切。

出口持续期（export duration）指的是某一企业从出口到某一国外市场直到退出该国外市场所经历的时间，中间没有间隔。过去经典的要素禀赋理论认为，两国贸易源于要素禀赋的差异，要素禀赋的差异在几年，甚至十几年内不会发生变化，那么贸易也就不会在短时间内中止了。沉没成本的存在也使得企业不会轻易中止贸易关系。然而这个结论并没有得到事实和经验的证实。实际上，出口企业同时也需要承担更多的由出口带来的其他成本，如果企业没法保证稳定的利润来源，那么它们就不愿意承担这份成本。因此，大多数企业并不能维持持续的出口行为。从企业整体来看，企业出口持续时间是较短的，从本章的估计可以得到，中国企业在考察期内的出口平均持续期只有4年，中位数为3年。

关于如何使得中国出口持续稳定增长的课题，国内外学者在国家政策、出口市场特征、商品类型等方面全方位多角度地进行了透彻的研究，然而这些研究都是基于宏观层面的，结论是倾向于维持国家出口稳定。然而对于微观企业来说，在这样一个大环境下，单个企业的发展并不理想，很多企业无法持续维持出口行为，或者持续时间较短。

关于企业出口持续时间这个话题，国外的很多学者都对自己国家的情况有所研究。Besedes et al（2006）研究发现各国对美国出口持续时间十分短暂，一半以上的出口仅能维持1年，而超过80%的贸易关系仅能维持在5年之内，出口持续时间中位数只有2～4年，并且出口危险率具有显著的负时间依存性，出口第一年面临的危险率为33%左右，出口5年的额外危险率为30%，在成功存活5年后，其额外危险率降到了7%～12%，失败的条件概率随出口时间的持续而减少。Nitsch（2009）采用德国1995—2005年8位码产品数据考察德国进口的持续时间问题，研究发现24%的进口关系在第一年即宣告结束。在针对哥伦比亚、秘鲁等发展中国家的考察中，同样发现了贸易关系较为短暂的现象（Eaton et al，2007；Volpe & Carballo，2008）。

另外，大多数文献证明了出口持续期存在负时间依存性。负时间依存性指的是随着持续时间的增长，贸易关系失败的危险率会下降，即如果一个产品或企业能持续出口或进口超过几年，那么此后它停止出口或进口的风险就会下降。以中国的文献为例，夏帆（2012）发现中国出口企业第一年和第二年的生存概率相差很大，但第六年和第七年生存概率的差异明显减小；王阳（2015）、余华（2015）、舒杏（2015）等在研究中日、中美农产品贸易关系以及中国与新兴经济体国家贸易关系时也发现风险函数存在明显的负时间依存性，并且这种负时间依存性具有门槛效应，所谓"门槛"，即持续时间达到某个时间段，企业则倾向于持续更长时间的贸易活动。

出口持续期对维持平稳的贸易关系具有重大的影响，而维持平稳的贸易关系对贸易额的平稳增长有至关重要的作用。我们通过文献也可以看到，大多数学者侧重从宏观视角来阐释宏观贸易额的稳定性，缺乏对微观企业的出口持续期的研究。本章的贡献主要体现在：首先，以往对微观企业出口持续期的研究采用的时间都较短，如陈勇兵（2012）等仅使用了2000—2005年这6年的数据，从采样上来看其样本数量不够大，而本章将该问题的考察期拓展到了2000—2012年。其次，本章统计了不同区域和不同行业的企业出口持续期的差异，将中国的区域细化为六大区域，而非长期以来一直划分的东、中、西三大区域；同时，很少有文献从全工业行业的角度去估计企业的出口持续期和生存率，而本研究丰富了这一视角，为中国出口持续平稳发展提供更全面的政策含义。

本章的目的在于，通过使用2000—2012年中国海关数据库的数据，从企业层面统计性描述中国企业出口持续期的分布特征。同时，我们还比较了不同地区和不同行业的企业出口持续期。

本章的结构安排如下：第一部分简要地介绍了出口持续期的相关文献，以及相关研究者为本研究提供的理论和思路；第二部分介绍了本次研究使用的数据构造和数据来源；第三部分统计了中国企业出口持续期的分布特征和不同地区及行业的出口持续期；第四部分是本章的结论和政策建议。

第二节 变量说明及数据来源

一、变量说明

前文提到，企业出口持续时间指的是某一企业从出口到某一国外市场直到退出该国外市场所经历的时间，中间没有间隔，按年计算。对于企业的出口持续时间，不同的学者有不同的计算方法，本章采用下述规律的计算方法。第一年出口记为1，第二年仍在出口记为2，依次类推。关于数据处理，有以下三点说明：①有时候企业会因为不可控的原因在某一年停止出口，接着又重新出口，我们给这类企业一个继续计算持续时间的机会。其计算方法是，连续两年企业没有出口则算中止出口行为，中止前两年的第一年计入时间，第二年不计入。②该计算方式存在数据删失问题，如果企业在2000年前即开始出口，那么我们无法知道开始计算的具体时间，称之为"左方删失"；如果企业在2012年后仍在出口，那么我们无法知道中止计算的具体时间，称之为"右方删失"；如果这两点同时存在，那么我们的处理方式是让它们互相抵消。③2000—2012年13年间如果出现两段持续时间，我们按最长的那段计算。

企业所在地（省份和地区）作为衡量区域内（省份和地区）企业数量的指标，取企业代码的前两位，可以得出该企业对应的省级区域。企业代码的首位，将中国内地所有省级区域分为六大区域："1"为北方地区，包括北京、天津、河北、山西、内蒙古；"2"为东北地区，包括辽宁、吉林和黑龙江；"3"为东部沿海地区，包括上海、江苏、浙江、安徽、福建、江西、山东；"4"为中部、南部沿海地区，包括河南、湖北、湖南、广东、广西、海南；"5"为西南地区，包括重庆、四川、贵州、云南、西藏；"6"为西部地区，包括陕西、甘肃、青海、宁夏、新疆。

产业类型取产业代码的前两位，一个数代表一类产业。我们将产业分为21大类。第1类为活动物、动物产品；第2类为植物产品；第3类为动、植物油脂及其分解产品，精制的食用油脂，动、植物蜡；第4类为食品、饮料、酒及醋，烟草及烟草代用品的制品；第5类为矿产品；第6类为化学工业及其相关工业的产品；第7类为塑料及其制品，橡胶及其制品；第8类为生皮、皮革、毛皮及其制品，鞍具及挽具，旅行用品、手提包及类似品，动物肠线（蚕胶丝除外）制品；第9类为木及木制品，木炭，软木及软木制品，稻草、秸秆、针茅或其他编结材料制品，篮筐及柳条编织品；第10类为木浆及其他纤维状纤维素浆，回收（废碎）纸或纸板，纸、纸板及其制品；第11类为纺织原料及纺织制品；第12类为鞋、帽、伞、杖、鞭及其零件，已加工的羽毛及其制品，人造花，人发制品；第13类为石料、石膏、水泥、石棉、云母及类似材料的制品，陶瓷产品，玻璃及其制品；第14类为天然或养殖珍珠、宝石或半宝石、贵金属、包贵金属及其制品，仿首饰，硬币；第15类为贱金属及其制品；第16类为机器、机械器具、电气设备及其零件，录音机及放声机、电视图像、声音的录制和重放设备及其零件、附件；第17类为车辆、航空器、船舶及有关运输设备；第18类为光学、照相、电影、计量、检验、医疗或外科用仪器及设备，精密仪器及设备，钟表，乐器，上述物品的零件、附件；第19类为武器、弹药及其零件、附件；第20类为杂项制品；第21类为艺术品、收藏品及古物。统计时，取区域范围内每个产业包含的公司数量。

二、数据来源

数据来自2000—2012年中国海关数据库，经过所有年份的整合后，我们得到总样本数量为482375的出口企业和时间段的组合。同时，每个企业的数据又包含了地区和行业的观测值。

第三节 企业出口持续期的典型事实

一、企业出口持续期的总体估计

表10-1和表10-2分别给出了基于所有出口行为的贸易关系存在类型、最长持续时间段的估计。企业出口持续期的平均值为4.2年，中位数为3年，标准差为3.1年；持续时间超过1年的出口行为约为77.97%，即有22.03%的贸易关系在第1年后就结束了；持续时间超过4年的出口

行为约为 36.68%，即 63.32% 的企业在对某一市场连续出口 4 年后停止了对其出口。仅有小部分企业能够坚持很长时间出口（比如超过 10 年），仅有 2.69% 的企业能够做到连续 13 年的出口。因为样本数量较大，所以仅从数值上来看大于其他学者的研究数据，但是从 13 年的时间跨度来看，这个数据并不理想，中国企业的出口持续期较短，出口企业存活率较低。

表 10-1 贸易关系存在的类型

贸易关系存在的类型	观察值个数	百分比	累计百分比
连续 13 年存在贸易关系	12967	2.69%	2.69%
连续 12 年存在贸易关系	5630	1.17%	3.86%
连续 11 年存在贸易关系	8877	1.84%	5.70%
连续 10 年存在贸易关系	12071	2.50%	8.20%
连续 9 年存在贸易关系	18622	3.86%	12.06%
连续 8 年存在贸易关系	21812	4.52%	16.58%
连续 7 年存在贸易关系	26431	5.48%	22.06%
连续 6 年存在贸易关系	33466	6.94%	29.00%
连续 5 年存在贸易关系	37070	7.68%	36.68%
连续 4 年存在贸易关系	48320	10.02%	46.70%
连续 3 年存在贸易关系	64205	13.31%	60.01%
连续 2 年存在贸易关系	86645	17.96%	77.97%
连续 1 年存在贸易关系	106259	22.03%	100%

数据来源：2000—2012 年中国海关数据库。

表 10-2 中国企业出口持续时间总览

企业出口持续期	观测值	平均值	标准差	中位值	最小值	最大值
	482375	4.2 年	3.1 年	3 年	1 年	13 年

图 10-1 给出了中国出口企业的生存曲线图。这张图的绘制原理为，我们将生存率定义为连续 n 年存在贸易关系的企业比例，将连续 $n+1$ 年存在贸易关系的企业比例减去连续 n 年存在贸易关系的企业比例，得到每年企业生存率的变化。从图 10-1 可以明显看出，生存曲线随着出口持续时间增加呈下降趋势，且随着持续时间的延长，生存曲线趋于平缓，生存率趋于稳定。从具体数值来看，贸易关系在企业出口第 1 年面临的风险最高，之后大幅度下降，大约在第 4 年之后，生存率的变化明显变缓，因此

我们可以得出结论,贸易关系失败的概率在贸易初期是最高的,出口持续时间的生存率呈现明显的负时间依存性。这在实践上对我们的指导意义是,如果贸易关系在贸易初期最容易失败,那么单纯依靠出口市场多元化,频繁建立新的贸易关系的策略不一定是正确的,多元化发展有利于企业进行多重选择,但这些选择又很大概率会在初期几年内失败,不利于对外贸易的稳定发展。所以,我们采用出口持续期的分析方式是有现实意义的。

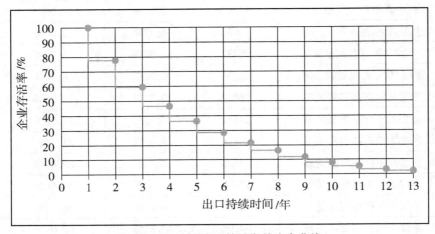

图 10-1 企业出口持续期的生存曲线

二、企业出口持续期的分地区估计

国内大多数学者在进行分地区估计时,采用将地区划分为东、中、西部地区,大多数的地区贸易政策也采用了三大地区的分区方法。本章采用了六大地区的分区方法,主要是考虑在同一个地区中,如东部地区,环渤海、长三角和珠三角的贸易状况差异是很大的;同理,中西部地区也存在这种现象。分区细化有利于更好地因地制宜分析贸易状况。

如表 10-3 所示,中国出口的一个显著特征是主要集聚在东部沿海地区,从经济分区上来看主要包括了长三角及其周边地区。对中国六大地区出口企业的持续期进行分类估计发现,各地区之间的企业出口持续期存在较大差异,东部沿海地区企业出口持续期平均值和中位值分别为 4.4 年和 3 年,显著高于西部和西南部;从平均值上看,前者高出后两者超过 1 年,并且西南和西部地区的中位值也比其他四个地区少 1 年。在生存率上，东部沿海地区有79%的企业出口持续时间超过1年，比西部地区和西南部地区分别高近15%和11%，超过"门槛时间"4年的企业近40%，远高于其他四个地区，最大的差距可达16%。这表明东部沿海地区企业出口持续时间相较于其他地区而言更长，随着持续时间延长，生存率间的差异会更大，也反映了东部沿海地区企业出口的生存能力更强。企业出口持续期在西南部和西部地区的问题特别突出，作为六大地区里所有指标都排在末位的地区，他们的维持稳定贸易的形势最为严峻。

表10-3 地区企业出口持续期估计

地区	观测值	平均值	中位值	标准差
北方地区	43637	3.974907	3	3.086143
东北地区	28166	4.018782	3	3.097522
东部沿海地区	257885	4.375287	3	3.186633
中部、南部沿海地区	129048	4.195191	3	3.218468
西南地区	14978	3.268861	2	2.739329
西部地区	8660	3.219284	2	2.684525

另外，从图10-2的六大地区出口企业的生存曲线也可以直观地看出，东部沿海地区企业的生存曲线明显高于其他地区，而西部地区与西南部地区的生存曲线基本相同，当地企业在开始出口的前三年的失败率非常高。其余三个地区的生存曲线也基本重合。从生存率数值上来看，东部沿海地区＞中部南部沿海地区、北方地区、东北地区＞西北地区、西南地区。此外，我们发现，将东部沿海地区从东部地区中分离出来估计就有了现实意义。因为从我们的估计结果来看，沿海地区的南部和北部的情况其实更接近于部分内陆地区。只有长三角及其周边地区异军突起。究其原因可能在于以下三个方面：①东部沿海地区出口企业数较其他地区多，有较强的集聚效应。②东部沿海地区较早开始改革开放，与政策的大力扶持有关，较早开始从事贸易活动，有利于建立更稳固的合作伙伴关系。其他地区在进入出口市场的时候，已经被东部沿海地区企业抢占先机，再想参与竞争就更加困难。③从国内经济大环境来看，东部沿海地区的GDP高于其他地区，只有依托更好的经济条件才能支持地区企业从事对外贸易活动。因此，我们给出以下政策建议：首先，政府应加大对内陆地区贸易的规范，在确保贸易活动顺利进行的同时，给予内陆地区贸易企业更大的自由度。政策上鼓励内陆地区的企业出口，如关税减免、放宽产品和行业的

限制，在制度上给予更完善的保护和支持，因地制宜制定合适的政策。其次，建立集聚效应，鼓励企业联合，可以采用"以大带小"的帮扶政策，大企业把资金、客户、人才等优势与小额贸易企业享有的政策优势结合起来，扩大贸易规模，以达到互惠互利、共同发展的目的，帮助企业建立长期可持续的贸易关系。最后，利用好"一带一路"等国家政策，西部地区可以发挥地缘优势，发展边境贸易。

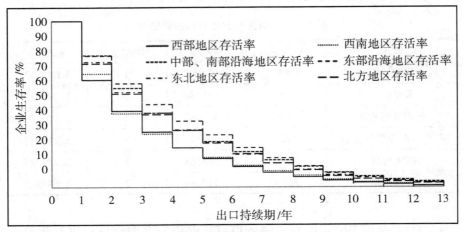

图 10-2 中国六大地区企业出口的生存曲线

三、企业出口持续期的分行业估计

随着中国改革开放的不断推进，中国的工业行业多样性在不断增加，从民国时期的轻工业行业到中华人民共和国成立后重工业行业的崛起再到现在的全方位提升，在带动国民经济飞速发展的同时，也给对外贸易开辟了新的机会和方向。但是，现有的研究对中国各行业的贸易状况的差异关注甚少。我们对不同行业的工业企业出口持续期进行估计时换了一种思路，即根据企业数估计中国目前从事对外贸易工业企业最多的行业，因为我们应当首先关注对贸易影响最大的行业，再根据这些行业来估计它们的企业出口持续期。

表10-4的结果显示，中国的工业出口企业主要集中在四个行业，按比例大小依次为：第16类机器、机械器具、电气设备及其零件，录音机及放声机、电视图像、声音的录制和重放设备及其零件、附件（21.51%）；第11类纺织原料及纺织制品（17.75%）；第15类贱金属及

其制品（10.43%）；第 20 类杂项制品（7.95%）。这四大行业占据了中国对外贸易工业企业的半壁江山。其中，第 11 类和第 20 类为轻工业，其他两类均为重工业，而第 16 类行业是我们常提到的技术密集型工业，也是国家目前大力扶持的工业类型。我们发现，轻工业的出口持续期平均值高于其他两类重工业，轻工业的出口持续期高于全行业平均值，而重工业的出口持续期低于全行业平均值；但是中位值的差异不大，基本为 3 年。纺织业的企业存活率是最高的，有 48.3% 的企业出口持续期超过 3 年。

表 10-4 中国工业企业行业出口持续期估计（部分数据）

行业	观测值	出口持续期			生存率估计	
		平均值	中位值	标准差	1 年	3 年
机器、机械器具、电气设备及其零件，录音机及放声机、电视图像、声音的录制和重放设备及其零件、附件	103737	4.15	3	3.15	0.766	0.461
纺织原料及纺织制品	85625	4.31	3	3.17	0.794	0.483
贱金属及其制品	50326	4.16	3	3.09	0.784	0.467
杂项制品	38372	4.21	3	3.18	0.790	0.458

通过对工业行业的出口企业生存率的进一步分析发现（见图 10-3），第 11 类纺织业与其他几个行业的生存率存在较大差异，行业中出口企业最多。政府大力扶持的第 16 类行业，反而出现了出口初期生存率明显偏低的情况，而第一年存活率较高的杂项制品行业，在之后两年内出现了生存率快速下降的趋势；这两类行业出口持续时间超过 3 年的分别仅为 46.1% 和 45.8%，相较于出口持续时间超过 1 年的比例而言，下降的幅度分别高达 30.5% 和 33.2%。这个现象非常令人担忧，说明随着出口持续时间的延长，器械制造等技术密集型工业的初期竞争优势仍然不够明显，这些行业的企业很容易在出口初期迅速退出市场。加入 WTO 后，随着多边纤维协定的逐步取消，纺织和服装业将获得出口扩大拉动产出增长的很大潜力，必须利用好这一潜力，加强新兴主导产业对产业结构升级的带动效应。此外，还要加快机械制造业中关联效应强的产业和产品的发展，加快纺织服装业中技术相对密集产业和产品的发展，而非依靠廉价劳动力的简单加工，只有这样，才能做到"以优带劣"，形成工业行业结构的良性改善。

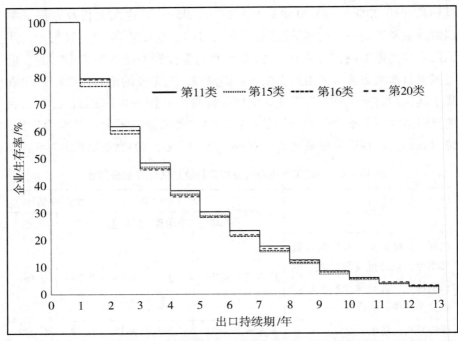

图10-3 不同行业工业企业出口的生存曲线

第四节 小 结

本章利用2000—2012年中国海关的工业企业数据,首先估计了中国工业企业的出口持续期,我们发现中国企业出口持续期比较短,出口持续期平均值为4.2年、中位值为3年,持续时间超过1年的贸易关系约为78%,持续时间超过4年的贸易关系约为53.3%。贸易关系在企业出口第一年后面临着较高的风险率,之后迅速下降,出口持续期的危险函数呈现明显的负时间依存性,且"门槛年限"为4年。对不同区域和不同行业的工业企业出口生存率的分类估计表明:东部沿海地区企业出口持续期显著高于西部和西南部地区,纺织和服装业等轻工业的生存率明显高于机械制造业等技术密集型工业。因此,我们给出政策建议:因地制宜地制定政策鼓励西部和西南部地区出口,同时加强东部沿海地区对其他地区的帮扶,做到"以大带小";加快机械制造业中关联效应强的产业和产品的发展,加快纺织服装业中技术相对密集产业和产品的发展,做到"以优带劣"。

出口品质编

第十一章 中国企业出口品质：一个综合测度

自2001年加入WTO以来，我国进出口贸易发展十分迅速：2004年超越日本跃居世界第三大出口国；2009年成功超越德国，成为世界第一的出口大国；2013年首次超越美国，成为世界上对外贸易总额最大的国家。我国出口贸易的快速发展不仅表现为量的增长，而且体现出质的飞跃。Rodrik（2006）、Schott（2008）、Amiti and Freund（2010）研究发现，我国出口产品的相对复杂度已经显著提高，出口产品种类非常广泛，并且包含不少高科技领域的产品，出口品的范围逐渐进入原本属于发达国家的出口领域。Kiyota（2010）通过对比中国和欧美分别对日本的出口发现，出口产品种类的重叠率已接近85%，而且在某些行业中，中国出口的同类商品价格与欧美发达国家的出口价格也很接近。总之，我国出口贸易的发展已经不再单纯追求量的增长，种种迹象表明，我国已经踏上了出口产品结构转型升级之路。

不同于出口规模等基于量的概念，出口转型升级主要关注的是质的提升。那么，该如何衡量中国企业出口产品的品质呢？本章将从出口产品技术复杂度、产品质量、出口附加值以及出口产品差异度等四个方面构建一个综合评测中国企业出口品质的研究框架。

第一节 中国企业出口产品的技术复杂度

出口产品结构分析是研究一国出口竞争力的传统方法，但是，用产品结构来度量出口竞争力的缺点也是显而易见的①。因此，一些学者提出基

---

① 首先，这种分类方法是一种静态的分类，无法反映国际贸易中各种产品相对技术水平的动态变化。其次，在国际间生产分割迅速发展的背景下，产品内分工使得发展中国家往往承担技术含量较低的劳动密集型环节的生产。尤其是在高技术产业的加工贸易中，进口的核心零部件往往具有很高的技术含量，而组装成最终产品的技术含量并不高。因此，忽略不同生产环节间产品的技术差异而将整个产业或大类归入某种技术含量的做法是不科学的，而且会高估中国出口贸易的技术水平。

于高度细分的贸易数据的出口复杂度指标（Lall et al, 2006; Rodrik, 2006; Hausmann et al, 2007; Schott, 2008; Wang & Wei, 2007），尽管名称不同，但是其设计原理基本一致：出口品的技术含量与出口国的收入水平存在内在经济联系，某类产品越在高（低）收入国家生产，该产品越具有高（低）技术含量。其基本逻辑是，高收入国家生产的产品如果没有高技术含量，其生产就难以支付高的劳动力成本，最后就会被转移到低收入国家生产。

一、指标构造

不同类别的产品往往技术含量也不同，技术复杂度指标从产品生产所需资源和技术的角度来衡量出口产品结构。与产品质量类似，企业的生产过程对外界来说是不可观测的，因此也较难进行准确度量。鉴于此，Rodrik（2006）提出了一种基于出口国人均 GDP 的方法来间接衡量出口产品技术复杂度。该方法假设出口品技术复杂度与人均 GDP 水平高度正相关，即平均而言，高收入国家出口品的技术含量较高，而低收入国家出口品的技术含量较低。总体来讲，该前提假设还是比较合理的，因此，本章亦借鉴该方法来构建出口产品技术复杂度指标。具体来说，技术复杂度指标的构建分为以下两个步骤。

首先，基于各出口国人均 GDP 水平构建各产品层面的技术复杂度（$SOPH$）。例如，用 Y_g 表示出口国 g 的人均 GDP，用 X_g 表示 g 国当年的出口总额，x_{gj}/X_g 则表示 g 国 j 产品出口占当年该国出口总额的比重，亦即该种产品在该国出口中的重要性程度。产品 j 的技术复杂度计算公式可以表述为：

$$SOPH_j = \sum_{g \in G} \left(\frac{x_{gj}/X_g}{\sum_{g \in G} x_{gj}/X_g} * Y_g \right) \qquad (11-1)$$

该产品层面的技术复杂度衡量指标实质上是出口该种产品的所有国家人均 GDP 的加权平均，数值越大则表示产品复杂度越高。

国内学者关于中国出口技术复杂度的测算大致上也基于以上两种测算方法，但考虑到中国对外贸易的特殊性，部分学者在具体测算的过程中对以上指标进行了适当的修正。其中，许斌（2008）认为基于 EPXY 收入指标测算中国出口技术复杂度方面存在以下两方面的问题：一是该指标没有考虑中国出口分布的严重非均衡性。中国有 90% 左右的出口来自东部沿海的 9 个省市，利用全国的人均 GDP 将低估对应于中国出口技术复杂程度的经济发展水平。二是该指标没有考虑产品内的质量差异。中国的出口产品属于低端品种，可能会出现低复杂度类别中的高质量和高复杂度类别中的低质量问题。关于第一个问题的解决，许斌（2008）利用出口地区加权的人均 GDP 代替全国人均 GDP，对 EPXY 收入指标进行了"地域"修正，这种修正得到了大多数学者的认同。关于第二个问题的解决，许斌（2008）定义了一个相对价格指标（单位价值）将 EPXY 收入指标调整为 QEPXY。QEPXY 指标加入了质量要素，能够将低复杂度中高质量产品的较高产品质量以相对较高的技术水平表现出来，也能够将高复杂度中低质量产品的较低产品质量以相对较低的技术水平表现出来。关于许斌（2008）的"质量"修正，有些学者认为构建指标 QEPXY 时所使用的单位价值只能反映出产品价格差异，并不能真正地反映出产品的质量差异。尤其是对中国而言，出口产品的价值存在被低估的可能，价格差异更多的是反映成本差异而不是质量差异。因此，用价格来调整出口技术复杂度未必合理。

其次，在企业层面加权所有出口产品的复杂度得到企业层面的技术复杂度指标（PRODY）。此处用 w_{ij} 表示权重，取值为 i 企业 j 产品出口金额占当年该企业出口总额的比例，则 i 企业的技术复杂度指标可以根据下式计算得到：

$$PRODY_i = \ln(\sum_{j \in J} w_{ij} * SOPH_j) \qquad (11-2)$$

该企业层面技术复杂度指标的含义与产品层面的技术复杂度类似，由于加权平均得到的数值比较大，本章还对该指标进行了对数转换，即最终得到的指标数值越大则表示技术复杂度越高。

二、数据来源

本章的研究涉及高度细分的贸易出口数据和企业数据。贸易出口数据主要来源于联合国的 Comtrade 数据库。为了适应 Prody 指标的设计特点，我们使用 HS 六位数基础上的中国出口统计数据。企业数据来源于 2000—2012 年中国工业企业调查数据库。

三、典型事实

在过去的十几年中，中国的出口品国际竞争力经历了怎样的变化？我们可以对出口复杂度指标进行简单描述。图 11-1 的横轴是按照公式（2）计算的 Prody 指标，该指标反映了产品的技术复杂程度，以此指标为分类标准，我们分别将 1999 年和 2009 年中国出口产品在不同复杂度上的分布情况绘制在图 11-1 的左、右两部分①；纵轴是出口规模（ln_export）。

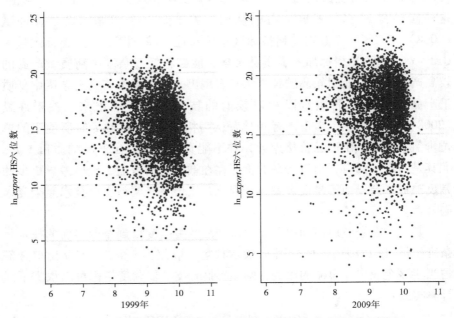

图 11-1 中国出口品技术复杂度结构（1999 年与 2009 年对比）

通过直观的对比可以发现，从出口竞争力的角度而言，中国出口品的分布结果发生了比较显著的变化。首先，在纵坐标刻度一致的条件下，2009 年产品分布更靠上，说明整体而言，在 1999—2009 年 11 年间，中国的出口规模有了较快速的增长。其次，中国的出口品具有较高的复杂度。由于本文使用的是高度细分的产品数据，而非产业层面的数据，高度细分的产品数据在一定程度上可以避免产业内分工所引起的混淆。无论是左图还是右图，散点的分布都是高度右偏，由此说明中国的出口品具有较高的技术复杂度，这一点与 Rodrik（2006）、Scott（2008）以及 Amiti and Freund（2008）等的研究结果一致。最后，右图的散点分布更为分散，说明产品的竞争力开始出现了分化，某些产品的出口规模增加要快于其他产品

---

① 为了将图形刻度维持在可比较的范围内，我们分别将出口额和出口产品技术复杂度指标进行了对数处理。此举不改变产品的相对分布状况。

出口规模增速,专业化分工正在更细的层面展开。

当然,由于图 11-1 只是反映了所有出口产品的竞争力分布情况,而无法具体考察出口竞争力的变化主要发生在哪些领域。为此,我们需要收缩产品的范围,在产业层面上将所有 5017 种产品进行重新集结,并计算每一产业的加权平均产品复杂度指标。计算结果如图 11-2 所示。首先,行业间的平均产品复杂度指数存在明显的差异。21 个行业中,医疗器械制造、办公设备制造、机械设备制造、电子通信等行业的产品复杂度最高,而服装制造、木材加工、纺织、皮革等行业的平均产品复杂度最低。其次,在本文的考察期内,除了其他(非汽车)运输设备制造业之外,其他行业的平均产品复杂度指标均有不同程度的上升,其中尤以汽车制造、石油炼焦以及金属冶炼等行业为最,其增长率分别达到了 75.8%、53% 和 38.7%。

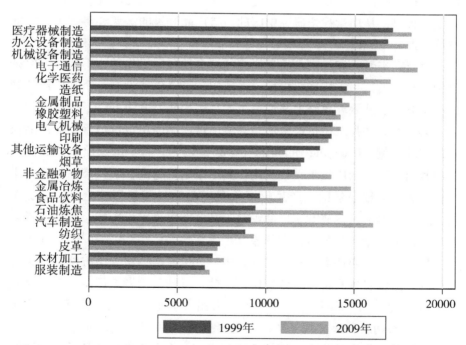

图 11-2　各行业(ISIC 两位数)产品技术复杂度对比(1999 年与 2009 年对比)

通过以上分析我们可以发现,中国的出口竞争力在产品和行业层面上表现出巨大的差异,而且随着时间的推移发生了显著的变化。

第二节 中国企业出口产品的质量

近年来,一些国内外学者或从技术含量,或从产品复杂度的角度切入,研究中国贸易结构变迁及技术升级等问题。但是,出口产品质量作为异质性研究的新视角,与技术复杂度这一概念完全不同。技术复杂度强调的是产品间(across-product)的技术含量和技术水平差异的测度,例如,电子计算机比毛巾的技术含量更高,生产工艺更加复杂。而质量是指产品满足需求的特征表现,既包括耐久性、适用性等客观特征,又包括品牌影响、客户忠诚度、品牌地位等社会性特征,是产品使用价值和"优劣"的具体体现,它关注的是产品内部(within-product)的垂直差异,就像高档的衣物比低档的衣物更加舒适。随着这些年产品升级的研究重点渐渐向产品质量转移,从质量视角研究中国的出口产品升级的课题亦得到了一定的理论支撑。

就目前来看,衡量产品质量研究的标准性和可操作性均不如技术复杂度和贸易广度这一类标准化指标一样适用,至今仍然没有一个被广泛认同的测定方法。从测算思路上来说,主要采用的研究方法有以下两种。

第一种方法是单位价值量法,即将出口产品的单位价值量作为产品质量的代理变量。Flam and Helpman(1987)认为,一个国家出口产品的价格与其出口产品的质量水平成正比,其出口定价越高,出口产品的质量水平就越高。但很显然的,产品价格除受产品质量因素影响之外,亦受关税、原料成本、运输成本、厂商策略等诸多非质量因素影响,因而用价格或单位价值衡量产品质量存在偏差。

目前更受学界认可的是第二种方法——价格推算法。该方法以双边贸易中的产品消费量及价格等信息作为基础,借助消费者效用函数对产品质量进行测量。如 Hallak et al(2010)采用了类似的方法。而 Khandelwal(2013)、施炳展和邵文波(2014)等所使用的回归方法,通过把对不可观测的质量的估计转化成对相关系数的估计,为本章出口产品质量的测算提供了参考。

一、指标设计原理

出口产品的质量是内嵌于产品本身的,对产品定价产生重要影响,因此，目前关于产品质量的测算主要基于单位产品出口价格。但是，施炳展和邵文波（2014）指出，由于存在着以下两个方面的问题，这种方法并不能准确估计中国出口产品的质量。首先，中国要素市场的价格扭曲现象容易产生高质低价问题；其次，出口企业的同质化竞争容易导致出口价格偏低。基于以上两点考虑，越来越多的文献从质量需求方程来寻求出口品质量的估计方法，其中，比较有代表性的是 Piveteau and Smagghue（2013）对出口质量的测度模型。

从消费者的角度出发，以 CES 效用函数为原型，并且将产品质量引入，即假定消费者效用函数如下：

$$U = \left[\sum_j (\lambda_j q_j)^{\frac{\sigma-1}{\sigma}} \right]^{\frac{\sigma}{\sigma-1}} \quad (11-3)$$

式（11-3）中，λ_j、q_j 分别代表的是 j 产品的质量和消费数量，σ 表示不同产品种类之间的相互替代弹性（$\sigma > 1$）。对应的价格指数 P 为：

$$P = \sum_j (\lambda_j^{\sigma-1} p_j^{\sigma-1}) \quad (11-4)$$

式（11-4）中，p_j 代表的是 j 产品的价格，因而 j 产品所对应的消费数量应为：

$$q_j = p_j^{-\sigma} \lambda_j^{\sigma-1} \frac{E}{P} \quad (11-5)$$

式（11-5）中，E 代表的是消费者支出。进而对某一 HS8 类产品而言，在 t 年的对 m 国出口中 i 企业的出口数量应表示为：

$$q_{imt} = p_{imt}^{-\sigma} \lambda_{imt}^{\sigma-1} \frac{E_{mt}}{P_{mt}} \quad (11-6)$$

式（11-6）中，q_{imt} 是该产品的出口数量；$p_{imt}^{-\sigma}$ 是该产品的价格；$\lambda_{imt}^{\sigma-1}$ 代表该产品的质量。对式（11-6）两边分别取自然对数形式，经过简单整理可以得到计量回归方程：

$$\ln q_{imt} + \sigma \ln q_{imt} = X_{mt} + \alpha_h + \varepsilon_{imt} \quad (11-7)$$

$$X_{mt} = \ln E_{mt} - \ln P_{mt} \quad (11-8)$$

式（11-7）、（11-8）中，X_{mt} 是进口国－年度二维虚拟变量；P_{mt} 是 i 企业在年份 t 对 m 国所出口产品之价格；α_h 在这里是用 HS 代码来控制的产品固定效应。在对 σ 的处理上，很多学者选择将其赋值为常数，参考以往关于中国出口产品替代弹性的相关研究，本研究将 σ 设为 10。

本研究关注的重点是包含了产品质量相关信息的残差项，即 $\varepsilon_{imt} = (\sigma - 1)\ln q_{imt}$。式（11-9）定义了产品质量：

$$Quality_{imt} = \lambda_{imt} = \varepsilon_{imt}/(\sigma - 1) \quad (11-9)$$

产品质量表示为需求量中剔除价格的差异以及产品－市场－年份固定效应后的"剩余"。因为该方法测算的质量并非现实意义的绝对质量，而是平均质量指数，所以可以跨产品种类进行直接比较。以上利用需求方程和贸易数据求解企业层面质量的方法固然优于传统的基于产品单价的方法，但该方法仅考虑了产品价格和产品质量对产品需求量的影响，而没有考虑产品水平多样化特征，因此无法反映需求的多样化偏好问题。对于第一个问题，我们借鉴 Khandelwal（2010）的思路，认为企业产品种类是市场规模的函数，因此在回归中加入企业国内市场需求规模来控制企业生产的水平种类问题，具体方法可参考施炳展和邵文波（2014）的研究；对于第二个问题，许多文献根据不同的数据特征使用了不同的工具变量，在一定程度上解决了这个问题。Roberts et al（2012）使用了企业的工资和生产率作为价格的工具变量；Khandelwal et al（2013）利用 Broda and Weinstein（2006）所测算的价格弹性系数校准 CES 需求结构；Piveteau（2013）、张杰等（2014）使用了企业层面的进口国信息作为工具变量。对比以上方法，我们借鉴 Nevo（2001）、Hausman（1996）估计需求函数的工具变量，选择企业 f 在其他市场（除进口国 m）出口产品的平均价格作为该企业 f 在 m 市场出口产品价格的工具变量。

通过以上方法我们获得了企业的出口品质量的指标 $Quality$。

二、数据来源

本研究出口产品质量数据来自 2000—2012 年间的中国海关贸易数据库及中国工业企业数据库。同时，本研究将海关数据库和工业企业数据库数据进行了合并，并对海关数据库数据样本进行了如下的处理，以提高回归结果的一致和有效性：①剔除部分信息缺失的数据；②删除双边贸易中的中间贸易企业。中间贸易在企业价值链中很少参与生产加工环节，对产品质量贡献不明显。此外，在下文回归时剔除了西藏地区的数据，因为西藏地区在其中某些年份缺少部分统计信息。

三、典型事实

基于以上的测算方法，可以得到我国按时间、行业、企业体制等不同维度分类的企业层面出口产品质量数据。

图 11-3 显示的是 2000—2012 年中国出口产品质量的总体变化。由图

11-3 得出，自 2000 年起，我国出口产品质量的平均值不断提升，其中 2000—2010 年的 10 年间产品质量稳步提升，尽管在 2004 年及 2006 年—2008 年间质量有小幅下降，但从 2011 年起开始质量提升明显。在极值与标准差上同样保持平稳，但也随着 2011 年质量的明显上升有了较大幅度的波动。

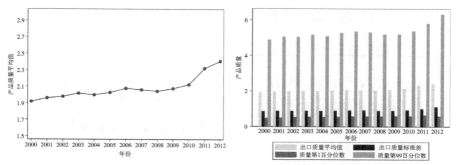

图 11-3 2000—2012 年中国出口产品质量变化

（一）分区域特征

如图 11-4 所示，具体从各个省份来看，我国整体出口质量的提升是各省区出口质量提高的具体表现。其中，出口质量的分布以江苏、浙江、上海等东部沿海地区为高值，以广西、宁夏等中西部省区为低值。而在时

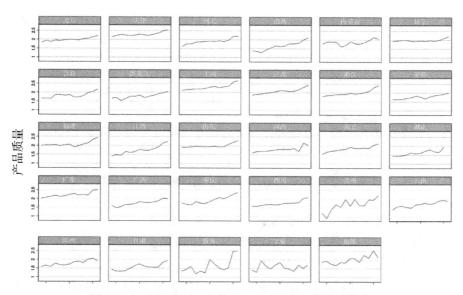

图 11-4 2000—2012 年中国出口产品质量省际变化

间上看，大部分省（区、市）保持较为平稳的提升，如北京、天津、辽宁、上海、浙江、广东、黑龙江等东部省（区、市），而江西、青海、贵州、重庆等省（区、市）则出现了较大幅度的上升。此外，贵州、甘肃、宁夏、新疆等省（区、市）每年的出口产品质量也有明显波动，可能是由于本研究没有彻底排除掉产品类别的影响，一些天然的、资源类的产品受时间、气候等客观因素影响明显。

（二）趋势特征

若从企业层面出发，我国出口质量提升是高质量企业比例提升的体现，具体表现为低质量企业在出口企业总数中占比下降、高质量企业占比上升，以及高质量企业出口份额在我国出口产品总额中稳步提升，如图11-5、图11-6所示。

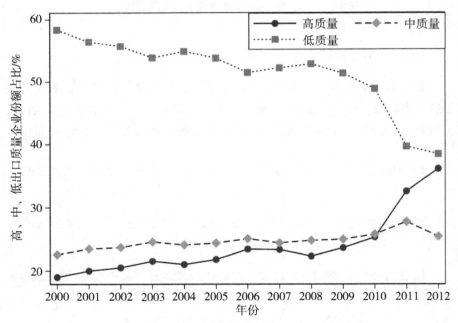

图11-5　2000—2012年各质量层级出口企业份额

根据测算结果，本研究采用品质区间法，将出口产品分为三类：高品质出口品、中等品质出口品以及低品质出口品，其中，将高于2000—2012年中国出口产品质量第75百分位数的产品记为"高质量"，处于2000—2012年中国出口产品质量第50百分位数至第75百分位数区间的产品记为"中等质量"，低于第50百分位数的产品记为"低质量"。

第十一章 中国企业出口品质：一个综合测度

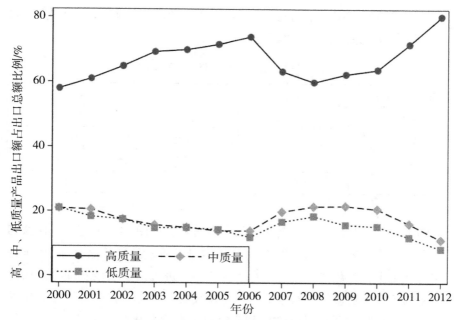

图 11-6 2000—2012 年各质量层级出口企业出口额占比

图 11-5、图 11-6 显示，尽管由于我国出口贸易长期以来都停留在低品质、低成本的低价竞争上，低质量企业仍然占据我国出口企业的主力位置，但在 2000—2012 年的十来年间低质量企业占我国出口企业总数的份额不断减少，其份额正在被中等质量及高质量出口企业所取代。而从出口额方面来看，高质量企业的出口额始终占我国出口总额的 60% 左右，虽然在 2007—2009 年三年间有小幅降低，但在十余年间其比重仍然保持缓慢上升的势头，并在 2012 年达到占出口总额的 80%。

（三）产品质量与企业出口动态

从企业进入、存续以及退出的角度，出口产品质量的宏观变化可以归结为以下两个方面：一是在位企业的质量变化，即深度；二是新进入或退出企业的质量水平，即广度。我国整体出口质量的上升则是在位企业质量升级，且受低质量企业进入所造成的企业间（across-firm）影响变小的具体体现。本研究从这个角度，将企业状态分为四类：进入者、幸存者、退出者、"昙花"。若企业 X 在当年第一次涉足出口领域，即被归入"进入者"；若该企业在进入出口领域之后的 n（$n \geq 1$）年都持续出口且最终未停止出口，则在这 n 年期间都被归为"幸存者"；若该企业在持续出口 n 年之后不再出口，则该企业在其出口的最后一年将被归入"退出者"；若该企业在 2000—2012 年间有不连续出口记录，则被归为"昙花"。表 11-1 为出口关系状态的判断标准。

表 11-1 出口关系状态的判断标准

出口关系状态	前一期（$t-1$）	当期（t）	后一期（$t+1$）
新出口	不存在	存在	不确定
幸存者	存在	存在	存在
退出者	存在	存在	不存在
"昙花"	不确定	存在	不确定

图 11-7 为各出口状态企业平均出口质量，由图 11-7 可见，在这四类企业中，幸存者——即存续企业的平均出口质量最高，而且在 10 年之间保持稳定上升的趋势；相比幸存者企业，新进入出口领域及即将退出出口市场的工业企业质量相对偏低。保持持续出口状态之企业可能借助在国际市场竞争中的"干中学"效应和竞争效应不断提升其出口产品质量，从而提升自身的存活率。而在出口业务存续时间不断延长的同时也使得持续出口企业在出口企业总数中的份额不断扩大，最终推动了我国整体出口产品质量的提升。相反，大量新出口企业的进入是影响出口质量上升的负面因素。

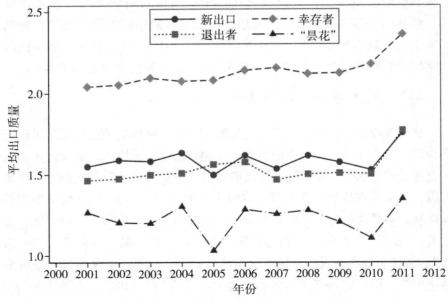

图 11-7 2000—2012 年各出口状态企业平均出口质量

第十一章　中国企业出口品质：一个综合测度

需要指出的是，在 2006—2008 年间我国出口产品的平均质量曾有过小幅回落，这与 2006—2008 年间大量新出口企业依靠低价竞争手段进入出口市场不无关系，这些初期产品质量较低的企业比重上升拉低了出口产品质量。新进入企业的质量低于在位企业，这意味着进入企业会拉低整体质量；退出企业质量明显低于在位出口企业，说明这些企业的退出会提升整体质量。由于退出企业数目远小于进入企业，而且进入企业贸易占比高于退出企业，这样企业进入的力量超过了企业退出的力量，从而在总体上拉低了出口产品质量。总体来看，质量增长的深度变化为正，质量增长的广度变化为负；深度效应超过了广度效应，从而使得总体出口质量上升。图 11-8 为依据出口状态分类的加权产品质量，图 11-9 为各出口状态企业占企业总数比率。

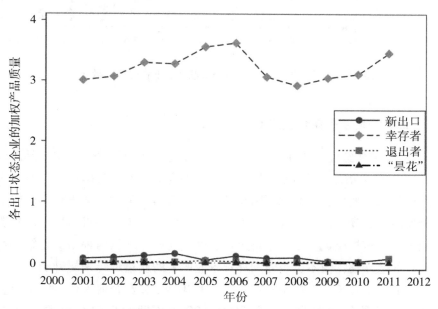

图 11-8　2000—2012 年依据出口状态分类的加权产品质量

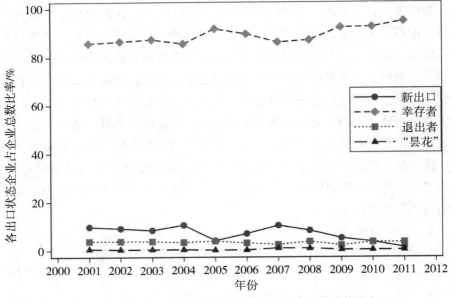

图 11-9 2000—2012 年各出口状态企业占企业总数比率

(四) 不同所有制企业的出口品质量

图 11-10 给出了 2000—2012 年五种类型的所有制企业出口产品质量的变化。可以看到，相对于外资企业和中外合资企业，我国本土企业的出口品质量明显偏低，可能的原因在于当面对激烈竞争时，本土企业倾向于将降低质量、降低价格作为竞争策略，依靠低价竞争力促进出口；而外资企业主要依靠高质量竞争力维持市场份额。这亦体现了两种出口思维和竞争模式的差异性。但本土企业和外资企业两者的质量近年来提升明显，且本土企业质量增长速度快于外资企业，尤其是以私营企业为代表的本土企业为最。以私营企业为例，在 2000—2012 年期间出口品质量值约为 1.422，而外资企业仅为 1.245。

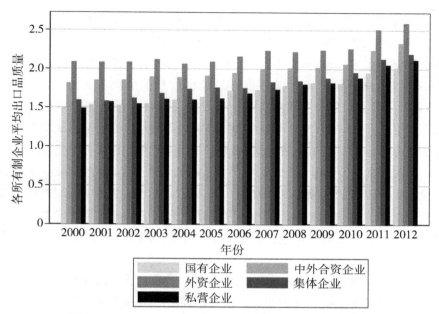

图 11-10　2000—2012 年各所有制企业平均出口品质量

四、总结

与大部分相关研究所得到的"中国出口增长迅猛,但出口产品品质相对于世界平均水平却不断下滑,因而中国出口的高速增长是建立在出口产品品质的下滑的基础上"结论大相径庭的是,从发展趋势上看,中国企业的出口产品质量在 2000—2012 年这 13 年间呈现明显上升趋势,主要体现在微观企业的质量调整行为:尽管新进入低质量企业会拉低质量水平,但在位企业在竞争过程中的质量升级会提升产品质量,从而抵消了新进入企业影响出口质量上升的负面效应。

第三节　中国企业出口国内附加值

一、引言

在全球价值链背景下,生产体系逐渐发展成全球贸易网络,一个产品的加工可能历经多个国家、多个公司、多个工厂进行生产,故以传统的贸易统计方式进行核算会导致重复计算,并且环节越多,重复计算次数也越多,最终导致贸易额虚高。因此,当一个产品进入价值链,由世界共同生产时，传统的核算方式已不能反映真实的贸易情况。因此，有关当局发现，需要建立新的统计方式以弥补传统统计方式的不足，以更好地展示真实世界贸易水平。自2008年以来，OECD和WTO一直致力于寻找更合适的工具以弥补不足，此时学界也纷纷提出增加值的测算方法，2011年，OECD和WTO认为该领域发展已趋于成熟，可以通过附加值来核算真实贸易水平（王岚，2013）。WTO前总干事拉米认为，相较于传统的贸易总量衡量方式，增加值贸易才能更好地反映出全球贸易的真实情况。

在过去的20年里，全球化生产模式的推广使出口型企业减少了对国内投入生产要素的依赖。研究发现，大多数国家出口商品中的国内附加值一直在下降，但中国是一个例外。究竟是什么使得中国尽管深度参与了全球价值链，却能够避免像绝大多数国家一样陷入出口产品的国内附加值下降的趋势？

对于这个问题，主要有以下三种可能：①日渐增长的国内附加值可以反映中国出口商品所包含的要素的改变，表明中国的比较优势在向着国内要素占比高的行业转移。②中国的国内生产成本上升，也就是说中国在经济上的竞争力相对而言下降了。③中国的出口商们在生产的过程中更多地使用了国内的材料来替代进口材料，这反映中国的竞争力尤其是中间投入品环节的竞争力增强了。

为了廓清对中国出口国内附加值的认识，本章使用海关出口数据与工业企业匹配数据来测度中国在出口中国内附加值上升的情况及其上升的原因。该数据涵盖了2000—2009年以来中国出口企业的整体情况，可以研究公司、行业和总体国内附加值率（DVAR）随着时间推移的变化的趋势。

目前主流的测度国内附加值率的方法依赖于投入产出表。虽然使用投入产出表的方法有利于发现国内和国家之间投入产出的联系的优势，但是公司异质性的存在可能导致测量出的国内附加值率（DVAR）与真实水平有显著的偏差。为此，本研究采用了张杰等（2013）的企业出口国内附加值的计算方法，考虑了贸易代理商问题、中间投入品的间接进口问题以及资本品进口问题，增加了除从海关直接进口之外的进口额，还增加了专门通过从事进出口的中间贸易商的进口额，以及剔除进口资本品的折旧额，以避免高估了我国出口企业的国内增加值。

二、企业层国内贸易附加值的界定

本研究在计算过程中使用了我国海关贸易数据库和工业企业数据库

2000—2009年的进出口数据,具体的 DVAR 计算方式如下:

$$DVAR_{ijtk} = \begin{cases} \dfrac{1 - IMP_{ijt1}^{total} + D_{ijt1}}{Y_{ijt1}}, & k = 1; \\ \dfrac{1 - IMP_{ijt2}^{total} + |BEC + D_{ijt2}|BEC}{Y_{ijt2}}, & k = 2 \end{cases} \quad (11-10)$$

$$DVAR_{ijt}^{M} = \omega_1 \left(\dfrac{1 - IMP_{ijt2}^{total} + D_{ijt2}}{Y_{ijt2}} \right) + \\ \omega_2 \left(\dfrac{1 - IMP_{ijt2}^{total} + |BEC + D_{ijt2}|BEC}{Y_{ijt2}} \right), \\ k = 3 \quad (11-11)$$

其中,下标 i、j 和 t 分别代表企业、行业和年份,k 代表不同的贸易方式,$k=1$ 代表一般贸易,$k=2$ 代表进料加工贸易,$k=3$ 代表来料加工贸易。IMP_{ijtk}^{total} 代表企业从海关和中间代理商两条路径中获得的中间品进口额,D_{ijtk} 代表企业的进口资本累计折旧额,Y_{ijtk} 代表企业的工业总产值。

三、数据来源

估算中国出口品的国内附加值主要用到了两个数据源,分别是中国工业企业数据库和海关贸易数据库。后者记录了中国企业出口的每一笔交易信息,而工业企业数据主要提供中国规模以上企业的经营信息。由于两个数据库的企业编码不同,给数据的匹配造成了一定的难度。本研究使用当前通行的做法,先后通过企业名称、法人代表、邮政编码等多重组合信息进行匹配,最终得到的有效样本含有102845个观测值,其中参与一般贸易的企业数为37586个,参与加工贸易的样本数为60112个,混合出口贸易方式的样本数25485个。本研究基于以上匹配后的数据计算中国出口国内附加值,时间跨度取两个数据库有效数据的交集——2000—2009年。

四、中国出口国内附加值的典型事实

普通出口公司在样本期内的 DVAR 在0.9左右,远高于加工出口贸易公司的 DVAR,但是,和 KWW12 中的 DVAR 估计值相近。另外,普通出口公司的 DVAR 在样本期内略有下降,从0.92下降到了0.90。然而,加工出口公司的 DVAR 有较大幅度的增长,而且加工出口公司的出口额占总出口的比重在样本期内已经稳定在了55%左右,使得中国总出口的 DVAR 在

样本期内从 0.65 上升到了 0.70。总的来说，中国的 DVAR 在近几年有显著的上升，而这基本都是因为加工出口部门的 DVAR。

（一）中国企业出口国内附加值总体变化

在早期，中国企业多处于价值链的生产加工环节，导致中国获得的经济利得很少，较低的出口国内附加值率与大量的出口形成反差。为扭转该局面，2002 年、2003 年，国家相继提出要促进加工贸易转型升级的战略部署，在价值链生产中使用更多的国内原材料和中间品。随着战略调整，中国出口国内附加值逐渐提升。在本部分，通过借鉴张杰等（2009）的做法，可以得到中国出口企业在 2000—2009 年期间每年的出口国内附加值。从表 11-2 可以看到，28151 个企业的平均出口国内附加值率约为 67%。

表 11-2 DVAR 描述性统计结果

变量	观测值	平均值	标准差
出口国内附加值	28151	0.67	4.27

从图 11-11 可以看到，在 2000—2009 年期间，中国出口国内附加值总体呈现递增的趋势，企业出口国内附加值从 2000 年的 57% 上升到 2009 年的 80%，10 年增长了约 23 个百分点。并且图中趋势显示，自加入 WTO 之后，中国出口国内附加值开始快速增长，表明加入 WTO 后开放的贸易政策使得中国更加积极地参与全球价值链，不断创造国内价值。

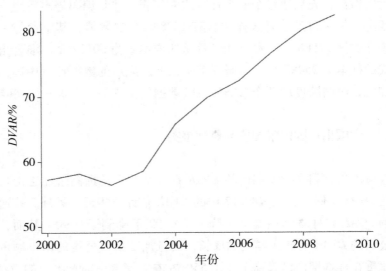

图 11-11 2000—2009 年中国出口国内附加值变化趋势

（二）内外资企业出口国内附加值的差异

接下来对比内外资企业在 DVAR 上的差异。图 11-12 展示了企业股权中含外资与不含外资情况下，出口国内附加值的变化趋势。从图 11-12（a）可以看出，除 2002 年出口国内附加值下降外，外资或合资企业出口国内附加值总体呈现逐年增长的趋势，从 2000 年的 56% 增长到 2009 年的 84%，增长近 28 个百分点。

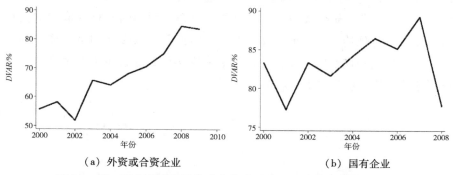

（a）外资或合资企业　　　　（b）国有企业

图 11-12　国有企业和外资或合资企业出口国内附加值变化趋势

图 11-12（b）则为国有企业的出口国内附加值变化趋势，可以发现在 2000 年，国有企业出口国内附加值约为 83%，高于外资或合资企业，但在经历了波动式增长后在 2008 年骤降到 80% 以下，这可能与 2008 年金融危机的爆发有关。金融危机发生后，国内企业贸易发展受到阻碍，但外资或合资企业受到的影响较小。

第四节　小　结

不同于本书前几章的出口数量视角，本章从出口的质量视角评估过去 20 年中国企业的出口表象。为力求全面，本章使用微观企业数据，同时采用最前沿的测算方法计算中国出口的技术复杂度、产品质量和出口国内附加值。得出的主要结论有：①在本书的考察期内，随着中国出口规模的快速增长，中国出口品的技术复杂度也呈上升趋势，其中，上升最为显著的是医疗器械制造业、办公设备制造、机械设备制造、电子通信等行业。②通过更加科学、精细的测算发现，中国出口品并不存在文献中发现的

"质量悖论"问题，2000—2012年的13年间的出口品质有着显著的提高。尽管新进入企业的质量会拉低平均水平，但是企业在竞争过程的质量升级，使得中国出口品在总体上表现为上升趋势。③中国的 $DVAR$ 一直呈上升趋势，其绝对值要高于以往的研究。具体来说，我们发现中国总出口的 $DVAR$ 在2000—2009年期间从57%上升到了80%，这与中国对其主要贸易伙伴的出口量的增长程度相近。这一结论验证了Koopman, Wang and Wei (2012) 使用投入产出表方法的研究结果。④不同于基于投入产出表的研究方法，企业层的微观数据使我们能够回答是什么因素导致了中国总体 $DVAR$ 的上升。研究表明，这主要是出口企业用国内原材料取代进口材料导致的。其他造成 $DVAR$ 上升的因素，如工资上涨带来的生产成本的上升、中国的出口向高 $DVAR$ 行业转移或者高 $DVAR$ 的公司大量生产并不能解释样本期内 $DVAR$ 的上升趋势。

第十二章 产业政策是否促进了中国企业出口转型升级

第一节 研究背景及问题提出

自20世纪80年代以来，中国的对外贸易规模获得了突飞猛进的发展，使得中国在世界贸易格局中的地位不断上升。我国出口贸易的快速发展不仅表现为量的增长，还体现出质的飞跃。Rodrik（2006）、Schott（2008）、Amiti and Freund（2010）研究发现，我国出口产品的相对复杂度已经显著提高，出口产品种类非常广泛，并且包含不少高科技领域的产品，出口品的范围逐渐进入原本属于发达国家的出口领域。Kiyota（2010）通过对比中国和欧美分别对日本的出口发现，出口产品种类的重叠率已接近85%，而且在某些行业中国出口的同类商品价格与欧美发达国家的出口价格也很相近。总之，我国出口贸易已经不再单纯追求量的增长，种种迹象表明我国已经踏上了出口产品结构转型升级之路。

那么，有哪些潜在因素促进了出口转型升级呢？现有文献所探讨的驱动因素有很多，大致可以分为三个研究序列：第一类文献从企业的经营策略来研究企业出口转型升级的驱动因素，主要包括加工贸易的促进作用（Xu & Lu，2009；Amiti & Freund，2010）、中间品进口的溢出效应（姚洋和张晔，2008；楚明钦和陈启斐，2013），以及出口企业生产率的提高（鲁晓东，2014）等。第二类文献从企业外部寻找推动中国企业出口转型升级的驱动因素，主要包括外商直接投资（Xu & Lu，2009；Wang & Wei，2010）和宏观经济条件的促进作用，具体而言，包括人民币汇率升值（曾铮和张亚斌，2007）、融资约束（刘晴等，2017）、基础设施（王永进等，2010）等。第三类文献则主要关注政策因素对企业出口转型升级的作用，主要的研究视角包括区域性开放政策（Wang & Wei，2010）、出口退税政策（郑桂环和汪寿阳，2005；王孝松和谢申祥，2010）、削减进口关税（王平等，2015）、实施政府补贴（鲁晓东，2015；邢斐等，

2016）等。

　　从政策视角探讨对出口转型升级的促进作用无疑是一个重要且具有现实启示意义的研究话题，因为这正是政策制定和实施所期望达到的目标之一。本章着重考察了产业政策在促进企业出口转型升级中所起的作用，可归属于上述第三类别。但与以往文献不同，现有相关文献研究出口结构的变化要么不直接探讨产业政策的影响，要么仅仅关注产业政策中某一个较小的方面；本章则利用企业层面微观数据，从政府补贴、信贷支持以及税收优惠三个方面较为全面地对产业政策进行了量化。产业政策由于研究的角度不同，至今仍然没有统一的定义。本章所指的产业政策可以简单地理解为各种指向产业组织的特定政策，可以是扶持也可以是抑制，具体可以包括政府给予的补贴和奖励、实行差异化税收政策以及鼓励或限制投资目录等[①]。

　　出口结构转型升级本来是一个宏观层面的概念，欲从微观层面对其进行度量会存在一定的挑战性。现有文献对出口转型升级的衡量往往局限于产品质量和技术复杂度这两个传统指标。为扩充对出口转型升级的刻画维度并提升研究结论的可靠性，本章则利用出口产品HS6位数编码创造性地构建了产品差异度指标。基于这三个不同的维度刻画出口转型升级，本章得到了相对一致的研究结论：产业政策从总体上有效地促进了中国企业出口转型升级。此外，本章还进一步考察怎样的产业政策更加有效，具体地考虑了政策实施在同一地区和同一行业内的公平性是否能够促进竞争，鼓励研发，淘汰落后产能，从而改善整个行业的出口结构。据我们所知，政策公平性在以往的学术文献中甚少被提及，而本章首次证实了政策公平性对出口转型升级的促进作用。

　　本章的积极意义主要体现在以下三个方面：首先，现有的文献缺乏对于产业政策较为全面的量化分析，而本章则同时考察了产业政策中的三个重要方面，包括政府补贴、信贷利率以及所得税税率，从而有助于了解政策效果的全貌。其次，本章不仅考察了产业政策的力度本身对企业出口转型升级的促进作用，而且首次提出并证实了政策公平性对于出口转型的意义，从而丰富了现有文献的研究视角，同时也对政策制定者具有一定的启示意义。最后，也是最重要的一点，在衡量出口转型升级方面尽管已经有

[①] 我国在"第七个五年计划（1986—1990）"第二部分当中明确了"产业结构调整的方向和原则"以及与之相适应的"产业政策"。

较多的文献从产品质量和技术复杂度等维度进行考察,但是目前少有文献关注出口产品的差异化竞争优势。本章创造性地基于出口产品编码量化了出口企业的产品差异度,以用来刻画企业的出口产品创新程度。该指标与现有相关研究广泛使用的两个度量指标(即出口产品质量和技术复杂度)有显著的区别,因为该指标可以直接从新产品研发能力方面反映出企业的产品市场竞争力。

后文的结构安排如下:第二节为研究设计与数据来源,包括计量模型的设定、变量的构建及数据整理过程;第三节报告了实证研究结果,包括描述性统计、多元回归分析以及稳健性检验;第四节进一步考察了政策公平性的作用;第五节进行全文总结并讨论政策建议。

第二节 研究设计与数据来源

一、计量模型的设定

本章的主要目标是同时考察各项产业政策对出口转型升级的影响,在参考现有文献的基础上,设定了如下基准回归模型:

$$UPGRADE = \beta_0 + \beta_1 Lnsub + \beta_2 Intrate + \beta_3 Taxrate + \sum CitylevelControls + \sum FirmlevelControls + \sum OwnershipDummy + \sum IndustryFixedeffect + \sum YearFixedeffct + \sum ProvinceFixedeffect + \varepsilon \quad (12-1)$$

模型(12-1)中因变量为出口转型升级的替代变量,本章用三种不同的方法度量了转型升级,分别是产品质量(*QUALITY*)、技术复杂度(*PRODY*)和产品差异度(*PDIFF*)[①]。该模型重点关注的自变量为产业政策在政府补贴(*Lnsub*)、信贷利率(*Intrate*)以及所得税税率(*Taxrate*)三个方面的量化。该模型还加入了一系列控制变量以及固定效应:城市层面的控制变量包括区分内外资的加工贸易份额(Xu & Lu, 2009)以及出口企业所在城市的人均 GDP 水平和总体教育水平(Wang & Wei, 2010);公司层面的控制变量包括无形资产占总资产的比重(*TEC*)、人均固定资

---

① 由于都是公司层面的分析,自变量和因变量的构建也都是当期的,所以省略了用来区分公司和年度的下标以使得回归模型看起来更加简洁明了。

产净额取自然对数（*CAP*）、企业资产规模取自然对数（*Size*）、企业年龄取自然对数（*Age*）、企业盈利能力（*ROA*）以及资产负债率（*Lev*），在关于产品差异度的多元回归模型中还额外控制了产品多样化程度，即产品种类数取自然对数（*NP*）；并在基准测试的总样本中对6种产权类型进行了区分，分别设置国有企业、集体企业、民营企业、外商独资企业、中外合资企业以及中外合作企业哑变量；最后，我们在回归模型中控制了行业固定效应（基于2位SIC行业代码）、年度固定效应以及地区（省份）固定效应，并使用在公司层面进行聚类处理的稳健标准差。

产业政策的有效性判定标准如下：如果政府补贴促进了出口转型升级，则 *Lnsub* 的回归系数应该显著为正；如果信贷支持力度对出口转型升级有正向影响，则 *Intrate* 的回归系数应该显著为负，因为贷款利率越低表示信贷支持力度越大；如果税收优惠有利于促进出口转型升级，则 *Taxrate* 的回归系数应该显著为负，因为税率越低表示税收优惠力度越大。

二、产业政策的量化

总体来说，产业政策可以细分为政府补贴、信贷支持、税收优惠以及进口关税等方面。本章重点关注前三类产业政策对出口转型升级的影响，主要是基于以下两方面的原因：一是数据可得性方面的限制，使得可以较好量化的指标非常有限；二是鉴于本章旨在进行公司层面的分析，进口关税之类的政策变量在同行业的公司之间并没有足够的变异性，因而本章不考虑将其纳入关键解释变量进行处理，但在后文的稳健性检验中仍然对关税等影响因素进行了控制。

1. 政府补贴

对企业来说，政府补贴是最为直接的政策性支持。因此，本章用企业当年所获政府补贴的多少来度量政策性支持程度的高低。与现有文献的做法一致，该变量的取值为国家统计局规模以上工业企业数据库中企业收到的政府补贴金额取自然对数，对未收到任何补贴的企业则赋值为0。该变量的数值越大，表示政策性支持程度越高。

2. 信贷支持

本章用企业债务融资成本的高低来度量信贷支持，这是因为在倾斜性产业政策的指导下，政策性银行以及大型国有银行发放贷款的利率也会有相应的倾斜。由于数据可得性的限制，实际的贷款数据很难取得，因此参考 Aghion 等（2015）的做法，该变量的取值为国家统计局规模以上工业企业数据库中企业当年利息支出占负债总额（已扣除通常为无息的应付账款金额）的比率。该变量的数值越低，表示政策性支持的力度越大。

3. 税收优惠

长期以来，我国政策性地对特定的企业实施较低税率的企业所得税制度，以鼓励相应产业的发展，例如，在所得税改革之前对外商投资企业的低税率，以及如今仍然适用的对高新技术企业的低税率。因此，企业所适用的所得税税率的高低在一定程度上也体现了政策性支持力度的大小。鉴于非公众企业并不对外披露自己所适用的所得税税率，本章采用企业当年的实际税负水平来代替。该变量的取值为国家统计局规模以上工业企业数据库中企业当年所得税费用占利润总额的比率。与信贷支持的代理变量类似，该变量的数值越低，表示政策性支持的力度越大。

三、出口转型升级的测度

不同于出口规模等基于量的概念，出口转型升级主要关注的是质的提升。本章首先从现有文献广泛使用的产品质量和技术复杂度两个方面来衡量我国出口企业的表现，然后构建衡量产品差异化程度的指标，从产品竞争优势方面来刻画出口企业产品结构。以上指标的概念及计算方法见第十一章的相关内容。

四、数据来源及样本选择

出口产品结构的相关数据来自中国海关总署发布的月度交易数据（以下简称"海关数据库"或"海关库"）。该套数据涵盖了 2000—2006 年企业的进出口交易统计数据，字段主要包括企业名称、HS 产品编码、交易数量及价值、出口类别（主要区分为普通出口和加工贸易）等。将月度数据按企业-产品编码进行加总，使之转变为年度数据以方便后续进行相关变量的构建。

产业政策的量化以及企业层面的控制变量构建则基于另一套由国家统计局发布的规模以上工业企业数据库（以下简称"工业企业数据库"或"工业库"）。工业企业数据库的信息来源于国家统计局对中国所有的国有企业以及工业总产值超过 500 万元的非国有企业进行的年度跟踪调查

（聂辉华等，2012），据统计，这些企业的出口额占我国制造业出口总额的比例达98%（张杰等，2015），因此非常具有代表性，尤其是对关注出口的相关研究来说。工业企业数据库提供的数据字段非常丰富，数据的年份跨度也较长，但是由于海关数据库的数据涵盖年份仅为2000—2006年共7个年度，因此，本章研究的数据期间是这两套数据涵盖年份的交集[①]。

参考多数文献的普遍做法，本章主要按照企业的中文名称在两套数据库之间进行匹配，并参考其他共有信息作为辅助和验证，以保证数据对接的完整性和准确性。数据对接后成功匹配上的出口企业－年度观测数量约为18万个，即为本章的初始样本，匹配结果与以往文献较为接近[②]。城市层面的控制变量，其中人均GDP以及人口受教育程度的相关数据取自国泰安CSMAR中国区域经济研究数据库。最后，在剔除回归变量存在缺失值的观测后得到约14.55万个企业－年度观测用于后文的回归分析。

第三节 实证结果及分析

一、描述性统计

（一）产业政策变迁

本章关注的是出口企业，因此在数据可得性的前提下整理了我国加入WTO前夕至2008年金融危机之前这段时间内的产业政策估计数据，以此来剖析我国在出口转型关键时期的政策变化和分布情况。基础数据来源于国家统计局2000—2006年对规模以上工业企业的调查数据，但本章仅关注其中的出口企业，本节所呈现的统计数据均为相应范围内出口企业层面的均值。产业政策的时间趋势见表12－1，该表同时也对不同的产权类型进行了区分。

[①] 研究的数据期间较现在来说略显老旧，但鉴于海关数据库尚无可用的更新年度，诸多近期文献也沿用此期间的数据，如张杰等（2015）、余淼杰和李晋（2015）、Kee and Tang（2015）以及白思达和储敏伟（2017）。

[②] 关于海关库和工业库之间的数据对接过程以及匹配结果的可比性，可以参考 Feenstra et al（2011）、Feng et al（2012）以及余淼杰和李晋（2015）。

表 12-1 区分产权性质的时间趋势

产权类型		2000年	2001年	2002年	2003年	2004年	2005年	2006年	平均
国有企业	补贴率（Sub_dummy）	0.3610	0.3922	0.4422	0.4280	0.4435	0.4078	0.4391	0.4168
	贷款利率（Intrate）	0.0278	0.0256	0.0255	0.0233	0.0221	0.0278	0.0268	0.0255
	所得税税率（Taxrate）	0.2466	0.2453	0.2448	0.2302	0.2132	0.2168	0.2010	0.2262
集体企业	补贴率（Sub_dummy）	0.2545	0.3014	0.3501	0.3717	0.4195	0.3448	0.3295	0.3466
	贷款利率（Intrate）	0.0332	0.0322	0.0309	0.0283	0.0286	0.0378	0.0388	0.0328
	所得税税率（Taxrate）	0.2740	0.2680	0.2680	0.2648	0.2631	0.2647	0.2630	0.2659
民营企业	补贴率（Sub_dummy）	0.1936	0.2694	0.2450	0.4164	0.3446	0.2702	0.2569	0.2844
	贷款利率（Intrate）	0.0341	0.0310	0.0285	0.0287	0.0276	0.0386	0.0378	0.0344
	所得税税率（Taxrate）	0.2774	0.2697	0.2635	0.2649	0.2553	0.2570	0.2545	0.2574
外商独资企业	补贴率（Sub_dummy）	0.0895	0.1179	0.1560	0.1769	0.1997	0.1282	0.1345	0.1492
	贷款利率（Intrate）	0.0241	0.0216	0.0199	0.0180	0.0175	0.0351	0.0346	0.0257
	所得税税率（Taxrate）	0.1443	0.1551	0.1534	0.1638	0.1577	0.1591	0.1585	0.1577
中外合资企业	补贴率（Sub_dummy）	0.1248	0.1661	0.2162	0.2452	0.3144	0.2291	0.2327	0.2296
	贷款利率（Intrate）	0.0293	0.0277	0.0249	0.0237	0.0226	0.0366	0.0368	0.0292
	所得税税率（Taxrate）	0.1683	0.1725	0.1714	0.1757	0.1722	0.1754	0.1788	0.1742
中外合作企业	补贴率（Sub_dummy）	0.0975	0.1316	0.1874	0.1574	0.2548	0.1558	0.1665	0.1676
	贷款利率（Intrate）	0.0246	0.0237	0.0216	0.0210	0.0207	0.0357	0.0388	0.0264
	所得税税率（Taxrate）	0.1772	0.1758	0.1801	0.1842	0.1696	0.1706	0.1795	0.1761

资料来源：作者用 Stata 软件计算。

在表 12-1 中，补贴率是指获得政府补贴的出口企业占出口企业总数的比例，贷款利率由利息支出除以有息债务总额计算得到，所得税税率则等于所得税费用除以税前利润总额，这三个变量的定义和计算过程与后文实证分析中所使用的变量定义保持一致。需要说明的是，本章对贷款利率的估计存在系统性的低估，因为在计算分母（有息负债总额）的时候是由负债总额减去应付账款（通常为无息负债）得到，而其他科目的无息负债数据并不包含在统计局工业企业数据库中，因此，分母存在系统性高估从而导致计算结果存在系统性低估。但本节仅关注随时间的相对变化，后文的实证分析也仅关注企业之间利息率的相对高低，因此，系统性的低估并不影响本章的分析结论。

首先，从产权类型来看，政府补贴率在国有企业和集体企业中最高，而在外商独资企业中最低，这其中政治关联可能扮演着重要角色（潘越等，2009；杜勇和陈建英，2016）。贷款利率则在国有企业和外商独资企业当中最低，而民营企业的债务融资成本最高，体现出银行系统对国有企业的偏爱和对民营企业的信贷歧视（李广子和刘力，2009）。民营企业的所得税税率仅次于集体企业，二者均处于所有制类型企业税率最高的水平。为促进招商引资，我国在企业所得税改革前对内、外资企业进行区别对待，因而涉外企业的所得税税率相对来说要低得多。上述结果说明，我国产业政策的实施对不同的产权类型企业存在明显的区别对待，因此，在后文的回归分析中控制产权类型就显得十分必要。

其次，从时间趋势来看，政府补贴率在样本期间存在较为明显的上升趋势，其中对国有企业的补贴率从2000年的36.10%上升至2006年的43.91%，对民营企业的补贴率也从19.36%上升至25.69%，这说明政府补贴的力度随着我国经济实力的增强而加大。贷款利率的总体趋势则与中国人民银行基准贷款利率先降后升的趋势基本保持一致，进入21世纪之初体现为下降趋势（2002年2月，中国人民银行下调了人民币基准贷款利率），但在2005—2006年则有明显升高（2004年10月，中国人民银行上调了人民币基准贷款利率）。在2008年1月1日《中华人民共和国企业所得税法》实施之前，企业所得税在样本期间各产权类型企业中的税率维持相对稳定，这与税法实施本身应该具备的稳定性特征是相符的。

（二）产业政策区域分布特征

产业政策在各地区之间具有差异性。总体而言，体现出对西部地区有一定的政策扶植，政府补贴率最高的是贵州、重庆、云南、海南、青海、新疆等西部省区；贷款利率和所得税税率也体现出同样的偏向性，西部欠发达地区的贷款利率、所得税税率均较低。同时，经济发达地区，如北京、上海、江苏、广东等省市由于金融体系发达、融资渠道较多以及引进外资的力度较大，这些经济发达地区也同样体现为低利率和低税率。这些分布情况与我国进入 21 世纪之初提出并逐步实施的西部大开发战略关系密切。

（三）产业政策行业分布特征

从产业政策的行业分布来说，补贴率在各行业间的差异最为突出，这说明政府补贴政策的实施具有行业指向性，详见图 12-1。补贴率高的行业主要包括医药、化纤、仪器仪表等技术含量较高的产业，但同时作为农业和人口大国，对于第一产业如农副产品加工的补贴率也比较高。贷款利率和所得税税率方面则主要体现为对高新技术产业的支持，例如，电子通信设备、仪器仪表、专用设备制造业的贷款利率均比其他行业低得多，而且这些行业的平均所得税税率也相对较低。

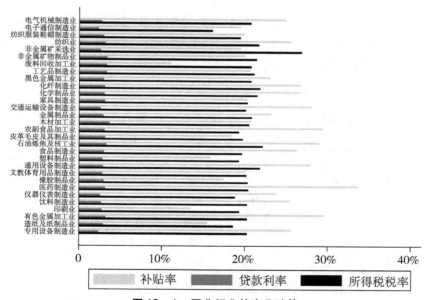

图 12-1　区分行业的产业政策

资料来源：作者用 Stata 软件绘制。

综上所述，虽然我国产业政策在时间上呈现一定的变化趋势，但主要体现为空间分布方面的异质性。具体表现为对西部欠发达地区经济发展的政策扶植，以及对高新技术产业的鼓励发展，这在总体上与我国缩小地区贫富差距、实现产业结构优化的经济目标是相适应的。值得强调的是，虽然这些政策并不是专门针对出口企业，政策目标也未必能够细化为专门考虑出口结构转型升级，但产业结构的优化以及鼓励科技创新一直以来都是指导我国经济发展的一项基本国策，出口转型升级无疑也是产业结构优化的重要体现。

（四）回归变量描述性统计

基准测试样本的描述性统计见表12-2。本章对所有连续变量在1%和99%分位上进行了截尾处理。衡量出口转型升级的三个指标，产品质量（QUALITY）、技术复杂度（PRODY）及产品差异化（PDIFF）的均值分别为1.65、9.39和0.52①，从标准差来看，这三个指标都有足够的变异性，从而有助于后文的回归分析。产业政策方面，政府补贴指标（Lnsub）均值为1.03，贷款利率（Intrate）均值为2.94%（如前所述，该指标可能存在系统性的低估），企业所得税税率（Taxrate）均值为20.28%。在最终样本中获得政府补贴的观测占比22.71%，所以补贴指标的75分位数仍然为0。在这些补贴样本中，企业获得的补贴金额均值和中位数分别约为100万元和8万元，可见其分布严重右偏，因此，在度量补贴政策的力度时我们对其进行了取对数处理。

表12-2 基准测试样本描述性统计

变量	观测数	均值	标准差	25分位数	中位数	75分位数
QUALITY	110884	1.6488	1.1386	0.8840	1.6629	2.3321
PRODY	145482	9.3864	0.4287	9.0785	9.5053	9.7286
PDIFF	145482	0.5232	0.1475	0.4344	0.5421	0.6328
Lnsub	145482	1.0252	2.0966	0.0000	0.0000	0.0000
Intrate	84808	0.0294	0.0247	0.0106	0.0239	0.0408
Taxrate	73653	0.2028	0.1053	0.1198	0.1833	0.3288
PROCESS_F	145482	0.3600	0.2310	0.1406	0.3796	0.5316
PROCESS_D	145482	0.0989	0.1050	0.0350	0.0592	0.1265
PCGDP	145482	10.2808	0.7891	9.7482	10.2518	10.7126
EDU	145482	0.0301	0.0141	0.0179	0.0282	0.0394
TEC	145482	0.0238	0.0478	0.0000	0.0000	0.0268
CAP	145482	3.6258	1.3195	2.7547	3.6488	4.5212

① 该部分内容的描述性统计中，均值保留小数点后两位。下同。

续表 12-2

变量	观测数	均值	标准差	25 分位数	中位数	75 分位数
Size	145482	10.3954	1.4024	9.3792	10.2084	11.2632
Age	145482	2.0707	0.6623	1.6094	2.0794	2.4849
ROA	145482	0.0548	0.1183	0.0010	0.0287	0.0879
Lev	145482	0.5467	0.2602	0.3606	0.5557	0.7300
NP	145482	1.4091	0.9967	0.6931	1.3863	2.0794

资料来源：作者用 Stata 软件计算。

二、基准回归

基准测试模型（12-1）的回归结果见表 12-3 各栏的最后一列，各栏的前三列为分别只考虑其中一项产业政策时的回归结果，以保证结论的稳健性。文中所有回归结果除有特殊说明外，均控制了产权类型、行业、年度及省份固定效应，列报了基于企业层面聚类处理后的稳健标准差计算的 t 值并省略了对常数项的列报。

表 12-3 基准回归模型

栏 A：对产品质量的影响

自变量	QUALITY		QUALITY		QUALITY		QUALITY	
	系数值	t 值	系数值	t 值	系数值	t 值	系数值	t 值
Lnsub	0.0072***	(3.29)	—	—	—	—	0.0074**	(2.46)
Intrate	—	—	-0.2789	(-1.26)	—	—	-0.4487	(-1.58)
Taxrate	—	—	—	—	-0.3662***	(-6.48)	-0.2947***	(-4.50)
PROCESS_F	0.3042***	(7.84)	0.4143***	(8.81)	0.3126***	(6.00)	0.4136***	(6.73)
PROCESS_D	-0.4879***	(-6.93)	-0.1100	(-1.12)	-0.1792*	(-1.79)	0.1430	(1.06)
PCGDP	0.0478***	(4.32)	0.0141	(0.95)	0.0123	(0.80)	-0.0280	(-1.45)
EDU	-0.5272	(-1.03)	-0.4771	(-0.83)	0.3439	(0.56)	0.4924	(0.73)
TEC	-0.1618*	(-1.79)	-0.1632	(-1.56)	-0.0782	(-0.66)	-0.1269	(-0.95)
CAP	-0.0901***	(-16.25)	-0.0899***	(-12.88)	-0.0894***	(-11.75)	-0.0894***	(-9.66)
Size	0.2547***	(43.49)	0.2395***	(35.05)	0.2542***	(34.15)	0.2309***	(26.45)
Age	-0.0164**	(-2.04)	-0.0164*	(-1.77)	-0.0161	(-1.47)	-0.0139	(-1.13)
ROA	0.5760***	(13.92)	0.6447***	(11.41)	0.6979***	(10.59)	0.6466***	(7.96)
Lev	-0.0605***	(-2.83)	-0.0416	(-1.44)	-0.0112	(-0.34)	0.0047	(0.12)
产权类型	控制	—	控制	—	控制	—	控制	—

续表 12-3

自变量	QUALITY 系数值	t 值	QUALITY 系数值	t 值	QUALITY 系数值	t 值	QUALITY 系数值	t 值
行业、年度、省份	控制	—	控制	—	控制	—	控制	—
N	110884	—	66725	—	58138	—	38341	—
Adj. R^2	0.165	—	0.181	—	0.173	—	0.181	—

栏 B：对技术复杂度的影响

自变量	PRODY 系数值	t 值	PRODY 系数值	t 值	PRODY 系数值	t 值	PRODY 系数值	t 值
Lnsub	-0.0006	(-1.05)	—	—	—	—	-0.0010	(-1.28)
Intrate	—	—	-0.2726***	(-4.57)	—	—	-0.2320***	(-3.10)
Taxrate	—	—	—	—	0.0197	(1.34)	0.0406**	(2.31)
PROCESS_F	0.0546***	(5.46)	0.0527***	(4.31)	0.0462***	(3.51)	0.0542***	(3.53)
PROCESS_D	0.0768***	(4.87)	0.1007***	(4.34)	0.0973***	(4.48)	0.1335***	(4.48)
PCGDP	0.0372***	(14.68)	0.0386***	(10.69)	0.0339***	(10.20)	0.0346***	(7.69)
EDU	-0.4582***	(-3.29)	-0.3193**	(-1.98)	-0.4580***	(-2.79)	-0.3056*	(-1.65)
TEC	-0.1204***	(-4.68)	-0.1081***	(-3.49)	-0.1003***	(-2.99)	-0.1076***	(-2.76)
CAP	0.0415***	(29.04)	0.0469***	(25.17)	0.0398***	(20.75)	0.0455***	(18.62)
Size	-0.0017	(-1.19)	-0.0041**	(-2.26)	-0.0017	(-0.99)	-0.0029	(-1.31)
Age	-0.0062***	(-2.92)	-0.0010	(-0.39)	-0.0050*	(-1.71)	0.0002	(0.05)
ROA	0.0359***	(3.64)	0.0435***	(3.16)	0.0389**	(2.46)	0.0458**	(2.39)
Lev	-0.0080	(-1.50)	-0.0001	(-0.01)	0.0098	(1.28)	0.0226**	(2.22)
产权类型	控制	—	控制	—	控制	—	控制	—
行业、年度、省份	控制	—	控制	—	控制	—	控制	—
N	145482	—	84808	—	73653	—	47311	—
Adj. R^2	0.554	—	0.540	—	0.558	—	0.545	—

栏 C：对产品差异度的影响

自变量	PDIFF 系数值	t 值	PDIFF 系数值	t 值	PDIFF 系数值	t 值	PDIFF 系数值	t 值
Lnsub	0.0009***	(3.74)	—	—	—	—	0.0007**	(2.18)
Intrate	—	—	-0.1012***	(-4.04)	—	—	-0.1792***	(-5.52)

续表 12－3

自变量	PDIFF 系数值	t 值	PDIFF 系数值	t 值	PDIFF 系数值	t 值	PDIFF 系数值	t 值
Taxrate	—	—	—	—	0.0207 ***	(3.29)	0.0172 **	(2.28)
PROCESS_F	0.0121 ***	(2.98)	0.0146 ***	(2.92)	0.0113 **	(2.09)	0.0182 ***	(2.87)
PROCESS_D	−0.0316 ***	(−4.39)	−0.0334 ***	(−3.34)	−0.0517 ***	(−5.18)	−0.0526 ***	(−3.95)
PCGDP	0.0024 **	(2.17)	0.0032 **	(2.09)	0.0007	(0.47)	0.0003	(0.16)
EDU	−0.1855 ***	(−3.29)	−0.1617 **	(−2.46)	−0.1182 *	(−1.73)	−0.0752	(−0.96)
TEC	0.0788 ***	(7.93)	0.0807 ***	(6.93)	0.0788 ***	(5.92)	0.0712 ***	(4.72)
CAP	−0.0047 ***	(−8.14)	−0.0054 ***	(−7.20)	−0.0056 ***	(−7.00)	−0.0059 ***	(−5.93)
Size	−0.0063 ***	(−10.37)	−0.0071 ***	(−9.45)	−0.0064 ***	(−8.17)	−0.0083 ***	(−8.55)
Age	0.0054 ***	(6.15)	0.0058 ***	(5.57)	0.0046 ***	(3.76)	0.0042 ***	(3.03)
ROA	0.0161 ***	(3.84)	0.0065	(1.09)	0.0180 ***	(2.65)	0.0090	(1.02)
Lev	−0.0019	(−0.86)	−0.0019	(−0.62)	0.0043	(1.30)	0.0042	(0.97)
lnNP	−0.0582 ***	(−86.08)	−0.0587 ***	(−70.50)	−0.0584 ***	(−65.70)	−0.0591 ***	(−55.43)
产权类型	控制	—	控制	—	控制	—	控制	—
行业、年度、省份	控制	—	控制	—	控制	—	控制	—
N	145482		84808		73653		47311	
Adj. R^2	0.196	—	0.204	—	0.212	—	0.218	—

注：***、** 和 * 分别表示 1%、5% 和 10% 的显著性水平，括号内数值为 t 值。
资料来源：作者用 Stata 软件计算。

从基准测试的回归结果来看，表 12－3 栏 A 说明低税率和政府补贴显著促进了产品质量的提升；栏 B 说明仅低利率对出口企业产品技术复杂度具有显著的促进作用；栏 C 说明政府补贴和低利率的信贷支持均对产品差异度有正向促进作用。因此，综合来说，产业政策对出口转型升级的促进作用还是比较明显的。并且，从模型设定方面来说，无论是单独考虑各产业政策的作用（对应的样本量比基准测试样本要大），还是同时考虑三个方面产业政策的基准模型，各政策变量的回归结果都高度一致：回归系数的符号完全一致，回归系数的大小比较接近，显著性水平也相当。

控制变量方面，回归结果与先前文献基本一致：由外资企业完成的加工贸易份额（PROCESS_F）与出口转型升级正相关，而由内资企业完成的加工贸易份额（PROCESS_D）则可能表现为相反方向的影响（Xu & Lu，2009）；地区经济发展水平（PCGDP）与出口转型升级正相关

(Wang & Wei, 2010)。根据产品差异化指标的构建过程可知,企业的产品多样性(lnNP)与产品差异化负相关,且结果表明这种负向关系十分显著,凸显出在产品差异化的回归分析中对产品多样化进行控制的必要性。

从政策效果的一致性方面来说,低利率的信贷支持对三个出口转型升级的度量指标回归结果的符号具有完全的一致性,均表现为促进作用;政府补贴对产品质量和差异化指标的回归结果均显著为正;税收优惠对出口转型升级的影响则不够明确,低税率能够促进产品质量提升,但与对技术复杂度和产品差异度的影响关系截然相反。鉴于此,本章后续还将区分产权性质,在各自的子样本中进行回归,重点关注各项产业政策对出口转型升级的影响在不同产权性质企业之间是否具有异质性。同时,通过区分产权的子样本回归还能识别相关政策效果的主要来源。

区分产权性质的子样本回归结果见表 12-4 各栏。从栏 A 可以看出,政府补贴对产品质量的促进效果主要来自国有企业、集体企业以及民营企业,而低税率对产品质量的促进效果则来自外商独资和中外合资企业。栏 B 结果显示,信贷政策对出口产品技术复杂度的影响主要来自民营企业子样本。栏 C 显示了低利率对产品差异度的促进作用主要体现在民营企业子样本,以及集体企业和中外合资子样本中;此外,栏 C 的结果还揭示了政府补贴对民营和外商独资企业提升产品差异度的正向作用,而对补贴率最高的国有企业子样本则没有显著的促进效果,这无疑是个比较意外而且具有现实指导意义的结论。

表 12-4 区分产权性质回归结果

栏 A:对产品质量的影响

自变量:QUALITY	国有企业(t值)	集体企业(t值)	民营企业(t值)	外商独资企业(t值)	中外合资企业(t值)	中外合作企业(t值)
Lnsub	0.0145** (1.99)	0.0150** (2.15)	0.0200*** (4.05)	0.0037 (0.39)	0.0087 (1.47)	0.0175 (0.92)
Intrate	0.8442 (0.68)	0.1109 (0.13)	0.2184 (0.53)	-0.0329 (-0.05)	-0.7811 (-1.38)	2.0700 (1.54)
Taxrate	0.0088 (0.05)	-0.0621 (-0.35)	0.0538 (0.55)	-0.4434** (-2.44)	-0.6078*** (-4.50)	-0.1602 (-0.43)
Controls	控制	控制	控制	控制	控制	控制
产权类型	控制	控制	控制	控制	控制	控制

续表 12－4

自变量：QUALITY	国有企业（t值）	集体企业（t值）	民营企业（t值）	外商独资企业（t值）	中外合资企业（t值）	中外合作企业（t值）
行业、年度、省份	控制	控制	控制	控制	控制	控制
N	3448	4963	11109	6618	10910	1277
Adj. R^2	0.164	0.168	0.123	0.219	0.195	0.273

栏 B：对技术复杂度的影响

自变量：PRODY	国有企业（t值）	集体企业（t值）	民营企业（t值）	外商独资企业（t值）	中外合资企业（t值）	中外合作企业（t值）
Lnsub	－0.0014（－0.70）	－0.0013（－0.66）	－0.0006（－0.48）	－0.0010（－0.53）	－0.0001（－0.08）	－0.0070（－1.28）
Intrate	－0.1089（－0.32）	－0.2174（－0.95）	－0.3361***（－2.67）	－0.0654（－0.45）	－0.2198（－1.42）	－0.2433（－0.69）
Taxrate	0.0381（0.66）	0.0258（0.51）	0.0464（1.58）	－0.0508（－1.24）	0.0677*（1.90）	0.0687（0.76）
Controls	控制	控制	控制	控制	控制	控制
产权类型	控制	控制	控制	控制	控制	控制
行业、年度、省份	控制	控制	控制	控制	控制	控制
N	4341	6020	13765	8253	13315	1607
Adj. R^2	0.470	0.537	0.547	0.607	0.567	0.558

栏 C：对产品差异度的影响

自变量：PDIFF	国有企业（t值）	集体企业（t值）	民营企业（t值）	外商独资企业（t值）	中外合资企业（t值）	中外合作企业（t值）
Lnsub	－0.0003（－0.35）	0.0009（1.10）	0.0012**（2.10）	0.0016*（1.70）	0.0008（1.28）	0.0001（0.03）
Intrate	0.0059（0.04）	－0.3126***（－3.14）	－0.1718***（－3.26）	－0.0824（－1.15）	－0.2204***（－3.42）	0.0904（0.54）
Taxrate	0.0577**（2.33）	0.0117（0.57）	0.0089（0.73）	0.0192（0.99）	0.0158（1.05）	－0.0267（－0.55）
Controls	控制	控制	控制	控制	控制	控制
产权类型	控制	控制	控制	控制	控制	控制

续表 12-4

自变量：PDIFF	国有企业（t 值）	集体企业（t 值）	民营企业（t 值）	外商独资企业（t 值）	中外合资企业（t 值）	中外合作企业（t 值）
行业、年度、省份	控制	控制	控制	控制	控制	控制
N	4341	6020	13765	8253	13315	1607
Adj. R^2	0.263	0.286	0.234	0.214	0.184	0.271

注：***、**和*分别表示1%、5%和10%的显著性水平，括号内数值为t值。
资料来源：作者用 Stata 软件计算。

由于企业所得税税率对三个衡量出口转型升级的指标的影响关系缺乏一致性，下面着重关注税收政策在各种产权类型企业子样本中回归结果的差异性。对比表 12-4 各栏的结果可以看出，税收优惠政策对出口转型升级的影响与政策效果预期不一致的地方主要体现在国有企业和中外合资企业子样本中，这可能与产品市场竞争环境有关，确切解释有待进一步研究。

三、稳健性检验

前文的基准回归模型控制了行业、年度及省份固定效应，即分别为不同的行业、不同的年度及行业设置哑变量并将其加入回归模型。这样做存在着一个潜在的假设，即这些固定效应之间并没有潜在的交互影响，比如，行业之间的差异并不因年度而异，也不会因地区而异。但现实中却有可能存在上述情形。因此，为检验基准回归结果的稳健性，这里加入了更为严格的固定效应以消除这些固定效应之间可能存在交互影响的疑虑。具体来说，通过构建一个三维度的哑变量同时考虑行业、年度及省份，即基于这三个维度的所有组合来设置哑变量并将其加入回归模型。相比基准回归模型，更严格的固定效应意味着有更多的哑变量被加入模型，所以模型的拟合度将会有所提升。结果见表 12-5，各回归模型的 R^2 稍大于表 12-3 各栏的最后一列，政策变量对转型升级变量的影响与基准回归结果很相近：补贴和利率优惠对转型升级的促进作用较为一致，但税收优惠仅表现出对产品质量的提升。因此，即使加入更加严格的固定效应也不影响本章结论。

表 12-5　更严格的固定效应

自变量	QUALITY		PRODY		PDIFF	
	系数值	t 值	系数值	t 值	系数值	t 值
Lnsub	0.0050	(1.61)	-0.0007	(-0.94)	0.0010***	(2.78)
Intrate	-0.3929	(-1.35)	-0.1743**	(-2.35)	-0.1503***	(-4.60)
Taxrate	-0.2728***	(-4.07)	0.0389**	(2.24)	0.0180**	(2.38)
Controls	控制	—	控制	—	控制	—
产权类型	控制	—	控制	—	控制	—
行业×年度×省份	控制	—	控制	—	控制	—
N	37453	—	46385	—	46385	—
Adj. R^2	0.210	—	0.578	—	0.254	—

注：***、** 和 * 分别表示 1%、5% 和 10% 的显著性水平，括号内数值为 t 值。
资料来源：作者用 Stata 软件计算。

基准回归分析中政策变量均定义为连续变量，下面将主要通过对产业政策设置哑变量以及在基准测试模型中增加控制变量来测试本章结论的稳健性。

首先，设置政府补贴哑变量（Sub_dummy 企业获得补贴则取 1，否则取 0）、信贷支持哑变量（Int_dummy 企业利率低于行业均值则取 1，否则取 0）和税收优惠哑变量（Tax_dummy 所得税税率低于行业均值则取 1，否则取 0），再进行基准测试模型的回归，结果详见表 12-6。

表 12-6　政策哑变量的回归结果

自变量	QUALITY		PRODY		PDIFF	
	系数值	t 值	系数值	t 值	系数值	t 值
Sub_dummy	0.0494***	(3.31)	-0.0057	(-1.48)	0.0048***	(2.86)
Int_dummy	0.0335**	(2.52)	0.0088***	(2.62)	0.0060***	(4.02)
Tax_dummy	0.0431***	(3.24)	-0.0121***	(-3.49)	-0.0018	(-1.19)
Controls	控制	—	控制	—	控制	—
产权类型	控制	—	控制	—	控制	—
行业、年度、省份	控制	—	控制	—	控制	—
N	38341	—	47311	—	47311	—
Adj. R^2	0.181	—	0.545	—	0.218	—

注：***、** 和 * 分别表示 1%、5% 和 10% 的显著性水平，括号内数值为 t 值。
资料来源：作者用 Stata 软件计算。

回归结果显示,补贴政策和信贷政策的哑变量促进了产业转型升级,税收优惠哑变量则一正一负表现为不一致的影响方向,因此主要研究结论与基准测试相同。除了同时对三项政策哑变量进行回归以外,采用与基准测试类似的方法(如表12-3各栏前三列),还分别考虑了对每项政策哑变量的回归,结果与表12-6高度一致,因此为节省篇幅未予列报。

其次,参考 Aghion et al(2015)的回归模型,在基准测试的基础上进一步控制了 FDI 以及进口关税。控制变量 $Horizontal$、$Backward$、$Forward$ 分别为行业层面横向、后向(下游行业)和前向(上游行业)的 FDI 水平;控制变量 $lnTariff$、$lnbwTariff$、$lnfwTariff$ 分别为所在行业、后向(下游行业)和前向(上游行业)的进口关税税率取自然对数,上述变量的构建方法详见 Du et al(2014)。此外,本章还对企业层面的全要素生产率(TFP)进行了控制,加入更多的控制变量之后样本量有所减少。回归结果如表12-7所示,增加了控制变量之后政府补助对出口转型升级的促进作用依然显著,表现为对产品质量的提升和促进产品差异度。与基准测试的结果相同,低利率对出口转型升级的促进作用在三个转型升级代理变量的回归中高度一致,均表现为正向的促进作用。但税收政策对三个转型升级代理变量的回归结果具有差异性,仅表现出对产品质量的提升作用。综上所述,基准测试的回归结果均有比较高的稳健性,无论是对政策变量设置连续变量还是哑变量,抑或在模型中增加控制变量,都不改变本章的主要结论。

表12-7 增加控制变量的回归结果

自变量	QUALITY		PRODY		PDIFF	
	系数值	t 值	系数值	t 值	系数值	t 值
$Lnsub$	0.0076 **	(2.40)	-0.0001	(-0.07)	0.0006 *	(1.71)
$Intrate$	-0.5510 *	(-1.83)	-0.1571 *	(-1.90)	-0.1916 ***	(-5.40)
$Taxrate$	-0.2486 ***	(-3.57)	0.0438 **	(2.27)	0.0266 ***	(3.24)
$Controls$	控制	—	控制	—	控制	—
产权类型	控制	—	控制	—	控制	—
行业、年度、省份	控制	—	控制	—	控制	—
N	31893		39255		39255	
Adj. R^2	0.197	—	0.551	—	0.227	—

注:***、**和*分别表示1%、5%和10%的显著性水平,括号内数值为 t 值。
资料来源:作者用 Stata 软件计算。

第四节 关于政策公平性的进一步探讨

以上考察了各项产业政策对企业出口转型升级的作用,从中发现外部的政策支持在不同程度上促进了企业产品质量、差异度以及技术复杂度的提升。但是,以上只是考察了产业政策在绝对意义上对企业出口产品结构转型升级的作用,以及产业政策在企业间的分布状况,即政策公平性,也有可能会影响企业进行转型升级的动力。因此,有必要进一步探讨政策公平性对于企业出口转型升级的意义。

产业政策公平性是从城市—行业层面来度量的,同样也是从政府补贴、信贷支持以及税收优惠三个方面来分别进行计算。某项产业政策在实施过程中对市内同一行业所有公司一视同仁则体现了最高程度的公平性;相反,如果仅仅将政策性优惠集中在行业内少数几家公司则可能被认为有失公平。本章用产业政策量化数据在同一城市—行业内的标准差来度量政策公平性,因此,数值越小则公平性程度越高。具体地,政府补贴的公平性(Sub_sd)取值为城市—行业内所有公司在同一年度的补贴金额($Lnsub$)之标准差;信贷支持的公平性(Int_sd)取值为城市—行业内所有公司在同一年度的贷款利息率($Intrate$)之标准差;税收优惠的公平性(Tax_sd)取值为城市—行业内所有公司在同一年度的所得税实际税率($Taxrate$)之标准差。

一、模型设定

为了进一步考察政策公平性对出口转型升级的增量解释力,这里将补贴政策的公平性(Sub_sd)、信贷政策的公平性(Int_sd)以及税收政策的公平性(Tax_sd)同时加入基准回归模型,得到如下线性回归模型:

$$UPGRADE = \beta_0 + \beta_1 Lnsub + \beta_2 Sub\_sd + \beta_3 Intrate + \beta_4 Int\_sd + \beta_5 Taxrate + \beta_6 Tax\_sd + \sum CitylevelControls + \sum FirmlevelControls + \sum OwnershipDummy + \sum IndustryFixedeffect + \sum YearFixedeffct + \sum ProvinceFixedeffect + \varepsilon \quad (12-2)$$

控制变量和固定效应的设置与基准模型(12-1)完全一致。对各项政策公平性的度量采用的是行业内的标准差,标准差越大表示越不公平,因此，如果政策公平性有利于出口转型升级，则各项政策公平性变量的回归系数应该显著为负。

二、回归结果

模型（12-2）的回归结果如表 12-8 所示。由政策公平性变量（Sub_sd、Int_sd、Tax_sd）的回归系数可见，利率公平性变量的回归系数全部如预期相同一致为负，税率公平性变量的回归系数有两个为负但补贴公平性变量的回归系数仅有一个为负且不显著。由于这些政策公平性变量是基于行业内的标准差进行构建的，标准差越大越不公平，而显著为负的回归结果则说明公平性越高越有利于企业的出口产品转型升级。从显著性水平来看，信贷利率的公平性越高，越能显著促进技术复杂度以及产品差异化，而所得税税率的公平性越高则能够显著促进产品质量和复杂度的提高。因此，总体而言，政策公平性对出口转型升级也有比较明显的影响力。另外，从表 12-8 中还可以发现，在加入政策公平性变量之后，所有政策变量（$Lnsub$、$Intrate$、$Taxrate$）的回归结果与基准回归的结果（见表12-3）仍然十分接近。

表 12-8 政策公平性的增量作用

自变量	QUALITY		PRODY		PDIFF	
	系数值	t 值	系数值	t 值	系数值	t 值
$Lnsub$	0.0067**	(2.03)	-0.0012	(-1.44)	0.0006*	(1.72)
Sub_sd	-0.0001	(-0.12)	0.0002	(1.12)	0.0001	(0.94)
$Intrate$	-0.3911	(-1.30)	-0.1500*	(-1.92)	-0.1574***	(-4.51)
Int_sd	-0.0232	(-0.26)	-0.0514**	(-2.25)	-0.0466***	(-4.60)
$Taxrate$	-0.3440***	(-4.87)	0.0410**	(2.22)	0.0218***	(2.70)
Tax_sd	-0.0827***	(-3.82)	-0.0197***	(-3.51)	0.0044*	(1.77)
Controls	控制	—	控制	—	控制	—
产权类型	控制		控制		控制	
行业、年度、省份	控制		控制		控制	
N	34141		41717		41717	
Adj. R^2	0.184	—	0.567	—	0.218	—

注：***、**和*分别表示1%、5%和10%的显著性水平，括号内数值为 t 值。
资料来源：作者用 Stata 软件计算。

第五节　小结及政策建议

一、主要结论

本章利用海关出口数据以及企业财务数据，从政策视角探讨了影响我国出口企业产品结构升级的驱动因素，实证结果表明，支持性的产业政策总体上起到了对出口转型升级的积极促进作用。具体而言，本章从政府补贴的强度、信贷利率以及企业所得税税率的高低三个方面对产业政策进行了量化，对出口产品结构的转型升级也分别从产品质量、技术复杂度以及产品差异度三个不同的方面进行了刻画，在控制了公司层面以及城市层面的其他影响因素并剔除了行业、年度、地区固定效应之后，通过多元回归分析得到如下结论：①政府补贴有助于出口企业提升产品质量和产品差异度，通过区分产权性质的子样本回归还发现政府补贴的政策效果主要来自民营企业、国有企业和集体企业；②低利率的信贷支持对提升出口产品的技术复杂度以及产品差异度均有显著的正向影响，且这种政策效果主要来自民营企业、中外合资企业和集体企业；③所得税优惠政策对提升外商独资企业和中外合资企业的出口产品质量有显著的政策效果。上述结论具有较高的稳健性：无论是分别考虑单项政策还是同时对多项政策进行回归，都不改变主要研究结论；对各项产业政策的量化无论是设置连续变量还是哑变量，主要结论都一致；在基准回归模型的基础上进一步控制潜在的相关因素也不影响主要结论。

本章还进一步探讨了政策公平性对出口转型升级的增量影响，实证结果表明，除了政策力度本身对出口企业产品结构升级有促进作用，政策公平性也在其中扮演着重要角色。总体而言，政策公平性越高，则政策效果越好。具体地，本章用各项产业政策的落地实施在同一城市、同一行业内所有企业之间的标准差来度量政策公平性，其标准差越小，则政策公平性越高。在控制了政策力度以及企业层面和城市层面的控制变量之后，通过多元回归分析发现，虽然政府补贴的公平性回归系数并不显著，信贷利率的公平性能够显著提升产品技术复杂度以及产品差异度，所得税税率的公平性则有效促进了产品质量和技术复杂度的提高。因此，本章的主要结论表明产业政策有效地促进了中国企业出口转型升级，但政策效果不仅取决于政策力度还应考虑政策公平性问题，并且各项政策对不同产权性质的出口企业而言，效果也不尽相同。

二、政策建议

在我国实现产业结构升级的关键时期，制定与之相适应的产业政策显得尤为重要，评估政策实施的有效性则成为一个重大课题。由于本章仅关注政策效果中对出口转型升级的作用，因此，根据实证分析的主要研究结论，并结合我国产业政策的实施现状，谨提出如下两点政策建议。

其一，制定产业政策时应该考虑各产权类型企业之间存在的异质性，既要给予足够的政策性支持，又要尽量避免无效率的资源浪费。因为从本章区分产权性质的子样本回归中可以发现，各项产业政策在各产权类型企业的子样本中所起的作用呈现较大的差异性，有的发挥了显著作用而有的则未能发挥作用。支持性政策未能发挥预期的作用可能主要有两方面的原因：一是支持力度不够，资源投放不足，因而还不足以产生效果；二是相应政策与企业的需求和动机不相匹配，即并未对症下药，存在资源浪费。例如，从政府补助的投放来看，相对于国有企业和集体企业，在补贴率相对更低的民营企业子样本中，政府补贴对提升其产品质量和产品差异度均有显著的政策效果。因此，如果仅从促进出口转型升级方面来考量政府补贴政策的实施效果，则可以认为该项政策还存在较大的调整和优化空间。

其二，在西部大开发的战略格局和缩小地区间贫富差距的经济目标下，不同经济发展水平的地区之间可以存在偏向性的政策差异，但在一个相对较小的经济区域内部，如同一个省（区、市）或同一个城市的同一行业内，则应该注重政策实施的公平性，让市场去实现竞争企业之间的优胜劣汰。因为从本章对政策公平性的研究表明，同一城市内行业层面的政策公平性对出口企业产品结构的提升有显著的正向影响。因此，决策者除了需要在政策制定阶段考虑政策力度本身对市场参与者的预期影响，还需要关注落地实施阶段所体现出来的公平性问题。

出口竞争编

第十三章 中国企业出口产品竞争现状

第一节 企业出口产品竞争的测度

一、企业出口产品差异度的概念

本章所构建的产品差异化衡量指标旨在直接从新产品研发能力方面刻画企业层面的出口产品结构。该指标本身即为企业层面的度量,不同于产品质量和技术复杂度需要通过对企业内各产品按各自的出口份额进行加权平均才能得到,其在度量的直接性和精确性方面都具有一定的优势。本章对产品差异化的度量方法借鉴自 Hoberg and Phillips (2016),他们基于文本分析方法来识别不同的产品类别并构建了美国上市公司的产品差异化指标。海关数据库直接提供了各种产品的 HS 编码,基于该编码来构建出口企业的产品差异化指标将更加具有准确性;但目前还没有研究出口转型升级的文献使用过这种方法。

二、产品相似度(产品差异性)计算方法

(一)企业出口产品向量

(1)方法 1:0-1 法。

企业 i 的出口产品向量可以表示为:$P_i = (a_{i1}, a_{i2}, \cdots, a_{ij}, \cdots, a_{iJ})$,其中,$J$ 为某年度产品库里总的产品个数(基于 HS6 编码)。元素 $a_{ij}=1$,如果企业 i 的主要产品里面包含产品 j;否则赋值为 0。

(2)方法 2:权重法。

各元素 a_{ij} 的取值为各产品出口金额占当年该企业出口总额的比重。根据企业的实际出口值(v_{ij})可以计算每种产品的出口份额 a_{ij},

$$a_{ij} = \frac{v_{ij}}{\sum_{i=1}^{J} v_{ij}} \tag{13-1}$$

则企业的产品出口矩阵如下:

$$
\begin{array}{c}
\text{产品}(j) \\
\begin{array}{cccccc}
 & 1 & \cdots & j & \cdots & J \\
1 & (a_{11} & a_{12} & \cdots & a_{1j} & \cdots & a_{1J}) & = P_1 \\
2 & (a_{21} & a_{22} & \cdots & a_{2j} & \cdots & a_{2J}) & = P_2 \\
\vdots & \vdots & \vdots & & \vdots & & \vdots & \vdots \\
i & (a_{i1} & a_{i2} & \cdots & a_{ij} & \cdots & a_{iJ}) & = P_i \\
\vdots & \vdots & \vdots & & \vdots & & \vdots & \vdots \\
I & (a_{I1} & a_{I2} & \cdots & a_{Ij} & \cdots & a_{IJ}) & = P_I \\
\end{array}
\end{array} \quad (13-2)
$$

（企业(i) 标在左侧）

（二）产品向量的标准化

用两两企业出口产品向量的内积即可表示两两企业之间出口产品的相似性，内积越大则越相似，出口产品种类完全没有交集则内积等于 0。为保证任意两两企业产品向量的内积具有可比性，还需要先对企业的产品向量进行标准化，使其具有单位长度，从而使任意企业与自身的产品结构相似性最高，内积等于 1。标准化的公式如下：

$$V_i = \frac{P_i}{\sqrt{P_i \cdot P_i}} \quad (13-3)$$

经过标准化之后，所有企业的出口产品向量就位于一个 J 维空间的单位球面上。我们定义 Q_t 为一个 $I \times J$ 维矩阵，它包含了 I 个企业在 t 年的标准化之后的出口产品向量。

（三）两两企业出口产品相似性以及差异性

企业 i 和企业 j 的出口产品相似度可以表示为 $S_{ij} = V_i \cdot V_j$。由于已经标准化，则两两相似性 S_{ij} 的取值总是处于 [0, 1] 区间，即 $S_{ij} \in [0, 1]$。相应地，二者之间的产品差异性定义为 $D_{ij} = 1 - S_{ij}$，$D_{ij} \in [0, 1]$。

通过以上方法可以计算企业 i 与其他 $I-1$ 个企业的产品差异度。

（四）推算企业-年度层面的产品相似度指标

参考 Hombert and Matray (2017) 的处理方法，在企业的所有竞争对手之间进行平均便可得到该企业的产品结构差异化指标。

我们将主要出口产品存在重叠的企业定义为竞争对手，例如，企业 i 和企业 k 是竞争对手，当且仅当

$$V_i \cdot V_k > 0$$

对于给定的企业 i，它和竞争对手平均产品相似性为：

$$avesim_i = \frac{1}{N_i} \sum_{k \neq i}^{I} V_i \cdot V_k$$

$$= \frac{1}{N_i}[(V_i(V_1 + V_2 + \cdots + V_{i-1} + V_{i+1} + \cdots + V_I))]$$

$$= \frac{1}{N_i}(V_i \sum_{1}^{I} V_i - V_i^2) \quad (13-4)$$

通过式（13-4）可以发现，要计算企业 i 与竞争对手的平均相似度需要两个步骤。首先需要计算企业的总体相似度 $V_i \sum_{1}^{I} V_i - V_i^2$，然后精确地识别竞争对手的个数 N_i。

总体相似度的算法可以通过下式完成：

$$totalsim_i = V_i \left(\sum_{1}^{I} V_i - V_i^2 \right) = V_i \sum_{1}^{I} V_i - V_i \cdot V_i$$

$$= (a_{i1}, \cdots, a_{ij}, \cdots, a_{iJ})(\sum_{i=1}^{I} a_{i1}, \cdots \sum_{i=1}^{I} a_{ij}, \cdots \sum_{i=1}^{I} a_{iJ}) - (a_{i1}^2, \cdots, a_{ij}^2, \cdots, a_{iJ}^2)$$

$$= \underbrace{a_{i1} \sum_{i=1}^{I} a_{i1} - a_{i1}^2}_{\text{产品1}} + \cdots + \underbrace{a_{ij} \sum_{i=1}^{I} a_{ij} - a_{ij}^2}_{\text{产品}j} + \cdots + \underbrace{a_{iJ} \sum_{i=1}^{I} a_{iJ} - a_{iJ}^2}_{\text{产品}J}$$

$$(13-5)$$

通过式（13-5）可以计算企业 i 所生产的每一个产品与其他企业的相似度，然后通过汇总即可得到企业 i 的总体产品相似度。

通过式（13-4）可知，要计算企业的平均出口产品相似度还需要统计企业的竞争对手个数 I。为此，我们设定如下标准：①企业两两之间至少存在着一个重叠的出口产品；②只保留 $a_{ij} > 0.01$ 的商品，而将 $a_{ij} < 0.01$ 的情况统统设置为 0[①]。

企业的竞争对手个数 N_i 可以用循环的方法一一求出。在获得每个企业的竞争对手个数 N_i 之后，我们可以通过式（13-4）计算企业与其他企业的平均出口产品相似度。

[①] 之所以采取这样的处理方式是因为，在 HS6 位数水平上，虽然企业的出口产品种类繁多，但是从份额上看，企业的出口产品集中度相对较高。之所以存在这种情况是因为有些产品的出口份额又非常小，与其他企业根本形成不了竞争关系，如果不做这样的处理就会高估每个企业的竞争对手的个数。以 2002 年为例，该年共有 52984 个出口企业，每个企业的平均竞争对手是 1906 个，有 1187 个企业的竞争对手超过 10000 个；经过处理之后，每个企业的平均竞争对手的个数下降为 201 个。

第二节　中国企业出口产品差异度的典型事实

一、趋势分析

图 13-1 表示了 2000—2012 年中国出口企业平均产品差异度的变化趋势。所有年份总的平均产品差异度是 73.17%。从图中可以看出，出口企业平均产品差异度在 2000—2007 年间有明显而持续的上升趋势，仅 2006 年比上一年的产品差异度有下降，下降幅度为 0.39%。平均产品差异度在 2007—2012 年间有明显而持续的下降趋势。在 2000 年，出口企业平均产品差异度达到最低，为 69.38%；在 2007 年，达到最高，为 75.82%。从年份的角度分析，可以发现，2001 年中国加入 WTO 后，中国企业的出口处于一个高速增长期，出口的产品多样性提高，国际竞争力不断增强。2008 年后，由于整体经济不景气、成本不断上升和最低工资标准持续上涨等原因，劳动密集型企业的经营成本急剧增加，不少制造业企业逐渐选择向东南亚等周边地区转移，中国产业竞争优势在出口上的表现开始有所削弱。

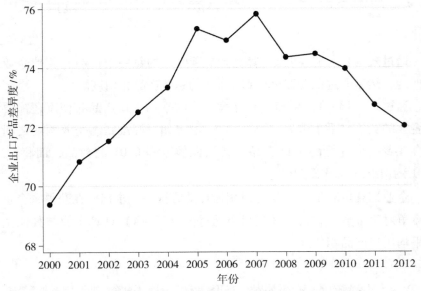

图 13-1　2000—2012 年中国出口企业平均产品差异度[①]

[①]　此处提到的"平均"指以"某企业出口额/该年各企业总出口额"值为权数的加权平均计算。

接下来，我们将不同企业依照产品差异性进行等级划分：75%以上（含75%）为高等级，50%～75%（含50%）为中等级，50%以下为低等级。根据海关编码所对应的企业法人代码，我们对企业产权的类型进行区分。在剔除无效数据后，做出以下分析。

运用不同方法（精确识别竞争对手的加权法、精确识别竞争对手的0-1法、近似识别竞争对手的加权法、近似识别竞争对手的0-1法）进行测算，可以获得相应测算方法下不同的企业产品差异性和相应占比。保持其他前提不变，对加权法和0-1法的测算结果进行比较，如图13-2和图13-3比较（或图13-4和图13-5比较），可以发现运用0-1法进行测算会低估高产品差异性企业的占比，高估中、低产品差异性企业的占比。在保持其他前提不变的情况下，对是否剔除中间商进行比较，如图13-2和图13-4比较（或图13-3和图13-5比较），可以发现没有剔除中间商的测算会高估高产品差异性企业的占比，低估低产品差异性企业的占比。

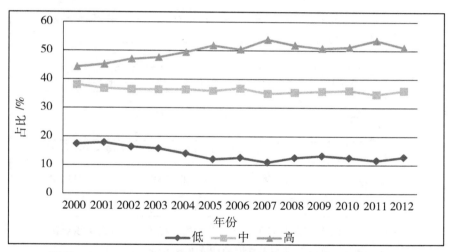

图13-2 2000—2012年不同产品差异性等级的企业占比折线示意
（精确识别竞争对手的加权法）

如图13-2所示，从整体来看，2000—2012年间，接近一半的企业产品差异性较高，且呈上升趋势，平均增长率为1.194%。产品差异性较低的企业占比呈现下降趋势，平均增长率为-2.550%。在2001—2007年间，产品差异性较低的企业占比减少速度快于平均增长率。可能原因在于加入WTO后，企业在得到更为开阔的国际市场的同时，也需要面临更多的竞争对手，更大的行业竞争压力。在这种情况下，企业会选择差异化战

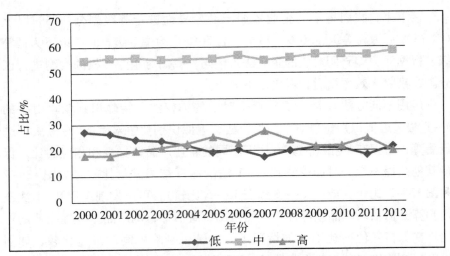

图13-3 2000—2012年不同产品差异性等级的企业占比折线示意
（精确识别竞争对手的0-1法）

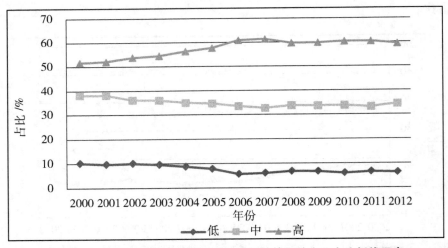

图13-4 2000—2012年不同产品差异性等级的企业占比折线示意
（近似识别竞争对手的加权法）

略，提高产品差异度。同时，2007—2012年产品差异性较高的企业占比出现了较为明显的波动，可能原因在于经济危机爆发，各国经济下行，企业经营状况较差，为了降低成本，企业缩小出口或减少生产。

如图13-6所示，进一步对高产品差异性的企业类型进行分析，我们可以发现，2000—2012年间，在高产品差异性的企业中，国有企业和集体企业这一类公有制企业的占比从12.390%下降至接近3.877%，私营企业以及外商独资企业的占比呈现上升趋势。值得注意的是，私营企业占比

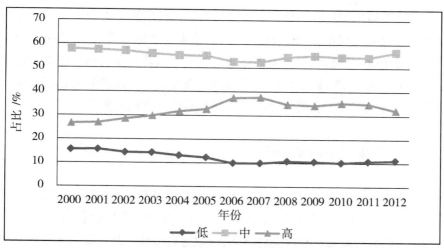

图 13-5　2000—2012 年不同产品差异性等级的企业占比折线示意
（近似识别竞争对手的 0-1 法）

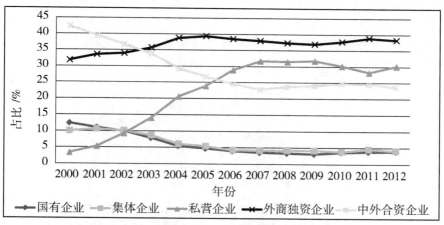

图 13-6　2000—2012 年高产品差异性企业的类型及占比

增长更为明显，增长率为 19.947%，但私营企业的占比在 2008 年后增长缓慢，甚至在 2011 年出现降低。可见，2001 年加入 WTO 后，中国高产品差异性的企业类型占比有明显的变化。

中国加入 WTO 后，市场对外开放程度日益提高，这对于企业而言既是机遇又是挑战——企业有更多的机会在国际市场进行贸易，但同时要面临更多的竞争对手。国有企业和集体企业这一类公有制企业主要受到政府的支配，主观能动性较弱。由于体制的限制，这一类企业进行创新性改革的进程相对于其他所有制的企业较为缓慢，其在高产品差异性的企业中占比降低。私营企业属于非公有制企业对于自身的改革则有较大的自主性，虽然面临着诸多困难和挑战，如融资困难、投资信息不到位、经营人才不足等，但也有一定的优势：首先，国家越来越鼓励民营企业"走出去"，给予私营企业一定的政策、经济补助；其次，私营企业能够更好地对市场信息做出反应，及时做出产品战略调整，提高企业产品差异化程度以提高企业竞争力。因此，私营企业在高产品差异性的占比不断提高。

二、行业内竞争程度分析

图13-7显示了不同行业在2000—2012年的出口额占比和平均产品差异度[1]。这里按照《国际标准行业分类编码》将中国出口企业归类至39个行业，并选取行业出口额占比前20的行业进行分析。从图13-7中可以看出，平均产品差异度较高的行业分别是皮革毛皮及其制品业（83.38%）、家具制造业（79.27%）、纺织业（78.30%）。电子通信制造业的行业产值占比最高（34.15%），而平均产品差异度并非最高（74.76%）。由此可见，中国传统型制造企业对外出口产品的种类较为丰富；电子通信设备等的新兴制造企业虽然出口额巨大，但其产品趋于同质化。

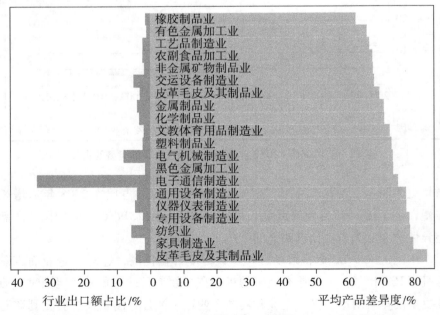

图13-7　2000—2012年不同行业出口额占比和平均产品差异度

---

[1]　此处提到的"出口额占比"指某行业出口额/全行业出口额；"平均"指以"某企业出口额/所在行业总出口额"值为权数的加权平均计算。

三、区域特征

图 13-8 显示了 2000—2012 年各省（区、市）的平均产品差异度①。平均产品差异度前五名分别为西藏（91.51%）、福建（76.11%）、上海（75.76%）、广东（75.55%）、重庆（74.39%），且西藏的产品差异度远高于其他四个省（区、市）。产品差异度后五名分别为甘肃（60.24%）、四川（57.93%）、宁夏（53.77%）、山西（53.51%）、青海（38.06%），且青海明显低于其他四个省（区、市）。由此可知，全国各地的产品差异度差距较大。经济较为发达的地区产品差异度较低，经济较为一般的地区产品差异度较高。

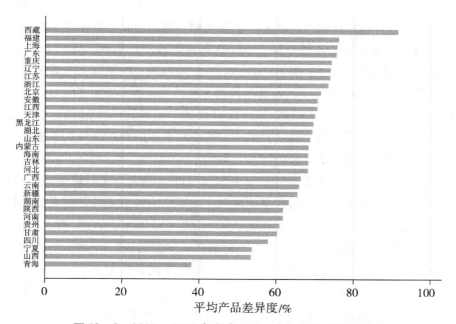

图 13-8 2000—2012 年各省（区、市）平均产品差异度

---

① 此处提到的"平均"指以"某企业出口额/所在省份总出口额"值为权数的加权平均计算。图中没有显示中国香港、澳门和台湾这三个地区的数据。

第十四章 政府补贴、产品差异度与出口企业竞争方式

第一节 研究背景及问题提出

补贴是政府干预企业经营行为并体现其经济发展意指的重要政策之一，这一点在中国这样一个发展中大国体现得尤为明显。数据显示，中国政府对企业存在广泛和持续的补贴。根据"中国工业企业数据库"财务信息中的"补贴收入"指标计算，中国企业补贴总额从 2000 年的 315 亿元增加到 2006 年的 825 亿元，补贴企业占总企业的比例为 12%，其中出口企业的补贴比例高达 17%，远高于德国企业补贴比例 3.5%（Girma et al, 2009）[①]。尽管这些补贴并不全是以出口促进的名义进行发放的，但是或多或少带有出口促进的动机。补贴作为政府对企业的转移支付，也是出口促进政策的重要组成部分（施炳展，2016）。

在此背景下，关于政府补贴对中国出口的影响成为文献讨论的热点。早期的研究主要在宏观和行业层面展开，主要结论是由于补贴的发放和使用疏于监管，因此并未有效改善出口业绩（Hoffmailster, 1992；Faini, 1994）。随着微观企业数据可获得性的增强，大量的研究开始关注补贴对企业出口行为和绩效的影响。按照分析对象的不同，在总体上可以分为企业出口的"量"和"质"两大类别。在"出口的量"这一大类中，文献从出口决策和出口密集度（苏振东等，2012；于建勋，2012）、企业出口数量（周世民等，2015）、企业出口扩展边际（施炳展，2012）等角度进行了实证研究。在"出口的质"这一大类中，出口产品质量（李秀芳和施炳展，2013；施炳展和邵文波，2014；张杰等，2015）、出口产品技术

[①] 不同的文献由于对原始数据处理方式存在差异，因此所计算的补贴总额也存在一些差异，本章最终整理的数据显示，企业的补贴收入总额从 1998 年的 68 亿元增加到 2013 年的 560 亿元（由于和海关数据库进行了合并，删除了很多样本，因此该数据比其他研究显得略小），年均增长率为 14%。尽管存在这些差异，但是基本上可以说明政府对企业补贴的强度和广度。

第十四章 政府补贴、产品差异度与出口企业竞争方式

复杂度（鲁晓东，2015；余娟娟、于东升，2018）等成为分析的对象。以上文献共同烘托的一个结论是：政府补贴这只"有形的手"为中国出口量的激增做出了积极的贡献，但是这种贡献主要是通过刺激原来不出口的企业从事出口活动，以及鼓励在位出口企业的出口量而实现的。政府的这种调控措施对出口产品的质量以及出口技术复杂度形成了抑制作用，延缓了出口转型升级的进程。

尽管以上结论被文献反复确认，但是有一个细节问题被忽略了，那就是"促量限质"效应发生的机制并未被充分阐述清楚。张杰等（2015）、余娟娟和于东升（2018）在对抑制效应的机理的分析中，均将"低价格竞争"作为"获得政府补贴"的必然结果来对待。事实上，低价格竞争只是获得政府补贴的一个或然结果。由于企业可以通过补贴收入提升研发水平，从而提升企业的产品质量，增强企业的非价格竞争力，因此补贴可能提升企业的出口价格（施炳展等，2013）。在这种背景下，政府补贴和低价格竞争之间仍然存在一个需要打通的逻辑"缺环"。

本研究认为，政府补贴之所以使企业陷入低价格竞争，其原因在于它的介入改变了企业的竞争策略。在获得政府补贴之后，企业对这笔额外资金的使用总体来说有两个渠道，一个渠道是提高企业的研发水平，提高产品质量或研制新的产品，走差异化竞争之路；还有一个渠道是通过对竞争对手产品的模仿和试制，以低成本迅速侵入对手的市场，从而获取相对稳定的市场份额。由于创新性研发具有非常高的潜在沉没成本和不确定性，极容易因研发失败而使自身在市场竞争陷入被动局面（王义中、宋敏，2014），而竞争对手的成熟产品由于已经经历过市场的检验，其遭受失败的概率就会大大降低。在中国知识产权观念和制度相对淡薄的情景下，企业极容易产生"搭便车"的冲动。因此，出口企业更倾向于采取模仿竞争对手的产品的竞争策略，从而造成企业之间的产品具有高度的同质化；而同质化竞争的局面一旦形成，则使得企业必然陷入低价格竞争，从而扼杀了其提高产品质量和技术复杂度的动机。

对于以上逻辑的识别有赖于两个方面的工作：首先，需要找到准确刻画企业产品差异度的方法；其次，要能够克服企业经营行为中的内生性问题，识别政府补贴和企业产品差异度的因果关系。对于前者，本章以 HS8 位数编码为基础，通过定义企业的产品向量，然后通过求向量内积的方法完成；对于因果关系的识别问题，本章针对传统方法的不足，使用倾向得分匹配后的双重差分（PSM - DID）来完成模型的估计。

本章可能的创新点主要体现在以下四个方面：其一，基于企业向国外

市场提供的产品信息来定义企业之间的相似性和差异性,从而定义企业的竞争对手。相对于传统上基于企业所在行业的企业数量的多少来刻画行业竞争程度的方法①,这种基于产品空间差异度的方法更为准确。该指标旨在刻画企业之间的水平相关性,而非垂直相关性,这样就和企业投入产出表所提供的信息形成了互补。其二,相对于行业编码,企业所提供的产品信息是随时变化和更新的,因此能够提供更多的关于企业产品线的信息,而且更容易捕捉企业竞争形势的动态变化。其三,在研究方法上采用"反事实"的思想,利用倾向得分匹配和倍差法,克服了政府补贴与企业产品差异性之间可能存在的内生性问题,使 DID 方法(differences-in-differences,双重差分法)的政策评估效果更加符合共同趋势假设,提高了研究结论的科学性。其四,填补了政府补贴与企业低价格竞争这一逻辑链条之间的"缺环",为文献中所形成的"政府补贴促进出口规模,抑制转型升级"的结论提供了机制支持。

在此引言之后,本章的结构安排如下:第二节阐述研究思路、变量构造和数据来源等信息;第三节和第四节分别基于全样本和倾向得分匹配的倍差法估计结果及分析;第五节通过对企业出口产品的数量以及附加值的研究进一步从侧面确认政府补贴和产品差异度之间的关系;第六节是本章的结论及政策建议。

第二节　模型、变量与数据来源

一、研究设计与模型构建

政府补贴可以看作是针对某些特殊企业进行的一项政策试验。对于这种政策效果的评价,最自然的方法就是考察企业在接受补贴与不接受补贴情况下的出口产品差异度的变化情况。基于倍差法的思想,本节将接受政府补贴的企业视为实验组,将从未接受补贴的企业视为对照组。设定两个二元虚拟变量 $TREAT$ 和 $POST$。$TREAT=1$ 表示企业曾经获得政府补贴,$TREAT=0$ 表示该企业未获得过政府补贴;$POST=0$ 表示企业接受政府补贴前的时期,$POST=1$ 表示企业接受政府补贴后的时期。令 $PDIFF$ 表示企业出口产品差异度。则政府补贴对企业差异化竞争的影响可以表示为:

---

① 比较常用的指标包括赫芬达尔指数、基尼系数等。

第十四章 政府补贴、产品差异度与出口企业竞争方式

$$\beta = E(\Delta PDIFF_i^1 | TREAT_i = 1) - E(\Delta PDIFF_i^0 | TREAT_i = 1)$$

(14-1)

可以看到,处理效应是一种反事实效应,因为接受政府补贴的企业在不享受政府补贴的情况 $E(\Delta PDIFF_i^0 | TREAT_i = 1)$ 是不可观测的。为了克服上述不可观测问题,我们可以利用匹配法为享受政府补贴的企业寻找到最为相近的但未享受过政府补贴的企业作为对照企业,并观测出匹配对照组企业的出口产品差异度为 $E(\Delta PDIFF_i^0 | TREAT_i = 0)$,基于实验组和对照组,可以方便地定义和计算补贴的处理效应:

$$\beta = E(\Delta PDIFF_i^1 | TREAT_i = 1) - E(\Delta PDIFF_i^0 | TREAT_i = 0)$$

(14-2)

在以上的准自然实验中,估计结果的可靠性主要取决于对照组和实验组的匹配程度。这就要求两组企业在未接受政府补贴前在出口产品差异度的变动上足够相近,使得企业是否接受补贴是一个完全独立的随机事件,从而在根本上解决内生性问题。本节使用倾向得分匹配法(propensity score matching,PSM)进行样本匹配,其基本思路是先用 probit 或 logit 模型估计企业收到政府补贴的概率 $Prob(Sub_{it}=1)$,即倾向得分值 PS,然后根据实验组和对照组之间的 PS 值的相近程度对两组企业进行配对,具体模型为:

$$PS_{it} = Prob(Sub_{it} = 1) = \Phi(x_{it})$$ (14-3)

其中,x_{it} 为影响企业是否接受补贴的协变量,本节选取企业生产率、资产回报率等可以刻画企业特征的变量作为匹配的依据。匹配后可以使得补贴企业和未补贴企业的可观测因素 x_{it} 尽量相同,从而克服内生性问题。在匹配样本的基础上,可以根据倍差法比较实验组和对照组在接受政府补贴前后的出口差异度的情况,从而就可以判断政府补贴是否影响了企业的出口差异度。具体检验模型如下:

$$PDIFF_{i,t} = \alpha_i + \mu_t + \beta_1 TREAT_{it} \times POST_{it} + \beta_2 POST_{it} + \gamma X_{it-1} + \varepsilon_{it}$$

(14-4)

在上述回归模型中,因变量为出口产品差异度,下标 i、t 分别表示企业与年份。为了进一步缓解因遗漏变量而导致的估计偏差,我们在模型中加入了企业固定效应 α_i(因此吸收了 $TREAT$ 变量的解释力),以剔除企业层面不随时间变动的潜在因素对回归结果的影响;同时,还加入了年度固定效应 μ_t,从而消除不同年度宏观因素变化对出口企业的整体冲击。$X_{i,t-1}$ 表示企业层面滞后一期的控制变量,主要包括企业规模、年龄、全

要素生产率等。该模型中，我们的关注点在于交叉项的回归系数 β_1，如果其显著为正（负）则说明补贴后出口产品差异度提升（下降）。后文中所有回归分析中使用的连续变量均在 1% 和 99% 水平上做缩尾（winsorize）处理，以消除极端异常值对回归结果的影响，并使用公司层面进行聚类（clustering）处理的稳健标准差来计算回归系数的显著性。

二、变量说明

（一）产品差异度

详见本书第七章相关内容。

（二）政府补贴

对企业来说，政府补贴是最为直接的政策性支持。如前所述，在双重差分的研究设计中，为了刻画企业是否曾经获得政府补贴以及何时取得补贴，我们用自变量 TREAT 来标记实验组和控制组，用自变量 POST 来标记补贴前和补贴后的观测值。由于某些情况下政府补贴的金额相对较小，可能并不足以对企业经营产生影响力，我们只比较了可观测的政府补贴。具体地，我们将可观测补贴的标准定义为补贴率（补贴额/营业收入）不小于 1% 且补贴额不少于 10 万元，或者单看补贴额不少于 50 万元。相应地，实验组（TREAT = 1）为在 2000—2012 年间曾收到可观测政府补贴的公司，而对照组（TREAT = 0）为在此期间未收到政府任何补贴的企业。在此样本期间内第一次收到可观测补贴的年份记为 $t = 0$ 并设置虚拟变量 POST = 1，第一次收到补贴之前的所有年份标记为 POST = 0。由于企业从获得补贴到使用补贴资金，进而对企业经营产生实际效果需要一定的时间，例如，新产品研发或扩大生产规模都是比较缓慢的调整过程。考虑到补贴效应的这种时滞性，我们将收到补贴的第 2 年及第 3 年均填补为 POST = 1。理论上对政策效应的具体发生时点并没有准确的预判，但我们认为像以往文献一样将补贴假设为会立刻产生效果的政策很大可能是不合理的，因此我们选择在一个相对较长的 3 年期限内来考察补贴政策的实施效果。

（三）其他控制变量

除了外在的政策因素，企业的产品差异度可能还受到企业本身的内在因素影响。因此，除了加入企业固定效应以控制各企业不随时间变动的因

第十四章 政府补贴、产品差异度与出口企业竞争方式

素，我们还对一系列随时间变动的企业层面特征加以控制。由于我们所关注的补贴政策可能也对这些企业层面特征产生影响，例如，盈利能力和融资能力等，因此，我们在所有回归分析中使用滞后一期的企业层面控制变量。首先，我们控制了全要素生产率（TFP）。根据新新贸易理论，生产率是企业异质性的主要来源，对于企业的出口行为有着决定性的影响，这一点也得到了诸多实证研究的支持。出口产品差异度是企业出口行为的重要表征之一，势必受到生产率的影响。本章所使用的全要素生产率基于半参数方法（OP法）估计，具体步骤参考鲁晓东和连玉君（2012）。其次，我们对企业规模（Size）和企业年龄（Age）加以控制，企业规模用企业总资产的对数来衡量，而企业年龄取值为自成立以来的年数取自然对数。企业规模是此类研究中的常用控制变量，该变量包含了很多方面的信息，譬如企业所面临的融资约束、享有的规模效应以及市场竞争力等。我们控制企业年龄是因为企业在成长中的不同阶段往往有不同的产品策略。在理论上，企业年龄对企业产品差异度的影响有两个相反的作用机制。一方面，随着企业的成长，企业的产品线有延伸的趋势，这往往是企业多元化策略作用的结果（易先忠等，2014）。在中国情境下，尤其是在制造业领域，这种策略往往是企业避险和跟随型、保守型竞争策略的延伸，如果行业内的大部分企业采用这种策略，其客观的作用结果就是，会造成企业产品空间的趋同化，从而降低企业产品线的差异性。另一方面，还存在着一种提高企业产品差异度的反向机制，在企业初创时期，往往是多管齐下，涉足多类产品，随着企业经营思路的成熟以及对市场脉搏把握能力的提高，往往会收缩产品线，将精力用在一些拳头产品上。成熟企业为了在市场竞争中赢得优势，往往会倾向于采取差异化策略。在这种机制下，企业的产品差异度会随着其年龄的增长而增加。因此，企业年龄对企业产品差异度的综合影响取决于以上两种机制作用的强度。

企业本身的盈利能力以及融资能力对企业经营策略有非常重要的影响。为此，我们相应控制了资产收益率（ROA）和资产负债率（Lev），资产收益率等于年度经营利润除以总资产，资产负债率则用企业总负债占总资产的比重来衡量。此外，我们还注意到产品差异化和产品多样化其实是一对有紧密内在联系的不同概念，差异化刻画的是产品的质而多样化则仅仅关注产品的量。基于企业有限的资源投入和经营策略，其可能会在质和量之间进行权衡，为保证本章结论的稳健性我们进一步在回归分析中控制了企业前一年度的产品多样化程度（NP），其取值为企业主要出口产品种类数量取自然对数。

三、数据来源

出口产品差异度的相关数据来自中国海关总署发布的进出口交易数据。该套数据涵盖了2000—2012年企业的进出口交易月度统计数据，字段主要包括企业名称、HS8位数产品编码、交易数量及价值、出口类别（主要区分为普通出口和加工贸易）等。首先将数据按企业-年度-产品编码进行汇总使之转变为年度数据，然后使用上文介绍的向量内积法构造企业-年度层面的出口产品差异度指标。

政府补贴以及企业层面的控制变量构建则基于由国家统计局发布的规模以上工业企业数据库。工业企业数据库的信息来源于国家统计局对中国所有的国有企业以及工业总产值超过500万元的非国有企业进行的年度跟踪调查（聂辉华等，2012），据统计，这些企业的出口额占我国制造业出口总额的比例达98%（张杰等，2015）。

由于中国工业企业数据库和海关进出口数据库所采用的企业编码系统不同，因此不能直接通过编码合并，需要借助其他信息实现两套数据库间对企业的匹配。①除了编码以外，企业最为显著的标识为企业名称。因此，我们根据企业的名称，在同一年的两套数据中具有相同名字的则认为是一个企业，通过这种方式完成83.61%的企业匹配，在越靠后的年份中这种方法的匹配成功率越高。②使用邮政编码和法人代表对其企业进行识别，这种方法能够实现13.23%的企业对接。③通过企业的邮政编码和电话号码最后7位进行匹配，这是因为在每一个邮政地区中，企业的号码不同，通过该方法匹配的样本占总数的1.85%。④通过企业电话号码和法人代表组合进行匹配，该方法匹配的样本比例为1.31%。

鉴于本章需要同时依赖两套数据，我们的研究样本期间为两套数据涵盖期间的交集，即基于2000—2012年共13年的企业-年度数据。在尚未考虑缺失变量等剔除因素的情况下（后文将详细介绍进一步的样本筛选过程），根据我们对匹配结果的统计，上述匹配程序可以让我们初步得到一个约有72万个企业-年度观测值的数据集，对应大约16万个不同的出口企业编码。

第三节　基于全样本的实证分析

鉴于 PSM – DID 方法的第一步需要构建一个包含所有可得实验组和控制组观测的全样本，我们不妨基于此全样本数据做一些铺垫性的测试。全样本测试的好处是数据量更大，但由于无法保证实验组和控制组在补贴前的平行趋势假设，因此，政策效果的估计值可能存在一定的偏误。我们将在下一章节运用倾向得分匹配来修正这种潜在偏误。

一、全样本的构建

我们的初始样本源于样本期间（2000—2012 年）海关数据库与工业企业数据库的对接匹配结果。我们将初始样本中包含的所有企业分为三组但仅保留其中两组，即实验组和对照组。如前所述，实验组为样本期间曾经获得可观测补贴的企业，而对照组则为从未获得任何补贴的企业。换言之，只获得过零星、小额政府补贴的企业被归类为第三组，并被排除在我们的测试样本之外。接下来，我们分别对实验组和控制组公司进行样本筛选。

对于实验组，为了能较为准确地捕捉补贴政策的效果并考虑可能存在的滞后效应，我们主要考察企业出口产品差异度在获得补贴前三年至后三年期间的变化。类似于经典的事件研究法，对测试期间长短的选择是在样本量与测试效果之间的权衡，过长的测试期间虽然有助于增加样本量但同时也更大可能受到其他同期事件的干扰，而过短的测试期间又不足以反映潜在的滞后效应。鉴于某些企业在 2000—2012 整个样本期间不止一次地获得可观测补贴，但后续补贴的测试期间可能还受到前一次补贴的影响，因此，我们将考察对象锁定在企业获得第一次政府补贴[①]。基于此，我们仅保留实验组企业第一次补贴前后各三年的观测，获得补贴当年算作补贴后的第一年。在进一步删除存在回归变量缺失的观测值后，我们还要求最终的实验组企业在补贴前后的期间内至少各存在一个观测值，否则删除该企业的所有观测值。

[①] 事实上同时考虑多次补贴并不影响本章结论，为节省篇幅我们只报告了基于第一次补贴的测试结果，其他详细结果备索。

控制组样本全是未获得补贴的企业，在与实验组企业进行匹配之前是无法区分具体观测值是对应于补贴前还是补贴后的，因此，我们只能初步构建一个包含所有潜在控制样本的数据池。由于后续需要将控制组公司与实验组进行匹配，而我们对实验组企业的考察期间为补贴前后各三年，我们相应地也要求控制组公司存在足够多连续年度的观测值。另外，我们在回归模型中对企业固定效应进行了控制，要求控制组企业存在较多的连续年度观测，这样一定程度上还可以规避时间上的短面板所引起的问题。具体地，在删除存在回归变量缺失的观测值后，我们要求每一个控制组企业在2000—2012年整个样本期间有不少于5年的连续观测值，否则删除该控制组企业的所有年度观测。在完成上述样本筛选过程后，我们最终得到一个包含108655个企业－年度观测值的全样本，其中，实验组和控制组样本占比分别为40%和60%。

二、描述性统计

基于全样本的描述性统计结果见表14-1。首先，从我们构建的因变量产品差异度的分布来看，其均值与中位数非常接近，因此，不存在明显左偏或右偏的问题。我们注意到产品差异度指标是一个相对于其竞争对手的概念，其数值的大小取决于对竞争对手的定义，比如，在剔除外贸企业之后$PDIFF_2$的数值要小于未剔除前的$PDIFF_1$，这是因为外贸企业通常汇总了所有相关产品，所以出口品种类繁多但差异度较小，因此，相对而言生产性的出口企业之产品差异度数值就会稍微大一点。

因为在全样本中我们无法对控制组中的观测值确定其属于补贴前还是补贴后，参照以前文献的做法，我们对参照组观测池里面的所有观测赋值$POST=0$，这样$POST=1$就仅仅对应于实验组企业的补贴后期间样本。实验组样本的占比为40%，而$POST=1$的样本占比约为19%，因此，实验组企业的观测值在补贴前后期间的分布也大体平均。其他控制变量的均值与分布与以往文献具有相当的可比性，比如资产收益率（ROA）的中位数约为6%，平均资产负债率（Lev）为55%。最后，由于工业企业数据库涵盖了2000年之前的数据，而海关数据仅从2000年才可得，因此，出口品种类（NP）的样本量略少于企业层面的其他控制变量。另外，我们重点关注出口企业的主要产品（占比超过企业当年出口总额1%的品种），发现有相当一部分的企业主打出口产品仅为1种（取自然对数后$NP=0$），但同时也有超过25%的出口企业有5种以上不同的主打产品。

表 14-1 变量描述性统计

变量	数量/个	均值	标准量	P25	中位数	P75
$PDIFF_1$	108655	0.5160	0.1520	0.4260	0.5360	0.6290
$PDIFF_2$	108655	0.4440	0.1670	0.3400	0.4630	0.5680
TREAT	108655	0.4020	0.4900	0.0000	0.0000	1.0000
POST	108655	0.1870	0.3900	0.0000	0.0000	0.0000
TFP	108655	2.7690	2.0490	0.3640	3.2990	4.0190
Size	108655	10.5000	1.4560	9.4450	10.3100	11.4100
ROA	108655	0.1390	0.2220	0.0204	0.0635	0.1570
Lev	108655	0.5500	0.3080	0.3410	0.5410	0.7240
Age	108655	2.0890	0.6430	1.7920	2.0790	2.4850
NP	103081	0.9920	0.7600	0.0000	1.0990	1.6090

三、多元回归分析

由于政府补贴并非"雨露均沾",因此,我们可以将其看作是对某些企业进行的一场政策干预试验,通常使用 DID 方法进行分析。如前所述,在全样本中我们对参照组观测池里面的所有观测赋值 $POST=0$,这样 $POST=1$ 就仅仅对应于实验组企业的补贴后期间样本。据此,我们将全样本中的回归模型设定如下:

$$PDIFF_{i,t} = \alpha_i + \mu_t + \beta_1 POST_{i,t} + \gamma X_{i,t-1} + \varepsilon_{i,t} \quad (14-5)$$

上述模型设定与模型(14-4)仅有细微差异,所有变量设定都完全一样,唯有 POST 的定义与标准的倍差法不同。其实,这种研究设计就相当于用这个单一的自变量 POST 替代了标准 DID 回归模型中的交叉项(TREAT×POST),我们感兴趣的是回归系数 β_1,即如果其显著为正(负)则说明补贴后出口产品差异度提升(下降)。因为我们在全样本中同时包含了实验组和对照组样本,这实际上仍然是一个 DID 模型。回归结果见表 14-2。

表 14-2 全样本回归结果

变量	$PDIFF_1$ (1)	$PDIFF_2$ (2)	$PDIFF_1$ (3)	$PDIFF_2$ (4)
POST	-0.0063*** (-5.17)	-0.0061*** (-4.40)	-0.0049*** (-4.14)	-0.0045*** (-3.37)

续表 14-2

变量	$PDIFF_1$ (1)	$PDIFF_2$ (2)	$PDIFF_1$ (3)	$PDIFF_2$ (4)
TFP	-0.0002 (-0.50)	-0.0004 (-0.81)	0.0002 (0.39)	-0.0000 (-0.05)
Size	-0.0067*** (-7.18)	-0.0061*** (-5.95)	-0.0040*** (-4.50)	-0.0033*** (-3.30)
ROA	-0.0064*** (-3.00)	-0.0045* (-1.88)	-0.0031 (-1.50)	-0.0009 (-0.40)
Lev	-0.0031* (-1.73)	-0.0036* (-1.82)	-0.0024 (-1.40)	-0.0028 (-1.44)
Age	-0.0047*** (-3.25)	-0.0055*** (-3.38)	-0.0024 (-1.62)	-0.0028* (-1.72)
NP	—	—	-0.0293*** (-29.68)	-0.0328*** (-29.68)
年度固定效应	Yes	Yes	Yes	Yes
年度固定效应	Yes	Yes	Yes	Yes
N	108655	108655	103081	103081
Adj. R^2	0.678	0.659	0.699	0.681

注：***、**、* 分别表示变量在 1%、5%、10% 的统计水平上显著。

表 14-2 的列（1）和列（2）分别表示以包含外贸公司竞争对手和剔除外贸公司竞争对手后的产品差异化指标作为被解释变量的回归结果。结果表明，无论使用哪种变量，补贴后企业产品差异化程度都存在显著下降，POST 的回归系数均显著为负。在控制变量方面，我们发现全要素生产率（TFP）对企业产品差异度并无显著影响，可能有以下两方面的原因：一方面，我们控制了企业固定效应，因此回归系数捕捉的是同一企业不同年度间自变量与因变量之间的关系，而全要素生产率在短期内可能具有比较高的黏性；另一方面，不显著的回归系数可能正好说明我们对产品差异化的度量与现有同出口企业绩效相关的指标，如全要素生产率，其分别衡量的是企业不同的方面。而其他的控制变量则均表现为对产品差异度的抑制作用，即企业规模越大、年龄越老、财务杠杆越高越不利于实施产品差异化策略。有趣的是，企业盈利能力（ROA）也与产品差异度显著负

相关。这一结果与政府补贴的效应不谋而合，说明企业更倾向于将前期赚取的利润或从政府获得的补贴资金运用于扩大生产同质化的产品，而非用于新产品研发从而实施差异化的竞争策略。更深层次地，就现阶段的中国出口企业而言，进行同质化竞争似乎成为他们的理想决策，因为这样做有利可图，否则他们便无法将这种同质化竞争策略维持下去，那我们就不会观察到这种负相关关系。

表14-2中列（3）和列（4）为进一步控制了滞后一期出口产品种类（NP）的回归结果，$POST$ 的回归系数仍然显著为负，因此，我们的主要回归结果是稳健的。产品差异化与多样化是两个相关但本质上却不同的两个概念，我们的结果表明 NP 的回归系数显著为负，这说明注重产品多样化会牺牲差异化程度，企业往往需要在这两者之间进行利益权衡。另外，我们注意到 NP 回归系数的显著性特别高，这说明在考察产品差异度的研究中应该不可或缺地对产品多样化程度进行控制。因此，在后文的所有回归分析中，如无特殊说明我们都控制了产品多样化。总之，基于全样本的实证分析初步揭示了政府补贴对出口企业产品差异度的抑制效应。但对模型（14-5）估计结果的可靠性依赖于这样一个假设：控制组样本为实验组企业提供了理想的参照标准，如果两组出口企业本身差异较大或者其产品差异度随时间的变化趋势完全不同，那么基于全样本的分析结果就可能存在较大偏误。因此，我们在下文中采用 PSM 方法构造更加合适的对照组以期得到更加可靠的估计结果。

第四节　基于 PSM 的 DID 估计

DID 方法的重要前提是实验组和对照组必须满足共同的趋势假设，即如果没有政府补贴的"外力"干预，每个企业的产品差异度的变动趋势随着时间的变化并不存在系统性差异。但是，由于企业产品线是其经营策略重要部分，会根据市场环境等因素发生变化，因此以上假定就很难得到保证。由 Heckman et al（1996）提出并发展起来的 PSM-DID 方法（propensity score matching differences in differences，双重差分倾向得分匹配方法）能够有效地缓解这一问题，从而可以使估计结果更加准确、可靠。PSM-DID 是通过倾向得分匹配得到适当的控制组样本，然后再进行倍差法估计。其基本思路是在未接受政府补贴的出口企业中找到适当的样本，使其与接受了补贴的实验组企业的可观测变量尽可能相同或相似，从而两个相匹配的企业在获得政府补贴这一事件上的概率接近，因此能够进行横向和纵向的比较。匹配方法可以极大缓解 DID 中实验组和控制组在经历干预事件之前可能不满足共同趋势假设所带来的问题（刘瑞明和赵仁杰，2015）。

一、匹配方案

首先，我们用如下 Probit 模型来对倾向得分进行估计：

$$Treat = \beta_0 + \beta_1 TFP + \beta_2 Size + \beta_3 ROA + \beta_4 Lev + \beta_5 Age + \beta_6 NP +$$
$$\beta_7 \Delta PDIFF_2 + \sum OwnershipDummy + \sum ProvinceDummy +$$
$$\sum IndustryDummy + \sum YearDummy + \varepsilon \quad (14-6)$$

模型因变量 $TREAT$ 标记了企业是否获得政府补贴，所以倾向得分即企业获得政府补贴的概率。我们在模型中包括了所有企业层面的控制变量，并在模型中控制了产权、年度、行业以及省份固定效应。此外，鉴于我们匹配的最终目的是使得实验组和控制组企业具有可比性，故一方面要求企业获得政府补贴的概率比较接近，另一方面还要求在补贴事件之前的期间其原有的产品差异度指标具有尽量接近的变化趋势，因此，我们还控制了产品差异度较上年的变化值（$\Delta PDIFF_2$）①。

值得特别说明的是，上述对政府补贴的预测模型并不是直接在全样本中进行估计的。具体地，首先，我们将全样本中的实验组企业在获得补贴之后第二年和第三年的观测全部删除，因为这些观测值可能受到补贴政策的直接影响从而干扰对是否获得补贴的预测。其次，因为我们需要做的是企业与企业之间的匹配，而不是具体年度观测值（相对狭小的时间点）之间的匹配，并且我们对补贴效应的测试期间为补贴前后各三年，所以我们对所有回归自变量取前三年，即 $[t-3, t-1]$ 期间的平均值。这样做的好处是，可以规避某些变量可能存在各年度之间的剧烈波动从而影响匹配效果。最后，由于已经对预测变量做了前三年间的平均化处理，我们只需要保留 $t=0$ 年度的实验组（$TREAT=1$）样本，从而删除获得补贴年度之前的所有观测值（事实上，我们也并不需要就这些年度与控制组样本进行匹配）。简言之，上述预测模型的回归样本包括实验组企业获得补贴当年的观测和所有可得的控制组企业－年度观测，补贴的预测变量取各变量前

---

① 如果替代性地控制 $\Delta PDIFF1$，其匹配效果和回归结果十分类似；因为 DID 方法的共同趋势假设只是要求获得补贴前的变化趋势相近，而非产品差异度所处的水平，所以并不需要对产品差异度本身加以控制。

三年间的平均值。在进一步剔除因取均值过程中造成的缺失值后,我们最终得到68132个企业-年度观测①,其中13394个实验组样本 TREAT = 1,其余的则为控制组样本 TREAT = 0。上述 Probit 模型在该最终样本中的回归结果见表14 – 3 的列(1)。

表14 – 3 计算倾向得分的 Probit 模型回归结果

变量	TREAT (1) 匹配前	TREAT (2) 匹配后
TFP	– 0.0120 (– 1.39)	– 0.0193 (– 0.84)
$Size$	0.5406*** (54.20)	– 0.0025 (– 0.13)
ROA	– 0.1072** (– 2.56)	0.1431* (1.74)
Lev	0.1866*** (11.87)	– 0.0760*** (– 2.61)
Age	– 0.0772*** (– 4.26)	0.1519*** (4.34)
NP	0.0912*** (6.46)	0.0025 (0.09)
$\Delta PDIFF_2$	– 0.1584* (– 1.67)	0.0467 (0.21)
常数项	– 4.4467*** (– 4.89)	– 0.1774 (– 0.16)
产权性质、省份、行业、年度固定效应	Yes	Yes
N	68132	5230
伪 R^2	0.3589	0.0044
P 值	0.0000	1.0000

注:***、**、*分别表示变量在1%、5%、10%的统计水平上显著。

---

① 此样本量与表14 – 2 全样本回归的样本量的差异主要来自两方面:一方面,在该 Probit 模型中我们只保留了实验组企业在得到补贴当年的样本,而在全样本中包含了补贴前后各三年的样本;另一方面,对预测变量取前三年均值的过程丢掉了一些存在数据缺失的观测值。

从回归结果可以看出,整个预测模型的拟合度较好,伪 R^2 达到 35.89%,模型显著性也很高(P 值接近于零)。从预测变量来看,大多数变量的回归系数都在统计上显著,比如,大公司和负债较高的公司更容易获得补贴,而本身盈利能力较好的企业则较少获得补贴。这些结果也从一个侧面说明政府在选择补贴对象时并不是随机的,因此,如果不对实验组和控制组进行匹配而直接对政策效应进行估计则可能存在较大的内生性问题。

基于该预测模型,我们可以计算每一个企业-年度观测的倾向得分值,并以此作为最主要的匹配标准。匹配的基准年份是企业获得补贴当年,我们为每一个实验组公司在同一年度-行业-省份-产权类公司中匹配一个具有最相近倾向得分值的公司,同时要求两个匹配企业之间的倾向得分值相差不超过10%。对已匹配上的控制组公司不再放回匹配池,这样可以保证两组企业之间的一对一匹配且不重复。对匹配条件的限制实质上是在匹配后样本量和匹配效果之间的权衡,上述限制虽然保证了匹配效果,但并不保证每一个实验组公司都可以找到匹配对象①。经上述匹配程序,我们共为2615家实验组企业找到了合适的控制组。

对于匹配效果,我们做了如下两方面的检验:一方面,我们将经匹配好的两组企业样本合并到一起再次进行模型(14-6)的估计,如表14-3的列(2)所示,虽然仍有少数企业层面变量存在显著的结果,但模型整体完全不显著(P 值接近于1)并且模型拟合度极低(准 R^2 接近于0)。这说明匹配程序极大地消除了原有变量对政府补贴的预测能力,进而两组匹配上的企业具有相当的可比性。另一方面,我们直接比较匹配前后的变量均值,结果如表14-4所示。匹配前两组企业的每一个预测变量均值都存在显著的差异,倾向得分更是差异极大,但匹配后两组企业的均值差异明显缩小,多数变量的差异在统计上都不再显著,而且最为重要的是保证了倾向得分在两组企业之间极具可比性(均值都约为0.29)。总之,上述测试表明我们的匹配是成功的,极大地增加了实验组与控制组企业之间的可比性。

---

① 事实上,找不到合适匹配对象的实验组公司非常多,由匹配前后的样本公司数对比就可以看出来:匹配前实验组公司共有13394个,但实际匹配上的仅为其中的2615家。从较多实验组企业无法找到合适的匹配对象这个事实可以看出,对于本章的研究问题而言,匹配过程显得尤为重要,否则两组企业之间可比性较差。

表 14-4 倾向得分匹配前后的变量均值差异对比

变量	匹配前			匹配后		
	控制组 $N=54738$	实验组 $N=13394$	均值差异 t 检验	控制组 $N=2615$	实验组 $N=2615$	均值差异 t 检验
TFP	2.7139	1.7683	0.9456***	1.8667	1.8510	0.0157
Size	9.8873	11.3560	-1.4686***	10.4743	10.4958	-0.0215
ROA	0.1481	0.1238	0.0243***	0.1324	0.1362	-0.0038
Lev	0.5899	0.7387	-0.1488***	0.7690	0.7125	0.0565**
Age	2.0234	2.1011	-0.0777***	1.9949	2.0621	-0.0672***

注：***、**、* 分别表示变量在 1%、5%、10% 的统计水平上显著。

至此，我们已经完成两组企业间在企业层面的匹配工作。为了进行倍差法分析，我们还必须基于此匹配结果构建一个包含两组企业的面板数据。需要注意的是，我们的匹配过程是基于补贴当年的 ($t=0$)，因此我们需要将样本期间扩展到从补贴前三年至补贴后第三年的测试期间，即对每一对匹配上的企业取其 $[t-3, t+2]$ 年度区间的观测值作为测试样本。在后续的 DID 测试中，无论是控制组（TREAT = 0）还是实验组（TREAT = 1）样本，我们都将 $[t-3, t-1]$ 期间的观测值设定为 POST = 0，而 $[t, t+2]$ 期间的所有观测值设定为 POST = 1。同样地，在剔除回归变量缺失的观测值后，我们要求每一对匹配上的实验组和对照组企业在补贴前后的各自期间内都至少要有 1 个观测值，否则删除该对企业的所有样本。最终，我们基于匹配结果构建了一个包含 17855 个企业-年度观测的面板数据，用于后续的标准 DID 测试。

二、基于 PSM-DID 的回归分析

回归模型（14-4）是一个标准的 DID 模型，测试样本则为上述基于 PSM 构建的面板数据，回归结果如表 14-5 所示。无论是否控制产品多样性，也无论是否使用剔除纯外贸企业的产品差异度指标，反映补贴效应的交叉项 TREAT × POST 的回归系数均显著为负，而反映时间趋势的 POST 回归系数并不显著。这说明在控制其他条件不变的情况下，接受补贴的实验组企业出口产品差异度相对于控制组的非补贴企业来说有明显的下降。这样的实证结果预示着，政府补贴抑制了企业的提升出口产品差异度的动

机，使得受补贴企业热衷于模仿竞争对手的产品，造成出口企业之间的产品同质化倾向越来越严重。因此，PSM-DID 的结果再次确认了我们先前基于全样本分析得出的研究结论，即补贴诱导企业选择了同质化的竞争方式。

表14-5 倾向得分匹配后的双重差分模型回归结果

变量	$PDIFF_1$ (1)	$PDIFF_2$ (2)	$PDIFF_1$ (3)	$PDIFF_2$ (4)
$TREAT \times POST$	-0.0076** (-2.32)	-0.0085** (-2.32)	-0.0082*** (-2.59)	-0.0091** (-2.57)
$POST$	0.0005 (0.19)	0.0005 (0.18)	0.0020 (0.75)	0.0022 (0.73)
TFP	0.0009 (0.77)	0.0015 (1.13)	0.0008 (0.73)	0.0014 (1.12)
$Size$	-0.0087*** (-4.28)	-0.0087*** (-3.84)	-0.0063*** (-3.08)	-0.0060*** (-2.64)
ROA	-0.0100* (-1.68)	-0.0086 (-1.30)	-0.0065 (-1.10)	-0.0052 (-0.79)
Lev	0.0029 (0.55)	0.0020 (0.33)	0.0040 (0.77)	0.0031 (0.54)
Age	-0.0057 (-1.30)	-0.0057 (-1.16)	-0.0040 (-0.94)	-0.0039 (-0.81)
NP	—	—	-0.0237*** (-10.00)	-0.0267*** (-10.06)
年度固定效应	Yes	Yes	Yes	Yes
企业层固定效应	Yes	Yes	Yes	Yes
N	17855	17855	17257	17257
Adj. R^2	0.697	0.677	0.713	0.693

注：***、**、*分别表示变量在1%、5%、10%的统计水平上显著。

现实中，政府补贴是以技术革新、绿色环保、出口促进等各种形式发放到企业的。首先，政府补贴发放是一个过程，也存在分期发放的情况；其次，政府补贴对企业经营和出口行为的影响受到诸多因素的干扰，因此其效果的显现就更加需要一个过程。接下来，我们对政府补贴的动态效应

第十四章 政府补贴、产品差异度与出口企业竞争方式

进行检验。基于配对的结果,我们在回归方程中引入 TREAT 和补贴前后共 5 期的交叉项,从 $Period(-2)$ 到 $Period(2)$;而将最前一期 $Period(-3)$ 作为参照基期,回归结果如表 14-6 所示。

首先,表 14-6 的第 1 行和第 2 行的结果验证了本节 DID 方法估计的平行假设。以 $Period(-3)$ 为基准,补贴前一年和前两年的自变量与 TREAT 的交叉项不显著,这说明实验组企业产品差异度的变化趋势在获得补贴之前是与控制组的变化基本保持一致的,从而满足平行性假设。其次,第 3 行到第 5 行的结果则检验了补贴对产品差异度的动态效应,从第 3 行到第 5 行均显著,说明补贴效应从补贴当年就开始了,直至其后第三年仍对产品差异化产生抑制效果。

表 14-6 窗口期间的动态效应

变量	$PDIFF_1$ (1)	$PDIFF_2$ (2)
$TREAT \times Period(-2)$	-0.0033 (-0.74)	-0.0026 (-0.51)
$TREAT \times Period(-1)$	-0.0072 (-1.41)	-0.0063 (-1.10)
$TREAT \times Period(0)$	-0.0101** (-2.00)	-0.0097* (-1.72)
$TREAT \times Period(1)$	-0.0123** (-2.06)	-0.0117* (-1.75)
$TREAT \times Period(2)$	-0.0164** (-2.53)	-0.0182** (-2.52)
周期指标	Yes	Yes
企业层控制	Yes	Yes
年度固定效应	Yes	Yes
企业层固定效应	Yes	Yes
N	17257	17257
Adj. R^2	0.713	0.693

注:***、**、* 分别表示变量在 1%、5%、10% 的统计水平上显著。

第五节 异质性效应检验：区分产权性质

鉴于不同产权性质的企业可能在权衡竞争策略的时候考量并不相同，因此，补贴政策对不同产权类型企业的影响也可能不尽相同。为了进一步探究这种可能存在的异质性效应，我们根据企业的实收资本比重对五种产权类型进行了区分，包括国有企业、集体企业、民营企业、外商独资企业、中外合资/合作企业。这种区分方法比单纯根据企业登记注册类型来划分所有制更为准确、客观（Guariglia et al, 2011）。

首先，我们基于全样本划分不同产权类型企业的子样本，回归结果见表14-7栏A；基于匹配样本的DID分析结果见表14-7栏B。匹配之后的样本量小了很多，但主要的结论与基于全样本的分析结果保持一致：几乎所有的回归系数都为负，但补贴政策对出口企业产品差异度的抑制效应最为显著的是外商独资企业。在加入WTO的初期，中国对外招商引资的力度很大，各省市都试图引进尽可能多的外资来帮助发展本地经济，但在政策上各地都很类似，从而造成同质化竞争、重量而不重质的竞争格局。

其次，补贴对国有企业出口产品差异度的抑制效果虽然也存在，但在统计上并不显著。考虑到国有企业是所有企业类型中接受补贴率最高的[①]，同时国有企业与政府有着密切的关联，而政府的政策往往又具有"一刀切"的特点，从而使得国企的经营具有较强的同质性，抑制了其进行产品差异化竞争的动力，造成了产品差异度降低。而对于合资和外资企业而言，政府的招商政策往往也具有类似特点，从而降低了这类企业的产品差异化程度。

最后，在表14-7中，列（4）～（5）的集体和民营企业样本组内，政府补贴并未对其产品差异化程度造成显著影响，这可能与两个方面的因素有关：其一，这两类企业的政企关系相对于国有企业来说比较疏离，因此其经营更多地体现了市场的意志，而非政府的意志，同质化的竞争策略对它们并没有太大的吸引力；其二，相对于国有企业，集体

[①] 这里的补贴率是指获得政府补贴的出口企业占出口企业总数的比例。2000—2012年国有企业、集体企业、民营企业、合资企业和外商独资企业的平均补贴率分别为46%、41%、33%、30%和23%。之所以出现这种特点应该与企业的政治关联有关（杜勇和陈建英，2016）。

和民营企业的规模整体上相对要小,产品的品类也相对单一,因此在产品空间上比较容易做出差异化。

表 14-7 区分产权性质分别进行回归

栏 A:基于全样本的回归结果

被解释变量 $PDIFF_2$	国有企业 (1)	合资企业 (2)	外商独资企业 (3)	集体企业 (4)	民营企业 (5)
POST	-0.0084 (-1.40)	-0.0007 (-0.31)	-0.0074*** (-3.10)	-0.0068 (-1.27)	-0.0024 (-0.92)
企业层控制	Yes	Yes	Yes	Yes	Yes
年度固定效应	Yes	Yes	Yes	Yes	Yes
企业层固定效应	Yes	Yes	Yes	Yes	Yes
N	4181	28581	34489	6276	29554
Adj. R^2	0.636	0.694	0.708	0.670	0.640

栏 B:基于 PSM 的 DID 估计

被解释变量 $PDIFF_2$	国有企业 (1)	合资企业 (2)	外商独资企业 (3)	集体企业 (4)	民营企业 (5)
TREAT × POST	-0.0331 (-1.29)	0.0000 (0.00)	-0.0148*** (-2.65)	-0.0258 (-1.31)	-0.0062 (-1.03)
POST	-0.0115 (-0.36)	-0.0016 (-0.27)	0.0053 (1.13)	0.0186 (0.99)	0.0017 (0.29)
企业层控制	Yes	Yes	Yes	Yes	Yes
年度固定效应	Yes	Yes	Yes	Yes	Yes
企业层固定效应	Yes	Yes	Yes	Yes	Yes
N	167	4275	6113	582	6120
Adj. R^2	0.748	0.704	0.726	0.649	0.645

注:***、**、* 分别表示变量在1%、5%、10%的统计水平上显著。

第六节　进一步验证：政府补贴与新产品数量和出口附加值

以上的实证检验发现了政府补贴对企业出口产品差异化的抑制作用，并对这种抑制作用的发生机制进行了探讨。这个机制主要由两个环节构成：①政府补贴干预使得企业有了额外的资本进行产品线扩张，随之而来的结果就是企业新产品的数量的增加①，从而造成出口企业间产品空间的同质化程度日益严重；②由此产生的客观后果就是企业间的出口竞争加剧，从而使产品的价格、出口附加值下降，为了谋求在竞争中胜出，有时企业会以产品品质为代价，从而造成出口品价格的下降。

在以上机制中，政府补贴和出口产品质量的负向关系已经得到了张杰等（2016）、余娟娟和余东升（2018）的确认。另外，施炳展等（2013）证明了补贴从总体上增加了企业出口价值量，这一增加作用是通过降低出口价格、提升出口数量途径实现的，从而造就了"低价竞争、数量取胜"的出口模式。但是，对于政府补贴与新产品以及出口附加值的关系尚未得到确认。如果能够确认政府补贴和企业产品数量和出口附加值的关系，则无疑会对本章的结论形成强有力的支撑。

为此，我们沿用前文所使用的 PSM–DID 方法，进一步廓清政府补贴和企业新产品数量以及出口附加值之间的关系。企业产品数量（NEW）来自中国海关进出口数据库，基于 HS8 位数编码水平进行统计。出口附加值（DVA）的测算方法参考了 Kee and Tang（2012）和张杰等（2013）基于中国工业企业数据库和中国海关进出口数据库的微观测算法。回归模型的设定与模型（14–4）一致，只是将因变量改为出口产品种类数量（NEW）或出口附加值（DVA）。

估计的结果如表 14–8 所示，其中前两列是基于全样本的回归，而后两列是基于 PSM–DID 方法的估计。在列（1）的全样本的估计中，POST 的回归系数显著为正说明企业在接受补贴前后，其产品的种类显著上升。而经过 PSM 配对后，列（3）TREAT × POST 的回归系数也正说明了政府补贴显著地提升了企业出口产品的品类，证明了政府补贴客观上造成了企业产品线的延伸，从而使其与竞争对手的产品差异化程度下降。

---

① 这里的"新产品"是指对企业本身来说的，而不是对整个出口市场来说的。在同质化竞争的假设下，企业推出的所谓新产品其实就是竞争对手早已发展成熟的热销产品。

表 14-8 政府补贴对新产品数量和出口附加值的影响

变量	基于全样本		PSM-DID	
	NEW (1)	DAV (2)	NEW (3)	DAV (4)
TREAT × POST	—	—	0.0416*** (3.07)	-0.0388** (-2.56)
POST	0.0137*** (2.83)	-0.0457*** (-9.29)	-0.0226* (-1.86)	0.0093 (0.58)
TFP	0.0020 (1.16)	-0.0004 (-0.24)	-0.0003 (-0.07)	-0.0138** (-2.43)
Size	0.0154*** (4.22)	-0.0190*** (-4.28)	0.0223*** (2.59)	-0.0169 (-1.38)
ROA	-0.0109 (-1.18)	0.0016 (0.13)	-0.0012 (-0.05)	-0.0069 (-0.18)
Lev	0.0111 (1.47)	0.0012 (0.14)	0.0141 (0.66)	0.0749** (2.47)
Age	0.0061 (0.98)	0.0147** (2.55)	0.0066 (0.37)	0.0049 (0.33)
NP	0.2114*** (45.26)	0.0006 (0.13)	0.1541*** (14.27)	0.0030 (0.29)
年度固定效应	Yes	Yes	Yes	Yes
企业层固定效应	Yes	Yes	Yes	Yes
N	103081	42811	17257	6815
Adj. R^2	0.757	0.681	0.776	0.658

注：***、**、* 分别表示变量在1%、5%、10%的统计水平上显著。

那么，企业在接受补贴后扩张产品线的行为是否造成了出口附加值的下降呢？根据表 14-8 第（2）列的全样本估计，补贴后的企业出口附加值显著下降。经过 PSM 配对后的 DID 估计如第（4）列所示，TREAT × POST 的系数亦显著为负，说明补贴同时也造成了出口附加值的下降。以上信息从侧面佐证了补贴对企业出口产品空间差异度的抑制效应，说明政府补贴是造成企业出口品同质化竞争的原因。

第七节 小 结

　　政府补贴是通过何种机制促成中国企业"低价竞争、数量取胜"的出口模式？这一问题的答案对于理解中国出口增长的动力以及出口转型升级乃至经济可持续发展具有重要意义。本章基于中国工业企业数据库和海关进出口数据库所提供的 2000—2012 年微观企业经营信息，通过定义和构造企业的出口产品差异度指标，利用 PSM – DID 方法考察了政府补贴、企业产品差异度和出口竞争方法之间的关系。主要的结论包括四个方面：其一，政府补贴降低了企业出口产品的差异化水平，使得企业与其竞争对手之间的产品空间呈现同构化趋势，从而陷入一种同质化的出口竞争模式。其二，这种负向关系在不同所有制类型中表现出异质性。抑制效应在外商独资企业中表现得尤为明显，而在其他所有制类型的企业中表现得不明显。其三，补贴对企业出口品差异化的动态效应显示这种抑制作用在补贴当年就开始了，直至其后第三年还有降低产品差异化的效果。其四，政府补贴促使企业扩展自己的产品线，使其出口产品品类显著增加，但是竞争者之间扩张的模式基本一致，从而造成产品差异化程度降低，企业陷入低价格竞争，由此带来的一个结果就是造成出口附加值下降，阻碍了外贸转型升级的进程。

　　上述发现一方面有助于理解中国出口增长的模式，另一方面也为政策制定者提供了重要的参考。政府在中国改革开放中起到了重要的引导作用，而补贴正是政府政策菜单中的重要组成部分。大量的补贴一方面促成了中国出口的庞大规模，另一方面也使出口企业陷入同质化竞争的不可持续模式。在这样的情境下，阻断政府补贴和企业出口同质化竞争因果链条的关键取决于两个环节。首先，在当前国内创新能力逐渐提高的背景下，适当提高知识产权的保护强度。按照最优知识产权保护理论，在创新能力较低的情况下，不适合采取过强的知识产权保护。但是，随着中国创新能力的提升，"偏软"的知识产权保护机制客观上助长了企业的互相模仿之风，造成了企业间的同质化竞争严重，这显然已经不利于中国整体创新能力的提升，也有悖于创新型国家的建设方略。因此，有必要提高知识产权的保护力度，提高企业仿制竞争对手产品的成本，引导出口企业走差异化竞争的道路。当然，在这个政策调整过程中，还需要建立防范进入"创新陷阱"的长效机制，掌握好保护的强度。其次，优化政府补贴的政策，适当调整补贴的发放机制和补贴的形式。正是这两方面的管理缺失使得补贴最大的受益方是国有企业，造成了国有企业大而不强的局面。另外，研发创新所面临的不确定性后果又扼杀了企业走差异化竞争之路的动机。因此，从政策上来说，有必要适当缩减补贴规模、优化补贴结构和发放方式，使补贴切实成为企业提高新技术、新工艺的"助推剂"，引导中国出口企业走向外贸转型升级的可持续发展之路。

进口溢出编

第十五章 进口溢出对企业的影响：企业内和企业间效应

第一节 导　言

一、研究背景

改革开放以后，中国已经从基本自足的状态逐渐发展为能够与世界各国进行贸易往来并高度进行贸易融合的大国。尤其自中国加入 WTO 以来，在进出口贸易上取得了巨大的发展，为国内以及世界经济的发展做出了突出贡献。2015 年国务院办公厅进一步发布了多项促进进口稳定增长的意见，2018 年商务部专门制订了《关于扩大进口促进对外贸易平衡发展的指导意见》。国内外学者也在贸易不断发展的过程中从侧重分析出口的重大作用转向发现进口在贸易过程中对国内企业进步的促进效应，也有越来越多的学者通过实证研究验证进口对企业生产率的显著正向影响。

然而，中国的进口结构目前仍然存在不合理性，进口品主要以中间品为主，对于资本品以及最终消费产品的进口则相对较少。因此，国内学者在研究进口对企业生产率影响时也多集中于从中间品进口的角度，但事实上，由资本品以及最终消费品所带来的影响也不容忽视。另外，目前关于进口对企业影响的研究，大多针对进口对国内企业技术进步的影响（全要素生产率为主要衡量指标），但企业生存作为能够保证企业持续经营的基础条件，对经济稳定起着至关重要的作用，需要引起更多的关注。普华永道（2012）发布的《2011 年中国企业长期激励调研报告》显示，中国国内中小企业的平均寿命仅为 2.5 年。同时，一系列统计数据表明，2008—2012 年，共有 39422 万家企业退出市场，因此，企业能否通过进口影响生存这一研究方向具有很强的现实意义。

二、研究内容

本章将进口品分为进口中间品、资本品以及最终消费品三类，从两个角度利用实证分析方法探究进口对企业带来的可能影响：①企业内效应。充分探究不同进口品是否对企业技术进步均存在正向影响，使用企业全要素生产率作为衡量企业技术水平的指标。[①] ②企业间效应。通过构建企业规模变量以及企业存活的虚拟变量，探究不同种类进口品的进口是否会帮助企业在市场竞争中扩大自身企业规模，同时延长其在市场中存活的时间。这样的研究结果可以为有效促进中国企业的发展以及贸易结构的改善提供相应政策调整的理论基础。同时，本章为保证研究结果的稳健性，根据有无出口行为将企业进行了分组，排除了出口行为对回归结果的干扰；并考虑了金融危机存在的可能影响，控制了金融危机虚拟变量，使得结果更具有现实意义。

在此基础上，值得关注的是，本章在探究进口的企业间影响效应时，针对进口对企业规模以及企业生存影响的实证模型，均引入了进口与企业生产率滞后项的交乘项。交乘项的系数回归结果表明，进口对初期技术水平相对较低的企业的规模具有更显著的促进效应。也就是说，进口可以帮助低技术水平的企业更快成长，更有效地延长它们在市场中存活的时间。这样的研究结果不仅可以排除进口会给企业生存带来负面影响的可能，还可以为如何帮助国内技术水平相对较低的企业更快成长提供理论指导。

最后，本章通过使用两种不同的全要素生产率的计算方法：最小二乘法（OLS方法）以及Olley-Pakes（OP方法）法，以保证计算的误差不会影响结果的可信程度。

三、本章结构

本章的结构如下：第一节为导言部分，主要介绍了研究背景、研究内容及意义以及本章的创新点等；第二节介绍了数据来源以及数据基本概况，对本章所使用的具体指标企业全要素生产率（*TFP*）、企业规模、企

[①] 国内外学者在探究进口对企业技术进步的影响时，多使用 *TFP*（企业全要素生产率）作为衡量企业技术进步的指标，本章同样选择使用 *TFP* 作为衡量企业技术水平的指标。国外学者曾使用过的其他衡量技术进步的指标有 IT 程度、Patent（专利数量）等。

业存活情况的定义及其计算方法进行了简要介绍,并对全文所使用的数据进行了基础的描述性统计分析,以加深对数据的理解;第三节则对计量模型进行了阐述,包括进口对企业生产率的影响效应的回归模型以及进口对企业规模及生存影响的回归模型;第四节是本章的主体,对实证结果进行了阐述及解释,分别依据回归结果针对进口对企业技术进步以及生存概率两个层面的影响效应进行综合分析,之后使用工具变量法保证结果的可靠性,同时针对结果进行了稳健性检验,加深了研究结果的现实意义;第五节是本章的最后一部分,是针对实证结果的总结以及对结果应用的政策性分析。

第二节 中国工业企业进口:典型事实与统计性描述

一、数据来源

本章的研究数据主要来自两个数据库:企业进口的信息来自中国海关进出口数据库提供的交易数据,而企业特征信息则来自中国工业企业数据库,我们选取两个数据库完全重叠的 2000—2012 年来整理本章的样本。

中国工业企业数据库是企业层面的原始数据,统计对象是年营业额为 500 万元及以上的大中型制造企业,该数据库包含丰富的企业层面信息,我们在前期的数据处理工作中会调用工业企业数据库并保留必要的指标。而中国海关进出口数据库包含丰富的有关贸易信息,借助此数据库可以利用 BEC 将进口中间投入品、进口资本品以及最终消费品界定出来,帮助我们计算回归模型所需要的三种品类进口品进口数量。

中国工业企业数据库和海关进出口数据库的合并策略:由于两个数据库所采用的企业编码系统不同,不能直接通过编码合并,因此,需要借助其他信息实现对企业的匹配。①除了编码以外,企业最为显著的标识为企业名称。因此,我们根据企业的名称,在同一年的两套数据中具有相同名字的则认为是一个企业,通过这种方式完成 70%~90% 的企业匹配,年份越接近现在,这种方法的匹配成功率越高。②使用邮政编码和法人代表对企业进行识别。这种方法在 2000 年能够实现 26.87% 的企业对接。③通过企业的邮政编码和电话号码最后 7 位进行匹配,因为在每一个邮政地区中,企业的号码不同。④通过企业电话号码和法人代表组合进行匹配。

二、进口品分类

由于本章要探究不同种类进口品对企业技术进步的影响，因此，本章根据广义经济分类标准（BEC）将进口品分类为中间品进口、资本品进口以及最终消费品进口三类①（各产品种类具体描述信息见表15-1），之后本章利用BEC与HS编码进行对接，从而将BEC数据同进口数据库合并得到三类不同进口品的进口数量。为了方便在实证部分进行对行业、省份、年份以及企业所有制等变量的控制，在合并数据后便生成了行业、省份、年份以及企业所有制等虚拟变量。

表15-1 根据BEC分类法确定的三种进口品产品结构

产品种类	BEC代码	BEC分类描述
中间品	111	食品和饮料：初级，主要用于工业
	121	食品和饮料：加工，主要用于工业
	21	未另归类的工业用品：初级
	22	未另归类的工业用品：加工
	31	燃料和润滑剂：初级
	322	燃料和润滑剂：加工（不包括汽油）
	42	资本货物（运输设备除外）及其零配件：零配件
	53	运输设备及其零配件：零配件
资本品	41	资本货物（运输设备除外）
	521	运输设备及其零配件：其他，工业
消费品	112	食品和饮料：初级，主要用于家庭消费
	122	食品和饮料：加工，主要用于家庭消费
	522	运输设备及其零配件：其他，非工业
	61	未另归类的消费品：耐用品
	62	未另归类的消费品：半耐用品
	63	未另归类的消费品：非耐用品

---

① 本章按照BEC分类法把进口商品分为中间品、资本品和消费品。其中，中间品主要指零部件，资本品主要指机器设备。具体分类方式为：资本品包括41和521，中间品包括111、121、21、22、31、322、42和53，消费品包括112、122、522、61、62和63。

三、全要素生产率的测算

生产率的测算是许多研究必须进行的关键步骤,经典的针对全要素生产率的测算是基于对生产函数的估计开始的,而对于不同的生产函数的估计方法,全要素生产率的测量也有所不同。全要素生产率的测算可以分为宏观方法以及微观方法,宏观方法所考量的对象主要是国家、地区以及产业层面;而微观测量方法则是针对企业层面的全要素生产率的测量。企业的技术水平在一定程度上是可以被提前有所了解的,企业根据所了解到的目前的技术水平的不同可以选择不同的适合企业的要素投入水平,这也导致很多可以用于宏观测量的方法不适用于企业层面对全要素生产率的测量。

相对而言,目前国内学者针对宏观层面的生产率测量方法已经日趋完善,针对企业的 TFP 测量文献较少。张杰等(2008)通过对江苏省本土制造业企业微观数据的研究,使用生产函数法对企业全要素生产率进行了测量;Yu(2010)也运用了类似的方法和数据进行了测量,以研究企业生产率同出口之间的关系。鲁晓东(2012)等则全面总结了最小二乘法、固定效应方法、OP 法以及 LP 法等参数和半参数方法,对中国企业的全要素生产率进行了估计并分析结果;本章通过参考其具体估计过程对2000—2012 年的企业全要素生产率进行了测量。

在对全要素生产率进行估计之前,要设定企业的生产函数。本章采用结构简约且易于使用的 Cobb – Douglas 生产函数,具体形式如下:

$$Y_{it} = A_{it} L_{it}^{\alpha} K_{it}^{\beta} \tag{15-1}$$

其中,Y_{it}表示产出,L_{it}^{α}表示劳动,K_{it}^{β}表示资本的投入,而A_{it}则表示本章需要测量的企业全要素生产率(TFP)。将式(15-1)中的等式两边分别取对数进行简化,可以得到下面的线性关系:

$$y_{it} = \alpha l_{it} + \beta k_{it} + u_{it} \tag{15-2}$$

由于式(15-2)中的残差项包含着全要素生产率的对数形式的相关信息,一般可以通过对上述等式进行估计从而得出全要素生产率的估值。但是,在使用这个方法进行估计时,无法避免计量过程中存在的同时性偏差和样本选择性偏差问题,这些问题会使得 OLS 的估计结果存在偏差。为了解决上述问题,可以通过分拆式(15-2)中等式的残差项实现:

$$y_{it} = \alpha l_{it} + \beta k_{it} + \omega_{it} + e_{it} \tag{15-3}$$

其中，ω_{it}为残差的一部分，是可以被企业观测到的，同时它会影响企业当期的要素选择；而e_{it}则是真正意义上的残差项，其中包含无法进行观测的冲击跟误差。由于对上述问题的解决方法不同，也就产生了相应的不同的全要素生产率估计方式。本章借鉴了两种相对较为准确的方法：OLS方法以及OP方法，进行了针对企业全要素生产率（TFP）的测量，以保证不同的测量方式条件下，回归结果具备稳健性。

（一）最小二乘法（OLS方法）

在使用最小二乘法对我国工业企业2000—2012年的全要素生产率进行估计时，本章所使用的基础模型如下：

$$\ln Y_{it} = \beta_o + \beta_k \ln K_{it} + \beta_l \ln L_{it} + \sum_m \delta_m year_m + \sum_n \partial_n reg_n + \sum_k \gamma_k ind_k + \varepsilon_{it}$$

$$(15-4)$$

模型中，Y_{it}表示某企业i在时间t年的工业增加值，而K和L分别指企业的固定资产以及企业从业人员的规模，$year$、reg以及ind则分别代表企业的年份、地区以及行业的虚拟变量，ε_{it}表示在模型中无法直接体现出的随机干扰项和误差项的综合。通过TFP的相关定义可以得知：

$$TFP_{it} = \ln Y_{it} - \beta_k \ln K_{it} - \beta_l \ln L_{it} \quad (15-5)$$

关于上述模型，有两点值得说明：①在实际的TFP估计过程中，我们对行业、年份以及地区等要素进行了控制。②Y_{it}代表的是工业增加值而非总产出。之所以这样设定主要基于以下两点考虑：首先，增加值并不包含中间投入，主要反映了企业的最终生产能力，因此在概念上更为贴合；其次，中国企业的总产值与中间投入之间高度相关，在本章的研究样本中，二者的相关系数高达0.8675。

（二）Olley-Pakes法（OP方法）

Olley and Pakes（1996）研究发展了基于一致的半参数估计值方法（consistent semi-parametric estimator）以解决固定效应方法本身存在的问题。OP法为了解决同时性偏差的问题，使用企业的当期投资作为不能直接测量的企业生产率冲击的代理变量。Ollye and Pakes通过构建下列模型建立了企业当期的资本存量与企业投资额之间的关系式：

$$K_{it+1} = (I - \delta) K_{it} + l_{it} \quad (15-6)$$

其中，K是企业的资本存量，I表示企业的当期投资额。上述关系式表明企业的当期资本价值同投资之间存在正交的关系，如果对ω_{it}的未来期待较高，那么企业会比较倾向于提高自身当期的投资。因此，基于上述关系，我们构建了如下最优投资函数：

$$i_{it} = i_t(\omega, k_{it}) \quad (15-7)$$

求上述函数的反函数，假设 $h(\cdot) = i^{-1}(\cdot)$，那么 ω_{it} 可以被写作：

$$\omega_{it} = h_t(i_{it}, k_{it}) \quad (15-8)$$

然后将上述表达式带入生产函数的方程中，可以得到下列等式：

$$y_{it} = \beta l_{it} + y k_{it} + h_t(i_{it}, k_{it}) + e_{it} \quad (15-9)$$

式（15-9）上面的表达式中，前面一项代表劳动的贡献，而后面的一项则代表资本的贡献，将资本的贡献定义如下：

$$\varphi_{it} = r x k_{it} + h_t(i_{it}, K_{it}) \quad (15-10)$$

其中，φ_{it} 可以由一个包含投资额以及资本存量的对数的多项式进行表示，将其估计值定义为 φ_{it}，因此，通过第一步可以估计下列方程：

$$y_{it} = \beta x l_{it} + \varphi_t + e_{it} \quad (15-11)$$

通过对式（15-11）的估计可以获得劳动那一项的无偏估计系数。之后使用已经估计的系数对由投资额和资本存量组成的多项式 φ_{it} 的值进行拟合。

在获得了劳动项的估计系数后，就需要得到资本项的估计系数。首先定义 $v_{it} = y_{it}\beta - x l_{it}$，得到下面的估计方程：

$$v_{it} = y x k_{it} + g(\varphi_{t-1} - r x k_{it-1}) \quad (15-12)$$

其中，g 包含 φ 和资本存量滞后期，然后通过与第一步相同的思路，可以通过 φ_{t-1} 和 k_{t-1} 的高阶多项式估计该函数。但是，由于第二步估计比第一步估计要复杂得多，因此，若想获得有效的估计值必须要保证当期以及滞后期的资本存量的被估计系数始终保持一致，需要使用非线性最小二乘法来完成。当完成式（15-10）的估计时，生产函数中的系数都会被成功估计，然后利用这一结果拟合方程（15-1）来获得残差的对数值，也就是全要素生产率的对数值。

四、描述性统计分析

表15-2报告了本章所使用到的主要变量的基本数据情况，包括企业三种进口品的进口额、企业全要素生产率、企业规模、企业存活的虚拟变量等。图15-1展示了2000—2012年，中国三种不同进口品的进口比重

变化情况。① 通过观察我们可以发现：①中间品的进口占据了我国进口总额的绝大部分，2000—2006年，中间品的进口比例均超过80%；自2006年后，中间品的进口比重出现了小幅度的下降，直到2010年才出现较大幅度的变化，2012年中间品进口比重达到最低，为69%左右。②资本品同最终消费品的进口总和占据全部进口总额的1/5左右。资本品进口的比重要略高于最终消费品，大约占据总进口额的9%，并且在2010年后出现了较大幅度的增长，2012年资本品占总进口额的比重大约为27%，这也表明2010年开始，我国开始注重进口的产品结构，鼓励并且提倡进口对企业生产率会有直接促进作用的资本品，政策上的鼓励极大地促进了资本品的进口比重。③最终消费品的进口额占据总进口额中最小的部分，其比重一直围绕在3%左右。上述现象表明，进口中间品仍然占据着进口总额中的绝大部分，也就是说，进口对企业的影响效应绝大部分来自中间品。但是，随着中国进出口贸易的不断发展，进口的产品结构也逐渐得到重视，资本品以及最终消费品进口的重要性也在贸易的不断发展中被认可，因此，资本品进口的比重自2010年后不断呈现上升趋势，这一趋势也应当得到重视。

表15-2 数据概况

变量名称	均值	标准差
基于OLS计算的企业生产率（取对数）	1.94	0.18
基于OP计算的企业生产率（取对数）	2.03	0.16
中间投入品进口（取对数）	12.59	2.90
资本品进口（取对数）	11.20	3.02
最终消费品进口（取对数）	9.63	2.84
企业规模（取对数）	5.53	1.19
企业研发投入（取对数）	6.42	2.40
企业出口交货值（取对数）	10.10	1.79
中间品平均关税指数	8.57	5.89
企业存活虚拟变量	0.22	0.42

---

① 图15-1、图15-2、图15-3、图15-4均为本章作者根据本章所使用的2000—2012年进口品以及企业数据进行制作。

第十五章 进口溢出对企业的影响：企业内和企业间效应

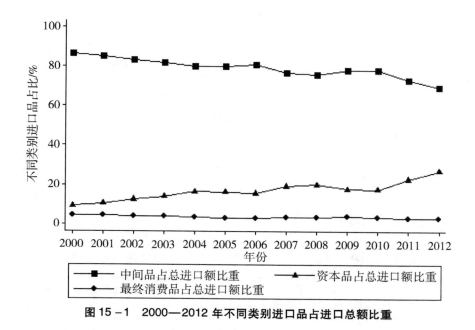

图 15-1 2000—2012 年不同类别进口品占进口总额比重

本节通过最小二乘法以及修正后的 Olley-Pakes（1996）两种方法计算得到了企业全要素生产率（TFP）数据，因此得出了关于进口与企业生产率之间的关系。图 15-2、图 15-3、图 15-4 分别表示中间投入品、资本品以及最终消费品进口数量 2000—2012 年的变化趋势，以及两种不同计算方式下企业全要素生产率的变化趋势。同时，通过比较可以得出企业的全要素生产率同中间投入品的进口、资本品的进口以及最终消费品的进口之间呈正向关系，虽然三种不同品类进口品的具体进口数额存在差异，但是总体趋势大致相似，同企业生产率一样存在正向上升趋势，企业的全要素生产率同三种不同进口品的进口额之间存在正向的关系。①从图 15-2、图 15-3、图 15-4 可以看出，三种不同的进口品数量均在 2000 年以后得到大幅度提升，在 2008 年左右出现了一次比较明显的下跌，进口降低的原因可能在于 2008 年出现的金融危机，即金融危机所带来的经济发展缓慢等问题导致了贸易滞缓。但是，随着金融危机的解除，进口进入了高速增长的新阶段。因此，从图 15-2、图 15-3、图 15-4 中可以看出，在 2008 年后，中国的进口量逐步提升。②无论是中间品、资本品还是最终消费品的进口变化趋势，均与基于两种不同计算方法所得到的企业全要素生产率在 2000—2012 年间保持相同的变化趋势，并均在 2011—2012 年存在一段下降的过程。

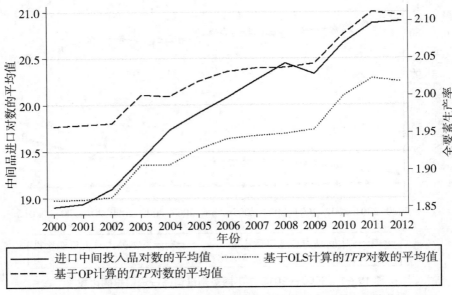

图 15-2　2000—2012 年企业生产率和企业进口中间投入品的关系

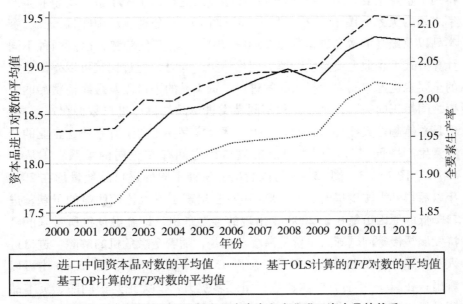

图 15-3　2000—2012 年企业生产率和企业进口资本品的关系

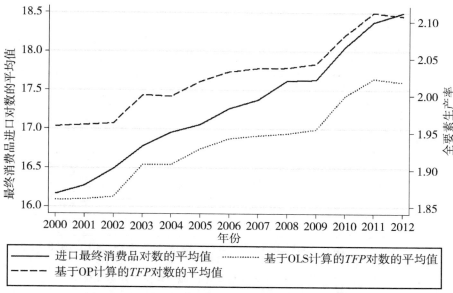

图 15-4　2000—2012 年企业生产率和企业进口最终消费品的关系

本章在研究进口对企业生产率及企业生存影响的回归模型时,为了解决进口与企业生产率及企业生存情况之间存在的内生性问题,引入了进口中间品平均关税指数这一指标作为工具变量进行内生性检验。图 15-5 显示了在 2000—2012 年间,每年的进口中间品平均关税指数的变化情况。在 2001 年为加入 WTO 做准备之时,中国的平均关税率便从 16.4% 下降到 15.3%。而在中国成功加入 WTO 之后,贸易自由化程度进一步加强,进口的壁垒也逐渐降低,关税指数更是像图 15-5 所显示的,2000—2012 年呈现稳步下调的趋势,而这样的趋势与图 15-2、图 15-3、图 15-4 中进口品的进口额稳步上升的趋势相对应,表现出关税指数同进口额之间极强的联系。关税指数同企业进口之间的密切联系也是被本章选作工具变量的重要原因。

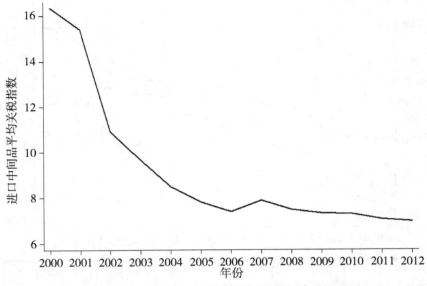

图15-5 2000—2012年进口中间品平均关税指数变化

第三节 计量模型构建与变量说明

基于上述描述性统计分析可以发现,随着贸易自由化的发展,进口额也在不断地增长。本节为了探究这种增长是否会对企业的生产率以及企业生存产生显著的影响,从企业技术进步(企业内效应)以及企业生存(企业间效应)两方面构造计量模型,用实证方法探究中国进口品的增加对企业层面的影响。①

一、企业内效应:进口对企业技术进步的影响

借鉴张杰等(2015)的研究思路,同时结合本章的具体研究内容,本章设定了一个关于企业层面技术水平的基准模型:

$$TECH_{ijkt} = TECH_{ijkt-1}^{a} \cdot imp_{ijkt}^{\beta} \cdot X(n)_{ijkt}^{r(n)} \cdot A_{ijkt} \quad (15-13)$$

---

① 企业内效应代表企业自身由于进口所带来的技术进步(生产率增长),企业间效应代表进口对处于市场竞争中的企业的促进效应,帮助企业扩大在市场中的规模,延长企业在市场存活的时间。

上述基准模型表示，企业在某一时间的生产率取决于其过去的生产率水平，以及某类进口品的进口数量。同时，模型中也引入了一系列控制变量以及随机过程中存在的误差项。对上述基准模型的两边分别取对数可以得到本章所运用的计量模型：

$$\ln TECH_{ijkt} = a_0 + a\ln TECH_{ijkt-l} + \beta\ln IMP_{ijkt} + \sum_n \ln X(n)_{ijkt} \cdot r_n + \varphi_j + \varphi_k\varphi_t + \varepsilon_{ijt} \tag{15-14}$$

其中，$TECH_{ijkt}$ 表示企业的技术水平，本章主要使用企业全要素生产率进行衡量，下标 i 表示企业，j 表示行业，k 表示省份，t 表示年份；φ_j 表示与行业相关的未被观察到的固定效应因素；φ_k 表示与省份相关的未被观察到的固定效应因素；φ_t 表示与年份相关的未被观察到的固定效应因素；$TECH_{ijkt-l}$ 表示企业过去的技术水平，滞后期为一年；IMP_{ijkt} 表示行业进口额；ε_{ijt} 表示扰动项；系数 β 描述了本节所研究的进口同企业技术水平之间的关系，进口增加会促进行业竞争并产生技术溢出效应，从而促进技术创新以及企业生产率的增加，本节预期 $\beta > 1$。本节将 IMP_{ijkt} 进一步分为了三种类型：进口中间投入品、进口资本品、进口最终消费品。本节采用了最为常用的产品分类标准（broad economic classification，BEC）（Dean et al, 2011; Upward et al, 2012），并采用了 BEC 中进口中间投入品、资本品以及最终消费品三产品对应的编码信息。在本节后面计量模型的实证分析中，我们将 $IMP1$ 作为企业中间投入品的进口额，而 $IMP2$ 作为企业资本品的进口额，$IMP3$ 作为企业最终消费品的进口额以探究不同种类进口品的进口对企业技术进步的影响是否存在差异。

借鉴张杰等（2015）的研究思路，本章引入了一系列会对企业生产效率产生影响的控制变量，如企业规模、企业所有制类型等，同时本章引入出口交货值这一变量，依据企业是否存在出口行为分组进行检验以排除出口对企业技术进步的影响。本节还加入了企业的所有制类型的虚拟变量作为控制变量，并将企业的所有制类型分为：国有控股、集体控股、私人控股、港澳台控股以及外商控股 5 种类型，以排除企业所有制的不同对进口的影响效应。

二、企业间效应：进口对企业生存扩延的影响

根据对过往文献的总结，本节将进口对企业生产率的提升分为两种途径：技术溢出效应以及竞争效应。①技术溢出效应表现在进口对上下游行

业或者同行业其他企业的带动以及学习作用。②竞争效应则是进口带来的竞争影响促使国内同行业竞争企业主动提升自身技术水平。前者所带来的企业技术进步会帮助企业在市场竞争中获得优势，扩大自身的规模；而后者提到的竞争效应则可能会造成国内企业的萎缩，因此本章通过分析进口对企业规模变化和存活情况的影响，来检验进口会对国内企业的生存产生怎样的影响。本章借鉴 Bloom（2016）等所构建的进口对企业规模影响效应的回归模型，如下：

$$\ln Size_{ijt} = \alpha^N \ln IMP_{ijt} + \gamma^N (\ln TECH_{ijt-1} \cdot \Delta \ln IMP_{ijt}) + \delta^N \ln TECH_{ijt-1} + \Delta f_t^N + \Delta \varepsilon_{ijt}^N t \quad (15-15)$$

其中，$SIZE_{ijt}$ 为企业规模；α^N 反映的是进口的增长与企业规模的增长之间的关系。根据前文的讨论，本章预期 $\alpha^N > 0$，即企业的进口可以促进企业规模的增长。本章感兴趣的另一个问题是进口的影响效应是否对低技术企业更为显著，因此本章引入交乘项来探究这个问题，如果进口增加对低技术企业有更显著的正向影响，那么 γ^N 应该小于 0。

为了进一步探究进口是否会影响企业的生存，在构建完进口对企业规模的影响模型后，本章进一步通过构建虚拟变量 $SURVIVAL$ 来探究进口对企业存活情况的影响。本章借鉴了 Bloom 等（2016）的模型如下：

$$SURVIVAL_{ijt} = S_{ijt} = \alpha^S \Delta IMP_{jt} + \gamma^S (\ln TECH_{ijt-1} \cdot \Delta IMP_{jt}) + \delta^S \ln TECH_{ijt-1} + \Delta f_t^S + \Delta \varepsilon_{ijt}^N \quad (15-16)$$

其中，被解释变量 S_{ijt} 是虚拟变量，如果企业 1 年后还存活，则 $S_{ijt} = 1$；否则 $S_{ijt} = 0$。如果进口增加确实增加了企业存活的概率，那么 $\alpha^S > 0$；反之，如果进口降低了企业存活的概率，那么 $\alpha^S < 0$。与进口对企业规模影响效应的预期结果一致，本章预期 $\alpha^S > 0$，进口增加了企业存活的概率。同时，本章在模型中构建了一期企业生产率（取对数）滞后项以及进口的一阶差分算子的交乘项，如果初期技术水平相对较高的企业受到的影响较大，那么交乘项系数 $\gamma^S > 0$；反之，如果低技术企业受到的影响较大，那么交乘项系数 $\gamma^S < 0$。

三、变量说明

（一）企业全要素生产率

本节主要使用企业全要素生产率（TFP）对企业的技术水平 $TECH_{ijkt}$ 进行衡量。本节利用 2000—2012 年工业企业 OLS 方法以及修正的 OP 方法核算了我国主要工业企业的全要素生产率,从而解决了针对企业 TFP 估计中出现的同时性偏差和样本选择性偏差。

(二)企业存活

本节的实证部分研究了进口对企业存活情况的影响效应。关于企业存活的衡量,本节构建了企业在市场中状态的虚拟变量。我们定义"Survival"为企业仍存在于市场中,而并没有发生破产、清算或者资金无法利用的情况。但是,对于发生了并购或者收购的企业,我们不认为它已经退出了市场,而是仍然处于企业存活的状态,具体可参见图 15-6。

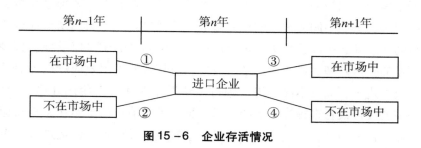

图 15-6 企业存活情况

如图 15-6 所示,若为①③或者②③的情况,则企业仍然存活,定义虚拟变量 SURVIVAL 为 1;若情况为①④或者②④,则表明企业已经退出市场或者从未进入,定义虚拟变量 SURVIVAL 为 0。

第四节 实证结果分析

本节的回归模型共分为两类:①企业内效应,即进口对企业生产率的影响;②企业间效应,即进口对企业规模及生存的影响。[①] 在研究进口对企业生存影响的回归部分,我们首先构建了进口对企业规模影响效应的计量模型。为进一步确认进口对企业生存的影响效应,我们在此基础上进一步构建了进口对企业生存状况影响的回归模型。在实证结果分析中,我们首先阐述了基础模型的回归结果,然后利用工具变量法排除内生变量问题

[①] 企业内效应代表企业自身由于进口所带来的技术进步(生产率增长),企业间效应代表进口对处于市场竞争中的企业的促进效应,帮助企业扩大在市场中的规模,延长企业在市场存活的时间。

对回归结果存在影响的可能,最后通过三种不同的稳健性检验进一步保证回归结果的现实意义。

一、企业内效应:进口对企业生产率的影响

本节使用混合最小二乘法(POLS)对模型(15-2)进行估计,回归检验结果在表15-3中呈现。表15-3中的第(1)列至第(3)列分别显示了在控制年份、行业以及省份的固定效应的同时加入企业规模及所有制作为控制变量,进口中间品、资本品以及最终消费品对企业全要素生产率的基础模型回归结果。结果显示,三种进口品对企业生产率均存在显著的正向影响,其中中间品进口的正向影响最为明显。上述回归结果证实了本节最初的预期,中间品的进口可以通过增加中间品的质量以及种类直接提高企业的生产效率,或者通过学习效应以及技术的溢出效应等途径促进企业的技术进步;而资本品的进口则可以帮助企业通过使用国外更高效率、更高端的先进设备来提高企业的技术水平;最终消费品虽然在总进口额中所占据的比重最少,但同样可以通过竞争效应以及技术外溢促进进口企业的生产率提升。同时,我们通过表15-3中企业过去的技术水平和现在企业技术进步的相关性的探究发现,企业过去的技术状态对现在的技术水平有着显著且稳定的正向影响,这种影响不容忽视。

通过对表15-3中加入的控制变量的观察,我们也会发现其他一系列对企业的技术进步会产生影响的变量:企业规模同生产率之间存在显著的正向影响,规模越大的企业,企业的技术水平也相对更高。而当加入企业所有制作为控制变量时,港澳台控股以及外资控股企业所有制同企业生产率之间的负向关系显著且稳定,原因可能在于港澳台控股以及外资控股的企业本身应用国外先进技术的成分更多,由此导致进口所带来的技术溢出效应便不再显著;而集体控股企业以及国有控股企业的所有制同样会影响它们的企业生产率,原因可能在于集体控股企业以及国有控股企业在发展的过程中会受到更多来自政策方面的阻力,从而不利于企业的进步;私人控股的企业所有制则会对企业的生产率产生显著的正向影响,原因在于私人控股企业与上述其他所有制类型相比,体制更加自由化,同时对外来技术的学习能力及空间也相对更大。

表 15-3 进口对企业生产率影响效应的检验结果（POLS 方法）

变量	(1) OLS lnTFP_OLS	(2) OLS lnTFP_OLS	(3) OLS lnTFP_OLS
lnIMP1	0.00541*** (5.508)	— —	— —
lnIMP2	— —	0.00513*** (5.917)	— —
lnIMP3	— —	— —	0.00228*** (4.028)
L.lnTFP_OLS	0.597*** (16.09)	0.562*** (13.96)	0.623*** (17.35)
$Ownership$1	-0.0140*** (-5.489)	-0.0188*** (-5.923)	-0.00682* (-1.909)
$Ownership$2	-0.00188 (-0.844)	-0.00311 (-1.089)	0.00182 (0.753)
$Ownership$3	0.000594 (0.259)	-0.00963*** (-2.813)	0.00113 (0.276)
$Ownership$4	-0.0198*** (-5.770)	-0.0249*** (-5.406)	-0.0144*** (-3.481)
$Ownership$5	-0.0122*** (-4.744)	-0.0156*** (-4.584)	-0.00529* (-1.833)
$Size$	0.0265*** (13.53)	0.0289*** (14.19)	0.0274*** (12.84)
$Constant$	0.529*** (10.11)	0.631*** (8.966)	0.546*** (9.585)
年份固定效应	是	是	是
省份固定效应	是	是	是
行业固定效应	是	是	是
观测值	210251	92632	113726
聚类	40	40	40
R^2	0.787	0.813	0.801

注：该表中 * 表示 10% 水平上显著，** 表示 5% 水平上显著，*** 表示 1% 水平上显著。小括号中的值为双位检验的 t 值。回归结果皆使用聚类（cluster）在省份层面的标准差。

二、企业间效应：进口对企业规模的影响

进口对企业生产率的影响机制中，主要存在技术溢出效应以及竞争效应。根据国内外目前针对进口对企业存活情况影响效应的研究，进口对企业的生存同样存在影响，进口品带给国内市场的竞争冲击以及进口溢出对企业生产的帮助是研究的两个重要方向。

为了探究进口对中国企业的规模到底存在怎样的影响，本节构建了对企业规模影响效应的回归模型，被解释变量为企业规模（取对数），解释变量为企业的三种不同的进口额（取对数），同时构造了企业全要素生产率的一期滞后项与进口额的交乘项。本章预期解释变量进口额的系数为正，即进口可以帮助国内企业成长、企业规模变大。而交乘项系数的正负则代表进口对初期技术水平不同的企业影响效应存在差异。具体回归结果见表15-4，通过观察表15-4中进口对企业规模影响效应的回归结果可以发现，中间品、资本品、最终消费品的进口额对企业规模的影响系数为正，即进口的增加对企业规模存在正向影响。也就是说，进口产品所带来的对国内产品的竞争并没有导致企业规模的缩减，进口所带来的效应反而帮助了企业获得成长，而这样的影响对于三种不同的进口品都是显著的。观察表15-4的列（1）中进口（取对数）与企业生产率的一期滞后项的交乘项，发现交乘项的系数显著为负。这表明对于初期生产效率不同的企业而言，中间投入品的进口更能够促进生产效率相对较低的企业的成长，且结果十分显著。观察列（2），可以得出与列（1）相似的回归结果，资本品的进口对初期生产效率相对较低的企业的规模成长的促进作用更强，但是结果并不显著。观察列（3），最终消费品的进口对于初期生产效率相对较低的企业的成长的促进效应更为强烈，且结果显著。产生该结果的原因可能在于，进口品的进口会对国内市场带来一定的竞争冲击，但是，这样的冲击并不能掩盖进口对企业技术进步、生产率提高所带来的扩增。也就是说，来自进口品的竞争不但没有造成国内企业的萎缩，反而进一步帮助了它们的成长，这样的影响对于初期技术水平相对较低的企业更为显著。

表 15-4 进口对企业规模影响效应的回归结果

变量	(1) OLS lnSize	(2) OLS lnSize	(3) OLS lnSize
lnIMP1	0.0138***	—	—
	(7.803)	—	—
lnIMP1 × $L.$ lnTFP_OLS	−0.00457***	—	—
	(−4.541)	—	—
lnIMP2	—	0.00804***	—
	—	(4.793)	—
lnIMP2 × $L.$ lnTFP_OLS	—	−0.00204**	—
	—	(−2.643)	—
lnIMP3	—	—	0.00398***
	—	—	(3.156)
lnIMP3 × $L.$ lnTFP_OLS	—	—	−0.000437
	—	—	(−0.701)
$L.$ ln$Size$	0.845***	0.848***	0.846***
	(190.2)	(157.7)	(143.9)
$L.$ lnTFP_OLS	0.0872***	0.0432***	0.0484***
	(5.622)	(5.488)	(6.332)
$Ownership$1	0.0145***	0.00909***	0.0119***
	(7.723)	(3.637)	(5.762)
$Ownership$2	−0.000741	−0.00498**	−0.00240
	(−0.510)	(−2.329)	(−1.113)
$Ownership$3	0.00362*	−0.00294	0.00174
	(1.896)	(−0.820)	(0.745)
$Ownership$4	−0.00452**	−0.00546**	−0.00345
	(−2.413)	(−2.056)	(−1.427)
$Ownership$5	−0.00396***	−0.00623**	−0.00221
	(−2.766)	(−2.241)	(−1.039)

续表 15-4

变量	(1) OLS lnSize	(2) OLS lnSize	(3) OLS lnSize
Constant	0.0518* (1.906)	0.0974*** (4.791)	0.120*** (7.585)
年份固定效应	是	是	是
省份固定效应	是	是	是
行业固定效应	是	是	是
观测值	210374	92693	113790
聚类	40	40	40
R^2	0.779	0.800	0.793

注：该表中 * 表示10%水平上显著，** 表示5%水平上显著，*** 表示1%水平上显著。小括号中的值为 t 值。回归结果皆使用聚类（cluster）在省份层面的标准差。

三、企业间效应：进口对企业生存的影响

为了进一步验证上述结论，本章构建了进口对企业存活影响效应的回归模型。以虚拟变量 $SURVIVAL_{ijt}$ 作为被解释变量进行面板二值选择模型（Xtprobit RE）回归①，具体回归结果见表 15-5。表 15-5 中列（1）~（3）分别为虚拟变量 $SURVIVAL_{ijt}$ 与进口中间品、进口资本品以及最终消费品之间相关性的回归结果。根据回归结果显示，中间品、资本品以及最终消费品的进口均会显著正向影响企业的存活，增大进口企业继续在市场上存活的概率。而其中三种进口品的差分算子与企业一期生产效率滞后项的交乘项系数均为负数则表明：初期企业生产率相对较低的企业受到更多进口中间品、资本品以及最终消费品的正向影响，进口能够帮助这些低生产率企业快速成长，使其在市场中得以存活更久。

将表 15-5 所呈现的关于进口对企业存活的影响效应的回归结果同表 15-4 中进口对企业规模的影响回归结果结合来看，本章发现进口对企业存活概率存在正向的影响，即进口品所带来的对国内产品的竞争影响并没

---

① Xtprobit 模型为面板二值选择模型，本章设定当企业存活时，变量 $SURVIVAL = 1$，反之 $SURVIVAL = 0$。

第十五章 进口溢出对企业的影响：企业内和企业间效应

有降低企业的生存概率，而是帮助国内企业更快速地成长，以保证其可以在市场中存活更长的时间。根据以往学者的研究以及本章的回归结果，原因可以归结为以下三个方面：①进口品所带来的技术溢出效应可以有效帮助企业提高创新研发能力，较高的研发水平可以帮助企业存活更久（刘海洋等，2017）；②如本章实证部分的第一部分证明，进口可以带来企业生产率的提升，而生产率的提升可以帮助企业提高竞争力从而降低企业退出市场的可能；③进口中间品的种类丰富及其较高的质量会使得企业所生产的产品更具有竞争力，帮助其获得更多的市场份额及利润，从而帮助企业延长在市场中存活的时间。而进口对生产效率相对较低的企业的成长促进效应更为显著这一回归结果的原因可能在于中间品、资本品以及最终消费品进口对初期生产效率较低的企业的促进效应更为强烈。也就是说，通过进口，初期低生产效率的企业的 TFP 生产率提高更快，生产率的提高能够帮助这些企业在市场中存活更久。

表 15-5 进口对企业存活影响效应的回归结果

变量	（1） Xtprobit *survival*	（3） Xtprobit *survival*	（5） Xtprobit *survival*
d ln*IMP*1	0.327*** (12.30)	— —	— —
d ln*IMP*1 × *L*. ln*TFP_OLS*	-0.119*** (-8.766)	— —	— —
d ln*IMP*2	— —	0.110*** (3.771)	— —
d ln*IMP*2 × *L*. ln*TFP_OLS*	— —	-0.0424*** (-2.878)	— —
d ln*IMP*3	— —	— —	0.0840*** (2.671)
d ln*IMP*3 × *L*. ln*TFP_OLS*	— —	— —	-0.0260 (-1.606)
L. ln*TFP_OLS*	0.672*** (36.17)	0.469*** (15.42)	0.563*** (20.44)

续表 15-5

变量	(1) xtprobit *survival*	(3) xtprobit *survival*	(5) xtprobit *survival*
Constant	-0.419***	0.105*	-0.0632
	(-11.60)	(1.733)	(-1.177)
观测值	210950	75198	98520
企业个数	59184	23996	28774

注：该表中 * 表示 10% 水平上显著，** 表示 5% 水平上显著，*** 表示 1% 水平上显著。小括号中的值为 t 值。回归结果皆使用普通标准差。回归模型为随机效应模型（random effects），对企业固定效应以及年份固定效应进行了控制。

四、内生性检验及处理

（一）工具变量的选择

关于进口与企业生产率之间的关系，以往学者已经通过不同研究证实，企业的进口会受到企业自身的生产力水平的影响。也就是说，企业的生产率会在受到进口数量的影响的同时，企业也会依据自身的生产率水平来决定进口数量的多少以及进口产品的不同。这表明，即便我们在基础回归模型部分将企业的所有制、企业规模，以及研发投入、年份、行业和省份等可能影响企业生产率的变量进行控制，仍然无法避免内生性问题（自变量与因变量之间存在双向的因果关系）所带来的影响，内生性问题的存在使得 OLS 不再有效且存在偏差，而需要使用其他方法进行内生性检验。因此，本节决定引入工具变量法。

本节选择工具变量的准则主要有两点：首先，所选择的工具变量需要具有相对较强的外生性；其次，所选择的工具变量应当同本节所研究的自变量进口额之间具有较强的联系。基于以上准则，本节选择进口中间品平均关税指数作为工具变量进行内生性问题的检验。关税指数与进口数量存在较强的联系，会对企业的进口产生直接的影响，同时，关税这一指标具有较强的外生性，不会受到企业层面因素的影响而发生变动。而本节研究的进口所带来的技术溢出效应主要来自中间品的进口，因此，本节通过以下模型构建了进口中间品平均关税指数这一指标作为中间品进口数量的工具变量来进行内生性检验。

在使用中间品平均关税指数作为工具变量之前，首先通过 Hausman 检验针对进口同企业生产率水平以及企业规模、企业生存之间的关系进行了内生性检验，结果证明进口同上述三个被解释变量之间存在内生性问题，因此本章使用工具变量进行了如下检验。

（二）工具变量法回归结果

表 15-6 呈现了使用工具变量法之后的进口对企业影响效应的模型回归结果。列（1）~（3）分别显示了使用工具变量法后中间品进口对企业生产率、企业规模以及企业生存情况的影响。

表 15-6 中列（1）的回归结果显示使用工具变量法后，进口额同企业全要素生产率之间仍然存在显著的正相关关系，说明进口对企业全要素生产率的促进效应十分稳定。

表 15-6 中列（2）显示了使用工具变量法后进口对企业规模的影响回归结果。在研究进口对企业规模影响效应的基础回归模型中，除去进口额为内生解释变量外，进口与一期企业生产率滞后项的交乘项同样为内生变量。因此，在使用工具变量法时，本节共构造了两个工具变量，即进口中间品平均关税指数及进口中间品平均关税指数分别与一期企业生产率滞后项的乘积。通过使用工具变量法，所得出的进口同企业规模之间的关系更具可信度，具体回归结果见表 15-6。从表 15-6 可见，进口对企业规模存在显著的正向影响，而进口同企业生产率滞后项的交乘项系数为负则表明进口对生产率相对较低的企业的促进效应更为显著。结果同基础模型回归结果一致，且十分稳定。

而在进口对企业存活影响效应的基础回归模型中，同样存在两个内生解释变量，即进口额的一阶差分算子及其与企业生产率一期滞后项的交乘项。因此，本节构造了两个工具变量：进口中间品平均关税指数的一阶差分算子及其与企业生产率一期滞后项的交乘项。基础回归部分本节使用了 probit 模型对企业的存活进行了探究，因此，本节针对进口对企业生存影响效应的工具变量回归部分使用 iv - probit 模型进行内生问题的处理，具体回归结果见表 15-6 列（3）。使用工具变量法后结果更具可靠性，主要体现在两个方面：①中间品的进口会显著正向影响企业的规模，同时显著促进企业的存活；②对于初期企业生产率相对较低的企业，中间品进口的正向影响效应更为显著。上述结果同基础回归模型中的结果保持一致，且结果稳健。

同时，为了保证工具变量法回归结果的有效性，本节对工具变量进行了一系列检验：首先，由于本节的三个工具变量回归模型所使用的工具变量个数同内生变量个数相等，因此不存在过度识别的问题；其次，本节针对一系列检验结果排除了存在弱工具变量的可能。目前文献中常用的针对弱工具变量的检验方法为 Stock and Yogo（2005）所使用的方法：通过 Cragg - Donald Wald F 统计量的大小拒绝了存在弱工具变量的原假设，即 Cragg - Donald Wald F 统计远远大于 10% 偏下误的临界值。具体工具变量检验结果参考表 15 - 6 的标注。

表 15 - 6　进口对企业影响效应的内生性检验结果（Ⅳ）

变量	（1） Ⅳ ln*TFP_OLS*	（2） Ⅳ ln*Size*	（3） Ⅳ - probit *Survival*
ln*IMP*1	0.0140 ** （2.436）	0.0314 ** （2.034）	5.568 *** （4.762）
ln*IMP*1 × L. ln*TFP_OLS*	— —	-0.0150 * （-1.875）	-2.667 *** （-4.749）
*Ownership*1	-0.00916 ** （-2.504）	0.0135 *** （6.192）	— —
*Ownership*2	0.000241 （0.0963）	-0.00151 （-0.932）	—
*Ownership*3	0.00893 （1.358）	0.000175 （0.0459）	—
*Ownership*4	-0.0208 *** （-6.151）	-0.00403 ** （-2.400）	—
*Ownership*5	-0.0176 *** （-4.583）	-0.00160 （-0.793）	—
L. ln*TFP_OLS*	0.561 *** （14.80）	0.240 ** （2.202）	0.645 *** （30.90）
L. ln*Size*	0.0220 *** （5.329）	0.852 *** （115.9）	—
Constant	0.554 *** （9.750）	-0.212 （-1.054）	-0.356 *** （-8.742）
Cragg - Donald Wald F 统计	976.468	348.522	—
年度固定效应	是	是	否
省份固定效应	是	是	否

续表15-6

变量	(1) IV ln*TFP_OLS*	(2) IV ln*Size*	(3) IV – probit *Survival*
行业固定效应	是	是	否
观测值	210251	210374	210950
聚类	40	40	—
R^2	0.775	0.778	—

注：该表中 * 表示10%水平上显著，** 表示5%水平上显著，*** 表示1%水平上显著。小括号中的值为 t 值。列（3）对应的 ln*IMP*1 和 ln*IMP*1_x_ln*TFP_OLS*1 均使用的是差分值。列（1）~（2）的回归结果皆使用聚类（cluster）在省份层面的标准差，列（3）中 IV – probit 回归结果使用普通标准差。列（1）中 IV 为中间品的进口平均关税指数（*Tariff*），列（2）中 IV 为中间品的平均关税指数（*Tariff*）以及中间品平均关税指数×企业生产率（取对数）一期滞后项（*Tariff* × L. ln*TFP_OLS*），列（3）中 IV 为中间品平均关税指数的差分算子（Δ*Tariff*）以及中间品平均关税指数差分算子×企业生产率（取对数）一期滞后项（Δ*Tariff* × L. ln*TFP_OLS*）。列（1）中 Cragg – Donald Wald F 统计量为弱工具变量检验结果，Cragg – Donald Wald F 统计远远大于10%偏下误的临界值16.38，证明工具变量通过了弱工具变量检验；列（2）中 Cragg – Donald Wald F 统计远远大于10%偏下误的临界值7.03，证明工具变量通过了弱工具变量检验；列（3）中 IV – probit 模型使用 Newey（1987）提出的两步法估计系数（two-step），得出的第一阶段两个工具变量回归后的 F 统计量分别为61.74及69.92，均大于10，排除了弱工具变量存在的可能。

五、进口对企业影响的稳健性检验

（一）进口对企业生产率影响效应的稳健性检验

为了证明进口对企业生产率影响结果的有效性，本节进行了三种不同方式的稳健性检验。首先，本章在第二节阐述了关于企业全要素生产率的测算，在上述回归过程中所使用的全要素生产率是基于最小二乘法 OLS 方法进行的测算结果。本章第二节除了使用最小二乘法（OLS）方法进行企业全要素生产率的计算，同时使用了半参数方法（OP方法），计算过程在本章的第二节已有阐述。因此，在本章稳健性检验的部分，将使用 OP 方法计算得出的全要素生产率进行回归，以保证不同估算方法对回归结果的有效性。具体回归结果见表15-7。回归结果表明，即使我们使用通过 OP 方法计算得出的全要素生产率进行回归进口中间品、资本品以及最终消费品对企业生产率的影响效应，检验结果仍然显著为正，十分稳健。表15-7中列（1）~（3）为在加入企业所有制及企业规模作为控制变量时的模型回归结果。

表15-7 进口对企业全要素生产率影响效应的稳健性检验结果（替换 TFP 值）

变量	(1) OLS ln*TFP*_OLS	(2) OLS ln*TFP*_OLS	(3) OLS ln*TFP*_OLS
ln*IMP*1	0.00541 *** (5.508)	— —	— —
ln*IMP*2	— —	0.00513 *** (5.917)	— —
ln*IMP*3	— —	— —	0.00228 *** (4.028)
L.ln*TFP*_OLS	0.597 *** (16.09)	0.562 *** (13.96)	0.623 *** (17.35)
*Ownership*1	-0.0140 *** (-5.489)	-0.0188 *** (-5.923)	-0.00682 * (-1.909)
*Ownership*2	-0.00188 (-0.844)	-0.00311 (-1.089)	0.00182 (0.753)
*Ownership*3	0.000594 (0.259)	-0.00963 *** (-2.813)	0.00113 (0.276)
*Ownership*4	-0.0198 *** (-5.770)	-0.0249 *** (-5.406)	-0.0144 *** (-3.481)
*Ownership*5	-0.0122 *** (-4.744)	-0.0156 *** (-4.584)	-0.00529 * (-1.833)
Size	0.0265 *** (13.53)	0.0289 *** (14.19)	0.0274 *** (12.84)
Constant	0.529 *** (10.11)	0.631 *** (8.966)	0.546 *** (9.585)
年份固定效应	是	是	是
省份固定效应	是	是	是
行业固定效应	是	是	是

续表 15-7

变量	(1) OLS ln*TFP_OLS*	(2) OLS ln*TFP_OLS*	(3) OLS ln*TFP_OLS*
观测值	210251	92632	113726
聚类	40	40	40
R^2	0.787	0.813	0.801

注：该表中 * 表示 10% 水平上显著，** 表示 5% 水平上显著，*** 表示 1% 水平上显著。小括号中的值为 t 值。回归结果皆使用聚类（cluster）在省份层面的标准差。

除去变换可能的企业全要素生产率的计算方式，本节还使用了其他可以测量企业回归结果稳健性的方法。张杰等（2015）通过研究曾证明进口对有出口以及无出口的企业的生产率会产生不同程度的影响。因此，本节按照出口交货值将进口企业分为有出口以及无出口两类，具体回归结果见表 15-8。观察表 15-8 中列（1）～（6）的回归结果可以发现，进口对存在出口以及不存在出口行为的企业生产率都仍然有显著的正向影响，不论是中间品的进口、资本品的进口还是最终产品的进口，影响都仍然非常显著。同时，比较表中列（1）～（3）以及列（4）～（6）的回归结果可以发现，中间品、资本品以及最终消费品的进口对企业生产率的正向影响，对于有出口的企业而言更明显，前三列的回归系数相较于列（4）～（6）更大。因此，通过将企业依据有无出口行为为标准进行分类可以发现，无论是企业有无出口行为，进口对企业全要素生产率都有显著的正向影响，结果十分稳健。

表 15-8 进口对企业全要素生产率影响效应的稳健性检验结果（分组回归法）

变量	(1) 有出口 ln*TFP_OLS*	(2) 有出口 ln*TFP_OLS*	(3) 有出口 ln*TFP_OLS*	(4) 无出口 ln*TFP_OLS*	(5) 无出口 ln*TFP_OLS*	(6) 无出口 ln*TFP_OLS*
ln*IMP*1	0.00563 *** (5.418)	— —	— —	0.00450 *** (6.064)	— —	— —
ln*IMP*2	—	0.00536 *** (5.875)	—	—	0.00373 *** (5.371)	—

续表 15-8

变量	(1) 有出口 lnTFP_OLS	(2) 有出口 lnTFP_OLS	(3) 有出口 lnTFP_OLS	(4) 无出口 lnTFP_OLS	(5) 无出口 lnTFP_OLS	(6) 无出口 lnTFP_OLS
lnIMP3	—	—	0.00235***	—	—	0.00201***
	—	—	(4.096)	—	—	(3.514)
L.lnTFP_OLS	0.600***	0.568***	0.626***	0.572***	0.526***	0.598***
	(15.51)	(13.61)	(17.06)	(17.66)	(13.09)	(17.93)
Ownership1	-0.0100***	-0.0137***	-0.00204	-0.0393***	-0.0468***	-0.0365***
	(-4.495)	(-5.080)	(-0.701)	(-4.405)	(-4.713)	(-3.960)
Ownership2	-0.000472	-0.00211	0.00241	-0.0100*	-0.00534	-0.000172
	(-0.209)	(-0.644)	(0.877)	(-1.836)	(-0.953)	(-0.0280)
Ownership3	0.00241	-0.00606*	0.00285	-0.0122*	-0.0279***	-0.0123
	(1.302)	(-1.943)	(0.923)	(-1.838)	(-3.147)	(-1.177)
Ownership4	-0.0175***	-0.0221***	-0.0121***	-0.0296***	-0.0363***	-0.0232**
	(-5.474)	(-5.200)	(-3.412)	(-4.219)	(-3.640)	(-2.596)
Ownership5	-0.0102***	-0.0130***	-0.00363	-0.0217***	-0.0272***	-0.0124
	(-4.457)	(-4.061)	(-1.509)	(-3.585)	(-3.406)	(-1.565)
Size	0.0262***	0.0279***	0.0274***	0.0292***	0.0340***	0.0291***
	(12.65)	(12.69)	(12.55)	(15.21)	(14.43)	(11.95)
Constant	0.506***	0.638***	0.538***	0.596***	0.711***	0.635***
	(9.233)	(10.26)	(8.310)	(12.37)	(10.85)	(11.45)
行业固定效应	是	是	是	是	是	是
年份固定效应	是	是	是	是	是	是
省份固定效应	是	是	是	是	是	是
观测值	182530	80923	100748	27721	11709	12978
聚类	40	40	40	40	40	40
R^2	0.804	0.827	0.813	0.695	0.732	0.726

注：该表中 * 表示 10% 水平上显著，** 表示 5% 水平上显著，*** 表示 1% 水平上显著。小括号中的值为 t 值。回归结果皆使用聚类（cluster）在省份层面的标准差。

本节通过第一部分的描述性统计发现，企业的进口额在 2008 年存在明显的下降阶段，原因在于 2008 年爆发了世界金融危机，金融危机所带来的经济发展不景气导致许多企业的进口额显著下降。为了探究 2008 年

第十五章 进口溢出对企业的影响：企业内和企业间效应

金融危机是否为之后的进口行为带来不同的影响效应，本节构建了虚拟变量 $Drum\_cris$ 探究重大经济危机的存在是否会影响企业进口的促进效应，对于 2008 年之前（包括 2008 年）的进口，$Drum\_cris = 1$；而对于 2008 年之后的进口而言，$Drum\_cris = 0$。加入金融危机虚拟变量后的回归结果见表 15-9。

表 15-9 进口对企业全要素生产率影响效应的稳健性检验结果（考虑金融危机）

变量	(1) OLS lnTFP_OLS	(2) OLS lnTFP_OLS	(3) OLS lnTFP_OLS
lnIMP1	0.00541*** (5.508)	— —	— —
lnIMP2	— —	0.00513*** (5.917)	— —
lnIMP3	— —	— —	0.00228*** (4.028)
L.lnTFP_OLS	0.597*** (16.09)	0.562*** (13.96)	0.623*** (17.35)
Dum_cris	0.00176 (0.287)	0.00779 (0.987)	-0.0356*** (-15.59)
$Ownership$1	-0.0140*** (-5.489)	-0.0188*** (-5.923)	-0.00682* (-1.909)
$Ownership$2	-0.00188 (-0.844)	-0.00311 (-1.089)	0.00182 (0.753)
$Ownership$3	0.000594 (0.259)	-0.00963*** (-2.813)	0.00113 (0.276)
$Ownership$4	-0.0198*** (-5.770)	-0.0249*** (-5.406)	-0.0144*** (-3.481)
$Ownership$5	-0.0122*** (-4.744)	-0.0156*** (-4.584)	-0.00529* (-1.833)
$Size$	0.0265*** (13.53)	0.0289*** (14.19)	0.0274*** (12.84)
$Constant$	0.567*** (9.533)	0.631*** (8.966)	0.609*** (10.52)

续表 15-9

变量	(1) OLS lnTFP_OLS	(2) OLS lnTFP_OLS	(3) OLS lnTFP_OLS
行业固定效应	是	是	是
年份固定效应	是	是	是
省份固定效应	是	是	是
观测值	210251	92632	113726
聚类	40	40	40
R^2	0.787	0.813	0.801

注：该表中 * 表示 10% 水平上显著，** 表示 5% 水平上显著，*** 表示 1% 水平上显著。小括号中的值为 t 值。回归结果皆使用聚类（cluster）在省份层面的标准差。

通过上述三种不同方式的稳健性检验，本节发现，中间品、资本品以及最终消费品的进口对企业生产率的正向影响都非常显著且稳健；对于有出口行为的企业，这种促进效应更为明显。同时，加入虚拟变量金融危机后的回归结果，系数有所下降，表明重大经济危机的存在会减弱进口所带来的正向影响。这也是在以往学者的研究基础上的新的发现。由于本节将样本数据扩大至 2012 年，因此，可以发现在重大经济变化后的进口对企业生产率影响的差异。

（二）进口对企业规模影响效应的稳健性检验

针对进口对企业规模影响效应的稳健性检验，本节同样使用了三种不同的方式，首先是将进口额同企业生产率滞后项的乘积中企业的全要素生产率计算结果替换为使用 OP 方法计算得出的结果。具体结果见表 15-10：列（1）~（3）分别显示了中间品进口、资本品进口以及最终消费品进口分别对企业规模的影响效应，可以发现三种进口品对企业规模均有正向的显著促进效应；而交乘项系数均显著为负数则表明三种进口品的这种促进效应对于初期技术水平相对较低的企业的促进效应更为明显。

表15-10 进口对企业规模影响效应的稳健性检验结果（替换 TFP 值）

变量	(1) OLS ln*Size*	(2) OLS ln*Size*	(3) OLS ln*Size*
ln*IMP*1	0.0185*** (14.74)	— —	— —
ln*IMP*1 × *L*. ln*TFP_OP*	-0.00665*** (-9.627)	— —	— —
ln*IMP*2	— —	0.0101*** (4.636)	— —
ln*IMP*2 × *L*. ln*TFP_OP*	— —	-0.00297*** (-3.105)	— —
ln*IMP*3	— —	— —	0.00605*** (3.702)
ln*IMP*3 × *L*. ln*TFP_OP*	— —	— —	-0.00145* (-1.918)
L. ln*Size*	0.842*** (181.9)	0.846*** (146.3)	0.841*** (139.1)
L. ln*TFP_OP*	0.124*** (10.45)	0.0595*** (5.827)	0.0692*** (8.446)
*Ownership*1	0.0145*** (7.754)	0.00912*** (3.630)	0.0115*** (5.625)
*Ownership*2	-0.000937 (-0.649)	-0.00514** (-2.425)	-0.00270 (-1.248)
*Ownership*3	0.00349* (1.842)	-0.00303 (-0.855)	0.00164 (0.708)
*Ownership*4	-0.00438** (-2.372)	-0.00544** (-2.062)	-0.00333 (-1.379)
*Ownership*5	-0.00389*** (-2.749)	-0.00625** (-2.260)	-0.00219 (-1.028)
年份固定效应	是	是	是
行业固定效应	是	是	是
省份固定效应	是	是	是

续表 15-10

变量	(1) OLS lnSize	(2) OLS lnSize	(3) OLS lnSize
Constant	-0.0281	0.0946***	0.0443**
	(-1.335)	(4.144)	(2.312)
观测值	210378	92696	113793
聚类	40	40	40
R^2	0.779	0.800	0.793

注：该表中 * 表示10%水平上显著，** 表示5%水平上显著，*** 表示1%水平上显著。小括号中的值为 t 值。回归结果皆使用聚类（cluster）在省份层面的标准差。

本节进行稳健性检验的第二种方法是，依据是否有出口行为将进口企业进行分组回归，具体回归结果见表15-11。通过回归结果可以发现：①对于有出口的企业，结果更为稳定，同基础回归结果保持一致，三种不同的进口品均对企业的规模增长存在正向的显著影响，同时对技术水平相对较低的企业的正向影响更为强烈；②对于无出口的企业，中间品的进口对企业规模的影响结果仍然稳健，但对资本品以及最终消费品进口的结果有所差异。

表 15-11　进口对企业规模影响效应的稳健性检验结果（分组回归）

变量	(1) 有出口 lnSize	(2) 有出口 lnSize	(3) 有出口 lnSize	(4) 无出口 lnSize	(5) 无出口 lnSize	(6) 无出口 lnSize
ln*IMP*1	0.0146***	—	—	0.0128***	—	—
	(6.593)	—	—	(4.505)	—	—
ln*IMP*1 × L.lnTFP	-0.00488***	—	—	-0.00462***	—	—
	(-4.034)	—	—	(-3.184)	—	—
ln*IMP*2	—	0.00920***	—	—	0.00707*	—
	—	(5.308)	—	—	(1.730)	—
ln*IMP*2 × L.lnTFP	—	-0.00254***	—	—	-0.00189	—
	—	(-3.195)	—	—	(-0.889)	—

续表 15-11

变量	(1) 有出口 $\ln Size$	(2) 有出口 $\ln Size$	(3) 有出口 $\ln Size$	(4) 无出口 $\ln Size$	(5) 无出口 $\ln Size$	(6) 无出口 $\ln Size$
$\ln IMP3$	—	—	0.00471***	—	—	0.000161
	—	—	(3.373)	—	—	(0.0368)
$\ln IMP3 \times L.\ln TFP$	—	—	-0.000813	—	—	0.00136
	—	—	(-1.122)	—	—	(0.625)
$L.\ln Size$	0.853***	0.856***	0.853***	0.788***	0.779***	0.779***
	(186.7)	(225.2)	(140.1)	(74.74)	(36.07)	(56.15)
$L.\ln TFP\_OLS$	0.0891***	0.0449***	0.0495***	0.0964***	0.0540*	0.0425***
	(4.733)	(5.830)	(5.724)	(5.219)	(2.021)	(2.747)
$Ownership1$	0.0140***	0.00992***	0.0108***	0.0159***	0.00983	0.0228**
	(7.594)	(3.934)	(4.642)	(3.269)	(1.030)	(2.636)
$Ownership2$	0.00144	-0.00447**	-0.00174	-0.00788	0.00226	0.00284
	(0.951)	(-2.376)	(-0.773)	(-1.570)	(0.349)	(0.447)
$Ownership3$	0.00602***	0.00298	0.00426*	-0.00517	-0.0248***	-0.00463
	(3.172)	(0.922)	(1.842)	(-1.268)	(-3.183)	(-0.698)
$Ownership4$	-0.00450**	-0.00363	-0.00383	-0.00187	-0.00961	0.00577
	(-2.433)	(-1.537)	(-1.531)	(-0.516)	(-1.402)	(0.879)
$Ownership5$	-0.00356**	-0.00424	-0.00255	-0.00563	-0.0142**	0.00431
	(-2.185)	(-1.671)	(-1.045)	(-1.641)	(-2.204)	(0.893)
$Constant$	0.0984***	0.159***	0.185***	0.190***	0.116**	0.179***
	(2.847)	(7.277)	(10.49)	(4.933)	(2.292)	(3.821)
年份固定效应	是	是	是	是	是	是
省份固定效应	是	是	是	是	是	是
行业固定效应	是	是	是	是	是	是
观测值	182562	80938	100768	27812	11755	13022
聚类	40	40	40	40	40	40
R^2	0.793	0.814	0.804	0.685	0.704	0.708

注：该表中*表示10%水平上显著，**表示5%水平上显著，***表示1%水平上显著。小括号中的值为 t 值。回归结果皆使用聚类（cluster）在省份层面的标准差。

为了探究重大经济事件的存在是否会对结果的稳健性造成一定的影响，本节依据2008年金融危机为事件划分节点，构建虚拟变量 Dum_cris，并将其加入模型回归，以探究经济危机是否会导致结果的不稳定。具体回归结果见表15-12：①中间品、资本品以及最终消费品的进口对企业规模依然存在显著的正向影响；②三种进口品的促进效应均对初期生产率较低的企业更为明显，其中，中间品以及资本品的这种回归结果更为显著；③在加入金融危机作为虚拟变量后，回归系数相较于基础回归结果有些许降低，原因在于金融危机的存在对进口的促进效应有所减弱。

表15-12　进口对企业规模影响效应的稳健性检验结果（考虑金融危机）

变量	(1) OLS lnSize	(2) OLS lnSize	(3) OLS lnSize
lnIMP1	0.0138 *** (7.803)	— —	— —
lnIMP1 × L.lnTFP_OLS	-0.00457 *** (-4.541)	— —	— —
lnIMP2	— —	0.00804 *** (4.793)	— —
lnIMP2 × L.lnTFP_OLS	— —	-0.00204 ** (-2.643)	— —
lnIMP3	— —	— —	0.00398 *** (3.156)
lnIMP3 × L.lnTFP_OLS	— —	— —	-0.000437 (-0.701)
L.ln$Size$	0.845 *** (190.2)	0.848 *** (157.7)	0.846 *** (143.9)
L.lnTFP_OLS	0.0872 *** (5.622)	0.0432 *** (5.488)	0.0484 *** (6.332)
Dum_cris	0.00331 (0.843)	-0.0250 *** (-6.164)	-0.0235 *** (-4.642)
$Ownership$1	0.0145 *** (7.723)	0.00909 *** (3.637)	0.0119 *** (5.762)

续表 15-12

变量	(1) OLS lnSize	(2) OLS lnSize	(3) OLS lnSize
Ownership2	-0.000741 (-0.510)	-0.00498** (-2.329)	-0.00240 (-1.113)
Ownership3	0.00362* (1.896)	-0.00294 (-0.820)	0.00174 (0.745)
Ownership4	-0.00452** (-2.413)	-0.00546** (-2.056)	-0.00345 (-1.427)
Ownership5	-0.00396*** (-2.766)	-0.00623** (-2.241)	-0.00221 (-1.039)
Constant	0.0485* (1.931)	0.130*** (6.347)	0.120*** (7.585)
年份固定效应	是	是	是
行业固定效应	是	是	是
省份固定效应	是	是	是
观测值	210374	92693	113790
聚类	40	40	40
R^2	0.779	0.800	0.793

注：该表中 * 表示10%水平上显著，** 表示5%水平上显著，*** 表示1%水平上显著。小括号中的值为 t 值。回归结果皆使用聚类（cluster）在省份层面的标准差。

（三）进口对企业生存影响效应的稳健性检验

为了检验进口对企业生存影响效应模型回归结果的稳健性，本研究首先将解释变量中进口的一阶差分算子与企业全要素生产率一期滞后项的交乘项中的企业全要素生产率计算方式改用 OP 方法，得出的具体回归结果见表 15-13：①三种进口品的回归结果均与基础回归模型结果一致，从而保持了结果的稳定；②中间品、资本品以及最终消费品的进口对企业生存存在正向显著影响，且这种影响对初期技术水平相对较低的企业更为明显。

表 15-13 进口对企业存活影响效应的回归效果稳健性检验（替换 TFP 值）

变量	(1) xtprobit survival	(2) xtprobit survival	(3) xtprobit survival
d lnIMP1	0.423*** (13.68)	—	—
d lnIMP1 × L. lnTFP_OP	-0.161*** (-10.65)	—	—
d lnIMP2	—	0.202*** (5.957)	—
d lnIMP2 × L. lnTFP_OP	—	-0.0852*** (-5.197)	—
d lnIMP3	—	—	0.0956*** (2.716)
d lnIMP3 × L. lnTFP_OP	—	—	-0.0309* (-1.780)
L. lnTFP_OP	0.765*** (37.72)	0.614*** (18.20)	0.680*** (22.99)
Constant	-0.666*** (-16.17)	-0.231*** (-3.311)	-0.346*** (-5.763)
观测值	210954	75200	98522
企业个数/家	59184	23996	28774

注：该表中 * 表示10%水平上显著，** 表示5%水平上显著，*** 表示1%水平上显著。小括号中的值为 t 值。回归结果皆使用普通标准差。回归模型为随机效应模型（random effects），对企业固定效应以及年份固定效应进行了控制。

同样地，本节也针对进口对企业存活影响效应的研究进行了分组检验，依据企业是否存在出口行为将企业分为有出口以及无出口两种。具体回归结果见表15-14：列（1）~（3）为有出口行为的企业的样本回归结果，结果同基础回归结果一致，三种进口品对企业生存的影响都十分显著，且这种正向影响对初期生产率较低的企业更为明显；列（4）~（6）是无出口企业的回归结果，回归结果也同基础回归模型保持一致，但是最终消费品的进口对没有出口行为的企业存活的正向影响并不显著；总体来看,进口的促进效应对有出口行为的企业更为显著。

表15-14 进口对企业存活影响效应的回归效果稳健性检验(分组检验)

变量	(1) 有出口 survival	(3) 有出口 survival	(5) 有出口 survival	(7) 无出口 survival	(9) 无出口 survival	(11) 无出口 survival
d ln*IMP*1	0.330*** (11.07)	— —	— —	0.328*** (5.354)	— —	— —
d ln*IMP*1 × L. ln*TFP_OLS*	-0.119*** (-7.821)	— —	— —	-0.125*** (-3.952)	— —	— —
d ln*IMP*2	— —	0.103*** (3.205)	— —	— —	0.125* (1.696)	— —
d ln*IMP*2 × L. ln*TFP_OLS*	— —	-0.0384** (-2.381)	— —	— —	-0.0498 (-1.332)	— —
d ln*IMP*3	— —	— —	0.0940*** (2.713)	— —	— —	0.0537 (0.664)
d ln*IMP*3 × L. ln*TFP_OLS*	— —	— —	-0.0298* (-1.676)	— —	— —	-0.0137 (-0.329)
L. ln*TFP_OLS*	0.660*** (32.73)	0.421*** (12.79)	0.541*** (18.02)	0.680*** (13.93)	0.545*** (6.742)	0.633*** (8.005)
Constant	-0.336*** (-8.609)	0.251*** (3.821)	0.0225 (0.385)	-0.737*** (-7.808)	-0.321** (-2.018)	-0.475*** (-3.104)
观测值	182979	65778	87656	27971	9420	10864
企业个数	52565	21496	26146	16011	5614	6432

注:该表中 * 表示10%水平上显著, ** 表示5%水平上显著, *** 表示1%水平上显著。小括号中的值为 t 值。回归结果皆使用普通标准差。回归模型为随机效应模型(Random effects),对企业固定效应以及年份固定效应进行了控制。

最后,在针对进口对企业存活影响效应的回归稳健性检验中,本节同样加入了2008年金融危机作为虚拟变量 *Drum_cris*。具体回归结果见表15-15的列(1)~(3):即便在考虑金融危机存在的情况下,进口对企业生存的促进效应仍旧显著;进口同企业生产率一期滞后项的交乘项系数为负,进口的促进效应对生产率较低的企业更为明显;虽然金融危机的存在导致系数稍有降低,促进效应相对减弱,但是正向的回归结果仍然稳健。

表15-15 进口对企业存活影响效应的回归效果稳健性检验(考虑金融危机)

变量	(1) xtprobit *survival*	(2) xtprobit *survival*	(3) xtprobit *survival*
d ln*IMP*1	0.329*** (12.35)	— —	— —
d ln*IMP*1 × L. ln*TFP_OLS*	-0.120*** (-8.823)	— —	— —
d ln*IMP*2	— —	0.110*** (3.778)	— —
d ln*IMP*2 × L. ln*TFP_OLS*	— —	-0.0424*** (-2.877)	— —
d ln*IMP*3	— —	— —	0.0887*** (2.814)
d ln*IMP*3 × L. ln*TFP_OLS*	— —	— —	-0.0283* (-1.750)
Dum_cris	0.0586*** (8.635)	-0.00853 (-0.729)	0.0995*** (9.432)
L. ln*TFP_OLS*	0.707*** (36.87)	0.465*** (15.18)	0.618*** (21.81)
Constant	-0.520*** (-13.59)	0.116* (1.858)	-0.228*** (-4.004)
观测值	210950	75198	98520
企业个数/家	59184	23996	28774

注:该表中*表示10%水平上显著,**表示5%水平上显著,***表示1%水平上显著。小括号中的值为t值。回归结果皆使用普通标准差。回归模型为随机效应模型(random effects),对企业固定效应以及年份固定效应进行了控制。

综合上述回归结果,本节发现进口对企业带来的促进效应可以表现在两个方面:①企业内效应。中间品、资本品以及最终消费品的进口都对企业生产率存在显著的正向影响,无论企业是否存在出口行为,这种正向影响都显著存在。②企业间效应。企业间的竞争会导致企业规模的萎缩甚至退出市场,但是进口可以帮助企业扩大企业规模,有利于企业延长自身在市场中存活的时间;同时,本节还发现这种促进效应对于初期技术水平相对较低的企业更为明显。通过这一系列的稳健性检验,本节进一步证明了这两种促进效应的显著性。

第五节 小 结

一、研究结论

本章利用实证的方法讨论了进口对企业层面的影响,主要从三个方面进行研究:进口对企业生产率的影响、进口对企业规模的影响以及进口对企业存活情况的影响。主要得出以下结论:其一,进口可以促进企业技术进步。以企业生产率为例,不论是中间品、资本品还是最终消费品的进口都对企业的全要素生产率存在显著正向影响效应。其二,进口除了对企业生产率有促进效应,还可以帮助企业在市场竞争中扩大企业规模,促进企业成长。三种不同的进口品对企业规模都存在显著的正向影响,并且这种促进作用对于初期企业生产率水平相对较低的企业更为明显。其三,本章进一步探究了进口对企业生存的影响,发现不论是中间品的进口、资本品的进口还是最终消费品的进口,都对企业的生存存在正向影响,进口还能够帮助企业延长在市场中存活的时间。与进口对企业规模的影响相对应的,进口对初期技术水平较低的企业生存的正向影响更为明显。其四,进口的这些促进效应具有一定的稳定性,对于出口与否、所有制不同、初期企业规模有所差异的企业都有显著的正向影响。其五,通过将金融危机虚拟变量加入到模型回归中,本章发现以 2008 年金融危机为例的重大经济危机会从一定程度上削减进口的这种促进效应。

二、政策含义

上述关于本章的结论具有很强的政策性意义。中国一直以来的贸易顺差其实带来了较多不利的方面，例如，人民币面临的升值压力以及一些国际贸易的争端。对于中国贸易政策上鼓励出口的质疑声也越来越多，因此，本章将研究的重点放在进口对中国企业层面的促进作用。正如上述研究结果所述，进口不仅可以帮助中国减少来自贸易的争端，改善国际关系，还可以帮助国内企业增加企业的生产率，提高它们的技术水平；同时，进口品带来的竞争冲击并没有导致企业规模的缩减，反而有助于中国企业规模的扩大与成长，而这种促进效应对于低技术的企业更为明显，进口可以有助于企业延长它们在市场中存活的时间。正如研究结果表明的，技术水平相对较低的企业可以在进口中获得更快的成长，保证行业内技术发展及企业规模差距的缩小，这样的促进效应有利于国内企业市场良好的竞争。不论是进口带来的竞争效应、技术的外溢效应，还是企业通过进口贸易从而促进自身发展，进口都在一定程度上帮助了国内企业的成长。本章的研究为中国目前正在逐步改善贸易结构的举措提供了理论支持。

第十六章　中间品进口与企业出口"汇率免疫"

第一节　导　言

一、研究背景

汇率波动对出口的影响是国际经济学的一个传统论题，无论是在贸易领域还是在国际金融的国际收支领域都占有重要地位。一直以来的研究都认为竞争性汇率有利于促进出口，汇率波动对出口的影响在传统上的思考一般遵循马歇尔－勒纳条件，即在一定条件下，本币贬值会促进出口。但是，不管是马歇尔－勒纳条件还是毕克迪克－罗宾逊－梅茨勒条件，都隐含着一个重要的假设：汇率变动对出口价格的传导效应是百分之百的（Goldberg & Knetter，1997）。而 Taylor（2000）认为，在当前世界性竞争压力提高、物价指数保持在低位的大背景下，出口企业很难将汇率的变化完全传递到出口商品的价格上。同样，国外一些研究通过对日元升值时期美日贸易问题的实证分析，着眼于企业在汇率冲击下的定价行为这类更为微观的变量。

自 2008 年席卷全球的金融危机爆发之后，越来越多的研究发现贬值对促进出口的作用有限。关于汇率波动性和贸易流量的总量关系上，目前的基本结论是，汇率的波动性对贸易总量的影响"非常微弱且缺乏稳健性"（IMF，2004）。相比之下，信心危机对贸易额的冲击则非常之大。

在如今全球市场的垂直一体化分工模式的背景下，由于汇率的传导机制已经发生了较大的变化，因此有必要在新的背景下考察汇率与出口之间的关系。纵观日本，近几十年，日元一直贬值，但是其出口就是没有起色，这也说明了汇率和出口的关系已经变得非常微妙。在此，我们要重新考虑降低汇率是否对出口的促进作用越来越小，是什么因素影响汇率对进出口的效应？

近年来，人民币汇率问题一直是引起国内外各界关注、研究和争论的一个焦点。它实际上包含三个方面：第一是汇率水平问题，人民币的币值到底是不是被严重低估？国内外经济诸多问题是否由此引起？人民币是否应该大幅升值？第二是汇率制度问题，我国汇率制度的改革方向是什么，改革的进程该怎么走？2015年8月人民币突然大幅度贬值，8月11日人民币兑美元中间价报6.2298；人民币兑美元中间价下调幅度达1.9%，创下1994年人民币官方与市场汇率并轨以来的最大单日跌幅。国际社会对人民币贬值的解读说中国是为了促出口，但本研究猜想此举对于扩大中国出口意义不大。第三是人民币汇率与中国出口的关系问题，即人民币汇率波动是否能够影响中国出口额的增减。传统的观点认为，汇率贬值在大多数情况下能够促进一国的出口。但是，人民币长期以来的走势与此理论相悖。

2005年7月汇率改革以来，人民币汇率在之后10年一直处于稳步、小幅、高频的动态升值过程中，我国贸易收支不论从总体还是分行业都表现出一些传统国际收支理论所不能解释的现象：随着人民币的稳步升值，中国的总体贸易收支顺差却不断增加，特别是出口并没有因升值受到负面影响，反而继续大幅增长，并且表现出明显的行业特征，如具有比较优势的劳动密集型行业、加工贸易特征明显的制造业、部分高科技行业的产品出口增长迅猛（陈学彬等，2007）。

很多学者认为人民币升值能够降低中国的贸易顺差（Bergsten，2010），但实际上很少有实证支持这个观点，且现有研究中不同学者使用不同的数据会得出不同结论。如 Aziz and Li（2007）、Ahmed（2009）、Garcia-Herrero and Koivu（2009）等使用宏观数据，发现汇率弹性大于1；Marquez and Schindler（2007）等发现10%的人民币升值会降低中国总出口份额约1%。但是，Cheung et al（2009）认为汇率变动对出口并无显著影响。而对于人民币升值的汇率弹性，Bussiere and Peltonen（2008）认为汇率完全传导，而 Cui et al（2009）则认为汇率传导性低于50%。因此，人民币汇率变动对中国贸易变动影响方向在学术上对并没有一致结论。

研究汇率对跨国贸易的影响在学术领域和政策的有效制定方面都有重要意义，特别是在国际贸易不平衡的背景下显得尤为重要。事实上，外汇市场上的汇率有着很强的波动性，但是出口品价格却相对稳定，为什么汇率的变化并没有体现在产品价格上？大出口商是否往往也同时是大进口商？Amiti et al（2014）利用比利时的进出口贸易数据，研究发现大型出口企业的进口份额和市场份额往往都很高，其汇率传导幅度比较低。对于进口中间投入密集度和市场份额位于第95百分位的企业，汇率传递仅为50%。那么，进出口商的双重身份是否会提高厂商的汇率免疫力？

中国企业在全球生产网络中地位逐步上升。尽管中国加工贸易占贸易总额的比重下降，但是中间产品进出口贸易在全球占比仍在逐年提高；中国对全球价值链的贡献逐年增加，中国的生产活动正在逐步向全球价值链高端攀升。在这样的背景下，我们思考全球价值链的整合是否削弱了汇率对贸易的影响？

纵观中国的外贸情况，中国工业的基础原材料、关键零部件、关键设备对外依赖度最少在 90% 以上。中国的出口中大部分是加工出口，有很高比例的中间投入品包括原材料、配件和零件是进口的，所以中国的出口有很高的进口依赖度。中国的大出口商往往也是大进口商，全球价值链的整合对于国际贸易是逐步加强的趋势。对于中国的进出口商的特点导致汇率对出口价格不完全传导的研究较少，而本章填补了这方面研究的缺口。

同时，现有文献对于出口汇率弹性的估计和汇率不完全传导已有较为广泛的研究，然而这些研究主要使用的是宏观数据，这并不能很好地考察汇率对微观价格的影响。在国际贸易中虽然存在着异质性企业，但是除了 Berman et al（2012）、Chatterjee et al（2013）和 Amiti et al（2014），较少有文献在研究汇率弹性或汇率的不完全传递时将企业的特征考虑进去，而 Burstein et al（2014）则使用了微观数据研究商品国际价格与汇率之间的关系。

对于中国来说，人民币汇率传递的研究主要集中在宏观层面，对于人民币汇率传递的微观层面研究还不够深入。通过使用 2000—2006 年的中国进出口数据，本章从全球价值链整合的角度，研究双边实际汇率波动对中国出口状况和出口企业的影响。

二、研究目的

本章着眼于人民币汇率和出口的关系，从企业所处价值链的位置探讨汇率对企业出口定价行为以及汇率传递程度的影响。出口企业的生产、销售和市场、产品无不和汇率有着密切的关系。因此，企业对汇率变化非常敏感并都采取了各种措施以应对汇率变化后产生的各种不确定性，力争将汇率风险最小化，效益最大化。虽然企业在汇率问题的认识上比较一致，但企业应对汇率变动的措施却有实质性的不同，具体表现为企业的行为变化。同样的一种行为，不同的企业有不同的行为方式。这些不同的方式导致了企业汇率传递程度的不同，其实际上就是由生产者还是消费者哪一方承担汇率变动带来的汇率风险问题。

本章试图回答的问题主要包括以下四个。

第一，从宏观上来说，中国出口对人民币汇率不敏感是否存在着微观原因？目前，关于人民币汇率与中国出口的关系，绝大多数文献都是从宏观视角进行解读的。但是，国家并非真正的出口主体，国家的出口数据只是众多微观数据在统计层面的汇总而已，真正的出口主体是企业。在一个奉行开放政策的国家里，出口是企业的一项重要经济活动，它暗含了企业作为一个微观主体的最优化决策过程（Amatori et al，2011）。企业的出口定价以及其他行为是一个复杂的过程。因此，要从根本上回答以上问题，还需要对中国企业的出口行为以及出口表现进行深入剖析。

第二，对于出口企业而言，在面对汇率冲击时，某些特殊类型的企业是否能够实现"汇率免疫"。任何一个从事进出口的企业时时都会暴露在汇率风险之下，因此绝不能忽略汇率问题。因为这些企业的成本主要体现为人民币（如工资），但是其出口产品又体现为外币。异质性企业理论告诉我们，企业的差异体现在生产率等诸多方面，那么他们对与汇率冲击的反应是否一致？是否有些类型的企业受到的汇率冲击要小于其他类型的企业，甚至在一定条件下做到完全免疫？

第三，在汇率冲击之下，企业转嫁或者应对这种冲击的方式有何不同？一般情况下，当汇率发生变动时，企业可以通过两种方式来应对这种变化，一种方式是调整出口品价格，将汇率对成本的影响完全弹性地转嫁到消费者身上；另一种方式是保持出口品价格相对稳定，通过调整出口品数量来化解汇率的风险。当前者发生时，汇率就是百分之百传递的。在现实中，企业在这两种策略面前的选择有何差异，是什么因素影响了企业的选择？

第四，企业所处价值链的位置是否会影响汇率对其的影响？从实证来看，大出口商往往都是大进口商。对于这类企业来说，由于其生产所需的中间投入品主要通过进口获取，因此表现为外币。而其出口品也是以外币计价的。在这种情况下，来自进口和出口两端的汇率波动就有可能发生抵消。因此，企业可以在一定程度上实现汇率免疫。

三、研究意义

目前，在资本外流和美元加息的预期之下，人民币汇率在2015年一改2005年汇率以来的单边升值的长期趋势，出现了较大幅度的贬值。这预示着未来人民币汇率的波动将进一步加大。与此同时，中国出口在2016年出现了大幅下滑。在此背景之下，深入研究人民币汇率与出口之间的关系，具有重要的理论和现实意义。通过对企业微观行为的研究，可以更准确地了解经济冲击的合理传导、选择合理的汇率制度以及制定有效的货币政策。具体而言，本章的研究意义包括以下四个方面。

第一，从价值链角度理解汇率传递的实质，有助于更加准确、客观地估计汇率变动对中国出口的影响。传统的国际经济理论认为,如果能够满足马歇尔-勒纳条件,那么本币贬值就可以改善国际收支。然而,如果汇率传递效应不完全的话,就有可能部分抵消贬值政策对贸易不平衡的作用效果。因为汇率的变动不会完全反映到进出口产品价格上去,支出转换效应也就无法充分发挥应有的作用。所以,要解决目前我国面临的出口不确定问题,需要结合汇率传递效应来对币值变动进行重新认识。

第二,从价值链角度理解汇率传递的实质,有助于企业选择合理的出口定价策略。企业可以根据自身在价值链所处的位置,知晓出口产品值可以实现"汇率免疫"的比重,从而合理地调整自身出口品的国际价格,最大化地减少汇率波动对出口额的冲击,以保持利润的稳定增长。

第三,从价值链角度理解汇率传递的实质,有助于理解外国经济波动对我国的影响及其传导机制。一般情况下,外国的一个正向货币冲击会引发外币相对贬值,那么汇率变化会导致外国产品需求增加而本国产品需求减少,即支出转换效应。如果汇率传递是完全的,那么上述支出转换效应就会将外国的货币冲击传递到我国,最终使我国的总需求和总产出随之下降。在货币冲击的国际传导过程中,汇率传递是不可或缺的一个环节,如果能够准确衡量汇率传递系数,就可以更准确地预测外国货币政策对我国实体经济的影响。随着经济全球化的进程不断加快,领域不断扩展,美国等主要经济体的经济发展对我国的影响越来越明显,所以从汇率传递的角度理解国际经济关系显得愈发具有重要性和迫切性。

第四,从价值链角度理解汇率传递的实质,有助于选择合理的汇率制度。固定汇率制和浮动汇率制各自有其优点和不足,其中支持浮动汇率制的观点认为,浮动汇率可以自发调节国际收支,使一国在国际收支失衡时能够及时改变国际相对价格,从而迅速地恢复平衡。基于这一点,人们认为浮动汇率制可以减少政府对各种直接管理措施的依赖,更多地依靠市场价格信号来更加有效地发挥资源配置功能,并最终提高资源配置效率。然而,汇率传递效应完全是上述观点得以成立的关键,如果汇率变动不能完全传递到相对价格的变动之上,那么浮动汇率制就会难以发挥其市场调节功能,这样我们就必须结合汇率传递效应来准确判断两种汇率制度的优劣,才能做出合理的选择。

四、研究思路与文章结构

本章试图在对影响汇率不完全传递的机制相关研究做全面系统性梳理

的基础上,构造"中间投入品进口密集度"和"出口目的地市场份额"等关键指标,运用实证分析的方法分析汇率变动传导到企业出口产品的本本币价格,进而影响用目的地货币表示的产品价格,且最终给出合理的政策建议。

第二节 文献综述

近年来,汇率传递已经成为国际金融及国际贸易研究领域中的一个热点问题。大量研究已表明汇率传递具有不完全性,即汇率变化并非同比例地反映在出口产品价格上。Mann(1986)等的研究表明,在1979—1985年美元对外升值期间,美国进口商品的美元价格(消费者价格)的下降幅度,低于外币对美元的贬值幅度。自20世纪80年代以来,学者们开始从微观视角探讨汇率传导问题。在全球化进程不断推进和价值链整合的背景下,各国之间的贸易联系越趋紧密,贸易国相互之间的依存性也越来越高,汇率作为影响各国之间经济交往极其重要的经济变量,它的波动会通过传递到进出口价格来影响CPI,从而进一步影响一个国家的货币和汇率等相关经济政策。

一、企业进出口行为

随着全球价值链整合,生产贸易垂直一体化的进程推进,企业的进口、出口行为决策的互动愈加紧密。Bernard,Jensen and Schott(2009)在研究中发现了企业进口和出口活动重叠现象,大的出口商往往也是大的进口商,出口企业会选择从不同国家进口大量原材料。他们还发现在进口中间投入品的出口商中,不同的进口密集度会导致不同出口价格的汇率传递效应。Kugler and Verhoogen(2009)发现了出口企业进口投入品的一些新现象并对此进行解释;通过研究中国企业的进出口情况,Manova et al(2009)和 Feng et al(2012)发现了进口中间投入品和出口之间的紧密联系。

二、出口企业的进口密集度和生产率关系

出口企业的进口密集度和生产率大小也是紧密相关。Halpern,Koren and Szeidl(2011)使用匈牙利企业的数据,估计进口对全要素生产率的

影响；Amiti and Davis（2012）研究了进口关税对企业工资水平的影响；Gopinath and Neiman（2011）研究了2001年匈牙利的货币贬值导致的贸易崩塌对整体经济生产率的影响；Blaum, Lelarge and Peters（2013）记录了法国企业进口行为的典型事实，且在此基础上建立相关模型并进行分析。

通过使用法国的企业层级的贸易数据，Berman et al（2012）系统研究了汇率变化对不同效率的企业的贸易价格与数量的影响。他们发现，高效率的企业与低效率的企业相比，由于其利润水平比较高，在面临汇率变化的时候，通过利润调整吸收汇率变化的幅度更大，因此其汇率传导水平（无论是销售的进口国本币交割还是销售的数量）更低。这一差异不因企业效率度量方法、研究样本选定、计量模型设定等因素的改变而改变。Amiti and Konings（2007）在微观层面上进行了进口对企业生产率的影响分析的实证研究。与已有研究略有不同的是，本章着重分析了在全球价值链整合的背景下，企业的进口密集度和企业价格加成差异的相互作用导致汇率的不完全传导。

三、汇率不完全传递理论

以往学者对汇率不完全传递现象的有关理论和实证研究，都有巨大的成果。对汇率的不完全传导性，以往的研究提出了三种重要的渠道效应。

第一种是Devereux et al（2003）提出的在出口目的地市场上，本地货币呈现短期名义价格黏性，被称为本地货币定价（LCP）。在LCP的机制下，汇率变动后，不调整本地货币价格的企业短期的汇率传递性为零。

第二种是Krugman（1987）提出的"依市定价模型"（pricing to market），在多变量的价格加成模型中，企业根据不同的出口目的地的市场情况，选择最优的定价策略。当汇率变动时，出口企业为维持国外的市场份额有可能主动调整成本加成以保持目的地货币标价的出口产品价格稳定。比如，在本币升值时，出口企业调低以本币表示的出口加成，并保持以外币表示的出口价格不变或较小幅度的变动。正是企业选择依市定价的行为导致了不完全的汇率传递，也进一步影响到本币汇率变动对进出口贸易的调节作用。Atkeson and Burstein（2008）使用数量化的调查研究了依市定价模型与该模型在国际加总价格上的应用。Gopinath et al（2011）通过匹配国际上加总微观价格数据显示了PTM的重要性。Fitzgerald and Haller（2014）通过对比相同产品分别在国内和国际市场销售中的汇率传导性差异，为PTM模型提供了直接的事实依据。Gopinath et al（2010）发现在汇率不完全传导中，PTM 和 LCP 途径是互相作用和互相加强的，高利润的企业会选择用消费者货币定价同时保持持续的价格稳定。Goldberg et al（2008）通过结构性地估计产业需求和企业价格加成，来识别 PTM 渠道。利用此理论，Goldberg et al（2001）和 Nakamura et al（2010）分别研究了欧洲的汽车市场和咖啡市场，并考虑了价格粘性的因素。

第三种导致汇率对消费者价格产生不完全传递的重要因素是本地经销成本（Burstein et al，2003；Goldberg et al，2010）。

同时，Goldberg and Hellerstein（2008）也描述了一种结构性方法，并将汇率传导不完全性的成因分解为以下三个方面：一是边际成本的变化。具体包括汇率变化导致出口企业需求量和生产率的变化，从而导致用其本币表示的边际成本发生变化；汇率变化导致出口企业进口原材料的本币价格变化，从而导致其用本币表示的边际成本发生变化；汇率变化后企业在其销售市场即出口市场上的本地非贸易成本，由于其是以外币来表示的，不随汇率变化而变化。二是企业利润的变化，指的是企业在汇率变化时，主动调节其用本币价格加成，主动通过调节自身利润来调节本币价格，吸收汇率变化。当企业本来的加价幅度大，那么汇率贬值时可调整的降价弹性也大。如果利润即加成幅度较低，则通过调整利润幅度来吸收汇率变化的空间比较小。三是名义价格黏性，即由于企业调整名义价格有一定的成本，因此企业倾向于不调整或者少调整名义价格，从而使得名义价格具有一定黏性。

Li et al（2014）用中国的交易层面的出口数据研究了汇率变化对不同企业贸易价格与数量的影响。他们发现，汇率变化对出口企业的用进口国货币表示的价格的传导幅度比较大和显著，但对出口数量的传导幅度比较小和不太显著；面对汇率变化，高效率的企业主要调整出口商品的本币价格，而低效率企业主要调整出口数量。本章认为出口企业的依市定价行为，除了既有研究中已经考虑到的各种因素，还需要特别注意全球化进程使中国出口企业越来越能融入世界贸易链条的这一大趋势。出口产品生产过程中的国际垂直专业分工使其生产成本受到汇率变动的冲击，从而很可能会影响到出口企业的依市定价策略。

四、市场份额对企业定价行为的影响

随着全球化的程度不断提高，国际市场上的竞争越来越激烈，导致定价能力也出现了变化，那么国际竞争的加剧是否会影响汇率传递率呢？国

际清算银行在其 2005 年的报告中指出，放松管制和技术进步增加了国际市场的竞争，限制了企业的定价能力，即使是在面对成本冲击（汇率波动）时，企业进行价格调整的能力也下降了。同时，中国和印度等新兴市场经济体带来持续的巨额供给冲击，商品市场的国际竞争越来越激烈，这不仅降低了企业的定价能力，也降低了企业将增加的成本转嫁给消费者的能力，从而导致汇率传递效应下降。

中国出口产业在国际市场定价中的一个典型特点就是低价竞销。低价竞销在一定时期内对促进企业出口能起到一定的积极作用。但随着经济技术的发展，出口低价竞销的定价策略已逐渐淡出。目前，在发达国家，除农产品贸易外，在工业制成品和初级产品的出口方面基本上不存在低价竞销。可我国的出口产业一直以来都不能走出低价竞销的格局，并愈演愈烈。而对于大宗商品，我国大宗商品国际定价话语权缺失的主要原因之一是行业集中度过低，未结成联盟的松散产业模式导致产业内企业间竞争混乱，利益集团的力量相对薄弱。在一段时期内，中国制造业企业自身核心竞争力不足，普遍存在竞争力不强的现象，更多的是靠低廉的价格维持出口量，保持市场占有率。

综上所述，全球化程度的提高使得各个国家之间的相互依赖性越来越强，全球更多的企业进入特定目的国，而出口市场竞争性与市场份额不同使得企业的定价行为发生变化，从而导致汇率传递率差异。

五、进口中间投入的作用

企业的进口和出口是密切相关的，出口多的企业往往进口也多（Bernard et al，2009）。进口中间投入也有利于提高企业的生产率（Amiti & Konings，2007）。一般说来，进口投入对企业生产率的影响主要通过两个渠道：一是进口投入的质量往往更高；二是进口投入相对于国内投入是不完全替代的（Halpern et al，2011）。出口企业的加成变化并不能完全反映它们在面对汇率波动时的价格变化，从而推断边际成本肯定也在其中发挥了作用，要么是通过分销成本这个渠道，要么是通过进口中间投入这个渠道（Goldberg & Hellerstein，2013）。

于是，Amiti et al（2014）在研究比利时出口企业的汇率传递问题时，首次引入进口中间投入，他们认为出口企业可以通过进口中间投入抵消一部分汇率变动带来的影响，进口中间投入越多的企业其生产成本受汇率变动的影响越小，因而汇率变动对其出口定价的影响也就越小。通过把企业进口中间投入和变动加成同时纳入一个寡头竞争分析框架，证明了具有更高进口中间投入份额的企业其出口价格汇率传递程度更低。同时，使用微观数据进行实证，结果显示，那些没有进口中间投入的小企业的汇率传递几乎是完全的，而对于进口中间投入密集度和市场份额位于第95百分位的企业，汇率传递仅仅为50%。考虑到那些大型的出口企业往往进口份额和市场份额都很高，也就能解释为什么会存在这么低的汇率传递了。

Goldberg et al（2013）使用微观数据全面研究了啤酒市场上的汇率传导的决定因素。他们通过研究发现，从平均水平上看，啤酒市场上汇率传导的不完全性，其中，60%是由于产品在销售地的非贸易成本不随汇率波动而变动造成的；30%是由于价格调整本身具有成本，名义价格具有黏性造成的；8%是由于企业利润调整造成的；剩下1%则是这些成本综合的间接影响造成的。仅仅是价格加成因素，并没有完全反映汇率的波动性导致出口价格的变动，他们提出还有另外一个重要因素：边际成本渠道，这可能来源于当地经销利润或者进口原材料。Hellerstein et al（2010）集中分析了汇率变化通过影响企业进口原材料成本，进而影响其产品价格与汇率传导幅度的作用机制。其研究证明，企业原材料从国外获取的比例越高，汇率变化对企业最终产品价格的影响就越可能被其对企业进口原材料价格的影响所抵消，进口传递的幅度就会越低。

本章基于全球价值链整合研究异质类企业的汇率传导差异，已有的研究主要着重于分析企业生产率和规模对汇率传导的作用，本章强调进口中间投入和企业在出口目的地市场份额的重要性。本章首创地使用进口中间投入来估计中国进出口市场的汇率不完全传导中边际成本渠道的重要性，同时也提供了一种分解边际成本途径和价格加成途径对汇率不完全传递影响大小的数量化方法。

第三节 数据描述与变量描述性统计

一、数据来源

本章使用数据为中国海关公布的2000—2006年企业进出口贸易的年度数据和中国工业企业数据库。中国海关进出口数据库按月更新并详细记录了2000年以来所有进出中国海关的商品贸易。其中，所含的主要信息包括企业名称、注册类型、产品代码、进出口金额、数量和价格、贸易方式、贸易国家等。数据库中的所有产品代码均采用HS8位数编码形式，这为我们准确识别进口中间品的价值提供了极大便利。

本章对2000—2006年的中国进出口数据进行筛选和处理：将月度进行合并，一是因为报表和其他宏观数据均为年度的；二是月度数据存在季节性的问题；三是大部分企业不会在连续的月份中出口同样的产品到同样的市场。使用HS6位数并与BEC进行对接。数据中将HS8位数编码分别改为6位和4位不会影响样本大小，在HS6位数编码中，企业也往往只出口一种HS8位数编码产品到出口目的地，使用HS8位数的产品进行实证研究得到的结果也是相似的，文中用HS4位数表示产品部门；在出口企业中仅仅考虑制造业企业；删除出口品HS前24章数据，通过删除把所有进口的观测值中的非中间投入品与农产品，用于构造关键变量"进口密集度"与"企业相对于出口目的地的市场份额"。同时，使用国家统计局公布的工业企业数据库，其详细记录了包括企业的总产出、原材料投入成本、工资率、资本存量、雇员人数的资料，可以用于区分异质类企业并构造企业的表现。

按照Brandt（2012）等的做法合并两个数据库：本章先利用企业代码识别出同一家企业在不同年份的各项指标，以便于生成包含历年信息的面板数据，然后再根据"企业名称"作为匹配变量并参考其他基本信息将两个数据库进行合并，删除无法对接的企业。此外，从WDI数据库导出部分宏观数据，与此进行匹配，并计算实证估计中需要的一些重要变量。最后，匹配后的样本按照一定标准进行了部分剔除（譬如国家实际汇率无记录导致存在重要变量数据缺失、进口密集度大于1、市场份额大于1等），从而获得可供分析的可靠样本。本章的研究数据包含约268万条记录，包括2000—2006年间43094家制造业出口企业，其中出口超过4600种HS6位数编码的产品到170个目的地国家。

二、变量构造描述性统计

我国为加工贸易出口大国，全球价值链的整合是否削弱了汇率对贸易的影响？本章通过构造进口中间投入品密集度 $\varphi_{f,t}$ 来研究汇率对出口价格的传导效应；同时，参照Amiti et al（2014）的理论模型，构造关键变量出口产品单价变化率 $\Delta P^*_{f,i,c,t}$、企业出口产品到出口目的地的市场份额 $S_{f,s,c,t}$ 以及企业边际成本变化率 $\Delta \ln MC_{ft}$。

(一) 用目的地货币表示的出口产品单价变化率

用目的地货币表示的出口产品单价变化率如下：

$$\Delta P^*_{f,i,c,t} \equiv \Delta \log \left(\frac{EV_{f,i,c,t}}{EQ_{f,i,c,t}} \right) \quad (16-1)$$

其中，EV 为出口产品价值，用出口目的地货币表示；EQ 为出口产品数量；下标 f 表示企业，i 表示出口产品类型，c 表示出口目的地或进口来源国，t 表示年份。产品单价为出口价值与出口数量的比值，是一个近似的结果。

(二) 中间投入品进口密集度

中间投入品进口密集度表示如下：

$$\varphi_{f,t} = \frac{TIV_{f,t}}{TVC_{f,t}} \quad (16-2)$$

其中，TIV 表示进口价值总额，TVC 表示总的企业可变成本，均用人民币表示；下标 f 表示企业，t 表示年份。研究发现，出口企业可以通过进口中间投入抵消一部分汇率变动带来的影响，进口中间投入越多的企业其生产成本受汇率变动的影响越小（Amiti, Itskhoki and Konings, 2014）。构造中间投入品进口密集度（简称"进口密集度"）$\varphi_{f,t}$ 为进口价值总额与企业总投入的比值，其中，企业总投入包括企业职工工资和企业其他可变成本。

(三) 出口目的地市场份额

出口目的地市场份额表示如下：

$$S_{f,s,c,t} \equiv \frac{EV_{f,s,c,t}}{\sum_{f \in F_{s,c,t}} EV_{f,s,c,t}} \quad (16-3)$$

其中，EV 为出口价值，$\sum_{f \in F_{s,c,t}} EV_{f,s,c,t}$ 为所有企业出口价值总和，下标 f 表示企业、s 表示产品部门、c 表示出口目的地、t 表示年份，$F_{s,c,t}$ 为企业出口市场的集合。国际市场上的竞争与企业出口的市场份额大小也会影响企业的定价行为与汇率的传递，通过计算单个企业出口价值与所有企业出口价值总和比值，可以得到企业出口产品到出口目的地的市场份额（简称"市场份额"）。

(四) 边际成本

边际成本是通过对进口中间投入品的对数单位价值进行加权得到。边际成本表示如下：

$$\Delta \ln MC_{ft} = \sum_{j \in J, c \in C} \omega_{fjct} \times \Delta \ln(p_{fjct}^m) \quad (16-4)$$

其中，下标 j 为进口中间投入品类型，J、C 分别为进口中间投入品类型和进口来源地的集合，p_{fjct}^m 为进口中间投入品单价，权数 ω_{fjct} 为相对支出份额（进口价值/可变成本）。

（五）全要素生产率

企业的全要素生产率（TFP）分别使用 OLS 回归方法和 Olley and Pakes（1996）的 OP 方法估计得到。研究发现在大样本下，OLS 估计方法和 OP 方法的估计结果相差不是很大，结果是比较稳健的。

本章的全要素生产率均为使用鲁晓东和连玉君（2012）基于 Olley and Pakes（1996）的 OP 方法计算得到。鉴于传统的最小二乘法和固定效应方法存在以上自身难以克服的问题，Olley and Pakes（1996）发展了基于一致的半参数估计值方法。该方法假定企业根据当前企业生产率状况做出投资决策，因此用企业的当期投资作为不可观测生产率冲击的代理变量，从而解决了同时性偏差问题。该方法主要由两个步骤构成。

第一步是建立企业当前资本存量和投资额之间的关系，Olley and Pakes（1996）构建了下式：

$$K_{it+1} = (1-\delta)K_{it} + I_{it} \quad (16-5)$$

其中，K 是企业的资本存量，I 代表当期投资。该式表明企业的当前资本价值与投资是正交的①。另外，该过程假定，如果对于 $\overline{\omega}$ 的未来抱有较高的预期，那么企业倾向于提高当期的投资。也就是说，当期 $\overline{\omega}$ 越高，那么当期的投资额也会越高。基于此，构建一个最优投资函数如下：

$$i_{it} = i_t(\overline{\omega}, k_{it}) \quad (16-6)$$

求该最优投资函数的反函数，假定 $h(\cdot) = i^{-1}(\cdot)$，$\overline{\omega}$ 可以写作：

$$\overline{\omega}_{it} = h_t(i_{it}, k_{it}) \quad (16-7)$$

因此，将式（16-7）代入生产函数估计方程，得：

$$y_{it} = \beta \cdot l_{it} + \gamma \cdot k_{it} + h_t(i_{it}, k_{it}) + e_{it} \quad (16-8)$$

上式右边前一项表示劳动的贡献，后一项表示资本的贡献。将后一项定义为：

---

① 如果使用永续盘存法（perpetual inventories method，PIM），则用企业的投资额来构建当前资本存量。后者包含了投资额的历史数据，在这种情况下必须满足正交性前提。

$$\varphi_{it} = \gamma \cdot k_{it} + h_t(i_{it}, k_{it}) \quad (16-9)$$

φ_{it} 可以由一个包含投资额和资本存量对数值的多项式来表示，定义其估计值为 $\widetilde{\varphi}_{it}$。因此，通过第一步可以估计以下方程：

$$y_{it} = \beta \cdot l_{it} + \varphi_t + e_{it} \quad (16-10)$$

通过对上式的估计，可以获得劳动项的一致无偏估计系数。接下来，使用已估计的系数来拟合由投资额和资本存量构成的多项式 $\widetilde{\varphi}_{it}$ 的值。

在获得了劳动项的估计系数之后，第二步的重点在于估计资本项的系数。首先定义 $V_{it} = y_{it} - \hat{\beta} \cdot l_{it}$，然后估计以下方程：

$$V_{it} = \gamma \cdot k_{it} + g(\varphi_{t-1} - \gamma k_{it-1}) + \mu_{it} + e_{it} \quad (16-11)$$

其中，$g(\cdot)$ 是一个包含 φ 和资本存量滞后期的函数。与第一步的思路相同，该函数可以由 φ_{t-1} 和 k_{t-1} 的高阶多项式估计。但是，在实际的估计过程中，第二步估计要比第一步复杂得多，因为该式中同时含有资本存量 k 的当期和滞后期，如果忽视这一点将会获得无效的估计量。也就是说，要想获得有效估计值，必须保证资本存量的被估系数始终保持一致，无论是其当期还是滞后期，这就需要使用非线性最小二乘法来完成。

一旦式（16-11）被估计完成，那么生产函数中所有系数都会被成功估计。利用这一结果，我们可以拟合方程（16-1）来获得残差的对数值，这也就是全要素生产率的对数值。

按照 Olley and Pakes（1996）的基本思路，同时借鉴 Loecker（2007）将企业出口行为决策引入 OP 框架的具体做法，我们估计了以下模型：

$$\ln Y_{it} = \beta_0 + \beta_k \ln K_{it} + \beta_l \ln L_{it} + \beta_a age_{it} + \beta_s state_{it} + \beta_e EX_{it} + \sum_m \delta_m year_m + \sum_n \lambda_n reg_n + \sum_k \zeta_k ind_k + \varepsilon_{it} \quad (16-12)$$

其中，i 表示企业，j 表示行业，age 表示企业年龄，$state$ 表示企业是否为国有企业，EX 表示企业是否参与出口活动的虚拟变量，其他变量的含义同上。为了解决最小二乘估计过程中存在的同时性偏差和样本选择偏差，我们采用 Olley-Pakes 的半参数三步估计法。其中，状态变量（state）为 $\ln K$ 和 age；控制变量（cvars）为 $state$ 和 EX；代理变量（proxy）为企业的投资（$\ln I$）；其他变量如 $year$、reg 以及 ind 均为自由变量（free）；而退出变量（exit）为 $exit$，该变量根据企业的生存经营情况生成。

三、主要变量描述性统计

从表 16-1 来看，A 组和 B 组分别考察中国进出口企业的一般情况。

当考察企业-产品-出口目的地-年不同情况下的企业出口产品单价和数量时，可以看出，单价变化率中位数为1%，数量变化率中位数为4%。如果仅仅考察考察企业-出口目的地-年不同情况下的企业出口产品单价和数量，而不考虑出口产品的不同，可以发现，单价变化率中位数提高到2%，数量变化率中位数则提高到25%。

表16-1 描述性统计

	观测值	均值	中位数	P10	P90
A：企业-产品-出口目的地-年					
单价：T/T-1	7187264	2.17	1.01	0.57	1.88
贸易数量：T/T-1	7191735	28.54	1.04	0.15	7.45
B：企业-出口目的地-年					
单价：T/T-1	1075855	21.78	1.02	0.45	2.36
贸易数量：T/T-1y	1076380	86.48	1.25	0.24	8.25
C：企业-产品-出口目的地-年（与异质性企业特征匹配）					
单价：T/T-1	547058	1.4	1.02	0.66	1.7
贸易数量：T/T-1	547251	2.66	1.04	0.18	6.12
单个企业出口产品类型	803403	56.13	39	8	129
单个企业出口国家类型	486100	22.47	19	5	45
同产品类型，单个企业出口国家类型	1689040	8.55	3	1	25
同出口国家，单个企业出口产品类型	1689040	23.72	7	1	70
D：异质性企业特征					
进口密集度	2680524	0.1	0	0	0.36
某产品出口目的地市场份额	2574570	0.07	0	0	0.22
目的地GDP变化率	2679202	0.07	0.06	-0.04	0.17
全要素生产率	2232631	2.07	2.04	1.55	2.6
可变成本	2680524	17.23	17.25	16.02	18.37

注：全要素生产率、可变成本均为对数形式。

C组方面，通过与异质性企业匹配，可以发现，出口产品单价变化率为40%，而贸易数量的变化则比较大，为166%。单一企业层面的对应出口产品类型和出口贸易伙伴国平均分别有56种和22个。将范围缩小考察出口同一产品品种，单个企业平均出口到8.55个国家，贸易国最多达到了25个；而对于同一个贸易伙伴国，单个企业出口产品类型平均有23.72

种，最多达到70种。D组观察微观企业异质性特征，进口密集度的90分位数为0.36，某产品出口目的地市场份额90分位数为0.22。出口目的地GDP变化率为平均0.07，对数全要素生产率和对数可变成本平均分别为2.07和17.23。

第四节 中国进出口贸易的典型事实

一、中国对美国与世界的出口贸易情况

由图16-1可以看出，从1999年开始中国对美国的出口贸易额达到每年一直以百亿元幅度增长，2004年突破百亿达到1252亿的千亿级别。而中国占美国全部出口份额的比例也是逐年增长，从1999年的4.29%增长到2006年的11.64%，增长率一直保持双位数，其中2000年到2001年增长率达到高峰。同样，中国对世界出口份额也是在不断增加，中国占世界全部出口量的份额也是一直保持双位数增长，直到2005年有所下降，但仍然超过8%。

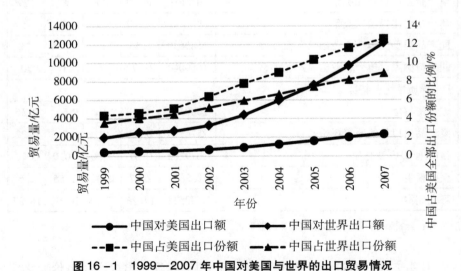

图16-1 1999—2007年中国对美国与世界的出口贸易情况

数据来源：IFS数据库。

二、中国与部分贸易伙伴国的双边汇率

中国与部分贸易伙伴国的双边汇率如图 16-2 所示。

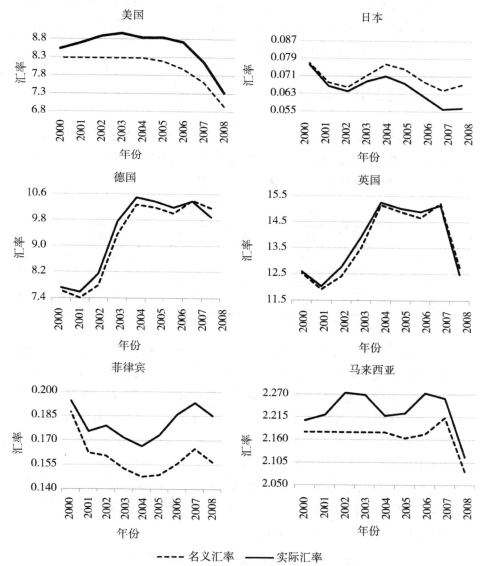

图 16-2　2000—2008 年中国与美国、部分欧盟及东亚国家或地区的双边汇率

数据来源：IFS 数据库。

其中，名义汇率和实际汇率均为人民币与贸易伙伴国的双边汇率，用直接标价法表示，即一单位外币表示的人民币。实际汇率是由名义汇率通过 GDP 加权调整得到。从图 16-2 可以看出，2005 年起人民币对美元逐渐升值，中国对美元汇率开始主要呈现下降趋势，但人民币对其他国家实际汇率随着时间变化有一定的波动，特别是与中国贸易联系密切的欧洲国家及东亚国家，如英国、德国、日本、菲律宾、马来西亚等。其中，英国和德国的名义汇率与实际汇率差值非常小。

三、中国进出口商的典型事实

我国是一个出口大国，表 16-2 报告了统计本章样本的企业进出口构成。我们发现，有超过 97% 的企业参与出口，出口商往往同时也是进口商，有 64.25% 的出口企业同时从国外进口中间投入品。

表 16-2　进出口企业构成

企业出口类型	数量/个	比例/%	累积比例/%
既出口又进口	27686	64.25	64.25
仅仅出口	14375	33.36	97.60
仅仅进口	1033	2.40	100.00

出口交易额在 95 分位数的企业，其进口规模也在 95 分位数，即大出口商往往也是大的进口商。进口和出口行为的高度相关性表明其受企业的相同的特征影响，包括生产率等。本章着重研究出口和进口行为的高度重叠这一特点在研究汇率不完全传导中发挥的重要作用，并考察两者作用的大小异同如何影响汇率的传导性。

样本中的出口企业是异质性的。出口企业与非出口企业的生产率、工资上的异质性在现有文献中已经有大量的研究（Bernard & Jensen, 1995; Wagner, 2007），本章着重观察出口企业内部高进口密集度与低进口密集度之间所产生的各种差异。（见表 16-3）

表 16-3　不同进口密集度的出口企业差异

项目	高进口密集度	低进口密集度
企业数量（占比）	75%	25%
企业特征（均值）	—	—

续表 16-3

项目	高进口密集度	低进口密集度
职工总数	5.01	4.87
应付工资总额/元	2916.63	2113.27
可变成本	16.83	16.71
生产率	1.96	1.90
进出口情况	—	—
出口产品类型	3306	1204

注：高低进口密集度的界限是中位数 0.07%，全要素生产率、职工总数、可变成本均为对数形式，企业特征变量均为均值。

从表 16-3 中可以发现，高进口密集度的企业占样本份额超过 75%，这类企业往往生产效率更高，其总的原材料成本更高，且拥有更大的市场份额。对比低进口密集度企业，高进口密集度的企业其职工总数平均高 0.14、应付工资总额高 803.36 元、可变成本高 0.12、生产率高 0.06。同时，高进口密集度的出口企业相对于低进口密集度的出口企业的贸易情况更加多样化，其选择更加多的进口来源地，而且出口的产品类型更加多样化，并选择出口到更多和更远的目的地。

表 16-4 报告了进口密集度大小的分布。进口密集度小于 0.1 的企业占企业总数比例最大，超过 76.60%。进口密集度居于 0 和 0.1 之间的企业出口交易额达到 37.08%。

表 16-4 进口密集度大小的分布

进口密集度分布	企业个数/家	企业数量占比/%	出口交易额占比/%
$\varphi_f = 0$	19368	44.94	26.48
$0 < \varphi_f \leq 0.1$	13644	31.66	37.08
$0.1 < \varphi_f \leq 0.2$	2980	6.92	9.97
$0.2 < \varphi_f \leq 0.3$	1946	4.52	6.66
$0.3 < \varphi_f \leq 0.4$	1358	3.15	4.86
$\varphi_f > 0.4$	3798	8.81	14.96
汇总	43094	100	100

另外，我们发现，进口密集度与市场份额的相关系数为负，与全要素生产率的相关系数为正。对于单个企业来说，进口密集度在时间序列上的

差异性是相对稳定的，随着汇率变动小幅度变动。

第五节 实证研究框架及估计结果

一、基准回归

在样本中，有64%的出口商同时进口中间投入品，这些有进口的出口商的出口价值占全体出口总额超过一半。在研究出口企业参与全球价值链整合时，既是大进口商又是大出口商的这一特征对汇率产生不完全传导的影响，而企业进口密集度和市场份额不同是这一特征的体现。

参照Amiti et al（2014）的研究，本章模型设定如下：

$$\Delta \ln P_{fict} = \mu + \alpha \Delta \ln e_{ct} + \beta \varphi_{ft} \times \Delta \ln e_{ct} + \gamma S_{fsct} \times \Delta \ln e_{ct} + \lambda \varphi_{ft} + \eta S_{fsct} + a\Delta \ln GDP_{ct} + b\Delta \ln TFP_{ft} + \delta_{fic} + \tau_t + \varepsilon_{fict} \quad (16-13)$$

其中，P_{fict}为用出口目的地货币表示出口单价；e_{ct}为人民币与出口目的地国家的双边实际汇率，用直接标价法表示，即一单位外国货币表示的人民币；φ_{ft}为进口中间投入品密集度（简称"进口密集度"）；S_{fsct}为对于某个同一出口目的地的市场份额（简称"市场份额"）；控制变量GDP_{ct}为出口目标国的国内生产总值；TFP_{ft}为企业的全要素生产率；下标f表示企业、i表示产品、c表示出口目的地或进口来源国、t表示年份、s表示产品部门；$(\delta_{fic} + \tau_t)$为企业、产品、出口目的地和年份的固定效应；ε_{fict}为扰动项。

表16-5 回归结果

变量	(1)	(2)	(3)	(4)	(5)
dei_r	-0.697***	-0.733***	-0.729***	-0.700***	-0.703***
	(0.169)	(0.161)	(0.162)	(0.168)	(0.168)
dlgdp	-0.366***	-0.367***	-0.369***	-0.371***	-0.370***
	(0.118)	(0.117)	(0.117)	(0.117)	(0.117)
d TFP_OP	0.015***	0.015***	0.014***	0.014***	0.015***
	(0.004)	(0.004)	(0.004)	(0.004)	(0.004)
mphi_dei_r	—	0.370***	0.308**	0.294**	0.357***
	—	(0.140)	(0.137)	(0.133)	(0.135)

续表 16-5

变量	(1)	(2)	(3)	(4)	(5)
$mphi$	—	0.006	0.004	0.003	0.005
	—	(0.007)	(0.007)	(0.007)	(0.007)
$deltamc$	—	—	0.218***	0.218***	—
	—	—	(0.026)	(0.026)	—
$mktsh\_dei\_r$	—	—	—	-0.183*	-0.186*
	—	—	—	(0.109)	(0.109)
$mktsh$	—	—	—	0.028***	0.027***
	—	—	—	(0.010)	(0.010)
固定效应	企业-产品-出口目的地+年份虚拟变量				
N	418160	418160	418160	418160	418160
R^2	0.068	0.068	0.068	0.068	0.068
Adj. R^2	0.020	0.020	0.020	0.020	0.020

注：括号内为稳健标准差，*、**、***分别代表在10%、5%和1%水平上显著。

表 16-5 报告了进口密集度和市场份额影响汇率对价格传导的估计结果。列（1）只控制实际汇率的变动，结果发现汇率变动弹性传递到目的地市场为 0.697，当实际汇率上升 10%，出口目的地货币表示的价格下降 6.97%。

列（2）加入汇率与进口密集度的交互项，其系数在 1% 的水平上显著。汇率变化导致出口企业进口原材料的本币价格变化，进而导致其用本币表示的边际成本发生变化，从而影响汇率对价格的传导。当进口密集度增加 10% 时，汇率传递下降 3.7%；当进口密集度为 0 时，汇率传递为 73.3%；而当进口密集度为 57%（95 分位数）时，汇率传递下降为 52%。进口密集度大的出口企业可以通过进口中间投入抵消一部分汇率变动带来的影响，进口中间投入越多的企业，其生产成本受汇率变动的影响越小，因而汇率变动对其出口定价的影响也就越小。

列（3）进一步加入边际成本，结果显示汇率弹性更小。进口密集度交互项的系数下降，从 0.369 下降到 0.308，但仍然非常显著（t 统计量为 3.2）。边际成本是进口密集度影响汇率传递的一个重要渠道，但仍然还有一个加成渠道。进口密集度与市场份额相关，市场份额又决定加成弹性。

接下来，研究企业市场份额大小是如何影响汇率对价格的传导作用。列（4）加入汇率与市场份额的交互项（代理价格加成弹性），在控制边际成本和市场份额后，进口密集度效应减弱，但系数从 0.308 下降到 0.294。市场份额与汇率交互项的系数在 10% 的水平上显著为负，说明企业为了维持在贸易伙伴国的市场份额，在与贸易伙伴国谈判中处于劣势地位，在本币贬值的时候只能选择稍微提高价格，体现了买方市场定价，也在一定程度上体现了"市场绑架"理论。事实上，我国制造业采取出口低价竞销的很多是劳动密集型产品，其特点是进入门槛低、技术含量低、加工环节简单。

列（5）仅控制进口密集度交互项和市场份额交互项。Amiti et al (2014) 认为这两者是解释汇率传递的重要变量。在列（5）中，我们可以发现进口密集度和市场份额交互项的系数均显著市场份额与汇率的交互项系数为负，即当企业在出口目的地市场份额增大的时候，汇率传递到价格的作用减弱。我们猜想存在这样一种"买方市场"：拥有当地出口市场份额较高的企业为了维持固有的市场份额，在面对本币贬值时，企业的产品定价权处于弱势，甚至定价权缺失。对于一些"大买家"的国家，出口企业无力根据汇率变动自由改变定价模式。事实上，对中国企业而言，出口的商品普遍存在竞争力不强的情况，往往依靠低价策略来维持市场份额，当本币贬值而进口价格提高时，企业出口产品也无法实现自主调整定价，中国企业在国际贸易中缺少对价格的谈判能力。

当进口密集度为 0，市场份额接近 0 时，汇率传递为 70% 在 99% 的置信区间内显著。其他条件不变的情况下，49% 的市场份额（95 分位数）的汇率传递为 79%，而在此市场份额下，进口密集度从 0 增加到 57%（95 分位数），汇率传递变为 59%。

二、进一步讨论

（一）分样本回归

由描述性统计可以发现，对于单个贸易国家，中国出口企业出口 HS6 位数产品均值为 23 种，中位数为 7 种。因此，本章进一步研究当企业出口产品类型不同，汇率传导的机制是否发生变化。表 16 - 6 为企业出口单一产品和多种产品的子样本进行回归后的数据，实际汇率的系数大小及符号不变且在 1% 的水平上显著。

表 16-6 分产品回归

变量	(1) 单一产品	(2) 多种产品
dei_r	-0.756***	-0.711***
	(0.269)	(0.168)
$dlgdp$	-0.470**	-0.359***
	(0.193)	(0.117)
$dTFP\_OP$	0.015	0.014***
	(0.019)	(0.004)
$mphi\_dei\_r$	1.376*	0.338**
	(0.751)	(0.141)
$mphi$	0.024	0.003
	(0.054)	(0.007)
$mktsh\_dei\_r$	0.066	-0.191*
	(0.360)	(0.113)
$mktsh$	-0.014	0.030***
	(0.043)	(0.010)
固定效应	企业-产品-出口目的地+年份虚拟变量	
N	15366	393600
R^2	0.346	0.070
Adj. R^2	-0.007	0.020

注：括号内为稳健标准差，*、**、*** 分别代表在10%、5%和1%水平上显著。

列（1）只考察企业在出口单一产品时，进口密集度与汇率交互项的系数变为超过1，说明进口密集度对汇率的影响作用占主导地位，且由于只出口一种产品，市场份额变量无法体现。列（2）表明当企业出口超过一种产品，进口密集度与汇率交互项的系数在10%的水平上显著为正时，与全样本回归相比虽然显著性水平有所下降，但系数稍微变大，说明进口密集度发挥的力量略微增大；市场份额交互项系数也是在10%的水平上显著为负，同样是系数稍有变化，作用更加明显。

表16-7为对出口目的地进行分样本回归。列（1）样本中排除美国和中国香港，这是因为从2005年开始人民币汇率改革，不再钉住美元，回归结果发现进口密集度交互项系数仍然显著为负。

表16-7　出口目的地分样本回归

变量	（1）排除美国和中国香港	（3）按收入水平高低分类
dei_r	-0.719***	-3.068***
	(0.184)	(1.108)
$dlgdp$	-0.429***	-0.368***
	(0.115)	(0.115)
$dTFP\_OP$	0.014***	0.015***
	(0.004)	(0.004)
dei_lgdp	—	0.088**
	—	(0.042)
$mphi\_dei\_r$	0.319*	0.217*
	(0.172)	(0.116)
$mphi$	0.006	0.004
	(0.007)	(0.007)
$mktsh\_dei\_r$	-0.127	-0.023
	(0.127)	(0.092)
$mktsh$	0.025**	0.026***
	(0.010)	(0.010)
固定效应	企业-产品-出口目的地+年份虚拟变量	
N	318823	418160
R_2	0.081	0.068
Adj. R_2	0.022	0.020

注：括号内为稳健标准差，*、**、***分别代表在10%、5%和1%水平上显著。

为了了解出口目的地国家经济发展程度不同对汇率不完全传导影响的差异，列（2）将收入水平按高低地区分类（以真实人均GDP代理），加入人均真实GDP与汇率交互项。汇率系数仍然在1%的水平上显著，进口密集度与汇率交互项仍然显著。

（二）对出口贸易数量的回归

前文已经分析了由于进口密集度和市场份额加成不同所导致的汇率变动，对出口目的地价格的不完全传递所产生的影响。事实上，出口企业决策中另外一个很重要的部分是出口贸易数量的决策。

为了进一步考察汇率变动对出口产品数量的影响,本章将解释变量改为出口产品数量,对方程重新进行回归。模型设定如下:

$$\Delta \ln Q_{fict} = \mu + \alpha \Delta \ln e_{ct} + \beta \varphi_{ft} \times \Delta \ln e_{ct} + \gamma \varphi_{ft} + \lambda \Delta \ln TFP_{ft} + \delta_{fic} + \tau_t + \varepsilon_{fict}$$

$$(16-14)$$

其中,Q_{fict} 为某年企业出口到某个目的地国家的产品贸易数量。此处的关键是考察进口密集度对出口的影响,由于企业出口目的地的市场份额与出口贸易数量高度相关,因此,该回归不加入市场份额变量。(见表16-8)

表16-8 汇率变动对出口贸易数量的影响

变量	(1)	(2)	(3)
dei_r	0.158	0.213*	0.212*
	(0.108)	(0.114)	(0.114)
d TFP_OP	0.121***	0.121***	0.121***
	(0.013)	(0.013)	(0.013)
mphi_dei_r	—	-0.541**	-0.532**
	—	(0.246)	(0.248)
mphi	—	-0.076***	-0.076***
	—	(0.022)	(0.022)
deltamc	—	—	-0.029
	—	—	(0.060)
固定效应	企业-产品-出口目的地+年份虚拟变量		
N	418798	418798	418798
R^2	0.048	0.048	0.048
Adj. R^2	-0.001	-0.001	-0.001

注:括号内为稳健标准差,*、**、*** 分别代表在10%、5%和1%水平上显著。

从表16-8可以看出,加入进口密集度后,实际汇率的系数在10%的水平上显著为正。我们发现,当汇率上升时,进口密集度越大的企业越倾向于出口更少的产品数量。随着汇率变动,当进口密集度从0增加至10%时,出口贸易数量的变动会下降6%。进一步加入边际成本,边际成本系数不显著,但是进口密集度和进口密集度与实际汇率交互项的系数仍然显著为负。

三、稳健性分析

(一) 增加新的控制变量

进一步引入新的控制变量,使用代理加成和边际成本差异性的变量:企业员工规模和企业工资水平,后者表示了企业的本地成本。(见表16-9)

表16-9 增加新控制变量的稳健性回归

变量	(1)	(2)
dei_r	-0.493**	-0.703***
	(0.214)	(0.168)
$dlgdp$	-0.368***	-0.369***
	(0.117)	(0.117)
$dTFP\_OP$	0.015***	0.014***
	(0.004)	(0.004)
$mphi\_dei\_r$	0.372***	0.354***
	(0.140)	(0.135)
$mphi$	0.002	0.001
	(0.007)	(0.007)
$mktsh\_dei\_r$	-0.187*	-0.184*
	(0.109)	(0.109)
$mktsh$	0.025***	0.025***
	(0.010)	(0.010)
dei_lnL	-0.038*	—
	(0.020)	—
lnL	0.007***	—
	(0.001)	—
$lwage$	—	0.006***
	—	(0.001)
固定效应	企业-产品-目的地国家+年份虚拟变量	
N	418160	418160
R^2	0.068	0.068
Adj. R^2	0.020	0.020

注:括号内为稳健标准差,*、**、***分别代表在10%、5%和1%水平上显著。

企业工资率变化和生产率为边际成本的当地成本部分，用来区分开边际成本中的从国外进口原材料的部分。进口中间投入也有利于提高企业的生产率（Amiti & Konings，2007）。表 16-9 报告了回归结果：列（1）加入企业员工规模、员工规模与汇率变化的交互项，列（2）加入企业对数工资率变化。增加不同的控制变量后，方程的系数仍然显著。这些增加的控制变量并没有对前文的系数估计结果产生重要影响。增加的交互项的系数为正，证明进口密集度和市场份额等因素会降低汇率传导性。

（二）使用滞后一期的进口密集度和市场份额

实际上，前一期的中间投入品进口和市场份额大小情况更能体现这两种机制影响汇率变动对价格传导的作用。（见表 16-10）

表 16-10 使用滞后一期的回归

变量	回归系数
dei_r	-0.713***
	(0.166)
$dlgdp$	-0.368***
	(0.117)
d TFP_OP	0.015***
	(0.004)
$lagphi\_dei\_r$	0.313***
	(0.106)
$lagphi$	0.003
	(0.006)
$lagmktsh\_dei\_r$	-0.105
	(0.097)
$lagmktsh$	-0.048***
	(0.011)
固定效应	企业-产品-出口目的地+年份虚拟变量
N	418160
R^2	0.068
Adj. R^2	0.020

注：括号内为稳健标准差，*、**、*** 分别代表在10%、5%和1%水平上显著。

由表 16-10 可以看出，通过替代进口密集度和市场份额为滞后一期变量，实际汇率系数仍然在 1% 水平上显著，且与基准回归的系数大致相同。说明进口密集度大，同样使得汇率对价格的传导有逆转的作用。

（三）测量误差和样本选择偏误

我们担心某些企业特别是小企业，会通过其他的企业来进口中间投入品，但这部分事实在数据中无法体现，因而也无法在计算进口密集度的时候进行调整。在方程估计的过程中，在基准估计中汇率变化率的系数可能产生向上的偏误，而进口密集度的系数估计则可能产生向下的偏误，市场份额系数估计也可能有向下的偏误。

本章的估计是基于不平衡的短面板数据，企业可以自由进出进出口市场，也可以选择增加或减少出口产品，因此，方程估计可能会出现样本选择偏差。

第六节 研究结论、政策建议与研究展望

一、研究结论

基于全球价值链视角，本章通过构造进口密集度变量研究异质性出口企业的汇率不完全传导效应。由于国际生产分割，越来越多的厂商被纳入全球价值链体系，从而表现为大的出口商往往也是大的进口商。这一事实让我们更好地理解贸易中存在的较低的汇率传导性以及不同企业之间的汇率传导差异。

第一，出口商的中间品投入模式会显著影响其"汇率免疫"程度。对于那些在生产过程中大量使用进口投入品的企业，由于其生产成本中"外币"成分较高，因此当汇率变动时，进口和出口两端的汇率波动效应可以相互抵消，从而减少对产品边际成本的冲击，降低了汇率对最终品价格的传递，实现一定程度上的汇率免疫。

第二，企业在产业结构中的地位能够弱化汇率对产品价格的传导效应。实证研究发现：进口密集度大的企业同时也是规模大的出口企业，有着较高的市场份额，调整产品利润的能力也较强。本章分别使用进口密集度和出口市场份额考察产品定价中的边际成本和利润途径，并且证明了进口密集度和出口市场份额的差异导致了汇率传递不完全性的差

异：对于某些并没有进口中间投入品的小企业，会得到几乎完全的汇率传导；而对于进口密集度和市场份额处于 95 分位数的企业，其汇率传导只有 59%。接近一半的汇率不完全传导来源于由进口密集度反映的边际成本途径。

第三，中国出口总体上呈现较低的汇率传导弹性。由于出口的集中度较高，或者说中国的出口主体是由某些大的出口企业构成，而规模大的出口商进口密集度越高，这些企业的"汇率免疫"程度较高，因此使得中国出口在总量层面上表现为较低的总体汇率传导弹性。

第四，边际成本因素在汇率传导不完全性中发挥的作用更重要，企业的加成力度将会影响汇率传递的效果。将汇率不完全传递分解为边际成本和利润途径进行研究已有广泛的应用，汇率的价格敏感性是研究国际贸易调整和再平衡中的支出转换机制的重要组成部分。通过控制边际成本途径，本章仍然发现加成途径在汇率不完全传递中发挥的重要作用。对于出口市场份额高的企业，他们能够应对成本变化冲击从而调整利润。

第五，企业的异质性显著影响汇率对最终产品价格的传导。单一产品和多产品出口企业对于汇率冲击的调整模式存在很大差异，本章所阐述的"汇率免疫"机制对于多产品出口企业更为显著。另外，目标市场的收入水平也会影响企业"汇率免疫"的程度。

二、政策建议

本章研究结果具有一定的政策含义。首先，人民币升值并不会减少中国的贸易顺差。事实上，从 2005 年起人民币对美元汇率稳定升值，但中国对美国和对世界的出口额并没有减慢，这在进出口商的典型事实中也有所体现。至 2000 年，虽然名义人民币对美元汇率已经升值接近 21%，而实际量接近 50%，但中国对美国和对世界的贸易出口增长并没有因此而缓慢。另外，出口商不会随着汇率变动而完全调整出口价格，并且出口数量也是仅有轻微变化。但是，汇率升值会降低企业进入新市场的可能性，并且可能会使出口商无法继续经营并退出外国市场。

其次，全球价值链对中国出口企业的整合效应将会弱化汇率风险，从这一点来说，扩大中国企业的外向性程度将会大有裨益。经济全球化和贸易自由化程度的日益加深，也给我国经济提供了更为广阔的发展空间和难得的发展机遇。在这样一种经济背景下，中国出口贸易在近年来呈现了持续高速发展和对外开放程度日益加深的态势，尽管遇到的风险和困难重重，但是这种国际贸易壁垒减少的局面和全球价值链整合的趋势加深，更加有利于中国企业的发展。因此，在新时期下，作为一个制造业大国，一方面，我们应该提高相关产业的整体素质和竞争力，将制造业的比较优势尽快地转化为竞争优势，为建设经济强国奠定坚实的基础；另一方面，在参与全球价值链整合的过程中，要提高进口投入品的质量并更有效利用，以促进中国经济的出口转型升级；同时，也要完善健全市场体系，合理保护、动态培育出口市场，规范和引导企业有序竞争。人民币加入特别提款权（special drawing right，SDR）后，提升了我国在国际货币体系改革中的战略主动性。

最后，企业层面上的价格竞争优势很容易在成本竞争中消失，因而最重要的还是需要提高产品质量，加强技术创新，优化出口企业产品结构，提高国际定价权谈判能力。中国企业应该更主动地参与国际竞争中对组织结构、产品结构、市场结构、技术结构等进行的调整，在动态调整中提高出口增长质量。

综上所述，中国企业的国际化阶段已经从简单的出口转化到了更为复杂的全球价值链整合阶段，因此，这方面的理论进展对中国出口企业决策及国家政策研究制定有着重要的启示意义。

缩 略 语

BEC	broad economic classification 广义经济分类标准
BVI	The British Virgin Islands 英属维尔京群岛
CES	constant elasticity substitution 固定替代弹性的（效用函数）
CPI	consumer price index 消费者物价指数
CSMAR	China Stock Market & Accounting Research 中国经济金融领域的研究型精准（数据库）
DID	differences-in-differences 双重差分法
DVAR	domestic value added ratio 国内附加值率
EEM	exporting extensive margin 出口扩展边际
EXPY	与一个国家出口相对应的收入/生产率水平，用以测量国家出口技术复杂度
FDI	foreign direct investment 外国直接投资
GAMS	generalized additive models 广义加性模型
GDP	gross domestic product 国内生产总值
G7	Group of Seven 七国集团，指美国、英国、法国、德国、日本、意大利和加拿大七个发达国家
GMM	generalized method of momets 广义矩方法
HS	harmonized system 协调制度，是《商品名称及编码协调制度的国际公约》的简称，HS 海关编码即 HS 编码
IFS	international financial statistics 国际金融统计
KWW	Koopman Robert, Zhi Wang and Shang-Jin Wei 用于核算出口贸易流中的国内外增加值的附加值溯源分解法
LCP	local currency pricing 本地货币定价
LP	Levinsohn-Petrin 一种半参数估计的方法
ODI	outbound direct investment 对外直接投资
OECD	Organization for Economic Co-operation and Development 经济合作与发展组织
OFDI	outward foreign direct investment 对外直接投资

OLS	ordinary least squares 最小二乘法	
OP	Olley-Pakes 一种半参数估计的方法	
PSM-DID	propensity score matching differences is in differences 双重差分倾向得分匹配方法	
PTM	pricing to market　Krugman（1987）提出的"依市定价模型"	
QEPXY	引入质量要求的 EXPY 指标	
ROA	return on assets 资产收益率，也称资产回报率	
SDR	special drawing right 国际货币基金组织创设的一种储备资产和记账单位	
TFP	total factor productivity 全要素生产率	
VIF	variance inflation factor 方差膨胀因子	
WDI	world development indicators 世界发展指标	
WTO	World Trade Organization 世界贸易组织	
ZIP	zero inflated poisson 零膨胀泊松分布	

参考文献

[1] 白思达、储敏伟:《转让定价与企业国际避税问题研究——来自中国商品出口贸易的实证检验》,《财经研究》2017年第8期。

[2] 包群、邵敏:《出口贸易与中国的工资增长:一个经验分析》,《管理世界》2010年第9期。

[3] 包群、叶宁华、王艳灵:《外资竞争、产业关联与中国本土企业的市场存活》,《经济研究》2015年第7期。

[4] 毕玉江、朱忠棣:《人民币汇率变动对中国商品出口价格的传递效应》,《世界经济》2007年第5期。

[5] 陈斌开、万晓莉、付雄广:《人民币汇率、出口品价格与中国出口竞争力》,《金融研究》2010年第12期。

[6] 陈琳、何欢浪、罗长远:《融资约束与中小企业的出口行为:广度和深度》,《财经研究》2012年第10期。

[7] 陈梅、周申、何冰:《金融发展、融资约束和进口二元边际——基于多产品企业的研究视角》,《国际经贸探索》2017年第6期。

[8] 陈学彬、李世刚、芦东:《中国出口汇率传递率和盯市能力的实证研究》,《经济研究》2007年第12期。

[9] 陈勇兵、陈宇媚、周世民:《贸易成本、企业出口动态与出口增长的二元边际——基于中国出口企业微观数据:2000—2005》,《经济学(季刊)》2012年第11卷第4期。

[10] 楚明钦、陈启斐:《中间品进口、技术进步与出口升级》,《国际贸易问题》2013年第6期。

[11] 戴觅、茅锐:《外需冲击、企业出口与内销:金融危机时期的经验证据》,《世界经济》2015年第1期。

[12] 戴觅、余淼杰、Madhura Maitra:《中国出口企业生产率之谜:加工贸易的作用》,《经济学(季刊)》2014年第13卷第12期。

[13] 杜勇、陈建英:《政治关联、慈善捐赠与政府补助——来自中国亏损上市公司的经验证据》,《财经研究》2016年第5期。

[14] 符大海、唐宜红:《所有权结构、产业特征与企业出口决策:来自

中国制造业企业的证据》,《国际贸易问题》2013 年第 11 期。
[15] 贺灿飞、魏后凯:《新贸易理论与外商在华制造企业的出口决定》,《管理世界》2004 年第 1 期。
[16] 胡冬梅、郑尊信、潘世明:《汇率传递与出口商品价格决定:基于深圳港 2000—2008 年高度分解面板数据的经验分析》,《世界经济》2010 年第 6 期。
[17] 黄漓江、桑百川:《进口溢出对企业生产率的影响——基于技术差距的视角》,《世界经济研究》2017 年第 6 期。
[18] 蒋银娟:《国际贸易是否抑制了企业层面产出波动——基于进口中间品多样化角度》,《财贸研究》2016 年第 5 期。
[19] 荆逢春:《金融发展、融资约束与出口——基于外资银行进入的视角》,对外经贸大学 2014 年博士论文。
[20] 李春顶:《中国出口企业是否存在"生产率悖论":基于中国制造企业数据的检验》,《世界经济》2010 年第 7 期。
[21] 李广子、刘力:《债务融资成本与民营信贷歧视》,《金融研究》2009 年第 12 期。
[22] 李磊、包群:《融资约束制约了中国工业企业的对外直接投资吗?》,《财经研究》2015 年第 6 期。
[23] 李小平、卢现祥、朱钟棣:《国际贸易、R&D 溢出和生产率增长》,《经济研究》2008 年第 2 期。
[24] 刘海洋、林令涛、李倩婷:《进口中间品与中国企业生存扩延》,《数量经济技术经济研究》2017 年第 12 期。
[25] 刘晴、程玲、邵智等:《融资约束、出口模式与外贸转型升级》,《经济研究》2017 年第 5 期。
[26] 刘修岩、吴燕:《出口专业化、出口多样化与地区经济增长——来自中国省级面板数据的实证研究》,《管理世界》2013 年第 8 期。
[27] 刘志彪、张杰:《我国本土制造业企业出口决定因素的实证分析》,《经济研究》2009 年第 8 期。
[28] 刘志彪:《中国贸易量增长与本土产业的升级——基于全球价值链的治理视角》,《学术月刊》2007 年第 2 期。
[29] 卢锋:《中国国际收支双顺差现象研究:对中国外汇储备突破万亿美元的理论思考》,《世界经济》2006 年第 11 期。
[30] 鲁晓东:《出口转型升级:政府补贴是一项有效的政策吗?》,《国际经贸探索》2015 年第 10 期。

[31] 鲁晓东、连玉君：《中国工业企业全要素生产率估计：1999—2007》，《经济学（季刊）》2012年第1期。

[32] 鲁晓东：《中国与东亚其他经济体出口竞争模式：数量、质量还是多样性竞争》，《财贸经济》2013年第5期。

[33] 吕越、吕云龙、包群：《融资约束与企业增加值贸易——基于全球价值链视角的微观证据》，《金融研究》2017年第5期。

[34] 马述忠、郑博文：《中国企业出口行为与生产率关系的历史回溯：2001—2007》，《浙江大学学报》2010年第2期。

[35] 聂辉华、江艇、杨汝岱：《中国工业企业数据库的使用现状和潜在问题》，《世界经济》2012年第5期。

[36] 潘越、戴亦一、李财喜：《政治关联与财务困境公司的政府补助——来自中国ST公司的经验证据》，《南开管理评论》2009年第5期。

[37] 裴长洪：《中国贸易政策调整与出口结构变化分析：2006—2008》，《经济研究》2009年第4期。

[38] 钱学锋、范冬梅：《国际贸易与企业成本加成：一个文献综述》，《经济研究》2015年第2期。

[39] 钱学锋、王菊蓉、黄云湖等：《出口与中国工业企业的生产率——自我选择效应还是出口学习效应?》，《数量经济技术经济研究》2011年第2期。

[40] 钱学锋、王胜、黄云翔：《进口种类与中国制造业全要素生产率》，《世界经济》2011年第5期。

[41] 钱学锋、熊平：《中国出口增长的二元边际及其因素决定》，《经济研究》2010年第1期。

[42] 强永昌、龚向明：《出口多样化一定能减弱出口波动吗：基于经济发展阶段和贸易政策的效应分析》，《国际贸易问题》2011年第1期。

[43] 邱斌、刘修岩、赵伟：《出口学习抑或自选择：基于中国制造业微观企业的倍差匹配检验》，《世界经济》2012年第4期。

[44] 邱斌、闫志俊：《异质性出口固定成本、生产率与企业出口决策》，《经济研究》2015年第9期。

[45] Robert C. Feenstra、李志远、余淼杰：《不完全信息条件下的出口与信贷约束——来自中国的理论与证据》，《财经研究》2017年第5期。

[46] 邵敏、包群：《政府补贴与企业生产率——基于我国工业企业的经验分析》，《中国工业经济》2012年第7期。

[47] 盛斌、毛其淋：《贸易自由化、企业异质性与出口动态——来自中国微观企业数据的证据》，《管理世界》2013年第3期。

[48] 盛丹、包群、王永进：《基础设施对中国企业出口行为的影响："集约边际"还是"扩展边际"》，《世界经济》2011年第1期。

[49] 盛丹、王永进：《中国企业低价出口之谜——基于企业加成率的视角》，《管理世界》2012年第5期。

[50] 施炳展、邵文波：《中国企业出口产品质量测算及其决定因素——培育出口竞争新优势的微观视角》，《管理世界》2014年第9期。

[51] 施炳展、邵文波：《中国企业出口产品质量测算及其决定因素——培育出口竞争新优势的微观视角》，《管理世界》2014年第9期。

[52] 施炳展：《中国出口增长的三元边际》，《经济学（季刊）》2010年第9卷第4期。

[53] 舒杏、霍伟东、王佳：《中国对新兴经济体国家出口持续时间及影响因素研究》，《经济学家》2015年第2期。

[54] 谭小芬、王雅琦、卢冰：《汇率波动、金融市场化与出口》，《金融研究》2016年第3期。

[55] 陶攀、刘青、洪俊杰：《贸易方式与企业出口决定》，《国际贸易问题》2014年第4期。

[56] 王平、曹亮、祝文娟：《进口关税削减与企业全要素生产率——基于中国企业微观数据的实证研究》，《宏观经济研究》2015年第8期。

[57] 王孝松、施炳展、谢申祥等：《贸易壁垒如何影响了中国的出口边际?》，《经济研究》2014年第11期。

[58] 王孝松、谢申祥：《中国出口退税政策的决策和形成机制——基于产品层面的政治经济学分析》，《经济研究》2010年第10期。

[59] 王雅琦、戴觅、徐建炜：《汇率、产品质量与出口价格》，《世界经济》2015年第5期。

[60] 王阳、赵淼然：《中国对日本农产品贸易关系的持续时间分析》，《上海商学院学报》2015年第5期。

[61] 王永进、盛丹、施炳展等：《基础设施如何提升了出口技术复杂度?》，《经济研究》2010年第7期。

[62] 温忠麟、侯杰泰、张雷：《调节效应与中介效应的比较和应用》，

《心理学报》2005 年第 2 期。

[63] 夏帆：《中国出口贸易关系持续时间的经验研究》，《经济问题探索》2012 年第 2 期。

[64] 邢斐、王书颖、何欢浪：《从出口扩张到对外贸易"换挡"：基于贸易结构转型的贸易与研发政策选择》，《经济研究》2016 年第 4 期。

[65] 许斌：《技术升级与中国出口竞争力》，《国际经济评论》2008 年第 3 期。

[66] 许家云、毛其淋：《政府补贴、治理环境与中国企业生存》，《世界经济》2016 年第 2 期。

[67] 许家云、毛其淋：《中国企业的市场存活分析：中间品进口重要吗?》，《金融研究》2016 年第 10 期。

[68] 阳佳余：《融资约束与企业出口行为：基于工业企业数据的经验研究》，《经济学季刊》2012 年第 4 期。

[69] 阳佳余、徐敏：《融资多样性与中国企业出口持续模式的选择》，《世界经济》2015 年第 4 期。

[70] 杨晶晶、应姣姣、周定根：《出口能否缓解异质性企业的融资约束——基于中国工业企业的经验研究》，《财贸研究》2018 年第 2 期。

[71] 杨连星、张杰、金群：《金融发展、融资约束与企业出口的三元边际为》，《国际贸易问题》2015 年第 4 期。

[72] 杨汝岱：《中国制造业企业全要素生产率研究》，《经济研究》2015 年第 2 期。

[73] 杨亚平、李晶：《出口强度、资本密集度对中国出口企业自选择效应和学习效应的影响》，《产经评论》2014 年第 1 期。

[74] 姚洋、张晔：《中国出口品国内技术含量升级的动态研究》，《中国社会科学》2008 年第 2 期。

[75] 姚耀军、吴文倩、王玲丽：《外资银行是缓解中国有企业业融资约束的"白衣骑士"吗？——基于企业异质性视角的经验研究》，《财经研究》2015 年第 10 期。

[76] 易靖韬、傅佳莎：《企业生产率与出口：浙江省企业层面的证据》，《世界经济》2011 年第 5 期。

[77] 易靖韬：《企业异质性、市场进入成本、技术溢出效应与出口参与决定》，《经济研究》2009 年第 9 期。

[78] 于洪霞、龚六堂、陈玉宇：《出口固定成本融资约束与企业出口行

为》,《经济研究》2011年第4期。

[79] 于洪霞:《外贸出口影响工资水平的机制探析》,《管理世界》2010年第10期。

[80] 于娇、逯宇铎、刘海洋:《出口企业行为与企业生存概率》,《世界经济》2015年第4期。

[81] 余华、漆雁斌、严玉宝等:《中国对美国农产品贸易关系的持续时间分析》,《经济问题探索》2015年第2期。

[82] 余淼杰:《加工贸易、企业生产率和关税减免》,《经济学季刊》2011年第4期。

[83] 余淼杰、李晋:《进口类型、行业差异化程度与企业生产率提升》,《经济研究》2015年第8期。

[84] 余淼杰、田巍:《企业出口强度与进口中间品贸易自由化:来自中国企业的实证研究》,《管理世界》2013年第1期。

[85] 余淼杰、袁东:《贸易自由化、加工贸易与成本加成——来自我国制造业企业的证据》,《管理世界》2016年第9期。

[86] 余淼杰:《中国的贸易自由化与制造业企业生产率》,《经济研究》2010年第12期。

[87] 余子良、佟家栋:《所有制、出口行为与企业融资约束》,《世界经济》2016年第3期。

[88] 曾铮、张亚斌:《人民币实际汇率升值与中国出口商品结构调整》,《世界经济》2007年第5期。

[89] 张二震:《外贸对经济增长是"负贡献"吗》,《人民日报》2013年1月29日。

[90] 张杰、李勇、刘志彪:《出口促进中国企业生产率提高吗?——来自中国本土制造业企业的经验证据:1999—2003》,《管理世界》2009年第12期。

[91] 张杰、翟福昕、周晓艳:《政府补贴、市场竞争与出口产品质量》,《数量经济技术经济研究》2015年第4期。

[92] 张杰、郑文平、陈志远:《进口与企业生产率——中国的经验证据》,《经济学季刊》2015年第3期。

[93] 张杰、郑文平、翟福昕:《中国出口产品质量得到提升了么?》,《经济研究》2014年第10期。

[94] 张杰、郑文平:《政府补贴如何影响中国企业出口的二元边际》,《世界经济》2015年第6期。

[95] 赵仲匡、李殊琦、杨汝岱：《金融约束、对冲与出口汇率弹性》，《管理世界》2016 年第 6 期。

[96] 郑桂环、汪寿阳：《出口退税结构性调整对中国出口主要行业的影响》，《管理学报》2005 年第 4 期。

[97] 郑亚莉、王毅、郭晶：《进口中间品质量对企业生产率的影响：不同层面的实证》，《国际贸易问题》2017 年第 6 期。

[98] 钟建军：《进口中间品质量与中国制造业企业全要素生产率》，《中南财经政法大学学报》2016 年第 3 期。

[99] 朱希伟、金祥荣、罗德明：《国内市场分割与中国的出口贸易扩张》，《经济研究》2005 年第 12 期。

[100] 祝树金、戢璇、傅晓岚：《出口品技术水平的决定性因素：来自跨国面板数据的证据》，《世界经济》2010 年第 4 期。

[101] Acharya, R. C. et al, 2009: "Technology transfer through imports", *Canadian Journal of Economics*, 42 (4).

[102] Aghion, P. et al, 2015: "Industrial policy and competition", *American Economic Journal: Macroeconomics*, 7 (4).

[103] Ahmed, S., 2009: "Are Chinese exports sensitive to changes in the exchange rate?", *Board of Governors of the Federal Reserve System Working Paper*, No. 287.

[104] Ahn, J. et al, 2011: "The role of intermediaries in facilitating trade", *Journal of International Economics*, 84.

[105] Antoniades, A., 2015: "Heterogeneous firms, quality, and trade", *Journal of International Economics*, 95 (2).

[106] Amiti, M. et al, 2014: "Importers, exporters, and exchange rate disconnect", *The American Economic Review*, 104.

[107] Amiti, M. et al, 2010: "The anatomy of China's export growth", *China's Growing Role in World Trade*, Chicago: University of Chicago Press.

[108] Amiti, M. et al, 2012: "Trade, firms, and wages: Theory and evidence", *The Review of Economic Studies*, 79 (1).

[109] Amiti, M. et al, 2007: "Trade liberalization, intermediate inputs and productivity: Evidence from Indonesia", *The American Economic Review*, 97 (5).

[110] Atkeson, A. et al, 2008: "Pricing-to-market, trade costs, and interna-

tional relative prices", *The American Economic Review*, 98 (5).

[111] Aziz, J. et al, 2007: "China's changing trade elasticities", *China & World Economy*, 16 (3).

[112] Bates Robert, H. et al, 1991: "Risk and trade regimes: Another exploration", *International Organization*, 45.

[113] Baum, D. et al, 2013: "R&D expenditures and geographical sales diversification", *Manchester School*, 84 (2).

[114] Berman, N. et al, 2012: "How do different exporters react to exchange rate changes?", *The Quarterly Journal of Economics*, 127.

[115] Bernard, A. B. et al, 2007a: "Firms in international trade", *Journal of Economic Perspectives*, 21 (3).

[116] Bernard, A. B. et al, 2007b: "Comparative advantage and heterogeneous firms", *Review of Economic Studies*, 74 (1).

[117] Bernard, A. B. et al, 2003: "Plants and productivity in international trade", *The American Economic Review*, 93.

[118] Bernard, A. B. et al, 2012: "The empirics of firm heterogeneity and international trade", *Annual Review of Economics*, 4 (1).

[119] Bernard, A. et al, 2004: "Why some firms export?", *Review of the Economics and Stratistics*, 86 (2).

[120] Bernard, A. B. et al, 2009: "The margins of US trade", *The American Economic Review*, 99 (2).

[121] Besede, T. et al, 2006: "Ins, outs, and the duration of trade", *Canadian Journal of Economics*, 39.

[122] Bloom, et al, 2016: "Trade induced technical change? The impact of Chinese imports on innovation, IT and productivity", *Review of Economic Studies*, 83.

[123] Broda, C. et al, 2006: "From groundnuts to globalization: A structural estimate of trade and growth", *National Bureau of Economic Research*, No. w12512.

[124] Buch Claudia, M. et al, 2009: "Does export openness increase firm-level volatility", *The World Economy*, 32.

[125] Burstein, A. T. et al, 2003: "Distribution costs and real exchange rate dynamics during exchange-rate-based stabilizations", *Journal of Monetary Economics*, 50 (6).

[126] Bussiere, M. et al, 2014: "Exchange rate pass-through in the global economy — the role of emerging market economies", *IMF Economic Review*, 62 (1).

[127] Campa, J. M. et al, 2005: "Exchange rate pass-through into import prices", *Review of Economics and Statistics*, 87.

[128] Chaney, T., 2008: "Distorted gravity: The intensive and extensive margins of international trade", *The American Economic Review*, 98 (4).

[129] Chaney, T., 2013: "Liquidity constrained exporters", *Journal of Economic Dynamics and Control*, 72.

[130] Chaney, T., 2014: "The network structure of international trade", *The American Economic Review*, 104 (11).

[131] Chatterjee, A. et al, 2013: "Multi-product firms and exchange rate fluctuations", *American Economic Journal: Economic Policy*, 5.

[132] Coe, D. T. et al, 1996: "International R&D spillovers", *European Economic Review*, 39 (5).

[133] Connolly, M. P., 2003: "The dual nature of trade: Measuring its impact on imitation and growth", *Journal of Development Economics*, 72 (1).

[134] Cui, L. et al, 2009: "Exchange rate pass-through and currency invoicing in China's exports", *China Economic Issues*, 9 (2).

[135] De Loecker, J. et al, 2011: "Markups and firm-level export status", Princeton University (Unpublished).

[136] Devereux, Michael B. et al, 2003: "Monetary policy in the open economy revisited: price setting and exchange-rate flexibility", *The Review of Economic Studies*, 70 (4).

[137] di Giovanni, et al, 2012: "Firms, destinations, and aggregate fluctuations", *Econometrica*, 82 (4).

[138] Domowitz, I. et al, 1986: "Business cycles and the relationship between concentration and price-cost margins", *The RAND Journal of Economics*, 17 (1).

[139] Du, L. et al, 2014: "FDI spillovers and industrial policy: The role of tariffs and tax holidays", *World Development*, 64.

[140] Eaton, J. et al, 2011: "An anatomy of international trade: Evidence

from French firms", *Econometrica*, 79 (5).

[141] Eaton, J. et al, 2004: "Dissecting trade: firms, industries, and export destinations", *The American Economic Review*, 94.

[142] Egger, P. H. et al, 2014: "Financial constraints and the extensive and intensive margin of firm exports: Panel data evidence from China", *Review of Development Economics*, 18 (4).

[143] Esposito, F., 2017: "Entrepreneurial risk and diversification through trade", *Working Papers*, w201714.

[144] Feenstra, R. C. et al, 2010: *China's growing role in world trade*, Chicago: University of Chicago Press.

[145] Feenstra, R. C. et al, 2011: "Exports and credit constraints under incomplete information: Theory and evidence from China", *Review of Economics and Statistics*, 96 (4).

[146] Feng, L. et al, 2012: The connection between imported intermediate inputs and exports: Evidence from Chinese firms", *Journal of International Economics*, 101.

[147] Feng, L. et al, 2012: "The connection between imported intermediate inputs and exports: Evidence from Chinese firms", *National Bureau of Economic Research*, w18260.

[148] Fitzgerald, D. et al, 2016: "How exporters grow", *National Bureau of Economic Research*, 254.

[149] Fitzgerald, D. et al, 2014: "Pricing-to-market: Evidence from plant-level prices", *Review of Economic Studies*, 81 (2).

[150] Forlani, E., 2010: "Irish firms' productivity and imported inputs", *Manchester School*, 85 (6).

[151] Garcia-Herrero, A. et al, 2008: "China's exchange rate policy and Asia trade", *Economie Internationale*, 116.

[152] Giovanni, J. D. et al, 2009: "Trade openness and volatility", *Review of Economics & Statistics*, 91 (3).

[153] Goldberg, L. S. et al, 2010: "The sensitivity of the CPI to exchange rates: Distribution margins, imported inputs, and trade exposure", *The Review of Economics and Statistics*, 92.

[154] Goldberg, P. et al, 2013: "A structural approach to identifying the sources of local-currency price stability", *Review of Economic Studies*, 80.

[155] Goldberg, P. K. et al, 2008: "A structural approach to explaining incomplete exchange-rate pass-through and pricing-to-market", *The American Economic Review*, 98 (2).

[156] Goldberg, P. K. et al, 1997: "Goods prices and exchange rates: What have we learned?", *Journal of Economic Literature*, 35 (3).

[157] Goldberg, P. K. et al, 2001: "The evolution of price dispersion in the European car market", *The Review of Economic Studies*, 68 (4).

[158] Gopinath, G. et al, 2010: "Currency choice and exchange rate pass-through", *Working Paper Series*, 13432.

[159] Gopinath, G. et al, 2010: "In search of real rigidities", *National Bureau of Economic Research*, w16065.

[160] Gopinath, G. et al, 2011: "International prices, costs, and markup differences", *The American Economic Review*, 101 (6).

[161] Gopinath, G. et al, 2011: "Trade adjustment and productivity in large crises", *National Bureau of Economic Research*, w16958.

[162] Halpern, L. et al, 2015: "Imported inputs and productivity", *The American Economic Review*, 105 (12).

[163] Heckman, J. J., 1979: "Sample selection bias as a specification error", *Econometrica*, 47.

[164] Hellerstein, R. et al, 2010: "Outsourcing and pass-through", *Journal of International Economics*, 81 (2).

[165] Hirsch, S. et al, 1971: "Sales stabilization through export diversification", *The Review of Economics and Statistics*, 53.

[166] Hoberg, G. et al, 2016: "Text-based network industries and endogenous product differentiation", *Journal of Political Economy*, 124 (5).

[167] Hombert, J. et al, 2017: "Can innovation help U. S. manufacturing firms escape import competition from China?", *Journal of Finance*, 73 (5).

[168] Hottman, C. et al, 2015: "Quantifying the sources of firm heterogeneity", *Quarterly Journal of Economics*, 131 (3).

[169] Hummels, D. et al, 2005: "The variety and quality of a nation's trade", *The American Economic Review*, 95 (3).

[170] João, A. et al, 2013: "Product and destination mix in export markets", *Review of World Economics*, 149 (1).

[171] Jérôme, H. et al, 2012: "Exchange rate volatility, financial constraints and trade: Empirical evidence from Chinese firms", *World Bank Economic Review*, 29 (3).

[172] Juvenal, L. et al, 2013: "Export market diversification and productivity improvements: Theory and evidence from argentinean firms", *Federal Reserve Bank of St. Louis Working Paper*, 015A.

[173] Kee, H. L. et al, 2015: "Domestic value added in exports: Theory and firm evidence from China", *The American Economic Review*, 106 (6).

[174] Keller, W., 1998: "Are international R&D spillovers trade-related? Analyzing spillovers among randomly matched trade partners", *European Economic Review*, 42 (8).

[175] Keller, W., 2001: "International technology diffusion", *NBEA Working Paper* 8573, *National Bureau of Economic Research*.

[176] Khandelwal, A. K. et al, 2013: "Trade liberalization and embedded institutional reform: Evidence from Chinese exporters", *The American Economic Review*, 103 (6).

[177] Khandelwal, A., 2010: "The long and short (of) quality ladders", *The Review of Economic Studies*, 77 (4).

[178] Kiyota, K., 2010: "Are US exports different from China's exports? Evidence from Japan's imports", *World Economy*, 33 (10).

[179] Kletzer, K. et al, 1987: "Credit markets and patterns of international trade", *Journal of Development Economics*, 27 (1-2).

[180] Koopman, R. et al, 2008: "How much of Chinese exports is really made in China? Assessing domestic value added when processing trade is pervasive", *NBER Working Paper*, 14109.

[181] Kris, I., 2010: "The determinants of firm-level export intensity in New Zealand agriculture and forestry", *Economic Analysis and Policy* (EAP), 40 (1).

[182] Krugman, P. R., 1987: "Is free trade passé?", *The Journal of Economic Perspectives*, 1.

[183] Krugman, P., 1980: "Scale economies, product differentiation, and the pattern of trade", *The American Economic Review*, 70.

[184] Kugler, M., 2009: "Plants and imported inputs: New facts and an in-

terpretation", *The American Economic Review*, 99 (2).

[185] Lall, S. et al, 2006: "The 'sophistication' of exports: A new trade measure", *World Development*, 34 (2).

[186] Lawless, M. et al, 2008: "Where do firms export, how much, and why", *Working Papers*, 200821, School of Economics, University College Dublin.

[187] Lennox, C. S. et al, 2012: "Selection models in accounting research", *The Accounting Review*, 87 (2).

[188] Li, H. et al, 2015: "How do exchange rate movements affect Chinese exports? —A firm-level investigation", *Journal of International Economics*, 97 (1).

[189] Lionel, F. et al, 2014: "Fickle product mix: exporters adapting their product vectors across markets", *Working Papers*, nal-01299822.

[190] Lööf, H. et al, 2010: "Imports, productivity and origin markets: The role of knowledge-intensive economies", *World Economy*, 33 (3).

[191] Lu, D., 2011: "Exceptional exporter performance? Evidence from Chinese manufacturing firms", Mimeo, University of Chicago.

[192] Luis, A. et al, 2016: "Institutions and export dynamics", *Journal of International Economics*, 98 (0).

[193] Lu, J. Y., et al, 2010: "Exporting behavior of foreign affiliates: Theory and evidence", *Journal of International Economics*, 81 (2).

[194] Mann, C. L., 1986: "Prices, profit margins, and exchange rates", *Federal Reserve Bulletin*, 6.

[195] Manova, K., 2009: "China's exporters and importers: Firms, products and trade partners", *National Bureau of Economic Research*, w15249.

[196] Markowitz, H., 1952: "Portfolio selection", *The Journal of Finance*.

[197] Marquez, J. et al, 2007: "Exchange-rate effects on China's trade", *Review of International Economics*, 15 (5).

[198] Mayer, T. et al, 2014: "Market size, competition, and the product mix of exporters", *The American Economic Review*, 104 (2).

[199] Melitz, M. J. et al, 2008: "Market size, trade, and productivity", *Review of Economic Studies*, 104 (2).

[200] Melitz, M. J., 2003: "The impact of trade on intra-industry reallocations and aggregate industry productivity", *Econometrica*, 71 (6).

[201] Munch, J. R. et al, 2014: "Decomposing firm-level sales variation", *Journal of Economic Behavior & Organization*, 106.

[202] Nakamura, E., 2010: "Accounting for incomplete pass-through", *The Review of Economic Studies*, 77 (3).

[203] Nitsch, V., 2009: "Die another day: Duration in german import trade", *Review of World Economics*, 145.

[204] Novy, D. et al, 2014: "Trade and uncertainty", *National Bureau of Economic Research*, w19941.

[205] Pavcnik, N., 2002: "Trade liberalization, exit, and productivity improvements: Evidence from chilean plants", *Review of Economic Studies*, 69 (1).

[206] Pilbeam, K., 2013: *International Finance*, Fourth edition, Basingstoke, UK: Palgrave Macmillan.

[207] Piveteau, P. et al, 2013: "A new method for quality estimation using trade data: An application to French firms", Mimeo, Columbia University.

[208] Poncet, S. W. et al, 2010: "Financial constraints in China: Firms-level evidence", *China Economic Review*, 21 (3).

[209] Roberts, M. J. et al, 2012: "A structural model of demand, cost, and export market selection for Chinese footwear producers", *Meeting Papers* 294, Society for Economic Dynamics.

[210] Robinson, P. M. et al, 1988: "Root-N consistent semiparametric regression", *Econometrica*, 56.

[211] Rodrik, D. et al, 1996: "Why do more open economies have bigger governments?", *CEPR Discussion Papers*, 106 (5).

[212] Rodrik, D., 2006: "What's so special about China's exports?", *China & World Economy*.

[213] Rodrik, D., 2006: "What's so special about China's exports?" *China & World Economy*, 14 (5).

[214] Schmitd, K., 1997: "Managerial incentives and product market competition", *Review of Economic Studies*, 64.

[215] Schor, A., 2004: "Heterogeneous productivity response to tariff reduction: Evidence from Brazilian manufacturing firms", *Journal of Development Economics*, 75 (2).

[216] Schott, P. K. et al, 2008: "The relative sophistication of Chinese exports", *Economic Policy*, 23 (53).

[217] Söderlund, B., 2012: "Dynamic effects of institutions on firm-level exports", *Ratio Working Papers*, 184.

[218] Sharpe, W. F., 1964: "Capital asset prices: A theory of market equilibrium under conditions of risk", *The Journal of Finance*, 19 (3).

[219] Shaver, J. M., 2011: "The benefits of geographical sales diversification: How exporting facilitates capital investment", *Strategic Management Journal*, 32 (10).

[220] Siotis, G., 2003: "Competitive pressure and economic integration: an illustration for spain, 1983 – 1996", *International Journal of Industrial Organization*, 21 (10).

[221] Taglioni, D. et al, 2012: "Innocent bystanders: How foreign uncertainty shocks harm exporters", *Working Papers*, 149, European Bank for Reconstruction and Development.

[222] Taylor, J. B., 2000: "Low inflation, pass-through, and the pricing power of firms", *European Economic Review*, 44 (7).

[223] Teshima, K., 2009: "Import competition and innovation at the plant level: evidence from Mexico", *Working Paper*, Columbia University.

[224] Urška čede. et al, 2015: "Export diversification and output volatility: comparative firm-level evidence", *Working Paper* (Bank of Slovenia).

[225] Vannoorenberghe, G. et al, 2016: "Volatility and diversification of exports: *firm-level theory and evidence*", *European Economic Review*, 89.

[226] Volpe, C. et al, 2008: "Survival of new exporters: Does it matter how they diversify?" *IDB Working Papers Series*, No. IDB-WP – 140.

[227] Wagner, J., 2007: "Exports and productivity: A survey of the evidence from firm-level data", *World Economy*, 30.

[228] Wagner, J., 2012. "International trade and firm performance: A survey of empirical studies since 2006", *Review of World Economics*, 148 (2).

[229] Wagner, J., 2014: "Is export diversification good for profitability? first evidence for manufacturing enterprises in Germany", Taylor & Francis Journals, 46 (33).

[230] Wang, Z. et al, 2007: "The rising sophistication of China's exports:

Assessing the roles of processing trade, foreign invested firms, human capital, and government policies", *Working Paper*, Columbia University.

[231] Wang, Z. et al, 2010: *What Accounts for the Rising Sophistication of China's Exports? China's Growing Role in World Trade*, Chicago: University of Chicago Press.

[232] World Trade Organization, 2008: "World Trade Report: Trade in a globalizing world", Geneva: World Trade Organization.

[233] Xu, B. et al, 2009: "Foreign Direct Investment, Processing Trade, and the Sophistication of China's Exports", *China Economic Review*, 20 (3).

[234] Zaclicever, D. A., 2018: "Imported Inputs, Technology Spillovers and Productivity: Firm-level Evidence from Uruguay, *Review of World Economics*", 154 (4).